UTB **2431**

Eine Arbeitsgemeinschaft der Verlage

Beltz Verlag Weinheim · Basel · Berlin
Böhlau Verlag Köln · Weimar · Wien
Wilhelm Fink Verlag München
A. Francke Verlag Tübingen und Basel
Haupt Verlag Bern · Stuttgart · Wien
Verlag Leske + Budrich Opladen
Lucius & Lucius Verlagsgesellschaft Stuttgart
Mohr Siebeck Tübingen
C. F. Müller Verlag Heidelberg
Ernst Reinhardt Verlag München und Basel
Ferdinand Schöningh Verlag Paderborn · München · Wien · Zürich
Eugen Ulmer Verlag Stuttgart
UVK Verlagsgesellschaft Konstanz
Vandenhoeck & Ruprecht Göttingen
WUV   Facultas · Wien

Jochen Bleicken gewidmet

MICHAEL STAHL

Gesellschaft und Staat bei den Griechen: Klassische Zeit

FERDINAND SCHÖNINGH

PADERBORN · MÜNCHEN · WIEN · ZÜRICH

Prof. Dr. Michael Stahl, 1948 in Rastatt/Baden geboren, studierte Geschichte und Germanistik in Freiburg und an der FU Berlin. 1975 wurde er an der TU Berlin promoviert und habilitierte sich dort 1984. Seit 1986 war er Professor an der Universität Göttingen und lehrt seit 1991 als Professor für Alte Geschichte an der TU Darmstadt.

Umschlagabbildung: Sog. *doryphoros* (Speerträger) des Bildhauers Polyklet, Bronze (Höhe ~2 m), aus Athen, ~440 v. Chr. (Moderne Rekonstruktion von G. Römer auf der Grundlage römischer Marmorkopien, 1920/21, München, Universität, 1944 zerstört)
Polyklet schuf mit dieser Statue eine Musterfigur, die die Grundidee der Großplastik in klassischer Zeit dokumentiert: Harmonische Bewegung und symmetrischer Ausgleich der Kräfte, anatomische Genauigkeit, ideale, doch natürliche Proportionierung. Perfekte Ausgewogenheit und gebändigte Spannung formulieren das Leitbild des Menschen als Bürger der *polis*-Gemeinschaft: Nacktheit, Schmucklosigkeit und Kurzhaar verweisen auf die demokratische Gleichheit; ästhetische Ausgewogenheit auf die Integration und Eintracht der Bürgerschaft; der athletisch gebildete Körper auf die Orientierung an der aristokratischen Wertordnung.

Bibliografische Information Der Deutschen Bibliothek

Die Deutsche Bibliothek verzeichnet diese Publikation in der Deutschen Nationalbibliografie; detaillierte bibliografische Daten sind im Internet über http://dnb.ddb.de abrufbar.

Gedruckt auf umweltfreundlichem, chlorfrei gebleichtem Papier (mit 50 % Altpapieranteil)

© 2003 Verlag Ferdinand Schöningh, Paderborn
(Verlag Ferdinand Schöningh GmbH, Jühenplatz 1, D-33098 Paderborn)
ISBN 3-506-99001-2

Internet: www.schoeningh.de

Printed in Germany.
Herstellung: Ferdinand Schöningh, Paderborn
Einbandgestaltung: Atelier Reichert, Stuttgart

UTB-Bestellnummer: ISBN 3-8252-2431-7

Inhalt

Vorwort

Das Buch ist das Ergebnis vieler Jahre akademischer Lehre, in der es auf allen Stufen des Studiums immer wieder darum ging, den Studierenden die Griechen und ihre Geschichte nahe zu bringen. Die dafür zusammengetragenen Quellen haben sich als nützliche Grundlagen erwiesen, und mit den sie erläuternden Texten und ihren Deutungsangeboten gelang es zumeist, das Fremde der so fernen Griechen verständlich werden zu lassen. Zugleich konnte über alle Distanz hinweg an vielen Punkten erfahrbar gemacht werden, daß die griechische Vergangenheit auch für unsere Gegenwart mehr als nur einen beliebigen exotischen Reiz besitzt; vielmehr bedeutet sie unverändert den Ausgangspunkt und das Fundament unserer eigenen Geschichte.

Das Material ist vor einigen Jahren zum ersten Mal in Studienbriefen der Fernuniversität Hagen gebündelt und jetzt erneut gründlich überarbeitet worden. Das Buch ist keine ,Griechische Geschichte‘, sondern es versteht sich als Lehrbuch zur griechischen Geschichte. Es beschäftigt sich mit den wesentlichen Strukturen, die man kennen muß, um die Erzählungen historischer Ereignisse verstehen zu können. Methodisch wird von Quellen ausgegangen, die stets exemplarisch ausgewählt sind und deren Interpretationen zeigen sollen, wie man mit diesen Quellen umzugehen hat und was man aus ihnen machen kann. Das Bild, das sich daraus ergibt, zeigt die Grundmuster der historischen Entwicklung des Griechentums in den ersten knapp fünf Jahrhunderten. Überall da, wo es lohnend erschien oder zum Verständnis erforderlich war, wurden bisherige Erklärungskonzepte diskutiert. An vielen Stellen konnte dabei die Summe der neueren Forschung gezogen werden, im Ganzen bietet sich eine durchaus eigene und spezifisch akzentuierte Sichtweise der griechischen Geschichte. Sie ist von einigen klaren Überzeugungen getragen, die von der Darstellung im einzelnen begründet werden:

- Die archaische und die klassische Geschichte der Griechen bilden trotz aller pragmatisch notwendigen Epochenabgrenzungen eine historische Sinneinheit.

- Ihr Inhalt ist die Entwicklung und Etablierung der *polis* als der historisch entscheidenden Größe, wobei sich der Focus der Beobachtung von einem gemeingriechischen Horizont in archaischer Zeit auf die Geschichte Athens in klassischer Zeit konzentriert.

- In der Herausbildung der *polis* als zentraler Form der Gemeinschaftsordnung haben wir den Prozeß geschichtlichen Wandels zu sehen, der die ,Geschichte‘ der archaischen und klassischen Epoche ausmacht. Davon strikt zu trennen sind die im wesentlichen statischen gesellschaftlichen Verhältnisse.

- Der Dynamik des Prozesses der *polis*-Bildung liegt nicht ein Kampf unterschiedlicher gesellschaftlicher Gruppierungen um die Macht zugrunde, sondern das gemeinsame Ringen aller um die Verwirklichung der Grundidee des Bürgerstaates. Diese ist bereits bei Homer angelegt und durch Solon von Athen erstmals vorbildlich formuliert worden.

Aus diesen leitenden Ideen folgen die Themen und der Aufbau des Werkes. Daß sein Inhalt auf zwei Bände verteilt ist, hat nur buch-technische Gründe. Der Band zur archaischen Zeit beginnt mit den Sozialstrukturen, die sich im gesamten Zeitraum kaum verändert haben. Ohne sie ist aber auch die Eigenart der geschichtlichen Entwicklung nicht zu verstehen. Deren erste Phase in archaischer Zeit ist das Thema von Teil B des ersten Bandes. Im Band zur klassischen Zeit werden in Teil A grundlegende Strukturen der Epoche von Bürgerstaat und Demokratie erörtert, und Teil B schließlich beschäftigt sich mit dem wichtigsten Abschnitt der äußeren Beziehungen der griechischen Gemeinden im 5. Jh. v. Chr. Alle vier Teile des Werkes gehören eng zusammen und folgen einem einheitlichen Argumentationsgang. Die inneren Bezüge sind immer wieder durch Querverweise kenntlich gemacht. Quellen und Literatur sind mit einigen Überschneidungen zur leichteren Benutzung bandspezifisch aufbereitet.

Meinen Freunden und Kollegen Christoph Selzer und Uwe Walter bin ich für stete Ermutigung und viele gute Ratschläge dankbar, meinen Studenten in Göttingen und Darmstadt für erhellende sokratische Momente. Denn die Geschichte lebt nur im Wort.

Seeheim-Jugenheim im August 2003   Michael Stahl

Die Periodisierung der griechischen Geschichte

In diesem Buch ist von ‚archaischer' und ‚klassischer' Zeit die Rede. Damit sind chronologische Abschnitte der griechischen Geschichte gemeint. Diese läßt sich in ihrer Gesamtheit wie folgt gliedern:

• Archaische Epoche:	8. Jh. v. Chr. (Homer) bis ~ 500 v. Chr. (endgültige Einrichtung des Bürgerstaates in Athen) oder bis 480 v. Chr. (Sieg über die Perser)
• Klassische Epoche:	bis ~ 340/20 v. Chr. (Alexander d.Gr. 336-323 v. Chr.)
• Hellenistische Epoche:	bis 168/146 v. Chr. (Errichtung der römischen Herrschaft)
• Hellenistisch-römische Epoche:	bis 2./3. Jh. n. Chr.
• Spätantike:	bis 5. Jh. n. Chr.
• Byzantinische Epoche	bis 1453 n. Chr. im griechischen Osten

In der linken Spalte stehen die in der Wissenschaft üblichen Begriffe für die zeitliche Gliederung der griechischen Geschichte. In ähnlicher Weise wird in der Archäologie die Abfolge der künstlerischen Stile benannt. Diese Bezeichnungen sind das Ergebnis der Wissenschaftsgeschichte und enthalten über ihre Ordnungsaufgabe hinaus bestimmte Sinnbezüge. Der Begriff ‚archaisch' ist der jüngste der Reihe. Er ist 1872 durch Friedrich Nietzsche, den Archäologen Heinrich Brunn und – indirekt – durch Jacob Burckhardt geprägt worden. Alle drei haben in der ‚Archaik' erstmals eine eigenständige Epoche gesehen.[1] Der Ausdruck ‚archaisch' enthält ein Werturteil, das die mit ihm gemeinte Epoche in ihrem Verhältnis zu der darauffolgenden charakterisiert: Das ‚Archaische' ist das Urtümliche, Anfängliche, zugleich noch im Werden Begriffene, noch Unvollkommene, das erst im ‚Klassischen' sich vollendet und hier eine schlechthin unübertreffbare, gegenüber allen übrigen Zeitabschnitten höherwertige und nicht zuletzt vorbildhafte, zeitlos gültige Form erreicht.

Man erkennt hieraus, daß sich in Periodisierungsbegriffen grundsätzliche Denkmuster geschichtlicher Verläufe widerspiegeln. Hinter ‚archaisch' und ‚klassisch' steht letztlich das Schema von Wachstum, Blüte und nachfolgendem Verfall. Als Zeit des Niedergangs wird daher nicht selten die hellenistische Epoche beschrieben. Diese einfache Geschichtsphilosophie ist heute von der Wissenschaft durch sehr viel differenziertere Bilder ersetzt worden, auch wenn sich die Frage nach

---

[1] Vgl. zu diesem aufschlußreichen Stück Wissenschaftsgeschichte die vorzügliche Untersuchung von Glenn W. Most: Zur Archäologie der Archaik. – In: A&A 35, 1989, S. 1-23. Zum Problem von Periodisierung insgesamt vgl. Uwe Walter: s.v. Periodisierung. – In: Der Neue Pauly, Bd. 9, Spalte 576-582.

dem ‚Klassischen' damit nicht erledigt hat. Gleichwohl müssen die alten Epochen-
begriffe weiterhin benutzt werden, weil sie sich als konventionalisierte Bezeichnungen in der Wissenschaftssprache eingebürgert haben. Über diese rein pragma-
tische Verwendung hinaus bleibt es freilich Aufgabe der Geschichtsschreibung, die
Periodisierung als Ausdruck eines Geschichtsbildes verständlich zu machen. Die
folgende Darstellung wird zeigen, daß die archaische und die klassische Epoche
Griechenlands, auch wenn sie eine jeweils eigenständige historische Signatur besitzen, im wesentlichen einer gemeinsamen Entwicklungslinie folgen und aufgrund
dieser Kontinuität nur zusammen ein stimmiges Bild dieses knappen halben Jahr-
tausends griechischer Geschichte ergeben.

A. Der Bürgerstaat der Athener

I. Den Bürgerstaat denken:
Die Entwicklung der bürgerstaatlichen
Ordnung in der archaischen Zeit

Der Zusammenbruch und die Auflösung der mykenischen Palastkulturen, die strukturell den monarchisch organisierten Staatswesen des Alten Orients glichen, veränderten Griechenland grundlegend. Von der in mancher Hinsicht hochkulturellen Zivilisation der mykenischen Epoche ragten nur noch trümmerhafte Überreste in die neue Zeit hinein. Eine drastisch verringerte Zahl von Menschen siedelte in kleinen, jeweils für sich stehenden Gemeinschaften. Ihre bäuerliche Produktion war bescheiden, ihre Gesellschaft überschaubar und einfach strukturiert. Im einzelnen bleiben die Verhältnisse in diesen Dark Ages für uns im Dunkeln, in den Grundzügen läßt sich jedoch die noch bis ins 8. Jh. v. Chr. hinein bestehende Ordnung der griechischen Gemeinden aus den Epen Homers und der Dichtung Hesiods erschließen. Es ergibt sich das Bild einer vorstaatlichen Ordnung mit folgenden Merkmalen:

- Die ausschlaggebende Instanz des Gemeinschaftslebens war der *demos*, die Versammlung aller durch den Besitz eines eigenen Haushalts *(oikos)* selbständigen Männer der Siedlung. Auf der *agora*, dem Versammlungsplatz, vereinten sie sich zur Gemeinschaft des *demos*, der in seinen Handlungsformen bereits gewissen Regeln unterlag und über die Einhaltung der für alle verbindlichen, noch ungeschriebenen Normen der Gemeinde wachte.

- In den einfach strukturierten Verhältnissen waren die Gemeinschaftsaufgaben weder umfänglich noch zahlreich und bestanden in der Bewältigung von außen kommender Anforderungen friedlicher oder kriegerischer Natur, in der Pflege des Verkehrs mit den Göttern sowie in der innergemeindlichen Streitbeilegung. Hierzu nahm die Gemeinde die wenigen sozial herausgehobenen Gemeindemitglieder in Pflicht. Wer sich dafür eignete, sollte als Anführer im Krieg seine Tapferkeit unter Beweis stellen, in der Versammlung mit seiner Redegabe den gemeindlichen Willen artikulieren, bei Gericht Streitfälle mit findigem Urteilsvermögen beilegen, den auswärtigen Gast aus den Schätzen des eigenen Hauses glänzend bewirten. Wer solches tun konnte, wurde *basileus* genannt und nahm eine Ehrenstellung in der Gemeinde ein. Eine dauerhafte politische Herrschaftsstellung war damit jedoch nicht verbunden, ein ‚frühgriechisches Königtum' hat es nicht gegeben. Vielmehr mußte der Anspruch auf eine soziale Vorrangstellung durch entsprechende Leistungen ständig aufs neue untermauert werden.

Abb. 1   Die Tyrannenmörder der Bildhauer Kritias und Nesiotes, Marmor (Höhe 1,85 m, 1,82 m), aus Athen, 477/76 v. Chr., Kopie des Bronzeoriginals aus der Villa des römischen Kaisers Hadrian (117-138 n. Chr.) in Tivoli (Neapel, Archäologisches Nationalmuseum)
Die Ermordung des Tyrannen Hipparchos durch die beiden Aristokraten Harmodios (rechts) und Aristogeiton im Jahre 514 v. Chr. wurde für die Athener zum Fanal für eine neue Epoche. Mit dem Sturz der *tyrannis* 510 v. Chr. endete die archaische Zeit, und mit der Aufstellung der Statuengruppe im Zentrum der *agora* wurde – mit einer Legende an Stelle des tatsächlichen historischen Hergangs (vgl. Kap. A, II, 1) – an den Beginn des Bürgerstaates der klassischen Zeit erinnert. Die Bilder der beiden Volkshelden sind das erste politische Denkmal Europas. Es zeigt sowohl die fortdauernde Wichtigkeit der Aristokraten für die Demokratie als auch die Bedeutung des gemeinsamen, disziplinierten und gleichgerichteten Handelns der Bürgerschaft zur Sicherung der Freiheit gegen jede Form von *tyrannis*.

- Die Leistungen eines *basileus* beruhten nicht auf irgendeiner Form von Amts-
macht, sondern einzig auf seiner persönlichen Tüchtigkeit, mit der ein überdurch-
schnittlicher Reichtum immer einherging. Die *basileis* übten ihre Verpflichtungen
von Fall zu Fall aus, niemals konnte ein einzelner bestimmte Funktionen für sich
monopolisieren. Es herrschte demnach ein ständiger Wettbewerb zwischen denen, die für eine Aufgabe in Frage kamen und sich dadurch vor der Gemeinde
als ,Beste' *(aristoi)* erweisen wollten. Der Wettstreit um soziales Ansehen zwischen denen, die eine führende Stellung in der Gemeinde beanspruchten, er-
streckte sich von Anfang an auch auf die Übernahme der gesamtgemeindlichen
Aufgaben. Bei ihrer Durchführung waren die *basileis* daran gebunden, was *the-
mis*, die normative Ordnung, vorschrieb. Wer sie verletzte, mußte mit Tadel und
Mißbilligung der gesamten Gemeinde und damit dem Verlust von Ehre und sozialem Ansehen rechnen.

Noch bis ins 8. Jh. v. Chr. sind die griechischen Gemeinden mit dieser vorstaatlichen Gemeinschaftsordnung ohne institutionalisierte oder zentralisierte Machtposition ausgekommen. Von der frühesten Phase der griechischen Geschichte an ist
vielmehr die Gemeinde mit ihrer kollektiven Willensbildung die maßgebliche Kraft
des Zusammenlebens. Daran hat sich auch grundsätzlich nichts geändert, als es in
der Folgezeit notwendig wurde, neue Formen zur Bewältigung der Gemeinschaftsaufgaben zu finden. Die persönlichen Kompetenzen und Leistungen der einzelnen
basileis wurden dabei durch staatliche Instanzen und Verfahrensweisen abgelöst.

Zugrundegelegt ist in diesem Bild ein funktionaler Staatsbegriff: Staatlichkeit ist
nicht das Instrument zur Sicherung von Herrschaftsverhältnissen, sondern die Antwort auf die Selbststeuerungsprobleme einer ganzen Gesellschaft. Staatlichkeit in
diesem Sinne setzt die Zentralisierung von Macht in einer den Staat verkörpernden
Instanz (einem Monarchen, einer Bürgerschaft) voraus; sie äußert sich in der Institutionalisierung von Funktionsträgern, die mit Hilfe delegierter staatlicher Macht
die gesamtgesellschaftlichen Aufgaben kontinuierlich und jederzeit erfüllen. Für
den Übergang zur Staatlichkeit sind nach dieser Vorstellung neue Herausforderungen verantwortlich, die sich einer Gesellschaft im Laufe ihrer geschichtlichen Entwicklung stellen. Die Zeit zwischen dem 8. und 6. Jh. v. Chr. erlebte ein ganzes
Bündel solcher Herausforderungen, die der sich in dieser Zeit vollziehende Wandel der griechischen Gesellschaft mit sich brachte.

Den Ausgangspunkt bildete eine sprunghafte Bevölkerungszunahme im 8. Jh.
v. Chr. und die durch sie hervorgerufenen sozialen Spannungen im Inneren der
Gemeinden sowie das gesteigerte Konfliktpotential zwischen ihnen. Als wichtigstes Ventil zur Lösung der so aufgeworfenen Probleme erwies sich die Gründung
neuer Siedlungen. Sie begann in der zweiten Hälfte des 8. Jhs. v. Chr. in Sizilien
und führte die Griechen in den folgenden zwei Jahrhunderten an viele ferne Ge-
stade des Mittelmeeres und des Schwarzen Meeres. Diese Kolonisationsbewegung
stellte die Griechen vor große und neue Aufgaben, die sowohl in den mutterlän-

dischen Gründerstädten von Kolonien wie in diesen selbst institutionelle Neuerungen im Gemeinschaftsleben zwingend machten. Nur durch sie waren in jenen die ordnungsgemäße Vorbereitung und Durchführung von Kolonisationsunternehmen zu bewerkstelligen. Auch konnten nur so dauerhafte Beziehungen zu den Kolonien gewährleistet werden. Dort wiederum ließen sich eine ganze Reihe neuartiger Gemeinschaftsaufgaben nur unter neuen institutionellen Rahmenbedingungen sowie auf der Grundlage einer im Prinzip von jedem Gemeindemitglied geforderten und auf das Gemeinwohl orientierten inneren Einstellung bewältigen: die reibungslose Aufteilung des Bodens unter die Siedler, die Errichtung einer neuen Siedlungsstruktur, die Regelung der Beziehungen zu der umwohnenden Vorbevölkerung , das innere Zusammenwachsen der neuen Gemeinde, nicht zuletzt auch die bewußte Setzung neuer adäquater Regeln der Gemeinschaftsordnung.

Besonders deutlich zeigt sich der Wandel in den griechischen Gemeinden im Wachstum, Ausbau oder Neubau ihrer Siedlungen, wie er sich bei Koloniegründungen zwangsläufig vollzog, jedoch auch in den mutterländischen Gemeinden seit dem 7. Jh. v. Chr. unverkennbar ist. Die griechischen Siedlungen erhielten dabei allmählich ein städtisches Gesicht: Öffentliche Räume wurden aus den Wohnquartieren herausgeschnitten und architektonisch bewußt gestaltet; öffentliche Gebäude wurden in der neuen monumentalen Steinbauweise errichtet. Besonders anschaulich und archäologisch gut zu beobachten ist dies an der Entwicklung des griechischen Tempels in seiner von der architektonischen Grundstruktur her auch später nicht mehr veränderten Form. Unter den wirtschaftlich in vielen Gemeinden keineswegs üppigen Verhältnissen forderte ein solcher Tempelbau die Bündelung aller Kräfte, ein hohes Maß an kollektiver Disziplin sowie die entsprechenden organisatorischen Vorkehrungen, um die komplexe Bauaufgabe zu bewältigen.

Die urbanistische Entwicklung regte die Freisetzung neuer wirtschaftlicher Kräfte im Bereich von Handwerk und Handel an, die ihrerseits zur weiteren Differenzierung des Gemeindelebens beitrugen. Ein Moment des Wandels lag ferner in der neuen militärischen Taktik des Hoplitenkampfes. Entscheidend für ihre Durchschlagskraft war die Zahl der Hoplitenkämpfer, die eine Gemeinde stellen konnte, die Qualität ihrer Ausrüstung, ihr viel Training und Disziplin erforderndes Kampfvermögen und ihr entschlossenes Standhalten für die gemeinsame Sache. Auch diese Ziele waren mit den herkömmlichen Mitteln nicht mehr zu erreichen. Eine jederzeit funktionsfähige militärische Organisationsform mußte gefunden werden und der einzelne Bürger in ihr seinen Platz einnehmen. Erstmals wurden damit militärische Pflichten und bürgerliche Rechte differenziert definiert. Die Hoplitenphalanx eröffnete den Gemeinden schließlich auch nach außen hin neue Handlungspotentiale und verwandelte die bisher fallweise gepflegten Außenbeziehungen in eine ständige Gemeinschaftsaufgabe: Außenpolitik.

Selbstverständlich wurden die bisher angeführten Entwicklungen nicht ohne Zutun der Aristokraten einer Gemeinde vorangetrieben. Auch im neuen staatlichen Rahmen konnte auf die Übernahme politischer Führung und Verantwortung durch die Aristokraten nicht verzichtet werden. Zwar konnte ihnen daraus direkt keine dauerhafte politische Machtstellung zuwachsen, weil diese bei der Gemeinde als ganzer lag, doch haben viele Aristokraten die in der gesellschaftlichen und wirtschaftlichen Differenzierung und Expansion liegenden Chancen ergriffen, insbesondere ihren Reichtum vermehrt und dadurch ihre soziale Stellung weiter herausheben und erhöhen können. Daraus entstand nicht selten der Anspruch einer dauerhaften persönlichen Vormachtstellung in einer Gemeinde, dem freilich immer gleichartige Ansprüche anderer entgegenstanden. Hieraus entwickelte sich in vielen Gemeinden ein verschärfter Wettbewerb, der auch in handgreifliche Auseinandersetzungen bis hin zu bürgerkriegsartigen Zuständen *(stasis)* übergehen konnte. Der verschärfte Statuswettbewerb innerhalb der Aristokratie führte vielerorts zu einem großen Druck auf die wirtschaftlich ohnehin stets gefährdeten Kleinbauern; Schuldknechtschaft und die Versuchung, ,klientele' Abhängigkeiten zu schaffen, bedrohten das soziale Gefüge und die Selbstbehauptungsfähigkeit der ganzen Gemeinde. Solchen Störungen der inneren Ordnung konnte nicht anders als durch die Stärkung der institutionellen Mechanismen und mentalen Kräfte entgegengewirkt werden, die auf die Wahrung des innergemeindlichen Friedens und auf die Einhegung des in jeder Gemeinde schlummernden Gewaltpotentials gerichtet waren. Nicht alle Gemeinden bekamen die Konflikte innerhalb ihrer Führungsschicht in den Griff, die wenigsten fanden auf Dauer zu einem gemeinschafts- und friedensstiftenden Konsens. Dort, wo es – und sei es auch nur vorübergehend – gelang, standen die Ratschläge, Maximen und Entwürfe einzelner herausragender Denker Pate, die von Hesiod an in der gesamten archaischen Zeit die Herausbildung der neuen staatlichen Ordnung begleitet, ihre Voraussetzungen und Prinzipien analysiert sowie an deren praktischer Umsetzung mitgewirkt hatten. Diese Männer waren Dichter, Philosophen, Schiedsrichter und Gesetzgeber. Sie haben die Grundlagen des auf dem Bürgerverband beruhenden griechischen Gemeinwesens erstmals umfassend durchdacht. Ausführlich rekonstruieren können wir dies allerdings nur am Vermächtnis des Atheners Solon.

Doch läßt sich nicht nur in Athen, sondern auch in manchen anderen Gemeinden beobachten, wie seit dem 7. Jh. v. Chr. Elemente der bürgerstaatlichen Ordnung allmählich Gestalt annehmen und erfolgreich erprobt werden. Die fragmentarischen Nachrichten hierüber lassen darauf schließen, daß die gesamte griechische Welt von dieser Entwicklung erfaßt war und sich das Wissen um die neuen Modalitäten des gemeindlichen Zusammenlebens durch gegenseitigen Austausch und Nachahmung rasch verbreitete. Überall wurden jetzt Beamte eingeführt, deren Kompetenzbereiche und Stellung in der Gemeinde genau definiert und vor allem mit Sicherungen gegen Amtsmißbrauch versehen waren. Die Hauptaufgaben dieser Beamten lagen in den Bereichen Krieg, Kult und Rechtspflege, ohne daß sie dadurch freilich zur Inkarnation staatlicher Machtausübung geworden wären. Zu den Wesensmerkmalen der Bürgerstaatlichkeit gehört vielmehr von Beginn an die relative Schwäche der staatlichen Funktionsträger und ihre Rückbindung an die Kollektivgremien von Aristokratie und Gesamtvolk.

Aus den Dokumenten[1] geht denn auch eindeutig die zentrale Stellung hervor, die der *demos*, nunmehr durch Zugehörigkeits- und Verfahrensvorschriften als eigenständiges staatliches Organ konstituiert und gegebenenfalls durch ein zusätzliches Ratsgremium besser handlungsfähig gemacht, im Gefüge der staatlichen Institutionen einnahm. Wenn die Bürger die Möglichkeiten zu der von ihnen selbst beanspruchten aktiven Teilhabe an den Angelegenheiten der Gesamtgemeinde auch tatsächlich wahrmachen konnten, so hing das besonders von zwei weiteren Strukturelementen der Bürgerstaatlichkeit ab, die in unseren frühen Zeugnissen ebenfalls bereits enthalten sind: der mannigfachen inneren Gliederung des Bürgerverbandes und schließlich der Ausbildung eines Bewußtseins von Zugehörigkeit zur Bürgergemeinde bei jedem einzelnen. Die Bedeutung dieser elementaren mentalen Bedingung der Bürgerstaatlichkeit erkannt zu haben, ist eine der großen Leistungen Solons von Athen.

Die von diesem Mann gesetzten Maßstäbe und die kurz- und langfristigen Folgen seines Wirkens sind dafür verantwortlich, daß die Gemeinde Athen im 6. Jh. v. Chr. über besonders gute Voraussetzungen für den Weg zur Bürgerstaatlichkeit verfügte und auf diesem dann im Ganzen auch weitergekommen ist als alle anderen Gemeinden. Deshalb kann eine Geschichte des Bürgerstaates am Ende nicht umhin, ihren Fokus auf Athen zu richten.

Solon ist vermutlich irgendwann in den ersten beiden Jahrzehnten des 6. Jhs. v. Chr. nach dem Willen der Mehrheit der Athener zum Schiedsrichter, Vermittler und Schlichter bestellt worden, um die heftigen sozialen Spannungen und zerstörerischen Konflikte zu bereinigen, die die Gemeinde in den zurückliegenden Jahrzehnten heftig erschüttert und an den Rand des Zerfalls gebracht hatten. Solon hat dazu als erstes mit Schuldenerlaß, Abschaffung der Schuldknechtschaft und Befreiung der Schuldsklaven Fehlentwicklungen korrigiert, die die traditionellen, nicht auf dauerhafter sozialer Abhängigkeit gründenden Beziehungen zwischen den freien Bauern der Gemeinden und den aristokratischen Großbauern in Frage gestellt hatten. Das Ergebnis war die Wiederherstellung der sozialen Freiheit aller Gemeindemitglieder und damit die Sicherung des sozialen Friedens. Er sollte sich auch in den nächsten Generationen als dauerhaft erweisen. Die zweite Säule der neuen Gemeindeordnung bildete die schriftliche Fixierung der Rechtsordnung durch ein umfängliches Gesetzgebungswerk. Solon steht hier in einer Reihe mit anderen uns bekannten Gesetzgebern seiner Zeit. Ihnen allen ging es darum, den Gemeinden eine neue Rechtssicherheit und dem einzelnen Bürger Gerechtigkeit zu verschaffen. Dem diente die Objektivierung des Rechts, das dadurch zu einer staatlichen Institution wurde. Die wie in Athen öffentliche Aufstellung der Gesetze förderte zudem in hohem Maße die Integration des Bürgerverbandes. Wie aus Solons Klasseneinteilung der Bürgerschaft sowie der Bürgerrechtsgesetzgebung abzuleiten ist, hat Solon die Bürgerschaft als dritte Säule des Bürgerstaats-Konzepts zu einer recht-

---

[1] Vgl. etwa die Inschriften aus Dreros (vgl. Verf.: Gesellschaft und Staat bei den Griechen: Archaische Zeit. Paderborn 2003, Kap. B, VI, 1) und Chios (vgl. ebda., Kap. B, VI, 2).

lich fest umrissenen Größe gemacht. Im Bürgerrecht jedes einzelnen war fortan das Ganze der neuen Staatlichkeit gegenwärtig.

Getragen wird das gesamte Konzept des Bürgerstaates nach Solon von dem Gedanken, daß jedes einzelne Gemeindemitglied Einstellungen und Verhaltensorientierungen ausbilden muß, die sein Handeln im politischen Raum der Bürgerschaft erst möglich macht. Daraus folgte für viele und insbesondere für die Aristokraten, bisheriges Fehlverhalten zu korrigieren. Neben das Bemühen um den eigenen *oikos* und seine Mehrung mußte die Bürgerverantwortlichkeit treten und im Zweifel maßgebend werden. Solon hat erkannt, daß eine derartige Revolution der Werte nur erreichbar ist, wenn sie auch die emotionalen Antriebe des Handelns berücksichtigt. Das politische Ethos kann daher nur Wurzeln schlagen, indem es auch sinnlich erlebbar, gefühlsmäßig spürbar und religiös legitimiert erscheint. Daher stellt Solons dichterisches Bemühen zugleich ein zentrales Element seines politischen Wirkens dar. Die Mittel der Poesie sollen die kritische Analyse des Zustands, in dem sich das Gemeinwesen befindet, den Mitbürgern ebenso nahebringen wie die die Überwindung der Krise versprechende bürgerliche Grundnorm, wonach Gemeinwohl vor Eigennutz gehen muß. Auch durch die Übernahme der Dichtung als des traditionell wichtigsten Kommunikationsmediums in der Gemeinde in den Rahmen des Bürgerstaates und für dessen Zwecke hat Solon der weiteren Entwicklung den Weg gewiesen. Aus den bescheidenen Anfängen zu seiner Zeit ist im Laufe des 6. und 5. Jhs. v. Chr. ein breites Spektrum bürgerstaatlicher Kultur geworden: von Spielen und Festen bis zur großplastischen Bildkunst, von der Vasenmalerei bis zur Architektur und von den dramatischen Aufführungen bis zur Geschichtsschreibung und Philosophie.

Bis die von Solon gelegte Saat eine reiche Ernte eintrug, verging jedoch wenigstens in manchen Bereichen noch einmal ein ganzes Jahrhundert. Sie mußte noch bis zum Ende des 6. Jhs. v. Chr. im Verborgenen keimen oder sich hinter dem starken Schirm der Macht von Tyrannen verbergen. Erst die zupackende und erfinderische politische Gestaltungskraft des Kleisthenes hat der solonischen Idee der Bürgerstaatlichkeit eine institutionelle Gestalt verliehen, die dem der Grundidee innewohnenden Potential eine volle Entfaltung ermöglichte. Ohne Rückgriff auf die Vorgeschichte des Bürgerstaates in der archaischen Zeit und besonders ohne die Beachtung der von Solon aufgerichteten Wegmarken müßte freilich die kleisthenische Neuordnung unverständlich bleiben. Deren unmittelbare Ursachen und Anlässe gehören allerdings zu einer anderen Geschichte, der wir uns im folgenden Kapitel zuwenden müssen.

II. Den Bürgerstaat einrichten: Kleisthenes von Athen

Das letzte Jahrzehnt des 6. Jhs. v. Chr. mit der Neuordnung der politischen Struktu-ren Athens durch Kleisthenes markiert einen entscheidenden Einschnitt in der Ge-schichte der Bürgerstaatlichkeit. Nach dem visionären gedanklichen Entwurf Solons zu Beginn des Jahrhunderts hat an dessen Ende Kleisthenes dem Bürgerstaat seine endgültige Form verliehen und ihm dauerhafte Existenz in der politischen Praxis ermöglicht. Diese Zäsur wurde bereits in der Antike als solche erkannt und ist auch von der modernen Forschung nie bestritten worden. Etwas anderes ist es, wie man diesen historischen Wendepunkt benennen und bewerten möchte. War Kleisthenes der Begründer der Demokratie, wie Herodot meinte[2], der damit diesem schon da-mals nur noch schattenhaften Namen einen bleibenden geschichtlichen Rang zu si-chern strebte? Oder war er ein ingeniöser aristokratischer Politiker, der es verstan-den hat, eine persönliche Machtstellung zu erringen, indem er seinen Gegnern neue politische Spielregeln aufzwang, deren Erfolg ihnen dauerhafte Geltung verschaff-

Abb. 2 Trinkschale des Malers Duris, aus Athen, ~490 v. Chr. (gefunden in Caere, Etrurien) (Wien, Kunsthistorisches Museum, Inv. AS IV 3695)
Den mythische Schiedsspruch über die Waffen des Achilleus hat der Maler als Abstimmung dar-gestellt. Auf einem Tisch vor der Göttin Athena in der Bildmitte legen die Krieger ihre Stimm-steine ab. Links erhebt Odysseus freudig die Hände, da er die Mehrzahl der Steine auf seiner Seite erblickt. Die Abstimmung als Abschluß der politischen Willensbekundung der sich selbst regierenden Bürgerschaft wurde immer wieder zum Thema der Vasenmaler.

---

[2] Vgl. Hdt. 6, 131, 1.

te? So die Anschauung eines Teils der modernen Forschung, auf die noch zurückzukommen sein wird. Es ist jedoch methodisch wenig sinnvoll, sich dem kleisthenischen Werk über einen Streit um Begriffe zu nähern – hie *demokratia*, dort *isonomia*, verstanden als aristokratische Chancengleichheit. Im Vordergrund muß
vielmehr eine Analyse der von Kleisthenes installierten politischen Strukturen stehen, die das Gehäuse für das bürgerstaatliche Leben im 5. und 4. Jh. v. Chr. gebildet haben. Allein schon aufgrund der Quellenlage, die uns authentische Informationen erst im Laufe des 5. Jhs. v. Chr. bietet, muß man das kleisthenische System
also in seiner in diesem Jahrhundert tatsächlich praktizierten Form in den Blick nehmen, abgesehen von den im Laufe der Zeit zusätzlich eingezogenen institutionellen Abstützungen und ungeachtet der Tatsache, daß sich das in der Struktur liegende Potential erst im Laufe der politischen Praxis voll entfalten konnte.

Den mit dem Namen des Kleisthenes zu verbindenden Strukturelementen der
Bürgerstaatlichkeit wird im folgenden deswegen ein so großer Raum eingeräumt,
weil sich an ihnen beobachten läßt, in welcher institutionellen Gestalt die bereits
von Solon vorgedachte Idee der Bürgerstaatlichkeit schließlich in die politische Praxis des 5. und 4. Jhs. v. Chr. überführt worden ist. Insofern geht es hier nicht nur
um eine entwicklungsgeschichtliche Zäsur, sondern bereits um das grundlegende
Verständnis der Hauptsache: des voll entwickelten Bürgerstaats. Als erstes ist zu
fragen nach den in der Geschichte des 6. Jhs. v. Chr. wurzelnden Voraussetzungen,
die den Hintergrund für die Maßnahmen des Kleisthenes bilden, sowie nach dem,
was Kleisthenes unmittelbar dazu veranlaßt hat, tätig zu werden. Letzteres ergibt
sich aus einer in groben Zügen zuverlässig überlieferten Ereignisabfolge.

Im Jahre 510 v. Chr. fand die *tyrannis* von Peisistratos' Sohn Hippias durch die militärische Intervention des spartanischen Königs Kleomenes ein abruptes Ende. Der
Tyrann und seine Familie mußten Athen verlassen und flohen in ihr Refugium Sigeion an der kleinasiatischen Küste; die vor der *tyrannis* in die Verbannung ge-
flüchteten aristokratischen Familien kehrten in die Stadt zurück. Rasch entspann
sich zwischen ihnen das alte Spiel der *stasis*, des aristokratischen Kampfes um die
Vorherrschaft in der Gemeinde mit dem Ziel einer persönlichen Machtstellung. Vor-
derhand schien damit ein gewisser, für uns nicht weiter greifbarer Isagoras Erfolg
zu haben, der die Parole der Abrechnung mit dem gestürzten Regime im Munde
führte und in der Gunst des spartanischen Königs stand. Der zunächst unterlege-
ne Gegner des Isagoras war Kleisthenes, der Sohn des Megakles, der selbst wie
auch seine Vorfahren in der athenischen Geschichte schon mehrfach hervorgetre-
ten war. Nach zwei Jahren – Isagoras war gerade zum *archon* für das Jahr 508/7
v. Chr. gewählt worden – gelang es Kleisthenes, das Blatt zu wenden, indem er die
Mehrheit der Athener zur Zustimmung für den Plan gewinnen konnte, das Gemeinwesen künftig so zu organisieren, daß das Volk die alleinige Entscheidungsmacht
haben und tatsächlich auch ausüben sollte. Dies durchkreuzte die Ambitionen des
Isagoras, der eine persönliche Machtstellung wie früher schon die Tyrannen nur
durch eine weitgehende Zustimmung der Bürger Athens auf Dauer hätte sichern

können. Isagoras griff daher zum äußersten, für *stasis*-Auseinandersetzungen freilich typischen Mittel und rief Kleomenes zu Hilfe. Einer gewaltsamen Auseinandersetzung mit dieser Übermacht entzog sich Kleisthenes zusammen mit einer großen Zahl vermutlich aristokratischer Anhänger durch Flucht. Isagoras versuchte nun, seinerseits neue konstitutionelle Festlegungen zu treffen und erklärte das von Kleisthenes schon ins Werk Gesetzte für nichtig. Dennoch ließen sich die neuen Organe des Volkswillens – die Athenaion Politeia spricht von einem „Rat" – nicht zerschlagen. Der *demos* stellte sich in seiner großen Mehrheit denen entgegen, die sich zu Herren Athens aufschwingen wollten, und er besaß auch bereits genug eigenständiges Handlungsvermögen, um jene mit der Gewalt einer Massenaktion zur Aufgabe zu zwingen. Die Spartaner zogen ab und mit ihnen Isagoras; Kleisthenes und die Seinen konnten das Begonnene fortsetzen. Wir wissen nicht genau, wann das von Kleisthenes gefundene politische System vollständig entwickelt und in der Praxis anwendbar war. Manches erforderte zeitraubende Vorarbeiten oder durch die Praxis bestimmte nachträgliche Anpassungen. In jedem Fall wird man mit einigen Jahren rechnen dürfen, eine Zeit der Erprobung, aber auch der Gewöhnung an die neuen Institutionen und Verfahrensweisen. Einen Hinweis liefert vielleicht der Eid des Rates, der nach Aristoteles[3] zum erstenmal im Jahre 503/2 v. Chr. oder 501/0 v. Chr. geschworen wurde.

Die erste Aufgabe besteht nun darin zu klären, welche Probleme sich in der eben geschilderten geschichtlichen Situation für die Gemeinde Athen stellten, inwiefern Kleisthenes' Maßnahmen hierauf eine Antwort gaben, mit welchen Bedingungen er zu rechnen hatte und an welche aus der historischen Entwicklung des 6. Jhs. v. Chr. heraus entstandenen Gegebenheiten er anknüpfen konnte.

1. Voraussetzungen und Problemstellung

a. Der Sturz der *tyrannis* und die Folgen

Die Verjagung des Tyrannen Hippias und die Zerschlagung der Grundlagen seiner Herrschaft waren weder das Ergebnis eines Volksaufstandes noch das Werk einer einigen antityrannischen Aristokratenkoalition. Eine Bemerkung in der Athenaion Politeia[4] gibt eine Tradition wieder, nach der man sich an die Herrschaft des Peisistratos, die seine Söhne konsequent weitergeführt haben, wie an das Goldene Zeitalter des Kronos erinnert habe. Das Volk war mit den während der Tyrannenzeit bestehenden Verhältnissen demnach lange Zeit nicht unbedingt unzufrieden. Und auch viele Aristokraten hatten die Peisistratiden im Laufe ihrer Herrschaft für eine loyale Mitarbeit an den Belangen des Gemeinwesens gewinnen können.

Nach der Ermordung des einen der beiden seit etwa 527 v. Chr. herrschenden Tyrannensöhne, Hipparchos, im Jahre 514 v. Chr. hatte sich das Klima in der Stadt

---

[3] Vgl. Aristot. Ath. pol. 22, 2.
[4] Vgl. 16, 7.

teilweise gewiß verschlechtert. Feindschaften brachen erneut auf, und manche Aristokraten zogen wieder das Exil vor und agitierten von dort aus gegen den letzten Tyrannen Hippias. Doch mußte dieser auch in den Jahren nach 514 v. Chr. darauf bedacht sein, so viele Anhänger wie möglich zu gewinnen, um die Herrschaft wieder zu stabilisieren. Denn grundsätzlich, wenngleich meist latent, blieb während der ganzen Jahrzehnte der tyrannischen Herrschaft die Situation der *stasis*, der Kämpfe und Rivalitäten einzelner Aristokraten um die Vorherrschaft, bestehen. Den Tyrannen war es lediglich gelungen, die *stasis* durch die Übermacht der eigenen Anhängerschaft eine Zeit lang an einem erneuten offenen Ausbrechen zu hindern. Das wichtigste Mittel dazu lag in der Mobilisierung überlegener Machtressourcen, die insbesondere auch von außerhalb der Gemeinde kommen mußten.

Dazu gehörte im Falle der Peisistratiden die freundliche Duldung und Unterstützung der athenischen *tyrannis* durch die Spartaner. Zu jener Zeit verfügten diese über die bedeutendste Militärmacht im griechischen Mutterland. Als der spartanische König Kleomenes (525–490 v. Chr.) den Peisistratiden die Freundschaft aufkündigte und seinerseits Athen zu einem Ziel seiner Expansionspläne in Mittelgriechenland machte, waren die Tage der *tyrannis* in Athen gezählt. Eine willkommene Unterstützung für Kleomenes bot die immer wieder geäußerte Mahnung, die *tyrannis* in Athen zu beseitigen, wie sie in den letzten Jahren der Herrschaft des Hippias aus Delphi an die Ohren der Spartaner drang. Dahinter stand das Engagement der exilierten athenischen Familie der Alkmeoniden in Delphi. Dennoch ist der spartanische Einmarsch in Athen im Jahre 510 v. Chr. nicht in erster Linie hierauf zurückzuführen. Kleisthenes, das Oberhaupt dieses Aristokratenhauses, und die Seinen waren nicht die direkten Bündnispartner der Spartaner; die Ereignisse kurz nach der Vertreibung der Tyrannen zeigen das ganz deutlich. Die Spartaner ihrerseits waren aber ebensowenig nur die militärischen Hilfskräfte einer antityrannischen Fronde der athenischen Aristokratie. Der Sturz der Tyrannen war vielmehr ein Akt des spartanischen Machtstrebens über das eigene Hegemonialgebiet auf der Peloponnes hinaus und als solcher in erster Linie ein außenpolitischer Vorgang, und mit ihm sind die Bemühungen athenischer Aristokraten zum Sturz der *tyrannis* einhergegangen, indem deren Gegner es verstanden, die Verschiebungen der äußeren Kräfteverhältnisse zu nutzen.

Die Ereignisse, die schließlich in eine Neuordnung des athenischen Gemeinwesens mündeten, waren mithin nicht von vornherein von diesem Ziel bestimmt. Eine der Initialzündungen, die den Gang der Dinge erst in diese Richtung lenkten, bestand vielmehr in der Erfahrung außenpolitischer Schwäche und des Versuchs politischer Fremdbestimmung durch Sparta. Dem hatte der Tyrann Hippias nichts entgegenzusetzen gehabt. Das sprach in den Augen der Bürger Athens, die seine Herrschaft lange geduldig hingenommen hatten, letztlich entscheidend gegen ihn.

b. Die *stasis* zwischen Isagoras und Kleisthenes

Ein weiterer Auslöser für die nachmalige Entwicklung lag in den Vorgängen, die sich an die Vertreibung des Tyrannen anschlossen, der heftigen *stasis* zwischen Isagoras und Kleisthenes. Plötzlich ging es in Athen anscheinend wieder zu wie zwei Generationen zuvor, als Megakles, der Vater des Kleisthenes, Lykurgos und Peisistratos um die Vormacht in Athen rangen.[5] Ganz offenbar hatte die *tyrannis*-Herrschaft an den sozialen Konstellationen, aus denen sie hervorgegangen war, nichts Grundsätzliches verändert.

Die Quellen erlauben keine chronologische Rekonstruktion der Vorgänge zwischen 510 v.Chr. und 508 v.Chr. Deutlich ist nur das Hin und Her der *stasis* mit wechselndem Erfolg der Protagonisten sowie der Versuch, mit überlegenen auswärtigen Machtmitteln – Isagoras ruft die Spartaner zu Hilfe – zum Ziel zu kommen. Das ganze ist *stasis*-typisch und daher weder neu noch überraschend. Das Ziel dieser Auseinandersetzungen konnte eigentlich nur die Wiederaufrichtung einer Tyrannenherrschaft durch einen der Kontrahenten sein. Um so unerwarteter die plötzliche Wendung des Kleisthenes:

> „Als Kleisthenes unterlag, bezog er das Volk *(demos)* in seine
> Anhängerschaft *(hetairie)* ein."
>
> (Hdt. 5, 66; Ü.: Verf.)

> „Als Kleisthenes der gegnerischen Vereinigung *(hetairie)* unterlag, brachte er das Volk auf seine Seite und übergab Bürgerrecht und Gemeinwesen *(politeia)* der Masse."
>
> (Aristot. Ath. pol. 20, 1; Ü.: Verf.)

Diese Mitteilungen sind in hohem Maße erklärungsbedürftig. Was bedeutet es, daß Kleisthenes das Volk in seine Anhängerschaft aufnahm? Was konnte sich Kleisthenes und was das Volk davon versprechen? Wie müssen wir die Übergabe der *politeia* an das Volk, von der Aristoteles spricht, verstehen? Zur Klärung dieser Fragen müssen die beiden Akteure, Kleisthenes und der *demos*, in ihren Voraussetzungen und Interessenlagen vorgestellt werden.

c. Kleisthenes und sein Haus

Megakles, der Vater des Kleisthenes, zählte in den Jahren um 560 v.Chr. zu den prominenten Aristokraten Athens. Die Überlieferung nennt seinen *oikos* in der männlichen Abstammungslinie nach einem der Vorväter namens Alkmaion die ,Alkmeoniden'.[6] Kleisthenes entstammte der Ehe des Megakles mit Agariste, der Tochter des Tyrannen Kleisthenes von Sikyon.[7]

Das erste, was wir von Kleisthenes hören, ist, daß er 525/4 v.Chr. in der Zeit der Herrschaft von Hippias und Hipparchos *archon* in Athen war. Da die Archonten

---

[5] Vgl. Hdt. 1, 59-64, Aristot. Ath. pol. 13, 4 - 15, 5; vgl. Verf.: Gesellschaft und Staat bei den Griechen: Archaische Zeit. Paderborn 2003, Kap. A, IV, 2.

[6] In Verf.: Gesellschaft und Staat bei den Griechen: Archaische Zeit. Paderborn 2003, Kap. A, I, 1 ist ausführlich erläutert, daß die häufig zu findende Ausdrucksweise ,Geschlecht der Alkmeoniden' falsch ist. Wir können also nur von einem *oikos* oder einer Familie sprechen.

[7] Vgl. Hdt. 6, 126-130 sowie Verf.: Gesellschaft und Staat bei den Griechen: Archaische Zeit. Paderborn 2003, Kap. A, III, 1.

meist jüngere Männer waren, könnte Kleisthenes vielleicht zwischen 560 und 550 v. Chr. geboren sein. Trotz ihres zeitweiligen Einvernehmens mit den Tyrannen gehörte die Familie von Megakles und Kleisthenes zu jenen Aristokraten, die mit den Tyrannen meist in Gegnerschaft oder im Wettbewerb standen. Wenige Jahre nach seinem Archontat – vielleicht schon um 520 v. Chr. – befindet sich Kleisthenes erneut im Exil. In jener Zeit ist er in ganz Griechenland berühmt geworden durch seine großzügige Beteiligung am Bau des neuen Apollontempels in Delphi. In diesem bedeutendsten griechischen Heiligtum besaß Kleisthenes ein erhebliches Kapital an Einfluß und Prestige, das sich schließlich auszahlte, als die Appelle Delphis gegen die peisistratidische *tyrannis* in Sparta auf offene Ohren stießen. Bereits vor dem Eingreifen der Spartaner in Athen hatte Kleisthenes vergeblich versucht, die Peisistratiden selbst mit militärischer Gewalt zu vertreiben. Diese jahrelangen Bemühungen des Kleisthenes gingen dann praktisch nahtlos über in seinen Kampf mit Isagoras nach dem Ende der *tyrannis*.[8] Es ging um die Macht, *peri dynamios*, wie Hdt. 5, 66 feststellt. Hat Kleisthenes damit also die schon generationenlange Familientradition folgerichtig fortgeführt? Denn alles, was wir über Kleisthenes und sein Haus wissen, läuft darauf hinaus: Schon seit dem 7. Jh. v. Chr. finden wir die Alkmeoniden immer wieder im Kampf um die Vormacht; mit den Tyrannen standen sie in einem Wechselspiel von Bündnis und Opposition; sie unterhielten weitläufige Beziehungen über Athen hinaus und standen insbesondere mit Delphi in enger Verbindung.

Die Figur des Kleisthenes gibt uns ein Rätsel auf: Wie konnte aus einem in jeder Hinsicht typischen, ja geradezu prototypischen Aristokraten, der noch im Jahre 510 v. Chr. das zu tun scheint, was nach dem Ende der *tyrannis* aus der Sicht eines Aristokraten am nächsten lag, nämlich um die Aufrichtung einer eigenen Herrschafts- oder *tyrannis*-Stellung zu kämpfen – wie konnte aus diesem Mann der Neugründer Athens werden, der die *politeia* – wie sich dann zeigen sollte: endgültig – in die Hände des *demos* gelegt hat?

d. Der *demos* und seine Interessen

Warum Kleisthenes und der *demos* zusammengefunden haben, kann nur verständlich werden vor der Rekonstruktion der Lage, in der sich der *demos* nach dem Ende der *tyrannis* befand und welche Perspektiven er haben konnte. Denn unerwartet und erstaunlich war in jedem Falle die Handlungsweise der großen Mehrheit des athenischen Volkes in den Ereignissen nach 510 v. Chr.[9] Bei der Verjagung der Tyrannen war der *demos* offenbar nicht aktiv beteiligt. Danach schlägt indessen die bisherige Passivität plötzlich um: Der *demos* läßt sich von Kleisthenes für die geplante Neuordnung anscheinend leicht gewinnen; er wehrt sich nach einiger Zeit vehement gegen die von Isagoras betriebene Ausschließung von Neubürgern der Tyrannenzeit aus der Bürgerschaft[10]; er verteidigt schließlich aktiv und mit Erfolg

---

[8] Vgl. Hdt. 2, 180; 5, 62, 2 – 63, 1; 5, 66; 6, 123.
[9] Vgl. Aristot. Ath. pol. 20, 3-4.
[10] Vgl. Aristot. Ath. pol. 13, 5 und 21, 4.

die Position des Kleisthenes, seine mittlerweile errungenen Positionen und zukünftigen Perspektiven gegen Isagoras und die von ihm zu Hilfe gerufenen Spartaner. Was läßt sich aus dieser Handlungsabfolge schließen?

Der *demos* wehrte sich zum einen gegen jede fremde Einmischung. Das Machtvakuum, das durch den Wegfall der Tyrannis entstanden war, sollte nicht von außen gefüllt werden. Das bedeutete zugleich, daß mit der Abschnürung von auswärtigen Machtressourcen jeder Weiterführung von *stasis*-Kämpfen letztlich der Boden entzogen wurde.

Die Athener waren also, zweitens, die *stasis* leid. Nach der langen Periode innerer Stabilität, die nicht zuletzt Wohlstand und Sicherheit gebracht hatte, waren ihnen die alten Zustände des aristokratischen Machtkampfs fremd geworden. Wenn sie vielleicht auch keinen Tyrannen, der ja schmählich versagt hatte, mehr wollten, so mochten sie dagegen doch auch nicht inneren Unfrieden und Anarchie eintauschen und das Funktionieren staatlicher Institutionen, an das sie sich mittlerweile gewöhnt hatten, wieder aufs Spiel setzen.

Besonders belastend mußte sein, daß in die aristokratische *stasis* auch großen Teile der Bevölkerung hineingezogen wurden. Isagoras benutzte das sicher zum Teil handfesten Gründen entstammende Verlangen vieler Aristokraten wie Nicht-Aristokraten, mit der Herrschaft der Tyrannen und mit ihren Anhängern abzurechnen und dabei viele der im Laufe der vergangenen Jahrzehnte in Athen ansässig Gewordenen über die Klinge springen zu lassen, als Mittel für den eigenen Machtgewinn. Hieraus erwuchs schnell eine allgemeine Atmosphäre der Verdächtigung, ein Klima der Verunsicherung, das auch bisherige Befürworter und potentielle Nutznießer der Säuberungsaktionen nicht verschonte. Der Frieden in der Gemeinde war auf unerträgliche Weise gestört.

In dieser Situation haben die Athener das getan, was Solon sich einst mit seinem *stasis*-Gesetz gewünscht hatte: Sie haben im Aristokratenzwist und drohenden Bürgerkrieg rasch und eindeutig Partei ergriffen, damit eine Weiterführung der *stasis* unmöglich gemacht und mit der Unterstützung des kleisthenischen Programms ihre Bereitschaft dokumentiert, die innere Einheit der Gemeinde wiederherzustellen.

Dieses rückhaltlose Vertrauen endlich, das die Athener den Plänen des Kleisthenes schenkten, beweist, daß das Saatkorn mit Namen ,bürgerliches Selbstbewußtsein', das Solon einst gesät hatte, im Verborgenen gekeimt und mittlerweile aufgegangen war. Nachdem die Tyrannen dieses Pflänzchen nicht auszureißen vermocht und es sogar noch weiter gehegt hatten, behauptete es nunmehr seinen ihm zukommenden Platz. Wenn sie schon keinen Tyrannen mehr hatten, dann wollten die athenischen Bürger sich beweisen, daß sie in politicis überhaupt ohne einen Herren auskommen konnten. Ein Spielball aristokratischer Einzelinteressen wollten die Athener fortan nicht mehr sein. Nicht wenige Zeugnisse belegen, daß sich im Laufe des 6. Jhs. v. Chr. in der griechischen Welt in vielen Gemeinden das bürgerstaatliche Bewußtsein schon entwickelt hatte. Auch wenn wir einen direkten Reflex hiervon im Athen der Tyrannenzeit nicht erkennen können, müssen wir auch hier mit einer entsprechenden Reifung im Verborgenen rechnen. Darauf führt die staatliche Integrationspolitik der Tyrannen, vor allem jedoch die plötzlich aufscheinende Frucht dieser Entwicklung: die Haltung des attischen *demos* nach dem Sturz der *tyrannis*. Wir dürfen folglich ebenso die Möglichkeit nicht ausschließen, daß auch Kleisthenes selbst und die ihn unterstützenden Aristokraten an dem Erwachen des Bürgerbewußtseins teilhatten.

Die bis hierher skizzierten Voraussetzungen und Bedingungen zeigen ganz deutlich: Kleisthenes hat seine politische Neuordnung nicht in einem historisch luftleeren Raum durchgeführt. Die Institutionalisierung der Bürgerstaatlichkeit ist weder vom Himmel gefallen noch allein der politischen Phantasie und dem Konzeptionsvermögen ihres Urhebers zu verdanken. Vielmehr gibt es einen wenigstens bis Solon zurückreichenden historischen Zusammenhang, aus dem die Optionen wie die Probleme erwuchsen, vor die sich die Athener um Kleisthenes gestellt sahen, als die *tyrannis* nicht nur verschwunden war, sondern auch ihre weitere historische Existenzberechtigung verloren hatte.

2. Die Institutionen des kleisthenischen Bürgerstaates

Gewöhnlich wird das kleisthenische Werk unter dem Begriff der Phylenreform zusammengefaßt. Was sie bedeutete, wird am besten klar, wenn man sich zunächst die bisherige Phylenordnung anschaut: Die Athenaion Politeia kennt vier alte Phylen, gegliedert jeweils in drei Trittyen (Drittel) und zwölf Naukrarien.[11]

Diese vier alten Phylen waren Personenverbände, die wahrscheinlich seit dem 7. Jh. v. Chr. das Aufgebot der athenischen Hopliten gliederten. Die drei Trittyen, aus denen jede Phyle bestand, waren wohl jene kleineren und überschaubareren Einheiten, in deren Rahmen sich das Kampftraining und die Mobilisierung der Wehrfähigen vollzog. Die Phylen hatten vermutlich noch weitere politische Aufgaben, etwa die praktische Durchführung der solonischen Klasseneinteilung oder die Rechtsprechung.[12] Ganz schlecht sind wir über die Funktion der Naukrarien unterrichtet. Sollten sie, was aufgrund des Namens am nächsten liegt, für die Bereitstellung von Kriegsschiffen zuständig gewesen sein, so können sie noch bis in die Tyrannenzeit aufgrund der Geringfügigkeit der athenischen Flotte nur eine ganz untergeordnete Rolle gespielt haben. Die große Zahl, die die Athenaion Politeia nennt, könnte unter diesem Blickwinkel ein späteres arithmetisches Konstrukt sein.

Kleisthenes hat diese alte Struktur der Bürgerschaft nicht formell beseitigt, sondern die neue einfach neben sie gestellt. Soweit die neuen Körperschaften aber die Aufgaben der alten Institutionen übernahmen, starben diese praktisch von selbst ab.

---

[11] Vgl. Aristot. Ath. pol. 8, 3. Im folgenden werden für die Gliederungselemente der Bürgerschaft in der kleisthenischen Ordnung die in der deutschen Forschung eingeführten eingedeutschten Namen und nicht die griechischen Originalbegriffe verwendet.

[12] In der von Drakon geregelten Blutgerichtsbarkeit spielen wahrscheinlich die Vorsteher der Phylen eine Rolle, vgl. Verf.: Gesellschaft und Staat bei den Griechen: Archaische Zeit. Paderborn 2003, Kap. B, VI, 4.

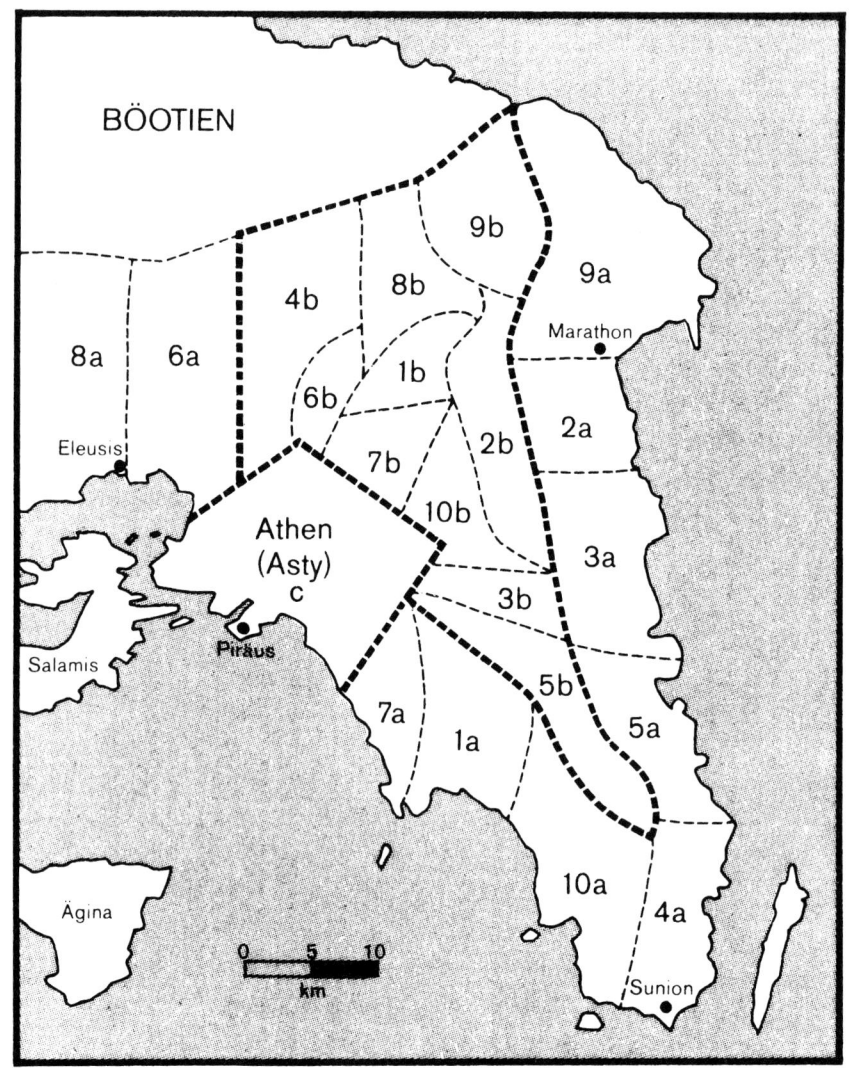

Abb. 3   Die politische Einteilung Attikas durch Kleisthenes

Die Bürger Athens wurden von Kleisthenes zehn neuen Phylen zugeordnet. Die jeweilige Zugehörigkeit zu einer bestimmten Phyle ergab sich für den einzelnen Bürger aus mehreren vorgängigen Zugehörigkeiten in einem ineinandergeschachtelten System weiterer Körperschaften:

Die kleinste Einheit waren die 139 Demen. In der Regel mehrere von diesen wurden zu annähernd gleich großen Trittyen zusammengefaßt, von denen dann wiederum je drei eine Phyle bildeten.

Entscheidend war nun, daß die 30 Trittyen in Blöcken zu je zehn in drei territorialen Bereichen Attikas angesiedelt wurden. Es gab also zehn Trittyen im Bereich des städtischen Zentrums und seines unmittelbaren Umlandes, zehn Trittyen entlang der Küste Attikas und zehn im Binnenland. Jede Phyle vereinigte je eine Trittys dieser Regionen. Die Zusammenstellung der Trittyen zu der Phyle wurde durch das Los bestimmt. Das System läßt sich durch folgendes Schema veranschaulichen:

Wie das Schema zeigt, variierte die Zahl der Demen sowohl in einer Trittys stark – in einigen Fällen bestand sie nur aus einem einzigen Demos, falls dieser entsprechend groß war – als auch bei den Phylen insgesamt, die zwischen sechs und 21 Demen umfaßten.

Neben dem Demos und der neuartig zustande kommenden Phyle ist die Einrichtung eines neuen Volksrates, der *boule*, die dritte wichtige institutionelle Neuerung des Kleisthenes. Der Rat war in seiner inneren Struktur an das neue Phylen-System gekoppelt. Er hatte 500 Mitglieder, demzufolge stellte jede Phyle 50 Ratsherren. Da die Trittyen mit einigen Ausnahmen etwa gleich groß waren, kam aus ihnen etwa

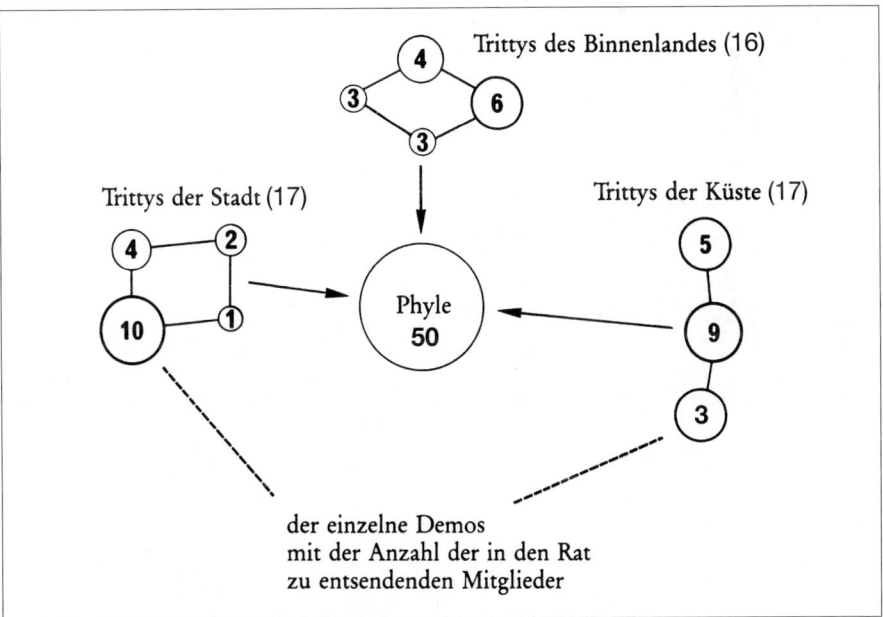

Abb. 4   Die kleisthenische Ordnung: Demen – Trittyen – Phylen – Ratsherren

die gleiche Anzahl von Ratsmitgliedern (Bouleuten). Das Schema läßt erkennen, daß die Zusammenfassung der Demen zu einer Trittys sich nach dem Gesichtspunkt richtete, zusammen etwa ein Drittel der 50 Phylen-Repräsentanten zu stellen. Wie viele aus jedem einzelnen Demos kamen, war abhängig von dessen Größe. Manche Demen waren so klein, daß sich zwei von ihnen einen Ratsherren teilen mußten; nur einige wenige Demen stellten mehr als 20 Ratsherren.

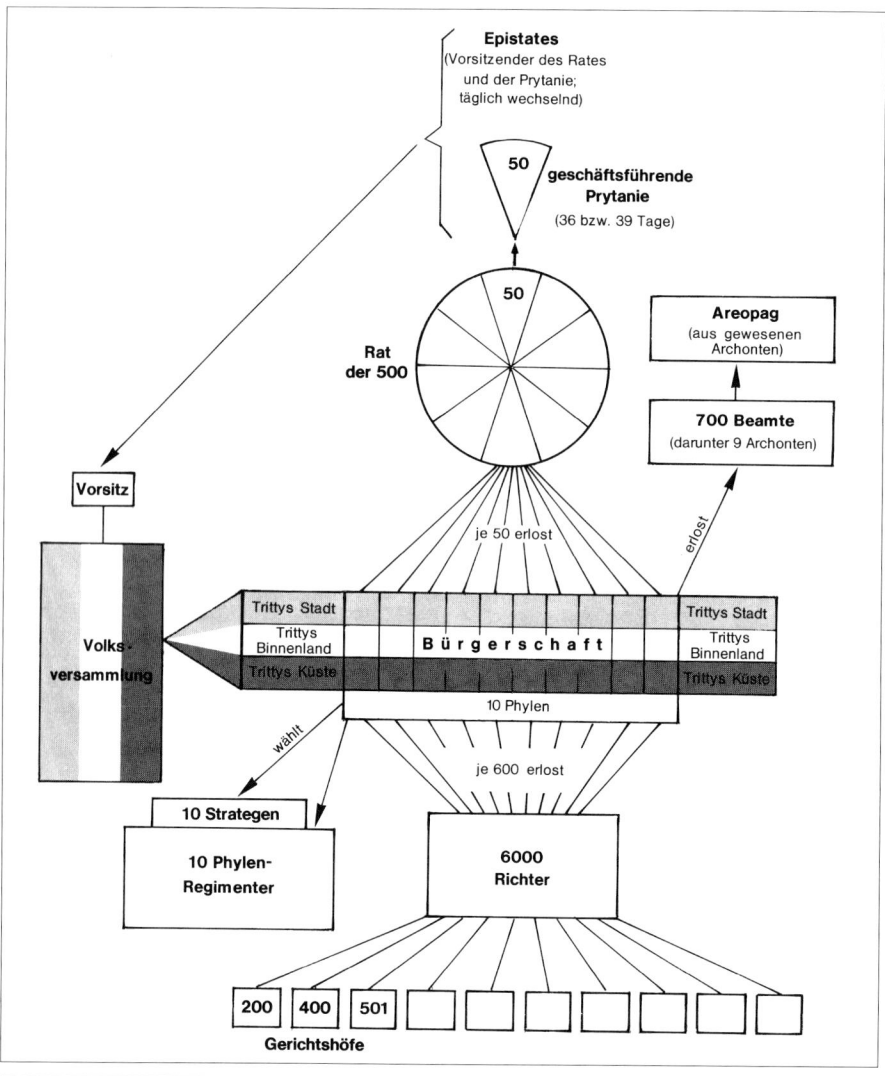

Abb. 5 Die Institutionen des Bürgerstaates und ihr Zusammenspiel

Die Gleichheit der Trittyen war nur eine Zielvorstellung, von der man in der Praxis zuweilen abweichen mußte. Denn die Schaffung der Demen knüpfte an gewachsenen Siedlungseinheiten an, deren Größe in einigen Fällen erheblich vom Durchschnitt abwich.

3. Der Demos: Die Schule der Selbstregierung

Die Grundlage des kleisthenischen Systems bildeten die von Kleisthenes neu eingerichteten 139 Demen. In ihnen war die gesamte Bürgerschaft Attikas erfaßt. Diese neuen politischen Körperschaften knüpften an die bestehende Siedlungsstruktur an. Kleisthenes hat also aus den attischen Dörfern und Kleinstädten Demen gemacht, woraus sich die zufällige Zahl von 139 erklärt. Auch wenn natürlich manche gar zu kleine Ansiedlung mit anderen zu einem Demos zusammengeschlossen wurde, ist dennoch deutlich, daß die Demen in ihrer Größe und Lage die Besiedelung des attischen Landes und des städtischen Zentrums widerspiegelten, wie sie im Laufe des 6. Jhs. v. Chr. herangewachsen war.

Die Quellen lassen keine sichere Aussage zu, ob diese Siedlungseinheiten auch in der Zeit vor Kleisthenes bereits als Demen bezeichnet worden sind. Immerhin gibt es ein solonisches Gesetz[13], in dessen allerdings erst sehr viel später überliefertem Wortlaut Demen auftauchen; und dem Tyrannen Peisistratos schreibt die Athenaion Politeia die Einrichtung von Demenrichtern zu.[14] In einem siedlungstopographischen Sinne haben die Demen vor Kleisthenes zweifellos bestanden, konstitutionelle politische Einheiten waren sie höchstwahrscheinlich jedoch noch nicht. Das schließt freilich nicht aus, daß manche von ihnen wie etwa Eleusis oder Marathon in gewissem Umfang schon vorher ein politisches und religiöses Eigenleben besaßen.

Die wirtschaftliche und soziale Dynamik der nachsolonischen Zeit und der *tyrannis* hatte unterdessen gegenüber den früheren Verhältnissen zahlreiche räumliche Verschiebungen, Binnenwanderung sowie auch ein absolutes Anwachsen der Bevölkerung mit sich gebracht – man denke nur an die Konsequenzen der solonischen Bauernbefreiung. Ältere Sozialverbände wie die alten Phylen oder die Phratrien wurden dadurch in ihrer Funktionsfähigkeit beeinträchtigt; ältere Siedlungszusammenhänge zerrissen, neue entstanden. Mit der Einrichtung der Demen hat Kleisthenes auf das hier herangewachsene Problem reagiert: Die neuen nachbarschaftlichen Siedlungsverbände verlangten danach, als konstituierende Bestandteile der Gesamtgemeinde formell anerkannt zu werden. Aus solchen Bedürfnissen heraus wird verständlich, wieso das Programm des Kleisthenes den Wünschen der Bevölkerung entgegenkam. Die willkürlich erscheinende Zahl und die unterschiedliche Größe der Demen beweist überdies, daß Kleisthenes nicht von oben herab ein Reformkonzept schematisch über die wirklichen Verhältnisse gelegt hat. Er hat

---

[13] Vgl. F 76 a Rusch.
[14] Vgl. Aristot. Ath. pol. 16, 5.

die Athener vielmehr dort aufgesucht, wo sich ihr tägliches Leben tatsächlich ab-
spielte – in ihren Siedlungsgemeinschaften. Diesen hat er eine institutionelle Form
gegeben und eine Vielzahl von Aufgaben übertragen.

Eine solche Maßnahme erscheint deshalb schon vom Ansatz her nicht als ein revolutionärer Eingriff, sondern eher als überfällige Institutionalisierung und Anerkennung von Verhältnissen, die de facto in den vergangenen Jahrzehnten heran-
gereift waren. Die Schaffung der Demen dürfte folglich nicht nur der
systemlogische, sondern auch der faktische Ausgangspunkt des Reformwerks gewesen sein. Denn mit diesem Unternehmen konnten die Menschen sofort etwas
anfangen. Es traf ihre ureigensten Bedürfnisse und brachte Kleisthenes dadurch
das Vertrauen, das er für die Durchsetzung der weiterreichenden Neuerungen benötigte, deren Sinnfälligkeit nicht für jeden auf Anhieb durchschaubar und erfahrbar war.

Der Demos war eine lokale Selbstverwaltungseinheit, deren innere Verfassung in
den meisten Merkmalen der institutionellen Struktur auf der Ebene der Gesamtgemeinde entsprach:

• Jeder Demos hatte eine *agora*, eine Gemeindeversammlung, nebst dem dafür
  vorgesehenen Ort. Alle erwachsenen Demenmitglieder konnten hier in freier
  Rede über die den Demos betreffenden Angelegenheiten beraten und mit gleichem Stimmrecht über sie entscheiden. Außerdem wurden von diesem Gremium einige der für die Gesamtgemeinde wichtigen und dem Demos übertragenen Aufgaben bewältigt.

• An der Spitze jedes Demos stand ein *demarchos*, ein Beamter, der von der Demosversammlung gewählt, später erlost wurde. Er unterlag wie alle *polis*-Beam-
  ten zu Beginn seiner Amtszeit der *dokimasia*, der Prüfung, ob er die Voraussetzungen für das Amt auch erfüllte, und der Rechenschaftsablegung an deren Ende.
  Zu den Aufgaben des *demarchos* gehörten der Vorsitz und die Geschäftsführung
  der *agora*, polizeiliche Funktionen sowie die Führung der Liste der Demoten.
  Hinzu kamen religiöse Pflichten, die Vertretung des Demos vor den zentralen
  Behörden sowie finanzielle Obliegenheiten.

• Daneben gab es je nach Größe des Demos weitere Beamte, etwa im Bereich der
  Finanzen oder des Kults. Es ist auffällig, daß sie alle die gleichen Bezeichnungen tragen wie die Funktionsträger auf der Ebene der Gesamtgemeinde.

Die Liste der Selbstverwaltungsaufgaben, die die Demen in eigener Verantwortung
bewältigen durften und mußten, ist eindrucksvoll. Sie betreffen sowohl interne Belange des Demos als auch Angelegenheiten der Gesamtgemeinde.

• die Regelung wirtschaftlicher Fragen wie etwa der Nutzung oder Verpachtung
  von Gemeindeland;

- die Errichtung und Unterhaltung von öffentlichen Baulichkeiten: Tempel, *agora* und Theater sind archäologisch bezeugt;
- die Aufsicht beziehungsweise die Durchführung der lokalen Kulte und die Organisation und Veranstaltung von Kultfesten;
- die niedere Gerichtsbarkeit;
- die Bewilligung von Ehrungen verdienter Angehöriger des Demos und die Aufstellung entsprechender Inschriften wie auch anderer Beschlüsse der *agora*.

Selbstverständlich waren dies alles keine hochpolitischen Angelegenheiten. Dafür gingen sie jeden einzelnen unmittelbar an und haben daher durchaus das Engagement der Demoten hervorgerufen. Das gleiche gilt freilich für die bedeutenden Funktionen, die dem Demos im Dienste der Gesamt-*polis* oblagen:

- Am wichtigsten war die Führung der Liste der Demosmitglieder. In sie wurde jeder Athener nach dem vollendeten 18. Lebensjahr eingetragen. Voraus ging der Nachweis der legitimen Abstammung von einem Vater, der selbst dem jeweiligen Demos angehörte. Die Demosversammlung stimmte dann über den Aufnahmeantrag ab. Zugehörigkeit zu einem Demos war also erblich und galt unabhängig vom jeweiligen Wohnsitz. Im Prinzip war der Demos deshalb keine territoriale Einheit, obwohl er an eine solche anknüpfte, sondern ein Personenverband.
  Die Eintragung in die Mitgliederliste eines Demos war deswegen so bedeutend, weil hieran die Ausübung sämtlicher politischer Rechte hing und die Heranziehung zu den bürgerlichen Pflichten, vor allem zum Heeresdienst. Athener war man, weil man zu einem bestimmten Demos gehörte. Dessen Name wurde als *demotikon* dem eigenen Namen angefügt und wies jemanden als athenischen Bürger aus. Also beispielsweise: Perikles Xanthippou Cholargeus – Perikles, der Sohn des Xanthippos, aus dem Demos Cholargos (aus einer städtischen Trittys, im Nordwesten des Zentrums gelegen). So wurde auch denen, die durch Volksbeschluß zu athenischen Bürgern gemacht wurden – in klassischer Zeit eine selten verliehene Ehre –, immer ein Demos zugewiesen, in den sie eingeschrieben und eben dadurch zu athenischen Bürgern wurden.

- Ein wichtiger Auslöser für die Schaffung der Demen war die nach dem Ende der *tyrannis* sich notwendig stellende Frage, wer fortan zur Bürgerschaft gehören sollte. Gegen die willkürliche Ausgrenzung tatsächlicher oder angeblicher Tyrannenfreunde bzw. jener, die in den vorangegangenen Jahrzehnten nach Athen zugewandert und von den Tyrannen als Athener naturalisiert worden waren, wie sie von Isagoras und seinem Anhang betrieben wurde, enthielt Kleisthenes' Neuordnung ein Angebot zur Friedensstiftung auf Konsensbasis. Die Einschreibung in die neuen Bürgerlisten der Demen war der erste konkrete Schritt, der sich hinter der allgemeinen aristotelischen Formulierung verbirgt: „Kleisthenes (...) gab der Menge die *politeia* zurück."[15] Das heißt nichts anderes, als daß er gewährleistete, worauf alle, die in den vergangenen Generationen in die Gemeinschaft der Athener hineingewachsen waren, ein Anrecht hatten: das Bürgerrecht. Indem dies in einer neuen Form institutionell geklärt und sichergestellt wurde[16], hat Kleisthenes die innere Einheit des Bürgerverbandes und die Voraussetzung für das künftige Zusammenleben geschaffen.

• Die übrigen Funktionen des Demos im Dienste der Gesamt-*polis* sind rasch aufgezählt. Sie ergeben sich einmal aus der Führung der Bürgerliste. Denn diese schuf die Grundlage für das militärische Aufgebot, welches seinerseits dann auf der Ebene der Trittyen eine institutionelle Form erhielt. In eigener Regie mußten die Demen die Bemannung der Kriegsschiffe zusammenstellen, eine Aufgabe, die angesichts der außenpolitisch-militärischen Position Athens im 5. Jh. v. Chr. hochbedeutend war. Ferner konnten den Demotenlisten die Voraussetzungen für die gelegentlich erhobene außerordentliche Vermögenssteuer *(eisphora)* entnommen werden. Schließlich war aus ihnen zu sehen, wer die politischen Rechte als Athener ausüben durfte. Deswegen rekrutierten sich auch die Mitglieder der zentralen politischen Organe auf der Ebene der Demen. Jeder Demos stellte aus seiner Mitte eine feste Anzahl von Ratsherren, Richtern für die Schwurgerichte und Kandidaten für die Archontenämter, die nach 487 v. Chr. in den zehn Phylen ausgelost wurden.

Überblickt man den institutionellen Aufbau eines Demos und seine Aufgaben im kleinen wie im großen Rahmen der *polis*, so kann man diese Körperschaft mit Fug und Recht als ein verkleinertes Abbild der Gesamtgemeinde bezeichnen. Es ist daher kein Zufall, daß die Bürgerschaft insgesamt und ihr kleinstes, aber fundamentales Glied mit dem gleichen Begriff bezeichnet werden.

> „My point is (...) that the use of the same referent for the whole body of citizens and for its 139 constituent parts created a strong bond of identity: the *demos* could not act without associating all the *demoi* in that action. Decisions promulgated over the name of the *demos* of the Athenians claim the support not only of all Athenian citizens as individuals but of those individuals grouped into their demes."[17]

In der Kleingesellschaft des Demos, wo unvermeidlich jeder jeden kannte, wurde unter strenger Wahrung der Gleichheit aller Mitglieder selbständig über konkrete und alltägliche Fragen beraten und entschieden; aus der Mitte der Demoten wurde in periodischen Abständen eine gewisse Zahl von Beamten und Funktionsträgern erlost oder gewählt, die von den Demoten in ihrer Amtsführung kontrolliert wurden; die Materien der Politik berührten die meisten unmittelbar, sie waren für jeden verständlich und in ihren Voraussetzungen und Folgen überschaubar. Aus dieser kleinen Politik und aus der Gemeinschaft der örtlichen Kulte wuchs in den Demen eine lokale Identität. Bereits sie war politisch und bot somit einen Kristal-

---

[15] Aristot. Ath. pol. 20, 1; Ü.: Verf.
[16] Vgl. Aristot. Ath. pol. 21, 2 u. 4.
[17] Robin Osborne: The Demos and its Divisions in Classical Athens. – In: Oswyn Murray/Simon Price: The Greek City from Homer to Alexander. Oxford 1990, S. 269.

lisationskern, um den herum sich auf anderen Ebenen die politische Identität des *polis*-Bürgers ausbilden konnte.

Gewiß machte sich gerade in den Demen der soziale Unterschied von Aristokratie und Volk bemerkbar. Einige Überlieferungen lassen erkennen, daß der *demarchos* in der Regel von den örtlichen Großen gestellt wurde. Seine relativ weitreichenden Kompetenzen wurden bereits erwähnt. Doch unterlag das Verhältnis von Volk und Aristokratie im Raum der Politik auf der lokalen Ebene keinen anderen Regeln als in der *polis* insgesamt: Der *demarchos* war ein *polis*-Beamter und damit den strengen Konstitutionsbedingungen und der Kontrolle bürgerstaatlicher Ämter unterworfen. Wollten sich die Aristokraten als solche hervortun, steckte ihnen der auf der *agora* versammelte Bürgerwille den dafür vorgesehenen Rahmen ab. In diesen eingebunden war es dann nicht nur möglich, sondern erwünscht, daß der Aristokrat seine besonderen persönlichen Fähigkeiten wie seine materiellen Potenzen zur Geltung brachte. Das Wohl des Demos wurde dann zu einer Quelle des Ansehens, der aristokratischen *time*. Zahlreiche Ehreninschriften für verdiente Demoten legen davon eine beredtes Zeugnis ab. Sie datieren ganz überwiegend erst aus dem 4. Jh. v. Chr. Nicht zuletzt dies belegt, was die neuere Forschung mit Recht betont hat, die ungebrochene Vitalität des politischen Lebens im Demos während der gesamten Geschichte der demokratischen Bürgerstaatlichkeit in Athen. Die gewiß vorhandene Fluktuation der Bevölkerung hielt sich im ganzen in dieser Zeit offenbar in Grenzen, währenddessen das Zugehörigkeitsbewußtsein der Bürger zu ihrem *demos* immer so lebendig blieb, daß dieser bis zuletzt die ihm von Kleisthenes zugedachte Rolle spielen konnte.

4. Die Trittys: Ein überlokales Bindeglied

Bei der Bestimmung der Demen war das Prinzip maßgebend, lokale Einheiten intakt zu lassen. Auch auf der nächsthöheren Ebene der Strukturierung der Bürgerschaft hat Kleisthenes beim Demos als einem unteilbaren Bauelement angesetzt. Die Demen wurden stets vollständig zu einer Trittys zusammengefaßt. Dies ist die durchgehaltene Maßregel der Trittyenbildung. Welche anderen Grundsätze dabei wirksam wurden, ist nicht leicht zu sehen. Klar ist nur, daß es nicht bloß die eine und ausschließliche Erklärung für die Zusammensetzung der Trittyen gibt. Die Forschung der letzten Jahrzehnte hat vielmehr verschiedene Gesichtspunkte herausgearbeitet:

• Die Größengleichheit der Trittyen:

Phyle Akamantis (V)	Trittys Thorikos (K)	17 Ratsherren
	Trittys Sphattos (B)	17 Ratsherren
	Trittys Cholargos (A)	14 Ratsherren (+ 2 aus dem nicht lokalisierten Demos Eitea)

Eine Ausnahme stellt etwa die Trittys Acharnai dar. Sie bestand lediglich aus dem gleichnamigen Demos, dem größten aller Demen. Diese Trittys stellte allein 22 Bouleuten. Entsprechend geringer war die Anzahl derer, die von der zugehörigen Küsten- und Asty-Trittys kamen. Beispiel also:

Phyle Oineis (VI)	Trittys Acharnai (B)	22 Ratsherren
	Trittys Thria: (K)	17 Ratsherren
	Trittys Lakiadai (A)	9 Ratsherren (+ 2 aus nicht identifizierten Demen)

- Der regionale Zusammenhang der Trittyen:

Die geographische Abgrenzung der von Kleisthenes definierten drei Regionen Stadtgebiet (*asty*, A), Binnenland (B) und Küste (K) darf nicht zu schematisch und wörtlich genommen werden. Wichtig für die Zusammensetzung einer Trittys war vielfach der regionale Zusammenhang von Demen.
Um der Größengleichheit der Trittyen willen kam es gleichwohl mehrmals dazu, daß den regional konzentrierten Demen einer Trittys ein geographisch weit entfernter Demos hinzugefügt wurde.

- Das Zentralwegeprinzip:

In einigen Fällen sind solche Demen zu Trittyen zusammengefaßt worden, die entlang einem der nach Athen führenden Wege lagen. Dadurch entstand dann ein geographischer Zusammenhang auch zwischen Trittyen einer Phyle. Dies könnte militärtechnische Vorteile gehabt haben.
Sollten solche Trittyenblöcke, die noch in zwei weiteren Fällen festzustellen sind, tatsächlich bewußt herbeigeführt worden sein, dann wäre das von der Athenaion Politeia erwähnte Losverfahren bei der Zusammensetzung der Phylen[18] nicht durchgängig angewandt worden. Es ist letztlich jedoch unsicher, ob es tatsächlich ein solches Zentralwegeprinzip gegeben hat. Die genannten Fälle könnten durchaus auch auf Zufälle bei der Auslosung zurückzuführen sein.

Insgesamt hat die Forschung ein sehr komplexes Bild der Zusammensetzung von Demen zu Trittyen und von diesen zu Phylen rekonstruieren können. Man glaubt, dahinter die genannten Strukturprinzipien am Werk zu sehen. Diese können jedoch immer nur einen Teil des Ganzen erklären.
Sichereren Boden betreten wir wieder, wenn wir nach den Funktionen der Trittyen fragen. Ihre wichtigste ist es, eine bestimmte Zusammensetzung der Phylen zu garantieren. Indessen besaßen die 30 Trittyen auch für sich genommen bestimmte Aufgaben:

---

[18] Vgl. Aristot. Ath. pol. 21, 4.

- Militärisch: Die Einteilung in Trittyen diente offenbar dazu, das athenische Bürgeraufgebot zu gliedern. Wahrscheinlich stellte jede Trittys etwa 300 Hopliten, die die taktische Einheit eines *lochos* bildeten. Drei solche *lochoi* formierten sich dann zu einer *taxis* von ca. 900-1000 Mann – das Aufgebot einer Phyle. Das ist eine Schätzung aus den Zahlen, die uns für die Schlacht bei Marathon (490 v. Chr.) überliefert sind.[19] In späterer Zeit beruhte die militärische Stärke der Athener hauptsächlich auf der Flotte. Im Hafen von Piräus gab es für jede Trittys abgegrenzte Zonen, wo sich die Flottenmannschaften versammeln mußten. Sie wurden aufgrund der Demenlisten von den Trittyen zusammengestellt. All das mußte irgendwie organisiert, Verantwortlichkeiten mußten geklärt werden. Außer der Tatsache, daß es einen Trittyarchen gab, wissen wir darüber aber nichts.

- Politisch: Die 50 Ratsherren, die jede Phyle in den Rat zu entsenden hatte, teilten sich auf die drei Trittyen auf. Die Anteile der einzelnen Trittyen – idealiter 17:17:16 – spielten bei der Geschäftsführung des Rats, der Prytanie, eine Rolle. Hierzu wird noch zurückzukommen sein. Nicht sicher ist allerdings, ob das Prytanie-System bereits von Kleisthenes eingeführt worden war.

Was waren die Trittyen für den Bürger im politischen Leben? Waren sie „eher rechnerische Einheiten als lebendige Bezirke"[20]? Manches spricht dafür, daß sie so blutleer doch nicht waren. Zum einen besaßen sie in gewissem Umfang eine eigenständige Organisation. Weiterhin waren sie ja nicht bloß bezifferte Rechengrößen, sondern trugen alle einen Namen. Dieser war in der Mehrzahl der Fälle identisch mit dem Namen des größten Demos innerhalb der Trittys. Hinzu kommt ferner das Bemühen, bei der Zusammenführung der Demen, wo eben möglich, in der Nachbarschaft gelegene zusammenzufassen. Wir haben zwar keine Hinweise darauf, daß sich daraus so etwas wie ein regionales Bewußtsein gebildet hätte. Dazu gibt es auch zu viele Ausnahmen von diesem regionalen Prinzip. Außerdem tritt die Trittys in der Regel ohnehin primär im Kontext der Phyle in Erscheinung bzw. geht dann im Ganzen der Phyle auf. Dennoch: Die Angehörigen der Trittyen wirkten als Hopliten oder Schiffsmannschaften zusammen oder fungierten als Prytanen in der *boule*, was zwangsläufig gewisse Gemeinsamkeiten unter den dabei Beteiligten aus den verschiedenen Demen schaffen mußte. So bot der Rahmen der Trittys für manche, die erstmals aus dem engen Gesichtskreis ihres Demos traten, vielleicht einen Anhaltspunkt, der die Orientierung im doch erheblich größeren Kontext der Phyle (mit mehr als 1000 Köpfen) erleichtern konnte. Wenn sich diese Trittys-Gemeinschaft letztlich jedoch nicht zu einem wirklich eigenständigen Personenverband entwickeln konnte, so deswegen, weil sie in ihrer Funktionalität zu eng an den Demos und die Phyle gebunden war. Das Grundprinzip all dieser Verbände schimmert freilich auch bei der Trittys durch.

---

[19] Vgl. Nep. Milt. 5, 1; Just. 2, 9.
[20] Jochen Bleicken: Die athenische Demokratie. Paderborn [2]1994, S. 160.

5. Die Phyle: Zusammenwachsen und innere Einheit der Bürgerschaft

Wie der Demos und deutlicher als die Trittys war die Phyle eine in jeder Hinsicht eigenständige Körperschaft. Sie setzte sich zusammen aus je einer Trittys der Küste, des Binnenlandes und des Stadtbereichs. Wenn es, wie erwähnt, auch Anzeichen dafür gibt, daß in zwei bis drei Fällen vielleicht aus militärstrategischen Gesichtspunkten bestimmte Trittyen zusammengefaßt wurden, so lassen die Ergebnisse der Demen- und Trittyenforschung dennoch keinen Zweifel daran, daß die in Aristot. Ath. pol. 21, 4 berichtete Auslosung aus den jeweils zehn Trittyen zum Zwecke der Phylenbildung im allgemeinen zutreffend ist. Da man bei der Bildung der Trittyen auf Größengleichheit geachtet hat, sind auch die zehn Phylen in etwa gleich groß gewesen. In ihnen ist die gesamte bürgerliche Bevölkerung Attikas erfaßt.

Jede einzelne Phyle vereinigte eine Zahl von etwa 1000 waffenfähigen Bürgern aus verschiedenen Gegenden Attikas. Genaue Angaben über die tatsächliche Stärke der Phylen sind aber sehr schwierig. Die Zahl 1000 ist abgeleitet von der Angabe der athenischen Truppenstärke bei Marathon. Zu diesen 1000 waffenfähigen Hopliten des Jahres 490 v. Chr. sind in den jeweiligen Phylen noch hinzuzufügen die nicht mehr waffenfähigen Alten sowie die Theten. Wenn später im 5. Jh. v. Chr. die Zahl der athenischen Bürger mit etwa 40000 berechnet wird, so ist die Zahl der jeweiligen Phylenmitglieder auf mehr als 4000 angewachsen. Zu Zeiten des Kleisthenes dürften es höchstwahrscheinlich kaum die Hälfte gewesen sein.

Jede Phyle war ein sich selbst verwaltender Verband. Sein Kern war die Versammlung der Phyleten, wie beim Demos *agora* genannt. Sie befand über alle die Phyle selbst sowie deren Aufgaben in der Gesamt-*polis* betreffenden Angelegenheiten. Die Beschlüsse der Phyle wurden, ebenfalls wie im Demos, manchmal auch durch die Aufstellung steinerner Inschriften öffentlich beurkundet. Jede Phyle erloste drei Beamte zur Führung ihrer Geschäfte, außerdem einen Kassenwart.

Sehr wichtig ist die kultisch-religiöse Dimension der Phyle. Bei Herodot[21] und in der Athenaion Politeia[22] wird berichtet, daß Kleisthenes den neuen Phylen je einen Heros zur kultischen Verehrung gab. Aus einer Liste von 100 Namen habe das Orakel von Delphi auf Veranlassung von Kleisthenes die zehn eponymen Phylenheroen ausgewählt. Wir müssen das nicht unbedingt wörtlich nehmen. Sicher erscheint aber, daß Kleisthenes sich in Delphi rückversicherte. Das ist angesichts der Vorgeschichte – des Engagements von Kleisthenes in Delphi während seines letzten Exils – nicht weiter erstaunlich. Die Namen der Phylen lauten in der Reihenfolge, die sich schon in der Antike eingebürgert hatte:

Erechtheis (I) : (14 Demen)	Erechtheus galt als einer der Gründer Athens und als dessen erster König. Der Mythos nennt ihn erdgeboren und von Athena auf der Akropolis großgezogen.

---

[21] Vgl. 5, 66, 2 und 69, 2.
[22] Vgl. 21, 6.

Aigeis (II): (21 Demen)	Aigeus war ebenfalls einer der mythischen Könige von Athen und der Vater von Theseus. Wahrscheinlich war er zugleich eine lokale Ausformung des Meeresgottes Poseidon. Das griechische Meer trägt nach ihm den Namen Ägäis.
Pandionis (III): (11 Demen)	Pandion, ein weiterer mythischer König war der Sohn des Erechtheus und der Vater des Aigeus.
Leontis (IV): (20 Demen)	Es gab einen Heros namens Leos (von *laos*, Volk).
Akamantis (V): (13 Demen)	Akamas war der Sohn des Theseus. Sein Name gehört zum troischen Sagenkreis.
Oineis (VI): (13 Demen)	Oineus war der Sohn des Königs Pandion.
Kekropis (VII): (11 Demen)	Kekrops war ein anderer angeblicher Gründer Athens im Mythos. Auch er gilt als erdgeboren und war König von Athen.
Hippothontis (VIII): (17 Demen)	Hippothoon war der Sohn des Poseidon.
Aiantis (IX): (6 Demen)	Aias war der Lokalheros von Salamis. Auch sein Name führt in den troischen Sagenkreis. Er erinnert an die Bedeutung von Salamis für die Herausbildung der *polis* Athen.
Antiochis (X): (13 Demen)	Antiochos war der Sohn des Halbgottes Herakles.

Die Anerkennung der Phylenheroen durch Delphi war mehr als ein bloßer Akt der Pietät. Dahinter steht die ausdrückliche Rückbindung und Zuweisung der kleisthenischen Ordnung zu jenen Anschauungen und Zukunftsentwürfen, für die Delphi repräsentativ und zugleich ein Fokus war: die Entwicklung eines neuen politischen Denkens und Bewußtseins im Verlauf des 6. Jhs. v. Chr. Schon das politische Programm Solons steht in diesem Sinne in enger Verbindung mit Delphi. Kleisthenes' demonstrative Wendung an Delphi dürfen wir deswegen als eine symbolische Geste verstehen. Sie läßt wichtige Rückschlüsse zu auf die geistigen Grundlagen, aus denen heraus Kleisthenes dachte und handelte.

Für die Phylen waren ihre Namenspatrone in mehrfacher Hinsicht von großer Bedeutung:

• Jeder Heros gab der nach ihm benannten Phyle eine eigene Identität. Das war angesichts der Künstlichkeit der Bildung dieser Bürgervereinigungen unbedingt notwendig. Anders als bei den Demen konnte Kleisthenes bei den Phylen nicht auf bestehende hergebrachte Kultzusammenhänge bauen. Diese mußten zusammen mit der Phyle vielmehr neu geschaffen werden.

• Der Kult des Phylenheros diente dem Zusammenwachsen der Phyle mit ihren zunächst sehr disparaten Teilen zu einer Einheit. In den periodisch wiederholten

Kulthandlungen konnten die Angehörigen der Phyle ihre Zusammengehörigkeit erfahren. Die Phylenheroen erhielten einen hervorgehobenen Platz im Bild der Stadt. Auf der *agora* konnten die Bürger den Kultbildern der Repräsentanten ihrer Phylen in einem großen Monument ständig begegnen. An dessen Basis wurden öffentliche Bekanntmachungen wie die Volksbeschlüsse angeschlagen.

• Diese ständige Präsenz der Phylen im täglichen Leben der Bürger war eines der zahlreichen Mittel, durch die das Bewußtsein der Zugehörigkeit zur Bürgerschaft und damit deren Zusammengehörigkeit gestärkt wurde. Ein anderer zentraler Ort, an dem die Phylenheroen vergegenwärtigt wurden, war der Westgiebel des Parthenon, des die ganze Stadt überragenden Tempels auf der Akropolis. In der dort dargestellten Szene entschieden die Phylenheroen als Vertreter der Bürgerschaft im Streit zwischen Athena und Poseidon um das attische Land. Mit einem dieser beiden Götter sind denn auch fast alle diese Heroen im Mythos irgendwie verbunden.

• Die Auswahl der Phylenheroen aus dem ‚Personal‘ der mythischen Urgeschichte Athens muß als Ausdruck dafür gewertet werden, daß Kleisthenes seine Neuerung aus dem Geist der Tradition verstanden wissen wollte. Die Heroen gaben den neuen Phylen die Würde von seit Urzeiten geheiligten Institutionen.

Wie die anderen Personenverbände der Bürgerschaft regelte auch jede Phyle ihre finanziellen, kultischen oder organisatorischen Angelegenheiten selbst. Viel stärker als etwa bei den Demen standen bei den Phylen jedoch deren Funktionen im Dienste der Gesamt-*polis* im Vordergrund.

• Militärisch: Die Gliederung des Gesamtaufgebots an Hopliten. Jede Phyle bildete eine *taxis*. Die zehn Strategen der Phyleneinheiten wurden von der Volksversammlung aus ihren Phylen heraus gewählt.

• Politisch: Die Wahl beziehungsweise Erlosung der Ratsherren und der Mitglieder der Volksgerichte, die Wahl beziehungsweise Erlosung der neun Archonten und weiterer Beamter sowie die Benennung derjenigen, die für Liturgien in Frage kamen (Ausrüstung der Kriegsschiffe, sog. Trierarchie, Sorge für die Verteidigung der Stadt und die Mauern).

• Kultisch: Die Bestimmung der Choregen (für Aufstellung, Ausrüstung und Einübung der Chöre bei den lyrischen und dramatischen Wettbewerben verantwortlich), der Gymnasiarchen (für die bei bestimmten Festspielen stattfindenden Fackelwettläufe verantwortlich) und des Hestiator (für die Speisung der Phylenangehörigen an Festtagen verantwortlich).

Indem dies alles im Rahmen der Phyle vorbereitet, organisiert und vorentschieden wurde, waren diese Körperschaften unerläßlich und entscheidend dafür, daß sich die Bürger tatsächlich selbst regieren konnten. Sie waren dies – wie aus dem Katalog zu ersehen ist – nicht nur in institutioneller Hinsicht. Denn die bürgerliche Selbstregierung konnte nur reibungslos funktionieren aufgrund der entsprechenden geistigen Orientierung und individuellen Verhaltenseinstellung. Wenn die Athener im 5. Jh. v. Chr. ganz selbstverständlich als Bürger dachten und handelten, so hatte das nicht zum geringsten Teil seinen Grund darin, daß jeder zunächst einer Phyle und nur dadurch dem Bürgerverband als ganzem angehörte.

6. Der Sinn der Demen- und Phylenordnung und die Motive des Kleisthenes

a. Die Demen- und Trittyenforschung

Archäologische und epigraphische Befunde seit den 60er Jahren des 20. Jhs. haben die Erforschung der Binnengliederung Attikas verstärkt in Gang gebracht. Wichtige Quellen sind eine Reihe von Trittyen-Grenzsteinen, die auf den Versammlungsplätzen des Volkes, der Pnyx, der *agora* und im Piräus (Aufstellung der Flottenmannschaften) als Orientierungsmarken für das Zusammentreten der Bürger dienten und entsprechende Inschriften tragen. Noch wichtiger sind die sogenannten Bouleuten-Inschriften, auf denen jene Ratsherren einer Phyle dokumentiert sind, die als Prytanen die Geschäfte des Rats im jeweiligen Amtsjahr am erfolgreichsten besorgt hatten. Diesen Dokumenten sind vor allem die Zuordnung von Demennamen zu Phylen, die Zahl der Repräsentanten und deren Relationen zu entnehmen. Hinzu kommt schließlich, was die archäologische Landesaufnahme über die geographische Lage einzelner Demen, über Verkehrswege, über das lokale Leben in den Demen zutage gebracht hat.

Das Ziel dieser Forschung ist ein möglichst konkretes Bild von der Lokalisierung und der Größe der Demen, ihrer Zuordnung zu den 30 Trittyen und damit von deren Lage, Größe und gegenseitigen Abgrenzungen. Die Projektion auf eine Landkarte veranschaulicht sehr gut, daß das kleisthenische System (mit den möglichen Modifikationen im Laufe der Zeit) im einzelnen ein höchst kompliziertes Gebilde war. Die zahlreichen Abweichungen zwischen den innerhalb weniger Jahre entstandenen Karten zeigen, daß die Forschung insgesamt noch sehr im Fluß ist, und die große Lückenhaftigkeit unserer Kenntnis läßt es zweifelhaft erscheinen, ob man überhaupt zu abschließenden Urteilen gelangen kann. Um so mehr sind die auf den bisherigen Ergebnissen fußenden Generalisierungen hinsichtlich der dem Ganzen zugrundeliegenden Konstruktionsprinzipien mit Vorsicht aufzunehmen – einige sind bei der Besprechung der Trittyen genannt worden. Insbesondere ist daran zu erinnern, daß diese bürgerschaftlichen Gliederungseinheiten vom Prinzip her keine territorialen Größen waren, sondern Personenverbände, die sich nicht völlig mit geographischen oder siedlungstopographischen Gegebenheiten decken mußten. Bei der Suche nach dem Sinn und Zweck der kleisthenischen Ordnung hat man daher auch weiterhin primär von den summarischen Bewertungen der literarischen Quellen und von dem auszugehen, wie das fertige System funktionierte und was es bewirkte.

b. Zu einigen Deutungen in der Forschung:
   Persönliche Machtbasis – Brechung der Adelsmacht –
   Stärkung der militärischen Schlagkraft

Die Mehrheit der Forschung geht von der Demen- und Trittyenstruktur als gege-ben und im Grundsatz auch erkennbar aus: der Konstitution der Phylen aus den regional getrennten Trittyen sowie deren Zusammensetzung aus Demenkonglo-meraten, freilich nicht immer mit regionalem Zusammenhang. Den damit erziel-ten Effekt bezeichnet die Athenaion Politeia zutreffend, aber sehr allgemein mit dem Begriff ‚Vermischung‘ der Bürger Attikas[23]. Die von Aristoteles im selben Atem-zug gebotene Erklärung hierfür, nämlich die angeblich erwünschte Vertuschung der Legalisierung von Neubürgern aus der Tyrannenzeit, ist vermutlich ebenfalls nicht falsch, gewiß aber nicht ausreichend. Die Forschung sah sich daher zu ei-ner breiten Palette von Erklärungen veranlaßt, was es mit dieser Vermischung auf sich hat, wie dieser Vorgang in den gesamten Verlauf der athenischen Geschich-te einzuordnen ist und welche Motive Kleisthenes als Person dabei bewegt ha-ben. Vor allem in drei Richtungen haben sich die Interpretationen dabei immer wieder bewegt:

Bis heute vor allem im angelsächsischen Bereich verbreitet[24] ist die Auffassung, Kleisthenes' vordringliches Ziel sei gewesen, durch die Neueinteilung der Bürger-schaft seine eigene lokale Machtbasis zu verbreitern und institutionell zu sichern sowie die seiner Gegner zu zerschlagen. Anknüpfungspunkt für diese Position ist die Formulierung Herodots, Kleisthenes habe das Volk in seine *hetairie* aufgenom-men, um gegenüber Isagoras die Oberhand zu gewinnen. Eine Begründung dafür, wie sich dies konkret niedergeschlagen habe, liefert scheinbar die Beobachtung von geographisch zusammenhängenden Küsten- und Binnenlandtrittyen bei den Phylen II, III und V. Dort hätten sich alte lokale Einflußgebiete der Alkmeoniden befunden. Dagegen ist folgendes einzuwenden:

• Die im vorigen Abschnitt notierten Unstimmigkeiten und Unsicherheiten in der Identifizierung von Demen und ihrer Zuordnung zu den Trittyen.

• Das Problem der lokalen Einflußbereiche einzelner Aristokratenfamilien: Hierfür gibt es keinerlei quellenmäßigen Beleg, obwohl die Behauptung auch in ande-ren Kontexten wie etwa der Megakles-Lykurgos-Peisistratos-*stasis* in den 560er

---

[23] Vgl. Aristot. Ath. pol. 21, 2.
[24] Beispielhaft etwa der Beitrag von G. R. Stanton, in Deutschland früher von Hans Schaefer ver-treten.

Jahren immer wieder aufgestellt wird.[25] Allenfalls hat es verstreute lokale An-
knüpfungspunkte für die Bildung von Anhängerschaften einzelner Aristokraten
gegeben.

• Was hätte die unterstellte Konfiguration für den Einfluß von Kleisthenes im gesamten Gemeinwesen erbringen können, hätte sie sich doch nur in einem kleineren Teilbereich des gesamten Phylensystems zugunsten von Kleisthenes auswirken und diesem damit keineswegs eine Vormachtstellung in der Gemeinde
insgesamt sichern können?

• Wie hätte Kleisthenes die Mehrheit des Volkes überhaupt für sich gewinnen können mit einem Plan, dessen eigennützige Komponente sich doch kaum hätte ka-
schieren lassen?

• Und schließlich: Nach Ausweis der Quellen hat Kleisthenes die ihm unterstellte
Wirkung beileibe nicht erreicht. Sollte er seine Chancen tatsächlich so falsch eingeschätzt und sich die Mühe der Installierung eines so komplexen Systems ver-
gebens gemacht haben? Denn fraglos hat es weder einen bleibenden oder beherrschenden Einfluß der Alkmeoniden-Familie auf die athenische Politik
gegeben noch gibt es irgendeinen Hinweis darauf, daß Kleisthenes oder seine
Nachkommen in späterer Zeit versucht hätten, die von ihnen geschaffene Ordnung zu ihren Gunsten einzusetzen. Tatsache ist vielmehr, daß Kleisthenes als
politisch Handelnder außer durch sein Werk in der Überlieferung im weiteren
nicht mehr in Erscheinung tritt. Auch wenn die Ursache hierfür, wie manche annehmen, sein baldiger Tod gewesen sein mag, so bleibt doch auffallend, daß wir
auch seine Erben im Laufe des 5. Jhs. v. Chr. nie in einer politisch dauerhaft führenden Position finden.

Der weitere Hintergrund der These von der persönlichen Machtsicherung als
Zweck der kleisthenischen Neuordnung beruht auf noch grundsätzlicheren Annahmen, die mit der zweiten Interpretationsrichtung verbunden sind. Die bis heute
überwiegende Meinung geht nämlich dahin, Kleisthenes habe durch die Neueinteilung der Bürgerschaft auf lokalem Prinzip die bis dahin bestehenden, auf die
Siedlungsnachbarschaft zurückzuführenden Bindungen zwischen Aristokratie und
Volk auflösen wollen. Er habe damit das Volk aus den Klauen der Aristokraten befreit. Die Brechung der alten Adelsmacht sei also Kleisthenes' Losung gewesen.
Diese Auffassung führt bei näherem Hinsehen notwendig in Widersprüche:

• War die Adelsmacht, die da gebrochen werden sollte, stark, dann ließ sie sich
kaum durch eine formelle neue Gliederung allein aushebeln, die im übrigen ja

---

[25] Vgl. Hdt. 1, 59-64 u. Verf.: Gesellschaft und Staat bei den Griechen: Archaische Zeit. Paderborn 2003, Kap. A, IV, 2.

auch den Demos als traditionelle Einheit, in dem sich die Adelsmacht weiterhin hätte auswirken müssen, unberührt ließ. Ferner wären derartige traditionelle Herrschaftsverhältnisse gewiß nicht ohne den Widerstand der Betroffenen zu beseitigen gewesen. Von einem gewaltsamen Vorgehen der Reformer, von Widerstand gegen diese[26], von revolutionärem Volksaufruhr verlautet in der Überlieferung nicht das geringste. Waren die vermeintlichen alten Kräfte hingegen schwach, wieso bedurfte es dann solcher umfangreichen und komplizierten Vorkehrungen, die sich angeblich gegen sie gerichtet hätten?

• Kleisthenes ließ die alten Phylen weiterbestehen und hat auch andere Verbände, Kultvereinigungen und vor allem die Phratrien nicht angetastet. Diese jedoch zählen in jenem Bild von der bisherigen Adelsherrschaft zu den ganz typischen Institutionen der Aristokratie. Doch starben die Phratrien im weiteren Verlauf der Geschichte nicht etwa ab oder wurden bedeutungslos, sondern behielten einen wichtigen Platz im Leben jedes Bürgers.[27] Ebenso wie in dem schon erwähnten, weiterhin existierenden und vermeintlich aristokratischen Handlungsraum des Demos müßte auch in den fortlebenden alten Verbänden die aristokratische Dominanz weiterhin spürbar gewesen sein und den Aristokraten eine Machtstellung in der Gemeinde gesichert haben. Wie hätte Kleisthenes unter diesen Umständen sein angebliches Ziel, die Brechung der Adelsmacht, erreichen können? Und hier liegt der zentrale Einwand: Die Annahme eines aristokratischen Geschlechterstaates in der archaischen Zeit ist nicht haltbar.[28]

• Eine geschlossene Adelsmacht, die aufzubrechen gewesen wäre, hat es nicht gegeben. Die Analyse der inneren Struktur der aristokratischen Schicht erweist vielmehr das Gegenteil: die inneren Spannungen zwischen den Aristokraten, die Situation der *stasis* als Normalzustand und daraus resultierend die mangelnde Fähigkeit der Aristokraten als Gruppe zur Herrschaft im Gemeinwesen.

• Zwischen Aristokraten und Nicht-Aristokraten hat nie eine Situation fester klienteler Abhängigkeit bestanden. Die Aristokraten verfügten nicht über umgrenzte und ständige lokale Einflußbereiche. Die Anhängerschaften der Aristokraten waren vielmehr fluktuierend und daher von Aristokrat zu Aristokrat wechselnd. Die Situation zwischen Isagoras und Kleisthenes liefert hierfür den Anschauungsunterricht.

Hinter der These von der Brechung der alten Bindungen und Abhängigkeiten als dem Ziel von Kleisthenes steht mithin eine von den Quellen nicht gedeckte Vor-

---

[26] Abzusehen ist von den Auseinandersetzungen mit der spartanischen Streitmacht und dem sich an sie klammernden Isagoras.
[27] Vgl. Kap. A, II, 7.
[28] Vgl. Verf.: Gesellschaft und Staat bei den Griechen: Archaische Zeit. Paderborn 2003, Kap. B, III, 4.

stellung von der Sozialstruktur und der Funktionsweise des Gemeinwesens in archaischer Zeit.

Eine zweite Frage ist dann noch, welche Absicht man Kleisthenes' vermeintlicher Brechung der Adelsmacht unterstellt. Neben dem bereits kritisierten Motiv des persönlichen Machtgewinns heben einige Interpreten eher darauf ab, Kleisthenes sei es darum gegangen, einen neuen Handlungsrahmen für aristokratische Politik zu etablieren, indem er dem Demos die formelle Entscheidungsmacht über die von den Aristokraten formulierten politischen Alternativen eingeräumt habe. Diese Position rechnet also mit einer in den Formen zwar modifizierten, im Ergebnis jedoch unveränderten Aristokratenherrschaft und sieht die tatsächliche Selbstbestimmung der Bürgerschaft erst nach den Reformen von 462/61 v. Chr. gekommen. Die Rolle der Aristokraten in der bürgerstaatlichen Ordnung ist aber eben nicht als Frage nach dem Grad oder der Form von Herrschaft einer sozialen Schicht zu verstehen, sondern als das Problem der politischen Führung im Rahmen einer Gemeinschaftsordnung, die auf der Macht von Kollektivgremien und auf zeitlich befristeter Übertragung von Herrschaftsfunktionen gebaut ist.

Schließlich muß noch kurz die Auffassung gestreift werden, nach der die kleisthenischen Reformen hauptsächlich einen militärpolitischen Zweck verfolgt hätten, und dies vor dem Hintergrund der Forschungsmeinung von der archaischen Aristokratenherrschaft. Kleisthenes' Ausgangspunkt sei der Wunsch der Aristokratie nach einer schlagkräftigen Bürgerarmee gewesen. Nur dadurch hätte eine erneute *tyrannis* verhindert werden können. Die Reformen hätten dies vor allem durch folgenden Mechanismus bewirkt: Kernpunkt der Ideen des Kleisthenes sei die Schaffung der *asty*-Trittyen gewesen. Denn wenn man deren militärisches Aufgebot habe mobilisieren können, was naturgemäß schnell möglich gewesen wäre, dann hätte sofort eine komplette, funktionsfähige, in allen zehn Phylen repräsentierte Teilbürgerwehr zur Verfügung gestanden. Das restliche Aufgebot Attikas hätte sich dann je nach Anmarschweg früher oder später eingliedern lassen. Damit wäre das militärtechnische Hauptproblem gelöst gewesen, die Bürgerwehr in dem relativ großen attischen Gebiet zu mobilisieren. Für sein Mitmachen habe die Aristokratie dem Volk freilich einige politische Zugeständnisse machen müssen.

Diese militärpolitische Idee ist im Prinzip nicht vollkommen abwegig, obwohl man sich auch vom rein militärtechnischen Gesichtspunkt fragen kann, ob die vom *asty*-Bereich ausgehende Mobilisierung der Bürgerwehr in jedem Falle zweckmäßig gewesen wäre. Die Interpretation enthält jedoch unzutreffende Voraussetzungen: Kleisthenes' Sichtweise der sich nach der *tyrannis* für die Gemeinde Athen stellenden Probleme war keineswegs identisch mit der Position einer einheitlichen Aristokratie, die es ja in dieser Form gar nicht gegeben hat. Auch die unterstellte grundsätzliche Frontstellung von Aristokraten und *tyrannis* ist problematisch, wie an Kleisthenes' eigenem Werdegang abzulesen ist. Insbesondere ist es aber unmöglich, in den Reformen nur die Machenschaften eines oder mehrerer Aristokraten zu sehen und dem Volk dabei die Rolle des passiven Statisten zuzuweisen. Die politischen Zugeständnisse, die zur Begründung herangezogen werden, müssen aber in ihrem sachlichen Gewicht gewürdigt werden. Zu ihnen gehört denn nicht zuletzt die Komplexität des gesamten Systems. Für den beschriebenen Zweck hätten beispielsweise auch die alten vier attischen Phylen mit ihren Trittyen genügt. Man hätte letztere lediglich anders gruppieren müssen. Warum aber 30 neue Trittyen, und warum vor allem deren Zusammenfassung auf der Basis des Loses zu den zehn Phylen? Denn die Blockbildung von Trittyen ist ja die Ausnahme, bei der man sich noch nicht einmal sicher sein kann, daß sie nicht durch den Zufall des Loses zustande gekommen ist.

Auch wenn den Nachrichten über erfolgreiche athenische Feldzüge im letzten Jahrzehnt des 6. Jhs. v. Chr.[29] durchaus eine Verbesserung der militärischen Schlagkraft infolge der kleisthenischen Reformen zu entnehmen ist, wobei die durch sie veränderte Einstellung der Bürger zu ihrem Gemeinwesen allerdings der wichtigste Faktor ist, so wäre es doch verfehlt, den Zweck der kleisthenischen Maßnahmen allein darauf einzuengen.

c. Die „Institutionalisierung der bürgerlichen Gegenwärtigkeit"

Der Kernpunkt der Neueinteilung der Bürgerschaft durch Kleisthenes ist die Durchmischung und neue Zusammenführung der Bürger in Gliedkörperschaften. Diese hat Kleisthenes neu geschaffen und sie auf den Demen aufgebaut, die an die vorhandenen Gegebenheiten anknüpften. Wenn diese neue politische Struktur nicht wie im vorhergehenden ausgeführt auf die Zerstörung des Alten zielte, wie sahen dann ihre positiven Auswirkungen aus? Welche Zukunft stand Kleisthenes vor Augen, und welche Gedanken haben sein Werk bestimmt? Endlich: Was an den Neuerungen hat den *demos* Athens so für sie eingenommen, daß er sich sofort zu eigen machte, sich auf die Seite von Kleisthenes schlug und das einmal Erreichte auch in der Zukunft nicht mehr aufzugeben bereit war?

Die folgenden drei Gedankengänge suchen in der Konsequenz des bisher gezeichneten Bildes vom Gang der Entwicklung ein Verständnis der kleisthenischen Phylen-Reform im ganzen zu erreichen:

• Die Voraussetzungen der bürgerlichen Gleichheit:

Mit der Schaffung der Demen bekamen die lokalen Siedlungsverbände eine neue, einheitliche Qualität: Sie wurden zu genossenschaftlichen Verbänden von Bürgern. Jedes Mitglied der bisherigen Siedlungsgemeinschaften erhielt im Rahmen des Demos eine besondere und weitere Eigenschaft: Es wurde zum Bürger des gesamten *demos* der Athener. Mögliche durch die Abstammung bedingte Unterschiede gehörten damit der Vergangenheit an und konnten auch künftig nicht mehr aufkommen. Die Demoten wußten am besten, ob jemand, der seine Zu-

---

[29] Vgl. Hdt. 5, 78 und Kap. B, III.

gehörigkeit zum athenischen Bürgerverband geltend machte, dies auch zu Recht tat. In die *agora* eines Demos konnte sich niemand unbemerkt einschleichen. Das Konstruktionsprinzip der Phylen bestand darin, in jeder dieser Körperschaften einen Querschnitt der Gesamtbürgerschaft zu vereinen. Jede Phyle sollte nichts anderes sein als ein repräsentatives Zehntel der Bürger. Die durch den spezifischen Umsetzungsmechanismus des Trittyensystems sich ergebenden Phylen zielten also darauf, die Bürger ganz Attikas gleichmäßig aufzunehmen. Dies hatte als erstes zur Folge, daß sich etwaige lokale oder regionale Sonderinteressen innerhalb dieses Systems ebenso wenig geltend machen konnten wie die selbstverständlich weiter vorhandenen sozialen Differenzen zwischen Aristokraten und Nicht-Aristokraten und die sich daran knüpfenden jeweiligen Ansprüche. Kleisthenes' Phylenreform war darauf abgestellt, all das aus der künftigen Politik auszublenden. Positiv hieß das: die Stärkung der Einheit des athenischen Gemeinwesens.

Damit war ein wichtiges Problem der Ausbildung des Bürgerstaates in Athen getroffen, nämlich die Schwierigkeiten, die sich aus der Größe des attischen Landes ergaben. Soweit die Überlieferung zurückreicht, können wir beobachten, daß athenische Politik immer im Zentrum, in der ‚Stadt' gemacht wurde, die um den *akropolis*-Hügel herum lag und sich gerade in der zurückliegenden *tyrannis*-Zeit in verstärktem Maße urbanisiert hatte. Damit war freilich der Abstand zu den Landbezirken Attikas noch gewachsen. Diesem Problem trug Kleisthenes Rechnung und hat mit der Phylenreform neue Formen der institutionellen Verklammerung von Stadt und Land gefunden. Beide gingen nach Kleisthenes gleichberechtigt in der höheren Einheit der Bürgerschaft auf. In ihr kamen Städter und Landbewohner, so weit entfernt von städtischen Zentrum sie auch wohnen mochten, in gleicher Weise zur Geltung – allerdings nicht mehr als Städter oder Landbewohner, als Handwerker oder Bauer, als Thete oder Grundbesitzer, als vorwiegend stadt- oder als landsässiger Aristokrat, als Armer oder Reicher, sondern einzig in ihrer Eigenschaft als Bürger.

Die in allen Teilen wirksame, allgemeine Tendenz des kleisthenischen Systems richtete sich mithin auf die Herstellung von Gleichheit: die Gleichheit jedes einzelnen Bürgers, der gegenüber allen anderen Bürgern die gleichen Chancen hatte zur Mitsprache und Mitwirkung in allen Belangen der Bürgerschaft; die Gleichheit ebenso aller bürgerschaftlichen Körperschaften gegenüber ihresgleichen. Kein Demos ragte ungebührlich aus seiner Nachbarschaft heraus, jeder war in gleicher Weise konstituiert und erhielt das ihm aufgrund seiner zahlenmäßigen Stärke zustehende Gewicht in der Trittys und der Phyle. Keine Phyle war etwas Besonderes, keine trug nur ihr eigene Merkmale in Aufbau oder Zusammensetzung. Auch die sich in dem jeweiligen Phylenkult ausprägende Identität hat den Phylen keine je verschiedene Qualität verliehen, sondern sie als Glieder des größeren Ganzen der *polis* ausgewiesen.

Es ist nicht sicher, ob die Idee der Gleichheit auch als Begriff bereits in das zeitgenössische Bewußtsein gedrungen ist. Immerhin fällt in einem der vermutlich aus dem 5. Jh. v. Chr. stammenden Trinklieder auf die Tyrannenmörder der Begriff *isonomia*, Gleichverteilung (von gleich, *isos*, und verteilen, *nemein*):

> „In einem Zweig von Myrthen will ich mein Schwert tragen,
> wie Harmodios und Aristogeiton,
> als sie den Tyrannen töteten
> und den Athenern die *isonomia* brachten."

(Athen. 695 a-b; Ü.: Verf.)

Hier wird die neue Ordnung in anachronistischer Weise zwar nicht dem Kleisthenes zugeschrieben, sondern den beiden Attentätern gegen den Tyrannen Hipparchos. Das hängt mit der offiziellen Glorifizierung der beiden Männer im 5. Jh. v. Chr. zusammen. Dennoch wäre es gut möglich, daß mit dem Begriff *isonomia* schon in kleisthenischer Zeit das neue politische System Athens bezeichnet wurde. Einer seiner wesentlichen Züge ist in dem Namen in jedem Fall richtig beschrieben: das Recht gleicher Teilhabe. Worin alle gleich waren, das war ihr Bürgersein, und woran sie alle gleichen Anteil hatten, das war das Politische.

• Die Struktur der politischen Zugehörigkeit:

Der zweite Kernpunkt für das Verständnis des kleisthenischen Demen- und Phylensystems erschließt sich aus der verschachtelten Struktur der politischen Zugehörigkeit zur Gemeinde. Jeder Bürger war als Bürger in mehrere Personenverbände integriert. Diese waren in ihrem Charakter gleichartig, nur in ihrer Größe sowie in ihren Zielen und ihren Aufgaben verschieden. In diesen Bürgerkorporationen verwirklichte sich das Bürgersein jedes Einzelnen, wurde das Politische konkret als das in die Mitte – *es meson* (Hdt. 3, 142) – der Bürger Gelegte, das zwischen ihnen Auszumachende.

Das kleisthenische System sorgte dafür, daß sich dies bereits auf der untersten Ebene des Gemeinschaftslebens, zuweilen schon in einem Kreis von ein paar Dutzend Bürgern in einem kleinen Demos vollziehen konnte. Durch sein alltägliches Mitwirken im überschaubaren und vertrauten Rahmen des Demos, durch sein notwendig auch emotionales Erleben von Gemeinsamkeit mit den Demosgenossen oder von gerade auch aristokratischen Interessenkonflikten zwischen ihnen konnte der Bürger das Einmaleins der bürgerstaatlichen Gemeinschaftsordnung lernen und dadurch in diese hineinwachsen. ‚Grassroots democracy' nennen die Amerikaner dies. So wurde der Demos der Kristallisationskern der politischen Identität des Bürgers.

In einer etwas anderen Weise war auch die Phyle eine Schule der Bürgerschaft und ein Medium der bürgerstaatlichen Erfahrung. Gewiß mußte sie zunächst des Anhaltspunkts in der ursprünglichen ‚face-to-face-society' entbehren, von der in den Demen normalerweise das Leben bestimmt war. In den Phylen ging es darum, daß einander bislang fremde Männer aus den verschiedenen Gegenden Attikas zu ihrer Gemeinsamkeit als Bürger fanden. Nun waren sie ja mit den genossenschaftlichen Verkehrsformen wohl vertraut, die das Leben in Phylen wie in Demen prägten. Auf der untersten Ebene bürgerschaftlichen Lebens hatten sie gelernt, sich zu bewegen, zu artikulieren und miteinander auszutauschen. Die Bürger dürften daher die neuen, mit den Phylen entstandenen Möglichkeiten der Begegnung in einem größeren Horizont gerne aufgenommen und aktiv genutzt haben. Sie betreiben ja auch auf dieser Ebene nur ihre ureigenste Sache: das Politische.

Demokratie braucht Öffentlichkeit, ein Publikum, wie man im 18. Jh. zu sagen pflegte. Die Einrichtung der neuen Bürgerverbände bedeutete nichts anderes als eine Verbreiterung und Intensivierung von Öffentlichkeit im athenischen Gemeinwesen: Verbreiterung deswegen, weil neue Schichten der Bürgerschaft in das öffentliche Handeln hineingezogen wurden; Intensivierung, weil sowohl in den traditionell bestehenden Verbänden der Phratrien und Kultvereine wie in den seit Kleisthenes hinzugekommenen und schließlich in der Versammlung des Gesamtvolks auf den verschiedenen Ebenen und in den unterschiedlichsten Zusammenhängen Räume von Öffentlichkeit erschlossen wurden. In ihnen nahm das Bürgersein Gestalt an. „Institutionalisierung der bürgerlichen Gegenwärtigkeit"[30] beschreibt das Ziel des kleisthenischen Werks treffend.

Aristoteles hat diese Eigentümlichkeit des Bürgerstaates im Kontrastbild der *tyrannis* beschrieben:

> „(...) der Erhaltung der Tyrannis dient: (...) alles verhindern, woraus Stolz und gegenseitiges Vertrauen zu entstehen pflegen, ebenso auch keine Muße und feiertäglichen Zusammenkünfte gestatten, sondern alles tun, damit alle Bürger einander gegenseitig so fremd als möglich bleiben (...)."
>
> (Arist. pol. 1313a 40 – b 5; Ü.: Olof Gigon)

Das ist zwar keine angemessene Beschreibung der *tyrannis* der Peisistratiden, sondern eher der des Dionysios von Syrakus 430 bis 367 v.Chr. Dennoch stellten die kleisthenischen Maßnahmen die wirksamen Gegengifte gegen jede Art künftiger *tyrannis* im Inneren der *polis* bereit: Indem die Bürger in den Demen, Trittyen, Phylen und schließlich in der Volksversammlung zusammenkamen und zusammen wirkten, wurden sie miteinander bekannt und – gewiß in unterschiedlichen Graden – miteinander vertraut. So sagt Aristoteles an anderer Stelle:

> „Und so gibt es in den Staaten (d.h. solchen Gemeinwesen, die nach seiner Auffassung die Bezeichnung *politeia* verdienten, d. Verf.) Verschwägerungen und Brüderschaften und Opferfeste und Formen des geselligen Lebens. Das ist das Werk der Freundschaft *(philia)*. Denn der Wille zusammenzuleben, ist Freundschaft."
>
> (Arist. pol. 1280b 36-39; Ü.: Olof Gigon)

Bürgerfreundschaft ist ein Begriff, der auch im 18. Jh. gefallen sein könnte, in der Geburtsstunde der modernen Demokratie. Und das ist der Geist, von dem das Reformwerk des Kleisthenes und damit auch das institutionelle Räderwerk von Demokratie und Bürgerstaat im 5. Jh. v.Chr. durchdrungen sind.

---

[30] Christian Meier: Die Entstehung des Politischen bei den Griechen. Frankfurt a.M. ³1995, S. 91.

• Die Motive des Kleisthenes und die Ziele des *demos*:

Aus dieser Perspektive ist denn auch drittens die Frage nach den Motiven und Zielen der unmittelbar Beteiligten zu beantworten. Zuerst zu Kleisthenes: Das Ergebnis seines politischen Wirkens legt ausreichend Zeugnis dafür ab, daß es ihm in seiner Auseinandersetzung mit Isagoras nicht um den Gewinn persönlicher Macht gegangen sein kann. Seine Maßnahmen verraten vielmehr tiefe Einsichten in die Grundbedingungen des griechischen Gemeindelebens (nicht monarchisch, gegründet auf Kollektivgremien, genossenschaftliche Organisationsformen) ebenso wie eine außerordentliche institutionelle Phantasie (etwa die Konstruktion der Phyle). Damit ist Kleisthenes nicht nur gezwungenermaßen auf die Wünsche und Forderungen seiner Partner, d.h. des athenischen *demos*, eingegangen, um gleichwohl nur sein eigenes Schäfchen ins Trockene zu bringen. Eine Leistung, wie sie Kleisthenes vollbracht hat, verlangt vielmehr, daß man sich auf die verfochtene Sache ganz und gar einläßt, und setzt voraus, daß man diese schon geraume Zeit vorher gedanklich vorbereitet und durchgespielt hat. So ist also auch von der subjektiven Seite her gewiß nichts vom Himmel gefallen. Die Quellen verwehren uns den Einblick in diesen persönlichen Wurzelboden des Reformers. Die schon erwähnte Verbindung mit Delphi oder auch die traditionell weitläufigen Beziehungen und Kontakte des alkmeonidischen Hauses geben vielleicht ein paar Fingerzeige, in welchen Kontext man Kleisthenes zu stellen hätte: Auch wenn wir keine persönlichen Zeugnisse von ihm haben, und er in unserer Überlieferung als Person bereits hinter seinem Werk zurücktritt – es ist eben dieses, was ihm einen hervorragenden Platz zuweist in jener großen geistigen Bewegung, die im 6. Jh. v.Chr. in Dichtung und Philosophie, in Politik und Kunst überall in der griechischen Welt am Werk war und die Herausbildung und Durchsetzung des Bürgerstaates begleitet hat. Warum sollten wir Kleisthenes einen Platz verwehren, den die meisten seinem großen Vorgänger Solon ohne weiteres zuzugestehen bereit sind?
Wie endlich müssen wir uns die im *demos* wirkenden Triebkräfte denken?

> „Eine bloße Umgliederung kann doch nur dann etwas ausrichten, wenn sie die Form schafft, in der ein schon vorhandener Wunsch oder Wille Gestalt und Macht gewinnt. Gab es einen solchen Willen?"[31]

Zweifellos haben Kleisthenes und der *demos* zueinander gefunden – wie genau, das läßt sich nicht mehr rekonstruieren. Aufgrund des schnellen und durchschlagenden Erfolgs, den Kleisthenes hatte, ist es aber sicher, daß das athenische Volk sich mit seinen Wünschen und Bedürfnissen in den Plänen des Kleisthenes wiederfand. Da gab es die unmittelbar drängenden Probleme, die zu lösen waren, wie die Bürgerrechtsfrage, die Weiterführung einer auf innere Stabilität und Prosperität bedachten Politik, wie sie die Tyrannen betrieben hatten, oder die Not-

---

[31] Meier a.a.O. S. 111.

wendigkeit, die durch die spartanischen Interventionen offenbar gewordene militärische Schwäche zu überwinden. Doch dies alles trifft nicht das Ganze und den Kern dessen, was Kleisthenes den Bürgern in Aussicht gestellt hat. Die entscheidende Triebkraft muß daher in dem Wunsch breiter Bürgerschichten gesehen werden, frei und gleich und im Verein mit den anderen Bürgern die Geschicke des Gemeinwesens zukünftig selbst in die Hand nehmen zu können. Kleisthenes' Phylenreform, zu der wir – dies sei hier nur nebenbei bemerkt – Vergleichsfälle anderwärts – leider nicht gut genug – kennen, bot ihnen die Grundlage dafür.

7. Die Infrastruktur des Politischen: Der genossenschaftliche Charakter des Bürgerstaates

An die Interpretation des einen Teils der durch Kleisthenes installierten bürgerstaatlichen Ordnung in Athen schließen sich einige weiterführende Überlegungen an. Sie ergänzen das, was als Sinn der kleisthenischen Phylenordnung herausgearbeitet wurde, und spitzen es thesenhaft zu. Das Ziel ist zu charakterisieren, worauf das von den Griechen gefundene Prinzip der Bürgerstaatlichkeit letztlich beruht. Auszugehen ist dabei von den beiden grundsätzlich verschiedenen Formen der Zugehörigkeit zu einem staatlichen Verband, wie sie die alte Welt des mediterranen und des vorderasiatischen Kulturkreises gekannt hat.

In den Monarchien Ägyptens, Mesopotamiens oder Kleinasiens war die staatliche Macht in der Institution des Monarchen konzentriert. Alle, die in seiner Reichweite lebten, waren im Prinzip seine Untertanen und gehörten zu dem durch die Monarchie verkörperten Staat.

Demgegenüber ging in der erstmals bei den Griechen erscheinenden Form von Staatlichkeit alles staatliche Handeln allein von der Gesamtheit der Bürger aus. „Die Männer sind es, die eine Stadt ausmachen", lautet eine berühmte Wendung bei Thukydides[32], und Aristoteles stellt fest: „(...) als Staat bezeichnen wir, um es allgemein zu sagen, eine Anzahl von Bürgern (...)."[33] Diese Identifizierung von Staat und Bürgerschaft – beide *politeia* genannt – war nur möglich, wenn festgelegt war, wer sich zu ihr zählen durfte. Zusammen mit dem *polis*-Staat entstand daher das Bürgerrecht als ein historisch neues Prinzip staatlicher Zugehörigkeit.

Daß jemand das Bürgerrecht in einer griechischen Gemeinde besaß, ergab sich normalerweise aus seiner Mitgliedschaft in bestimmten Personenverbänden. Demen, Trittyen und Phylen und die ebenfalls bereits erwähnten Phratrien stellten eine wichtige Ausformung dieser für die gesamte Bürgerschaft unverzichtbaren Gliedkörperschaften dar.

Die Phratrien vereinigten eine verschieden große Anzahl von *oikos*-Besitzern zu einem größeren Personenverband. Seine Mitglieder waren nicht unbedingt blutsverwandt; gleichwohl nannten sie sich *phrateres*, nach der indogermanischen Wur-

---

[32] Thuk. 7, 77, 7; Ü.: Verf.
[33] Aristot. pol. 1275b 20-21; Ü.: Eckart Schütrumpf.

zel des Begriffs also Brüder. Das Lebenselement der Phratrie war demnach die enge persönliche Verbundenheit in einer Gemeinschaft, an der alle gleichen Anteil hatten und die dennoch die bestehenden sozialen Unterschiede in sich aufnahm.

Im 5. und 4. Jh. v. Chr. war in Athen die Zugehörigkeit zu einer Phratrie eine normale Voraussetzung für die legitime Ausübung der bürgerlichen Rechte und Pflichten und überdies eine höchst lebendige Erfahrung, die jeden Bürger sein ganzes Leben hindurch begleitete. Am 10. Tag nach der Geburt gab der Vater dem Neugeborenen einen Namen und erkannte es damit in seinem *oikos* als legitimen Nachwuchs an. Zu der dabei abgehaltenen kleinen Opferfeier wurden nach Möglichkeit auch Phratriegenossen eingeladen. Offiziell der Phratrie vorgestellt wurden die Kinder erstmals im Kleinkindalter und später noch einmal in der Pubertät. Beides fand am Apaturienfest statt und war verbunden mit großen Opfern, symbolträchtigen Riten und gemeinsamer Feier.

Das Apaturienfest wurde im Monat Pyanopsion (September/Oktober) begangen. Es gab keinen allgemein festgelegten Feiertag dafür. Vielmehr veranstaltete jede Phratrie im Laufe dieses Monats ihr eigenes Fest. Es dauerte drei bis vier Tage: Am ersten Tag kamen die Angehörigen der Phratrie zu einem gemeinsamen Festessen zusammen. Wie dies im einzelnen vonstatten ging, wissen wir nicht. Vermutlich nahmen an ihm aber nur die männlichen Bürger teil. Zu den vorhandenen gemeinsamen Mitteln aus dem Vermögen der Phratrie, aus denen man ein solches Gelage bestritt, haben einzelne reiche Phratriemitglieder nicht selten noch zusätzliche Spenden hinzugesteuert. Das gilt wohl auch für den zweiten Tag des Festes, an der man dem Zeus Phratrios und der Athena Phratria opferte. Jede Phratrie besaß eine eigene traditionelle Opferstätte. Es folgte eine Opferfeier, erneut mit gemeinsamem Mahl. Am dritten Tag wurden – erneut verbunden mit Opferritualen – der Phratrie die neuen Mitglieder vorgestellt: zum einen die Kleinkinder, zum anderen die Jugendlichen im Alter von elf bis zwölf Jahren. Diese brachten – ein uraltes Initiationsritual – eine Haarlocke als Opfer dar. Anschließend wurden die Knaben in das Verzeichnis der Phratriemitglieder eingetragen. Die Mädchen wurden vermutlich nicht offiziell registriert. Schließlich wurden die jungen Bräute in die Phratrie eingeführt, wiederum verbunden mit einem Opfer. In allen Fällen bestanden die Opfergaben aus der Stiftung von kleinen Opfertieren, Wein und Opferkuchen. Auch diese wurden – nach Abzug des Anteils für die Götter – in ein diesen Festtag krönendes Gelage eingebracht, das den Höhepunkt des gesamten Festablaufs bildete. Da dies in der Regel entsprechende Folgen zeitigte, wurde auch der nächste Tag noch zu dem Fest gerechnet.

Die am Apaturienfest vollzogenen Riten (Opfer, Opfermahl, rîtes de passage) und die symbolischen Handlungen (gemeinsames Gelage, öffentliche Präsentation der Kinder und neuen Mitglieder, der vom Vater abzulegende Eid) haben die Phratrie alljährlich zu einer festen Gemeinschaft innerhalb der Bürgerschaft zusammengeschweißt.

Auch bei der Hochzeit und beim Begräbnis sowie bei manchen Rechtsstreitigkeiten trat die Phratrie in Erscheinung. So wurde insbesondere von jedem Bräutigam, der es sich leisten konnte, erwartet, daß er seine Phratriegenossen zu einem Gastmahl einlud. Die Rechtsgültigkeit der Eheschließung nach athenischem Recht, an der ansonsten staatliche Behörden nicht beteiligt waren, wurde dadurch vor der Öffentlichkeit der Phratrie bezeugt. Dies konnte etwa im Hinblick auf die künftige Vererbung des *oikos*-Vermögens wichtig werden, wie aus Gerichtsreden des 4. Jhs. v. Chr. hervorgeht.

Im Rhythmus des jährlichen Festkalenders und an den Einschnitten des individuellen Lebensschicksals spielte sich im Rahmen der Phratrie somit ein Teil jener symbolischen Inszenierungen ab, durch die jeder Bürger seine Zugehörigkeit zur Gemeinde erleben konnte. Und in Bezug auf diese hatte die Phratrie in klassischer Zeit denn auch ihre Existenzberechtigung: In ihren zivil- und strafrechtlichen Aufgaben nahm die Phratrie Funktionen im Dienste der Gesamtgemeinde wahr, in Analogie etwa zu Demos, Trittys oder Phyle. Das Ziel, mit dem die Phratrie tätig wurde, war letztlich immer die Feststellung und Bezeugung der einwandfreien familiären Abkunft beziehungsweise des Familienstandes und damit der Voraussetzung der bürgerrechtlichen Legitimität. Überdies konnte die bruderschaftliche Gleichheit, mit der sich die *phrateres* in ihrer abgegrenzten kleinen Öffentlichkeit begegneten, im Rahmen des Bürgerstaates des 5. Jhs. v. Chr. nur als ein Abbild der politischen Gleichheit auf der Ebene der Gesamtgemeinde aufgefaßt werden. Alle offiziellen Verhandlungen und Entscheidungen der Phratriegenossen orientierten sich ohnehin an demokratischen Prozeduren.

Die Phratrien bildeten mithin einen integralen Bestandteil der Bürgerstaatlichkeit. Die Mitgliedschaft in ihnen war rechtlich obligatorisch. So wurde etwa jedem Fremden bei Verleihung des athenischen Bürgerrechts eine bestimmte Phratrie zugeteilt, in die er sich einzuschreiben hatte. Ihre raison d'être erhielten die Phratrien von den Bedürfnissen der politischen Gemeinde her. Sie hatten in ihr neben Phylen und Demen ihren festen Platz und waren im Leben jedes *polis*-Bürgers praktisch wirksam. Sie ragten deshalb auch nicht nur wie in der Forschung lange angenommen als Überreste aus einer noch bis in die archaische Zeit angeblich existierenden gentilizischen Verwandtschaftsordnung in die Gegenwart hinein, denn eine solche Struktur hat die griechische Gesellschaft eben nie gekannt. Ungeachtet ihrer weitgehend im Dunkeln bleibenden Vorgeschichte erfüllten die Phratrien hingegen im Rahmen des Bürgerstaates wichtige Aufgaben.

Die Bedeutung all dieser bürgerschaftlichen Vereinigungen läßt sich wie folgt noch einmal zusammenfassen.

• Die Struktur des *demos*:

Alle Bürgerschaften griechischer Gemeinden besaßen eine reiche innere Gliederung. In Athen ist diese nur besonders weit getrieben beziehungsweise aufgrund der Überlieferung besser zu beobachten, aber nicht prinzipiell von der in anderen Gemeinden unterschieden. Bürger, also vollberechtigtes Mitglied des Gemeinwesens war man nur dadurch, daß man bestimmten Personenverbänden angehörte. Phratrie, Phyle oder Demos erscheinen dabei als die wichtigsten. An anderen, daneben existierenden bürgerschaftlichen Gruppierungen etwa zur Pflege besonderer Kulte oder aristokratischer Sozialformen war dagegen meist nur ein Teil der Gemeindemitglieder beteiligt. Immerhin zeugen beispielsweise jene *gene*, *thiasotai*, *orgeones*, *hetairiai* oder *eranoi* von der Allgegenwärtigkeit eines bestimmten Prinzips, nach dem der Einzelne über seinen *oikos* hinaus in die Gemeinde integriert war.

• Das genossenschaftliche Prinzip:

Man kann diese Form der Vergesellschaftung genossenschaftlich nennen: Jeder so gebildete Personenverband stellte eine eigenständige, nach außen, anderen gleichartigen gegenüber abgegrenzte Einheit dar. Auf der Grundlage persönlicher Bekanntschaft ihrer Mitglieder sowie deren Gleichberechtigung entfaltete sich in diesen Vereinigungen ein vielgestaltiges Eigenleben. Mitglieder wurden grundsätzlich in eigener Kompetenz kooptiert – in der Regel nach dem Kriterium der familiären Abstammung. Jede dieser Bürgergruppen verwaltete sich selbst und bediente sich dazu eines eigenen Apparates von Schreibern, Sekretären, Verwaltern, Priestern, Vorstehern, die die gleichen Bezeichnungen trugen wie die entsprechenden Funktionäre der Gesamtgemeinde, und führte auch ihre Geschäfte nach den dort vorgebildeten Verfahren.

> „Thus these small groups voluntarily construct for themselves a full structure of administrative paraphernalia on the model of central administration."[34]

Dennoch drückte jede bürgerschaftliche Vereinigung in ihren religiös-rituellen Symbolbildungen eine gruppenspezifische Identität aus.

• Die Ursprünge der Struktur:

Die Wurzeln dieser Gliederungselemente der Bürgerschaft liegen schon in der vorstaatlichen Gemeindeorganisation. Deutlicher zurück zu verfolgen ist dies freilich nur für die Phratrien. Sie sind vermutlich hervorgegangen aus den Notwendigkeiten und Zwängen, denen die bäuerlichen Siedlungsgemeinschaften aufgrund der Bedingungen für den Landbau unterworfen waren. Der geringe Umfang der wirtschaftlich nutzbaren Fläche, die Kargheit der Böden, die Knappheit oder auch zuweilen das Übermaß an Wasser zwangen die Bauern immer wieder zu gemeinsamen Anstrengungen für die Bewahrung und Verbesserung ihrer natürlichen Lebensgrundlagen. Nur wenige *oikoi* blieben von der Erfahrung

---

[34] Robin Osborne: The Demos and its Divisions. – In: Oswyn Murray/Simon Price: The Greek City from Homer to Alexander. Oxford 1990, S. 272.

der Not und drohendem Hunger verschont. Praktisch jeder war gelegentlich auf Saatgut oder Wasser oder regelmäßig auf die Mitbenutzung von Arbeitsgeräten und Zugtieren, kurz: auf die Hilfe des Nachbarn angewiesen. Die in einer Nachbarschaft zusammensiedelnden Bauern waren zu allen Zeiten auf Gedeih und Verderb zu einer Solidargemeinschaft zusammengeschweißt.

Natürlich haben sich ursprünglich noch im 8. oder 7. Jh. v. Chr. bestehende Nachbarschaftsbeziehungen im Laufe der Zeit wieder gelöst. Familien starben aus oder zogen weg, neue kamen hinzu. Besonders stark war die Umwälzung im 6. Jh. v. Chr. Sie war denn auch einer der Hintergründe für die Einrichtung der Demen durch Kleisthenes. Auch bei ihnen ist ja das nachbarschaftliche Zusammensiedeln der Ausgangspunkt. Dennoch: Auch die Verbände der archaischen Zeit existierten im 5. Jh. v. Chr. weiter, und sie waren lebendig, auch wenn manche Mitglieder von weither aus allen Gegenden Attikas zusammenkamen. Gerade das aber war durch die damit verbundene Förderung des überlokalen bürgerlichen Zusammenhalts für den Bürgerstaat des 5. Jhs. v. Chr. von großer Bedeutung.

• Das System der Zugehörigkeit:

Die verschiedenen Bürgergenossenschaften verkörperten ein und dasselbe Prinzip, überlagerten sich also teilweise oder ergänzten einander. Innerhalb des Bürgerstaates, auf den hin sie alle orientiert waren, erfüllten sie jeweils unterschiedliche Aufgaben: Durch die Phratrien wurde der einzelne *oikos* in die Gemeinde eingebunden, wohingegen Demen und Phylen rein politische Verbände waren und ein mehrstufigen System der Zugehörigkeit zur Gesamtgemeinde begründeten.

Darin kommt eine wichtige Eigenart griechischer Staatlichkeit zum Ausdruck. Die griechischen Gemeinden sind zu ihrer staatlichen Form nicht auf dem Wege über die Machtstellung eines Monarchen, sondern durch die Selbstorganisation der Bürgerschaft gekommen. Der Staat stand dem griechischen Bürger deshalb nie als abstrakte Größe gegenüber. Auf die Form der Zugehörigkeit zum Gemeinwesen bezogen heißt das: Das Bürgerrecht war keine eigenständige, abstrakte Rechtsfigur, die einem einzelnen bürgerlichen Subjekt anhaftete. Bürger war man nie allein, isoliert seinem Staat gegenüber stehend; Bürger war man vielmehr nur mit anderen zusammen. Das Bürgerrecht zu besitzen war somit nur ein anderer Ausdruck für die Feststellung, daß man anerkanntes Mitglied verschiedener Personenverbände war. Als Athener etwa erschien der Bürger lediglich nach außen hin; gegenüber seinesgleichen und im Verhältnis aller Bewohner der Gemeinde war er Angehöriger eines bestimmten Demos, einer bestimmten Phyle, einer bestimmten Phratrie.

• Die praktische Funktion:

Wiederum besonders in Athen zu beobachten ist, daß die Zugehörigkeit zu diesen Gruppen angesichts der Verwaltungs- und Regierungspraxis im Bürgerstaat für den einzelnen eine elementare praktische Bedeutung hatte. Das weitgehende Fehlen eines privatrechtlichen Urkundenwesens forderte bei jedem Rechtsgeschäft die Anwesenheit von Zeugen; nur auf diese Weise waren auch Abstammung und Personenstand zu belegen; und selbstverständlich benötigte man in allen Rechtsstreitigkeiten Zeugen, zumal unter den Bedingungen der bürgerstaatlichen Gerichtspraxis. Hier siegte, wer die stärkeren Bataillone auf seiner Seite hatte, um das vielköpfige Bürgergericht zu seinem Standpunkt zu überreden. Wo anders als in den Reihen seiner Genossen in der Phratrie oder im Demos hätte der Bürger diese Unterstützung finden können, auf die jeder im täglichen Leben existentiell angewiesen war? Aus dem umgekehrten Blickwinkel formuliert: Die genossenschaftliche Struktur der Bürgerschaft hat sicher dazu beigetragen, daß ein Bedürfnis nach einer differenzierteren bürokratischen Verwaltung gar nicht aufkam.

• Das Gewebe der Gemeinschaft:

Leider liefern die Quellen keinen Einblick in das wohl auch außerhalb der offiziellen Anlässe vielfach aktive Zusammenleben in den Bürgerverbänden. Doch gibt die intensive Geselligkeit, die bis heute beispielsweise in jenen strukturell vergleichbaren Abteilungen der Bürgerschaft italienischer Städte, den contrade oder quartieri, herrscht, einen Eindruck vom vitalen Zusammengehörigkeitsgefühl, das sich in solchen sozialen Körpern entwickelt, auslebt und tief auf die Persönlichkeit jedes einzelnen einwirkt. Hier wurden zwischen den Menschen jene tausend Fäden gesponnen, die ungeachtet aller Unterschiede zwischen Aristokratie und Volk, Reich und Arm den Zusammenhalt der Bürgerschaft herstellten und gewährleisteten. Phratrien, Phylen und Demen gehörten daher nicht nur zur institutionellen, sondern auch zur mentalen Infrastruktur des gemeinsamen Politischen.

• Die fehlende Institutionalisierung sozialer Hierarchie:

Das erstmals von Homer formulierte patriarchalische Verhaltensideal, das die Beziehungen zwischen dem sozial Höherstehenden und Mächtigeren und dem sozial Schwächeren, dem aktuell oder potentiell von der aristokratischen Macht und Gewalt Betroffenen regelt, blieb bei den Griechen auf die Sphäre des *oikos* beschränkt. Außerhalb ist der soziale Antagonismus zwischen Aristokratie und Volk nie in einem System dauerhafter klienteler Abhängigkeit wie etwa in Rom aufgefangen worden. Ohne eine solche vorgängige Stabilisierung im sozialen Bereich mußte die griechische Staatsbildung deshalb auf eine vollständige und gleich-berechtigte Integration von Aristokraten und Nicht- Aristokraten in einen gemeinsamen Bürgerverband abgestellt sein. Beide sozialen Schichten kamen in den Unterabteilungen der Bürgerschaft als Bürger zusammen. Dennoch bot das Gemeinschaftsleben in diesen Verbänden zugleich Anlässe und Spielraum genug, um die gesellschaftliche Kluft in Akten der Munifizenz oder Gesten der sozialen Ehrung und Anerkennung zu überbrücken: etwa die Veranstaltung von Gastmählern, die Bereitstellung von Opfertieren, finanzielle Zuwendungen für die Genossen in Phratrie, Phyle oder Demos. Dafür konnten diese sich zum Beispiel durch die Aufstellung von Ehreninschriften erkenntlich zeigen. Aus dieser Perspektive darf man in den Bürgergenossenschaften auch einen funktionalen Ersatz für die bei den Griechen fehlende Institutionalisierung sozialer Hierarchien sehen. Im Rahmen der Bürgergenossenschaften konnte soziale Differenz in Erscheinung treten und wirksam werden, ohne in der Ausübung von Herrschaft zu münden.

8. Die *boule*:
Die Prinzipien bürgerlicher Selbstregierung

Die zentralen politischen Entscheidungen im Rahmen der seit Kleisthenes in Athen bestehenden politischen Ordnung fielen in den beiden Gremien von Rat und Volksversammlung. Die von Kleisthenes diesen beiden Organen zugewiesene Funktion bot die Handhabe, mit der sich die bürgerliche Selbstregierung auch praktisch durchführen ließ.

Das folgende gehört in den traditionellen Bereich der Darstellung von Verfassungsinstitutionen wie Rat, Volksversammlung oder weiterer im 5. Jh. v. Chr. hinzugekommener Ordnungselemente. Dennoch werden hier nicht Konstitution und Funktionsweise dieser Elemente der Gemeinschaftsordnung systematisch und vollständig vorgestellt.[35] Es ist zu zeigen, wie sich Rat und Volksversammlung in das bisher gezeichnete Bild der bürgerstaatlichen Ordnung einfügen.

Im kleisthenischen Neuaufbau der Bürgerschaft bildet der Rat den Schlußstein.[36] Seine 500 Mitglieder rekrutierten sich aus einer Wahl- beziehungsweise Losentscheidung innerhalb der Demen. Je nach Größe entsandte ein Demos von einigen Ausnahmefällen abgesehen bis zu zehn Bouleuten in den Rat. Zur Verfügung stellen konnten sich alle Bürger, also eingeschriebene Demenmitglieder über 30 Jahren. Entsprechend dem Phylensystem gehörten immer 50 Ratsherren zu einer Phyle. Ihre Amtszeit betrug ein Jahr, und sie konnten höchstens zweimal, jedoch nicht in Folge Ratsherr werden.

Die Schaffung dieses Volksrates war die institutionelle Antwort, die Kleisthenes für das Problem gefunden hat, wie das Volk, verkörpert in der Volksversammlung, sich in der Praxis selbst regieren könne. Denn eine mehrere tausend Köpfe zählende Bürgerschaft muß durch organisatorische Hilfen erst in die Lage versetzt werden, sämtliche Gemeinschaftsaufgaben ganz aus sich heraus, das heißt mit ausschließlicher Machtvollkommenheit, aus eigener Initiative und in eigener Regie

---

[35] Dazu informiert bestens das Buch von Jochen Bleicken: Die athenische Demokratie. Paderborn ²1994.
[36] Vgl. noch einmal das Verfassungsschema in Kap. A, II, 2.

kontinuierlich bewältigen zu können. Das wichtigste Organ, dessen sich die Volksversammlung hierfür bedienen konnte, war der Rat. Hinzu kamen die Volksgerichte sowie im Laufe der Zeit immer mehr spezialisierte Funktionsträger.

Der Rat ermöglichte die Handlungsfähigkeit des Volkes in der Politik. Die vielfältigen konkreten Aufgaben, die dem Rat zu diesem Zweck oblagen, lassen sich unter drei Kompetenzbereiche subsumieren:

- die Führung der laufenden Geschäfte in allen Belangen für die Volksversammlung, also für das Gesamtvolk. (Das wichtigste Mittel dafür war die Vorbereitung oder Ausfertigung von Beschlüssen der Volksversammlung, die sogenannte probouleutische Funktion.);
- die Aufsicht über die übrigen Funktionsträger, die Beamten mit speziellen Aufgabenbereichen;
- eigene spezialisierte Funktionen in der Verwaltung der Gemeinde.

Bei der Schaffung des Rates durch Kleisthenes stand gewiß die erste Aufgabe im Vordergrund. Doch ließ die hinter dem Rat stehende Grundidee genügend Spielraum, daß dem Rat im Laufe der Zeit auch die übrigen Funktionen zuwachsen konnten. Verantwortlich dafür war die enorme Vermehrung der staatlichen Aufgaben in den Jahrzehnten nach 480 v. Chr. Diese Explosion der laufend anfallenden Geschäfte rückte den Rat in den Mittelpunkt der Staatstätigkeit. Dabei bewährte sich dann eine andere Vorkehrung, die möglicherweise schon Kleisthenes getroffen hat.

Denn der Rat als Geschäftsführer des Volkes benötigte mit seinen 500 Mitgliedern ebenfalls notwendig einen eigenen geschäftsführenden Vorstand. Er wurde durch das wiederum an die Phyleneinteilung gebundene Prytaniesystem gebildet: Die 50 Ratsherren jeder Phyle amtierten, in der Reihenfolge durch das Los bestimmt, jeweils ein Zehntel des Jahres als Prytanen. Sie mußten 36 beziehungsweise in Schaltjahren 39 Tage in ihrem Amtslokal präsent sein. Ein wiederum wechselndes Drittel von ihnen, die Ratsherren einer Trittys, blieb sogar Tag und Nacht zusammen und loste aus seiner Mitte täglich neu einen Vorsteher (*epistates*). Diese Regelung, die im 5. Jh. v. Chr. noch durch die Einrichtung von zahlreichen Ratsausschüssen ergänzt wurde, sicherte die Geschäftsfähigkeit des Rates. Dieser selbst trat im 5. Jh. v. Chr. täglich zusammen.

Man könnte den Rat aus all diesen Gründen in moderner Terminologie als das Herz der staatlichen Exekutive, also als ein funktionales Äquivalent für die Regierung bezeichnen – mit den Prytanen gleichsam als Bundeskanzleramt. Doch würde dies gerade das Besondere und Unvergleichliche an dieser Art von Regierung verkennen. Trotz ihres Initiativ-, Überwachungs- und Kontrollrechts war die *boule* kein selbständiges Organ, besaß sie – im Gegensatz etwa zu Demen und Phylen – kein korporatives Eigengewicht und konnte folglich auch keine eigene, von der der Volksversammlung verschiedene Politik betreiben. Die *boule* war konzipiert ausschließlich als ein der Volksversammlung dienendes Gremium. Auch in der Praxis konnte sie über diese Rolle kaum hinauswachsen. Die Ratsherren wurden auf sie durch einen Eid verpflichtet, der im Jahre 501/500 v. Chr. zum erstenmal abgelegt wurde. Er ist nicht im Wortlaut überliefert, wir kennen aber die Grundzüge seines Inhalts aus späterer Zeit, als er allerdings mehrfach abgeändert worden war. Neben Bestimmungen zu konkreten Aufgaben wird den Ratsherren darin allgemein vorgeschrieben, in Übereinstimmung mit den Gesetzen nur zum Besten der *polis* und nie gegen oder ohne einen Beschluß der Volksversammlung zu handeln. Dies waren möglicherweise die ursprünglichen Eidverpflichtungen.

Die Ursache für diese ganz an die Volksversammlung gebundene Position des Rats lag in der Art und Weise seines Zustandekommens und seiner Geschäftsführung. Darin kommen einige leitende Prinzipien zum Ausdruck, anhand derer sich zugleich die Bedeutung der *boule* im Hinblick auf die mit dem kleisthenischen System insgesamt verfolgten Ziele aufzeigen läßt. Drei Aspekte charakterisieren diese Rolle der *boule*:

- Gleich und frei:

  Das System der Rekrutierung der Bouleuten gewährleistete, daß jeder Bürger die gleiche Chance hatte, an der Ausübung der Regierungsgeschäfte direkt beteiligt zu sein, selbst wenn er etwa weit entfernt vom städtischen Zentrum der Bürgerschaft wohnte und unabhängig von seinem sozialen Status. Zwar wurde diese Chance sehr wahrscheinlich nicht von Beginn an von allen Bürgern in gleicher Weise genutzt. Vielfach werden sich zunächst die zur Wahl gestellt haben, die sich das wirtschaftlich leisten und aufgrund ihrer persönlichen Voraussetzungen zutrauen konnten. Doch innerhalb einiger Jahre muß sich das schon allein aus ganz praktischen Gründen geändert haben. Wo hätten Jahr für Jahr 500 neue Bürger (immerhin zwei bis fünf Prozent der Bürgerschaft) für diese Aufgabe gefunden werden können als in der gesamten Breite der Bürgerschaft, zumal zweimalige Mitgliedschaft im Rat selten bezeugt ist.
  Kleisthenes' Programm hat großen Zuspruch von breiten Schichten erfahren. Wovon sollte das zeugen, wenn nicht vom Interesse an politischer Mitwirkung? Ohne eine breite Bereitschaft von Beginn an, sich im Raum der Politik zu beteiligen, hätte Kleisthenes' Konstruktion wenig Sinn ergeben.[37] Die vermutlich 462/1 v. Chr. eingeführte Zahlung von Tagegeldern an die Theten im Rat bedeutete keine prinzipielle Änderung, sondern vielmehr einen weiteren Schritt auf dem eingeschlagenen Weg der Verwirklichung der gleichen politischen Teilhabe.
  Im 5. Jh. v. Chr. haben von dieser Möglichkeit also breiteste Schichten der Bürgerschaft Gebrauch gemacht. Daß ihre Gleichheit nun nicht innerhalb des Rats-

---

[37] Das ist das entscheidende Argument gegen alle Annahmen, das Gleichheitsprinzip sei in der Praxis unterlaufen worden. Denn dabei wird stillschweigend von der Voraussetzung ausgegangen, Politik und Gesellschaft seien immer und überall so verquickt wie in der Moderne.

gremiums zunichte gemacht werden konnte, bewirkten das Prytaniesystem sowie das Recht zu freier Mitsprache in allen Belangen. Beides verhinderte, daß ein einzelner sich eine institutionell abgesicherte Führungsposition erarbeiten konnte. Nicht einmal während eines Jahres, geschweige denn längerfristig konnte sich daher eine Funktionärselite oder eine Schicht politischer Amtsträger herausbilden.

- Kollektiv und repräsentativ:

Es entspricht der Tradition griechischer Staatsbildung seit ihren Anfängen bei Drakon und Solon, daß Kleisthenes als verlängerten Arm der Volksversammlung nicht einzelne Funktionäre wie Schreiber oder Sekretäre eingesetzt hat, sondern ein weiteres Kollektivgremium aus Bürgern, also Nicht-Spezialisten. Die Zusammensetzung des Rates sorgte überdies dafür, daß dieser tatsächlich die Bürgerschaft etwa im Verhältnis 1:60 repräsentierte. Er verkörperte die Bürgerschaft in einer etwas anderen Weise als die Volksversammlung: Im Gegensatz zu deren jeweils stärker von Zufällen abhängigen Zusammensetzung bildete der Rat die Bürgerschaft in stets gleicher Weise ab.

- Öffentlich und basisdemokratisch:

Der Rat bildete neben zahlreichen anderen formellen und informellen Begegnungen der Bürger ein weiteres wichtiges Forum bürgerlicher Öffentlichkeit. Nicht nur waren die Ratssitzungen im Prinzip immer der Öffentlichkeit auf der *agora* zugänglich. Das Zusammentreten der Ratsherren aus allen sozialen Schichten und Regionen Attikas ermöglichte auch vorzüglich den Austausch, die ‚Vermischung' einer nicht geringen Anzahl von Bürgern. Wenn die Bouleuten ein ganzes Jahr lang täglich zusammenkamen und -arbeiteten, wurden sie zwangsläufig untereinander bekannt, wuchsen Bindungen, die in vielen Fällen über den Tag beziehungsweise das eine Jahr hinaus wirksam geblieben sein dürften. Eine intensive Gemeinschaftserfahrung vermittelte gewiß jener gute Monat, in dem die Prytanen tatsächlich zusammenleben mußten. Durch die Vervielfältigung und die Wechselwirkung solcher Kontakte und Begegnungen in Demos, Phratrie und Phyle, in den militärischen Abteilungen, den kultischen Vereinigungen und eben auch im Rat und selbstverständlich in der Volksversammlung wurden die Bürger zu der Öffentlichkeit, dem Publikum, der Bürgerschaft *(politeia)* verwoben, die allein die Selbstregierung, die Herrschaft des Volkes tragen konnte.
Diese Verzahnungen sind ist für das Verständnis der bürgerstaatlichen Ordnung wichtig: Wer am Vormittag auf der *agora* seines Demos debattierte, konnte am Abend zu einem Fest seiner Phratriegenossen im Nachbardemos geladen sein, in der folgenden Woche sich mit wieder anderen Bürgern im größeren Rahmen seiner Phyle austauschen; gewiß stellte sich dieser Bürger irgendwann als Ratsherr zur Verfügung – mit seinen ganzen bisherigen Bindungen und Erfahrungen im

Gepäck. Sie werden mit eingeflossen und beachtet worden sein, wenn auch seine Stimme als Ratsherr gefordert war. Und wenn er nach einem Jahr dann in seinen Demos zurückkehrte, war er erneut um Bekanntschaften und Einsichten bereichert. Manche werden nach diesem Jahr die Welt mit anderen Augen gesehen haben, berührt, beeindruckt von der großen Politik, und manchen werden die Fragen, mit denen er sich als Ratsherr täglich zu beschäftigen hatte, auch später nicht mehr losgelassen haben. So werden die Volksversammlungen von vielen ehemaligen Ratsherren besucht und deren Stimme wird auch im Demos und anderswo gehört worden sein.

Das ständig rotierende Mitgliedersystem im Rat und die Präsenz aller Bürger auf den verschiedensten Ebenen ließ die Verselbständigung einer Funktionärselite von Berufspolitikern nicht zu. Jeder mit einer Funktion oder einem Mandat betraute Bürger blieb stets in die Basis seiner bürgerlichen Existenz eingebunden, in die verschiedenen Bürgerschaftsverbände seines Demos, seiner Phratrie usw. Mit einem Wort gegenwärtiger Demokratietheorie: Der athenische Bürgerstaat war basisdemokratisch.

9. Die *ekklesia*:
Die Herrschaft der Bürger über sich selbst

Warum, so könnte mit Recht gefragt werden, steht die Betrachtung der Volksversammlung am Ende einer Darstellung der institutionellen Grundzüge der Bürgerstaatlichkeit? Hätte man da nicht jene Institution im Mittelpunkt zu erwarten, in der sich die ganze Macht konzentrierte, die also in moderner Terminologie den Souverän dieses Staates verkörperte?

Das ist natürlich nicht in Zweifel zu ziehen. Die Etablierung des Bürgerstaates durch Kleisthenes meint ja: Alle staatliche Machtausübung sollte fortan allein beim Volk liegen; die Bürger sollten in ihrer Gesamtheit herrschen, was nur heißen kann, daß sie über sich selbst herrschen sollten. In dieser Forderung löst sich der Herrschaftsbegriff freilich auf und geht über in den der gleichen Teilhabe aller Bürger am Politischen der Gemeinde. Ohne Machtkonzentration kann es aber auch keine Bürgerstaatlichkeit geben, und die Forschung hat sich daher gefragt, ob denn die Volksversammlung zu Kleisthenes' Zeiten schon das Organ der staatlichen Machtausübung gewesen ist beziehungsweise ob sie es möglicherweise nur zum Teil war und ihre Macht nur eine und möglicherweise die geringste neben der anderer Institutionen gewesen ist. Genannt wird in der Forschung dabei vor allem der Areopag. Aus folgenden Gründen erscheint das aber nicht zutreffend:

Den Durchbruch zur Staatlichkeit hatte die *tyrannis* gebracht. Die entscheidende Voraussetzung hierfür war, daß *tyrannis*-Herrschaft in ihrem eigenen, zum größten Teil auch verwirklichten Anspruch bedeutete, daß sich die Machtausübung im Gemeinwesen in der Hand des Tyrannen konzentrierte. Damit war einem Zustand ein Ende gemacht, der in der Zeit vor der *tyrannis* der übliche gewesen war und darin bestanden hatte, daß die seit Solon von den staatlichen Instanzen ausgehen-

de Macht häufig durch die wechselnden Machtkonstellationen in den *stasis*-Kämp-
fen der Aristokraten beeinträchtigt oder sogar lahmgelegt worden war. Indem die
Tyrannen die *stasis* auf Dauer beruhigen konnten, entstand im Tyrannen ein über
Jahrzehnte stabiler Kern von Machtausübung. Löste sich diese Tyrannenmacht nach
dem Ende der *tyrannis* in nichts auf? Die Geschehnisse der Jahre 510-508 v. Chr.
machen klar, daß die Mehrheit der Bürger weder ein Machtvakuum hinzunehmen
bereit war noch die fluktuierenden Machtverhältnisse der vortyrannischen Zeit. Deswegen setzten sie ihr Vertrauen in die von Kleisthenes versprochene Neuordnung.
Wer aber konnte und sollte in ihr die Tradition stabiler und nicht angreifbarer Machtausübung fortsetzen?

Manche Interpretation bietet wie auch schon für die Zeit bis zur *tyrannis* die Archonten an. Sowohl aus der Rolle des Archontats beim Übergang zur Staatlichkeit[38]
wie auch aus den Funktionen dieses Amtes in der solonischen Ordnung[39] ergibt
sich aber, daß es keine konstitutionellen Ansatzpunkte hatte, an denen sich eine
Übertragung der Staatsmacht hätte festmachen lassen. Die Archonten blieben auch
weiterhin, was sie bis dato gewesen waren: notwendige Verwaltungsfunktionäre,
deren Amtsautorität von der Macht einer anderen Instanz abgeleitet war.

Eine andere Antwort wäre der Areopag. In ihm waren alle gewesenen Archonten vertreten. Der Areopag hatte im staatlichen Rahmen die wichtige Aufgabe der
Blutgerichtsbarkeit und der Aufsicht über die Archonten. In der Tyrannenzeit war
seine Effektivität als Staatsorgan sicher größer geworden. Am Ende war er aber
praktisch ausschließlich mit solchen Aristokraten besetzt, die bis zum Schluß loyal zur *tyrannis* gestanden hatten. Er mußte damit auch als Körperschaft vorerst diskreditiert erscheinen. Ferner kam der Areopag als Instanz für die staatliche Machtkonzentration in Kleisthenes' Augen schon deswegen nicht in Frage, weil er ja
ausschließlich aus Aristokraten bestand. Nun hätte der Areopag als zentrales Gremium der früheren Aristokratenherrschaft die Staatsmacht auch einfach an sich reißen können. Dem ist zu entgegnen: Da es keine einige und herrschende Aristo-
kratenschicht gegeben hat, hatte auch der Areopag nie diese Rolle gespielt. Das
war auch nach 510 v. Chr. nicht anders, wie an der *stasis* zwischen Isagoras und
Kleisthenes zu sehen ist. Außerdem berichten die Quellen bis zu den Perserkriegen nichts davon, daß nunmehr der Areopag der Staatslenker gewesen sei.

Es bleibt also nur die Volksversammlung – aus historischen (nach den Jahrzehnten der *tyrannis*) und konzeptionellen Gründen. Denn nur so war die *isonomia*
aller Bürger zu ermöglichen. Die Volksversammlung war die Erbin der bisher in
der Person des Alleinherrschers konzentrierten Staatsmacht. Schon Solon hatte die
Volksversammlung als wichtigstes Jurisdiktionsgremium eingesetzt. Inwieweit sie
darüber hinaus in den Jahren bis zur Errichtung der *tyrannis* auch in einem allgemeinen Sinne politisch handlungsfähig geworden ist, ist nur schwer zu beurteilen.

---

[38] Vgl. Verf.: Gesellschaft und Staat bei den Griechen: Archaische Zeit. Paderborn 2003, Kap. B,
VI, 1.

[39] Vgl. Verf.: Gesellschaft und Staat bei den Griechen: Archaische Zeit. Paderborn 2003, Kap. B,
VI, 5.

Seit Kleisthenes jedenfalls besitzt sie die Handlungs- und Entscheidungsvollmacht in all den übrigen politischen Belangen, die in den zurückliegenden Jahrzehnten durch das persönliche Wirken der Tyrannen bereits auf den Weg gebracht worden waren: der Kriegführung und Außenpolitik, dem übrigen kasuellen politischen Handeln sowie dem großen Bereich der gesamtgesellschaftlichen Integration (Kult, Religion, Bauen, Feste, Repräsentation). Es ist fraglich, ob Kleisthenes der Volksversammlung dazu formell neue Kompetenzen übertragen mußte, wovon die Quellen nichts wissen. Es handelte sich wohl eher darum, daß die tatsächlich auch zuvor de jure vorhandenen Kompetenzen unter den neuen politischen Rahmenbedingungen erstmals ausgefüllt werden konnten. Nachdem sich in den vergangenen Jahrzehnten untergründig das politische Bewußtsein der Bürger weiterentwickelt hatte, war die Zeit nun reif, daß die Volksversammlung in die ihr längst zugedachte zentrale Stellung rücken konnte. Kleisthenes hat durch sein Maßnahmenpaket die notwendigen Bedingungen dafür hergestellt. Weiterer institutioneller Vorkehrungen bedurfte es nicht. Was sich darüber hinaus an prozeduralen Regelungen als notwendig erweisen sollte, konnte der historischen Erfahrung und der Eigenkompetenz der Volksversammlung überlassen werden.

Kleisthenes hat dafür gesorgt, daß das nach dem Sturz der *tyrannis* entstandene Machtvakuum schnell wieder gefüllt wurde, indem er die Volksversammlung zum zentralen Gremium für die Bewältigung aller Gemeinschaftsaufgaben gemacht hat. Alle Macht dazu und alles politische Handeln, das Ausfluß dieser Macht war, ging von da an von der Volksversammlung aus. Sie war nicht nur die Staffage für eine neue Form der politischen Herrschaft der Aristokratie oder Richter in deren Machtkämpfen. Denn Kleisthenes hat die Volksversammlung instandgesetzt, aus eigener Kraft als Träger der staatlichen Macht zu handeln, indem er ihr – und das beweist die Richtigkeit dieser These zusätzlich – den Volksrat an die Seite gestellt hat. Denn die *boule* macht nur in Verbindung mit der Volksversammlung Sinn. Ohne sie und ihre zentrale Stellung hängt die *boule* als Institution in der Luft. Die Selbstregierung der Bürger bedurfte des Rates und der Volksversammlung zusammen. Die Existenz der *boule* in der überlieferten Form kann nicht anerkannt, die Volksversammlung aber gleichzeitig noch aus dem Zentrum des staatlichen Wirkens herausgelassen werden.

   Als Souverän fungieren konnte die Volksversammlung allerdings erst und allein auf der Grundlage und im Rahmen der gesamten kleisthenischen Neuordnung, also der Demen- und Phylenreform wie der Schaffung des Rats. Die vielgliedrige innere Struktur der Bürgerschaft war schließlich mehr als nur eine Voraussetzung für das Funktionieren der Volksversammlung. Denn das politische Leben des Bürgers spielte sich zu einem großen Teil auf den vielen Fora unterhalb der Ebene der Volksversammlung ab. Diese bildet somit nur die Spitze einer viel umfangreicheren und differenzierteren Infrastruktur des Politischen.

III. Wann begann die athenische Demokratie?
Zu den Ereignissen des Jahres 462/61 v. Chr.

1. Das Problem und die Forschung

Seit wann gab es in Athen eine Demokratie? Das ist zweifellos eine Grundfrage der griechischen Geschichte in archaisch-klassischer Zeit. Die Antwort ist standpunkt- und perspektivenabhängig. Schon die Griechen selbst haben sie seit dem 5. Jh. v. Chr. in immer wieder anderer Weise gegeben.

Im 5. Jh. v. Chr. wurde im allgemeinen Bewußtsein der Beginn der zeitgenössischen Gemeinschaftsordnung eng mit dem Ende der *tyrannis* und den kleisthenischen Reformen verknüpft. Davon zeugen etwa die beiden auf der *agora* aufgestellten Statuen der Tyrannenmörder Harmodios und Aristogeiton; weiterhin Herodot mit seinem Bericht über Kleisthenes[40] sowie seinem allgemeinen Resümee:

> „Die Athener waren stark geworden. Das bürgerliche Recht des freien Wortes *(isegoria)* für alle ist eben in jeder Hinsicht, wie es sich zeigt, etwas Wertvolles. Denn als die Athener von Tyrannen beherrscht wurden, waren sie keinem einzigen ihrer Nachbarn im Kriege überlegen; jetzt aber, wo sie frei von Tyrannen waren, standen sie weitaus an der Spitze. Daraus ersieht man, daß sie als Untertanen, wo sie sich für ihren Gebieter müh-

Abb. 6   Bildnis des Perikles. Marmor (Höhe 0,54 m). Römische Kopie (erste Hälfte des 1. Jhs. n. Chr.) des Kopfes einer Bronzestatue aus Athen von ~430 v. Chr.
(Berlin, Antikensammlung Inv. Sk 1530)
Perikles (495-429 v. Chr.) gehörte zu den Politikern, die seit 462/61 v. Chr. die Bewahrung und den Ausbau der bürgerstaatlichen Ordnung in der Tradition des Kleisthenes verfolgten. Zwischen 443/42 und 429 v. Chr. wurde Perikles jährlich zu einem der zehn Strategen gewählt, er übte einen überragenden Einfluß in der Volksversammlung aus und führte die Athener in den Peloponnesischen Krieg (431-404 v. Chr.). Der in mehreren Kopien überlieferte Kopf gehört zu einer verlorenen, aber literarisch bezeugten Bronzestatue vermutlich aus dem Eingangsbereich der *akropolis*. Der Helm verweist auf das Strategenamt, die harmonischen und entspannten Gesichtszüge sind nicht unbedingt als individuelle Kennzeichen zu verstehen, sondern stilisieren die öffentliche Repräsentation im Sinne der von den führenden Politikern geforderten persönlichen Zurückhaltung, Selbstbeherrschung und Orientierung am Gemeinwohl.

---

[40] Vgl. Hdt. 6, 131, 1.

ten, sich absichtlich feige und träge zeigten, während jetzt nach ihrer Befreiung ein jeder eifrig für sich selbst schaffte."
(Hdt. 5, 78; Ü.: Josef Feix)

Im 4. Jh. v. Chr. wurde die Gründung der Demokratie zeitlich immer weiter vorverlegt. Der Grund dafür ist, daß man versucht hat, daraus kritische Argumente gegen die Demokratie der eigenen Zeit zu gewinnen. Schon im 5. Jh. v. Chr. wird etwa von Aristophanes die Zeit der Perserkriege, also die ursprüngliche kleisthenische Ordnung, gegen die angeblichen Degenerationserscheinungen des späteren 5. Jhs. v. Chr. ausgespielt. Im 4. Jh. v. Chr. setzt sich das fort: In der Athenaion Politeia ist Solon der Gründer einer Demokratie, die eine noch gute Form repräsentiert habe. Von Solon an sei es aber auf der demokratischen Schiene immer mehr bergab gegangen, indem die Verfassungen Schritt für Schritt noch demokratischer geworden seien. Bei den Rednern oder in der athenischen Lokalgeschichtsschreibung werden dann in gleicher Absicht auch Drakon oder gar Theseus als Gründer des demokratischen Staates genannt.

Auch unter den modernen Rekonstruktionen herrscht keine Einigkeit in dieser Frage. Die Palette von Antworten deckt sich aber nicht ganz mit der antiken. Seit Beginn der quellenkritischen Geschichtsbetrachtung sind Drakon und schon gar Theseus aus der Reihe der Gründerväter ausgeschieden worden. Als frühester Beginn der Demokratie werden also die solonischen Reformen angesehen – eine Auffassung, die freilich derzeit kaum noch Anhänger findet. Am anderen, von der Forschung häufig präferierten Ende der Möglichkeiten stehen die Ereignisse um Ephialtes im Jahre 462/61 v. Chr.

Ob man nun die athenische Demokratie mit Solon, Kleisthenes oder Ephialtes beginnen läßt, ist zum einen davon abhängig, welche konkreten Maßnahmen man diesen Persönlichkeiten zuschreibt; zum anderen auch davon, was man jeweils unter Demokratie versteht, welche Elemente als typisch demokratisch gelten sollen, was man mithin für ausschlaggebend und wichtig an dieser Staatsform findet.

Dies jedoch ist stark gebunden an die grundsätzlichen Perspektiven: Fragt man in erster Linie historisch relativierend, will man also wissen, welches die ganz spezifischen Eigenarten dieser athenischen Demokratie waren und wie sie sich aus den historisch zufälligen Bedingungen der Ereignisgeschichte des 6. und 5. Jhs. v. Chr. erklären läßt, dann legt man von vornherein einen Begriff von Demokratie zugrunde, der das historisch Singuläre der athenischen Demokratie beschreiben soll und dementsprechend einen genau umgrenzten Inhalt hat.

Fragt man dagegen danach, was diese athenische Demokratie als die erste derartige Staatsform der Weltgeschichte für die Zukunft Europas bedeutet, was hier an Merkmalen staatlicher Ordnung erstmals auftritt, die für jede auf den Willen des Volkes gegründete Art politischer Ordnung grundlegend sind, dann setzt man ein allgemeineres und umfassenderes Verständnis von Demokratie voraus. Es kommt demnach auf die Prämissen, das Erkenntnisinteresse, auf die daraus fließenden Fragen und auf die Begriffe an, mit denen man seinen Gegenstand beschreibt.

Vom Verständnis der Athener selbst beziehungsweise von den von ihnen geprägten Begriffen kann man – soweit besteht Übereinstimmung – nur teilweise ausgehen. Benutzt wird der Begriff *demokratia* in den Quellen erstmals bei Herodot[41], also seit etwa 430/25 v. Chr. Daß erst zu diesem Zeitpunkt auch die Sache, die das Wort bezeichnet, vorhanden gewesen sei, wird wohl nur schwerlich behauptet werden können. Gleichwohl hat es auch solche extremen Zuspitzungen gegeben, freilich weniger mit Berufung auf die Wortgeschichte, als aufgrund einer negativen Bewertung der politischen Verhältnisse in der Zeit des Peloponnesischen Krieges. Sie haben ihren Grund in Thukydides' Ausspruch, daß Athen noch in perikleischer Zeit nur dem Namen nach eine Demokratie, in Wirklichkeit jedoch die Herrschaft des Ersten Mannes gewesen sei.[42] Daher könne man erst nach Perikles' Tod im Jahre 429 v. Chr. wirklich von Demokratie reden. Auch andere zeitliche Verengungen dieser Art gibt es, etwa die Beschränkung der Demokratie auf die perikleische Zeit, wobei sich dahinter genau umgekehrt ein positives Urteil über die Demokratie verbirgt. Abgesehen von den damit verbundenen fragwürdigen Werturteilen liefert die Überlieferung auch keine Daten, mit denen sich eine derartige Zurechtstutzung der athenischen Demokratie auf eine Episode von nur zwei Jahrzehnten rechtfertigen ließe. Auf die Wortgeschichte läßt sich jedenfalls nicht sehr viel bauen. Das späte Auftauchen des Begriffs *demokratia* ist möglicherweise auch durch die Zufälligkeiten unserer Überlieferung bedingt.

Zwei Thesen sind in den Antworten, die die neuere Forschung überwiegend auf die Frage nach der Entstehung der Demokratie gibt, hervorzuheben:

• These 1:

  Die historische Entwicklung, die zur Herausbildung der Demokratie geführt hat, ist ein kontingenter und anonymer Prozeß. Dieser war nicht zielgerichtet auf Demokratie hin angelegt.

  „Die Demokratie in Athen war nicht das Ergebnis eines bewußt auf Demokratisierung ausgerichteten Handelns. Sie kam nicht, wie Vergleiche mit dem neuzeitlichen Demokratisierungsprozeß vielleicht nahelegen könnten, dadurch zustande, daß von der Herrschaft ausgeschlossene Klassen sich organisierten und zur Herrschaft drängten."
  „(...) die Demokratie war als solche nicht gewollt, sondern das Ergebnis eines Handelns, für das (...) die Macht der Stadt Athen zum beherrschenden Kriterium wurde."[43]

  „Die athenische Demokratie ist nicht das Produkt eines auf Herrschaft der Masse gerichteten Willens; es fehlt jede auf Demokratie gerichtete politische Theorie. (...) Niemand wird (...) heute (...) der teleologischen Sehweise des Aristoteles folgen wollen, der in seiner Schrift vom Staat der Athener die Demokratie als einen mit Solon einsetzenden, auf Demokratie gerichteten Entwicklungsprozeß begriff (...)."

---

[41] Vgl. z.B. 6, 43, 3; 6, 131, 1
[42] Vgl. Thuk. 2, 65, 9.
[43] Jochen Martin: Von Kleisthenes zu Ephialtes. – In: Konrad H. Kinzl (Hrsg.): Demokratia. Darmstadt 1995. S. 210 u. 162 f.

„Die Demokratie ist (...) das Produkt (...) der besonderen Umstände der athenischen Geschichte des 6. und 5. Jahrhunderts.“[44]

Diesen Feststellungen ist zumindest insoweit beizupflichten: Selbstverständlich
konnten ein Solon und ein Kleisthenes noch nicht im einzelnen wissen, wohin
die Entwicklung das athenische Gemeinwesen aufgrund der kontingenten geschichtlichen Entwicklung (*tyrannis*, Perserkriege, Seebund) einmal führen würde. Woher hätten sie für eine solche Projektion denn auch die Vorbilder nehmen
sollen? Berechtigt dies aber schon zu dem weitergehenden Schluß, daß sie mit
der Herbeiführung der Zustände seit der Mitte des 5. Jhs. v. Chr. nichts zu tun
hätten? Immerhin besitzen wir von Solon authentische politisch-programmatische
Äußerungen, die bereits die wichtigsten Merkmale des Bürgerstaates beschreiben, und haben beide, Solon und Kleisthenes, ein großes Reformwerk durchgesetzt, das auch die Ordnung des 5. Jhs. v. Chr. entscheidend bestimmte.

* These 2:

Die politische Organisation Athens blieb auch nach Kleisthenes zunächst eine
oligarchische. Sogar nach 462/61 v. Chr., dem sogenannten Sturz des Areopag,
war die Demokratie nur die „Fortsetzung adliger Politik unter den seit der Tyrannis neu entstandenen Bedingungen“[45].
Die Demokratie ist nach dieser Überzeugung letztlich eine Folge der veränderten äußeren Handlungsmöglichkeiten seit den Perserkriegen. Mit Demokratisierung hat sie nicht das geringste zu tun, denn diese bedeutet ja – nach dem vor-
hin zitierten Verständnis – die Herrschaft einer bislang unterdrückten sozialen
Klasse. Aufgrund einer unzutreffenden Anschauung über die Rolle der Aristokratie im athenischen Gemeinwesen bereits in der archaischen Zeit sowie einer konsequenten historischen Relativierung wird hier die Demokratie nur noch als ein
ganz spezifisches politisches System verstanden, das eine darüber hinausgehende Beziehung oder Bedeutung nicht erkennen läßt.
Für den Demokratiebegriff Bleickens entscheidend ist die „politische Dynamik
der Massen“ (S. 46) mit ihrer auf völlige politische Gleichheit, auf Schwächung
der „Regierung“ und direkte Ausübung der Herrschaft durch alle gerichteten Tendenz (vgl. S. 51). Daher ist eigentlich erst das Stadium der häufig, auch von Bleicken selbst als „radikale Demokratie“ bezeichneten Zeit seit Ephialtes und Perikles tatsächlich Demokratie. Ganz ähnlich sehen viele Autoren den Beginn der
Demokratie frühestens bei den Vorgängen, die mit dem Namen Ephialtes verbunden werden, also 462/61 v. Chr., recht eigentlich jedoch erst in der von Perikles initiierten Politik der 50er Jahre des 5. Jhs. v. Chr. Erst seitdem sind alle Elemente, die die Demokratie typisch kennzeichnen, vorhanden.

---

44 Jochen Bleicken: Die athenische Demokratie. Paderborn ²1994. S. 53 f. u. 47.
45 Vgl. Martin a.a.O., S. 39.

„Jene eigentümliche Form von Regierung und Verwaltung, welche wir als Attische Demokratie bezeichnen, wurde zwischen 510 und 480 v. Chr. weder geboren noch verbessert. (...) Tatsächliche Geburt und Entwicklung der Demokratie in Athen gehört einer anderen Generation an (...). In der politischen Arena kommen einige Namen einem sogleich in den Sinn: Ephialtes ..., Perikles... (...)."[46]

„Diese Schicht (die attischen Theten, d. Verf.) war es, mit deren Unterstützung Ephialtes und Perikles den Areopag, das Organ des Adels, stürzten (...) und diese Schicht war es dann, die (...)mit der Demokratie nun wirklich Ernst machte: Es sind also die äußeren Ereignisse der Perserkriege und des attischen Seebundes gewesen, die die Entwicklung zur Demokratie erst wirklich zum Ziel gelangen ließen."[47]

„Der Umbruch zur Demokratie in Athen"[48] so betitelt schließlich Christian Meier seine Untersuchung zu den Ereignissen 462/61 v. Chr.

In der jüngeren Forschung geht also eine starke Tendenz dahin, die athenische Demokratie erst im 5. Jh. v. Chr., genauer: mit dem Auftreten von Ephialtes und Perikles seit 462/61 v. Chr. beginnen zu lassen. Der Hintergrund hierfür seien die veränderte Stellung Athens in der Welt seit 480 v. Chr. und die damit verbundenen inneren Auseinandersetzungen. Alles Frühere wird entweder unter das Stichwort ‚Vorgeschichte‘ oder ‚Entwicklung‘ subsumiert oder als Varianten der traditionellen Adelsherrschaft aus dem Phänomen ‚Demokratie‘ überhaupt ausgeklammert.

Angesichts dieser Forschungslage ist es notwendig, zunächst die bisher vorgetragene Argumentation noch einmal im Zusammenhang zu erläutern. Denn die Deutung der Zäsur des Jahres 462/61 v. Chr. als ‚Umbruch zur Demokratie‘ liegt allen vorangehend besprochenen Interpretationen mehr oder weniger zugrunde. Wie sind die Vorgänge dieses vermeintlichen ‚Wendejahres‘ also vor dem Hintergrund der hier vertretenen Gesamtinterpretation zu verstehen?

2. Der Bürgerstaat von Solon bis Perikles: Entwurf – Institutionalisierung – Praxis

Ausschlaggebend für eine neue Formulierung der Frage nach dem Beginn der Demokratie und damit für eine abweichende Bewertung der Entwicklung im 5. Jh. v. Chr. sind zwei von der Mehrheit der Forschung grundverschiedene Ausgangspunkte und Voraussetzungen: eine Neubestimmung des Problems der *polis*-Entstehung durch eine Reflexion auf den Staatsbegriff sowie ein neues Bild der griechischen Sozialordnung und insbesondere der griechischen Aristokratie. Darauf beruht das Bild der Entwicklung Athens in archaischer und klassischer Zeit:

46 Konrad H. Kinzl: Athen: Zwischen Tyrannis und Demokratie. – In: Ders. (Hrsg.): Demokratia. Darmstadt 1995, S. 246 f. (engl. 1977).
47 Wolfgang Schuller: Zur Entstehung der griechischen Demokratie außerhalb Athens. – In: H. Sund/M. Timmermann (Hrsg.): Auf den Weg gebracht. Festschrift K. G. Kiesinger. Konstanz 1979, S. 435.
48 Christian Meier: Der Umbruch zur Demokratie in Athen (462/61 v. Chr.). Eine Epoche der Weltgeschichte und was Zeitgenossen daran wahrnahmen. – In: Reinhard Kosellek (Hrsg.): Epochenschwelle und Epochenbewußtsein. München 1987. S. 353.

- Die Geschichte des athenischen Gemeinwesens von Solon bis ins 5. Jh. v. Chr. ist nicht zu verstehen als ein Ringen um eine andere Verfassungsform, um die Demokratisierung des ehemals aristokratischen Staates. Sie besteht vielmehr in einem von Solon eingeleiteten und seitdem nicht mehr umkehrbaren Staatsbildungsprozeß. Wie allgemein in Griechenland geht es um die erstmalige Herausbildung einer staatlichen Organisationsform der Gemeinden, nicht um die Umbildung einer bereits bestehenden Staatlichkeit. Solon, die Tyrannen, Kleisthenes, die Herausforderung der Perserkriege und des nachfolgenden Attisch-Delischen Seebunds haben alle ihren Teil zu diesem Wandel beigetragen. In seinem Verlauf gewann der griechische Bürgerstaat ein immer deutlicheres Profil. Sein von Beginn an erkennbares Grundprinzip der Selbstregierung der Bürgerschaft wurde immer stärker in tatsächliche politische Praxis umgesetzt.

- Wenn die Ausprägung der Bürgerstaatlichkeit das geschichtliche Thema des 6. und 5. Jhs. v. Chr. war, dann ist eine andere Vorstellung vom Gang der Entwicklung, wie sie ausgesprochen oder unausgesprochen den meisten Forschungspositionen unterliegt, damit nicht vereinbar. Gemeint ist das heute gewiß erschütterte, aber noch nicht endgültig verabschiedete Schema einer Abfolge von frühgriechischem Königsstaat, archaischem aristokratischem Geschlechterstaat, spätarchaischer/frühklassischer Hopliten-*polis*, radikaler Demokratie.
Vor allem ist der Gegensatz von Aristokratie und Demokratie, wie er in den Quellen seit dem späten 5. Jh. v. Chr. auftaucht, nicht auf die frühere Zeit zu übertragen. Von Solon bis Ephialtes ging es nie um die Brechung einer Aristokratenherrschaft. Zwar gab es aus unterschiedlichen Gründen immer einzelne aristokratische Widerstände gegen die Entwicklung. Aber ein struktureller Gegensatz zwischen Aristokratie und Bürgerstaat existierte nicht. Dies hat einen breiten sozialgeschichtlichen Hintergrund; auf der Ebene der Staatlichkeit ist es daran zu erkennen, daß eine spezifisch aristokratisch verfaßte Staatlichkeit sich in der archaischen Zeit nie gebildet hat. Die Aristokraten sind von Beginn an in die allgemeine Entwicklung der Bürgerstaatlichkeit einbezogen. Strukturell andersartige Organisationsformen konnten die griechischen Aristokraten nicht ausbilden. Der Areopag war de facto ein Adelsorgan, institutionell aber nicht aus der politischen Organisation besonders herausgehoben. Im Hinblick auf die Ereignisse von 462/61 v. Chr. ist darauf zurück zu kommen.
Wie schon in vorstaatlicher Zeit, waren auch später *aristoi* und *kakoi* aufeinander angewiesen. Die Lösung der Gemeinschaftsaufgaben erforderte, wie Solon deutlich gesehen hat, das Engagement aller. Der Demos war immer eine Einheit von Aristokraten und Nicht-Aristokraten. Erst als diese im späten 5. Jh. v. Chr. aufbricht, tauchen neue Möglichkeiten staatlicher Organisation auf. Hier erstmals werden aristokratische Möglichkeiten staatlicher Organisation erdacht, verschiedene Spielarten von Oligarchie und Demokratie. Erst jetzt wird um die Verfassung der *polis* gerungen. Ihre ursprüngliche Idee wird dabei zum Teil deutlich modifiziert.

- Diese Idee, die von Solon bis Perikles so geschichtsträchtig wurde, umschreibt der Begriff des Bürgerstaates. Er ist durch folgende Elemente definiert:
  - Die gleiche Teilhabe aller Bürger am Gemeinwesen. Die Bewältigung der Gemeinschaftsaufgaben geht auf die Ausübung von Macht zurück, an der alle Bürger in gleichem Maße beteiligt sind.
  - Wenn die Macht bei allen Bürgern liegt, so sind die politischen Funktionsträger nur Mandatare dieser Bürgermacht. Sie läßt Herrschaft nur als auf Zeit anvertraute und vollständig kontrollierte zu.
  - Die Bildung eines politischen Gesamtwillens in der Bürgerschaft erfolgt ausschließlich in einem Raum oder in vielen Räumen herrschaftsfreier Öffentlichkeit. An ihr haben alle ungeachtet ihres sozialen Status gleichen Anteil.
  - Das Prinzip bürgerlichen Verhaltens in der politischen Öffentlichkeit ist das der bürgerlichen Teilnahme und Verantwortung. Diese politische Ethik wird Teil der persönlichen Identität jedes Bürgers.
  - Verwirklicht ist der Bürgerstaat, wenn möglichst alle freien Gemeindemitglieder nicht nur formell den Bürgerstatus besitzen, sondern durch ihr praktisches Handeln und ihre geistige Einstellung tatsächlich an der *polis* teilhaben.

- Wird Bürgerstaatlichkeit so verstanden, dann ist das 6. und 5. Jh. v. Chr. in Athen als Einheit aufzufassen. In der Abfolge von Solon über Kleisthenes bis zu der Summe weiterer Regelungen des 5. Jhs. v. Chr. ist ein ideell und strukturell zusammengehöriger Dreischritt zu sehen, gekennzeichnet durch die Begriffe Entwurf – Institutionalisierung – Praxis.
  Solon hat die Idee des Bürgerstaates als erster durchdacht und formuliert und darüber hinaus erste institutionelle Wegmarken aufgerichtet (*heliaia*, Popularklage, Gesetzgebungswerk). Kleisthenes hat den von Solon ausgelegten Faden wieder aufgenommen und mit großer institutioneller Phantasie das Gemeinwesen auf eine neue Grundlage gestellt. Er hat dem Bürgerstaat sein institutionelles Gehäuse geschaffen. Innerhalb dessen ist er im 5. Jh. v. Chr. immer stärker ausgebaut, gefestigt, gesichert und zu der für breiteste Schichten maßgeblichen Lebenswirklichkeit geworden.

3. Das Jahr 462/61 v. Chr. und die Bewahrung der bürgerstaatlichen Tradition

a. Die Vorgänge, die Quellen und das Forschungsproblem

Das Jahr 462/61 v. Chr. wird in den Quellen wie in der modernen Forschung als Einschnitt in der athenischen Geschichte angesehen, das plötzliche Ende für eine „innenpolitisch eher beschauliche Ära"[49]. Massive Gegensätze zwischen den die

---

[49] Jochen Bleicken: Die athenische Demokratie. Paderborn ²1994. S. 44.

Politik formulierenden, führenden athenischen Aristokraten seien aufgebrochen. Sie äußerten sich in Volksbeschlüssen, die die Stellung des Areopag in der politischen Ordnung neu festlegten. Initiiert waren diese Beschlüsse von Ephialtes. Dessen Gegenspieler Kimon hielt sich 462/61 v. Chr. zusammen mit 4000 athenischen Hopliten auf der Peloponnes auf, um den Spartanern gegen einen Aufstand der Heloten beizustehen. Doch dazu kam es nicht mehr. Die Spartaner lehnten das athenische Hilfsangebot kurzfristig ab, Kimon kehrte nach Athen zurück und wurde daraufhin durch eine Scherbengericht verbannt. Ephialtes seinerseits wurde wenig später ermordet – von wem ist nicht bekannt.[50]

Obschon aus unserer Überlieferung die Grundzüge des Geschehens einigermaßen zu erkennen sind, insbesondere die Verquickung von innen- und außenpolitischen Aspekten, sind wir über Einzelheiten der sogenannten Reformen des Ephialtes nur ganz unzureichend unterrichtet. Den Tenor der Quellen[51] gibt der älteste Bericht in der Athenaion Politeia 23-25 wider. Er enthält zugleich die wesentlichen Unklarheiten. Jeder Satz, jede Einzelinformation dieser Passagen kann mit Fragezeichen versehen werden. Einige Beispiele: Wie müssen wir den in 23, 1 zwischen Satz 1 und 2 angedeuteten Umschwung verstehen? Was soll konkret die Macht und Vorherrschaft des Areopag bedeuten? Wie verhält sich die postulierte Rolle des Areopag für die Schlacht von Salamis zu der aus unseren Hauptquellen zu gewinnenden Vorstellung, das größte Verdienst an dem griechischen Erfolg komme dem Themistokles zu? Welche Verfassung war in Kraft und verfiel (vgl. 25, 1)? Was bedeutet der Vorsitz der Areopagiten? Wie und wieso erstarkte das Volk? Inwiefern war Ephialtes verfassungstreu? Was können Amtspflichtverletzungen von Areopagiten gewesen sein? Welches waren die Funktionen des Areopag? Welches die hinzugekommenen Funktionen? Inwiefern konnte der Areopag eine staatliche Aufsichtsbehörde sein?

Fragen über Fragen, auch innere Widersprüche, vielleicht ganz unvereinbare Traditionen, die hier mehr als 100 Jahre nach den Ereignissen noch durchscheinen. Alle Fragen werden gewiß nicht zu lösen sein, auch dann nicht, wenn man die übrigen einschlägigen Quellen zu Rate zieht.

Angesichts der einigermaßen unklaren Überlieferungslage ist es unabdingbar, sich für das Verständnis der Vorgänge den weiteren Interpretationshorizont bewußt zu machen, innerhalb dessen die gegebenen Informationen allein Aussagefähigkeit bekommen können. Alle modernen Rekonstruktionen der Vorgänge beruhen denn auf derartigen ausgesprochenen oder unausgesprochenen Vorannahmen: Sei es, daß die Ereignisse als revolutionärer Umsturz, als epochale Zäsur verstanden werden, sei es als Hebel für eine grundlegende außenpolitische Kurskorrektur oder als verfassungsrechtliche Reform mit weitreichenden, aber unvorhergesehenen Folgen. In jedem Falle ist ein Bild der Situation und der Zustände in den davorliegenden Jahrzehnten, ja der Entwicklung in den zurückliegenden 150 Jahren impliziert.

---

[50] Der in Aristot. Ath. pol. 25, 5 genannte Name sagt uns jedenfalls nichts.
[51] Vgl. die Zusammenstellung der Quellen am Schluß des Kapitels.

Diesen Hintergrund, vor dem das Jahr 462/61 v. Chr. seine Bedeutung erhält, sieht die Mehrheit der Forschung darin, in Athen habe es trotz der Verfassungsentwicklung bis dahin, also trotz Solon, Kleisthenes und den nachfolgenden Weiterbildungen der bürgerstaatlichen Ordnung, auch im Jahre 462/61 v. Chr. immer noch eine Aristokratenherrschaft gegeben. Die Änderungen des Ephialtes hätten demgegenüber einen qualitativen Umschwung zu etwas Neuem, eben den Beginn der Demokratie, bedeutet.

Es ist daher notwendig, aus dem im vorigen Kapitel gezeichneten Gesamtbild die Folgerungen zu ziehen, aufgrund derer sich die Ereignisse von 462/61 v. Chr. verstehen und die Informationsbruchstücke der Überlieferung in das Bild einordnen lassen.

Die erste Beobachtung: Die Vorgänge sind im Verlauf der athenischen Geschichte des 5. Jhs. v. Chr. tatsächlich herausragend – und zwar durch das in ihnen zum Ausdruck kommende Ausmaß an Konflikt und gewaltsamer Auseinandersetzung. Seit der *stasis* zwischen Isagoras und Kleisthenes ein halbes Jahrhundert zuvor, hatte die Stadt keine so tiefe Kluft zwischen ihren führenden Aristokraten und keinen derartigen Ausbruch von Gewalt gegen Mitbürger erlebt. Es muß also viel auf dem Spiel gestanden haben. Worum ging es, und wie konnte es dazu kommen?

b. Kimon und die Konturen einer neuen Politik nach innen und außen

Als erstes muß die Politik der Protagonisten dieses Jahres, Kimon und Ephialtes, vor dem Hintergrund der politischen Probleme rekonstruiert werden, die in den fast zwei Jahrzehnten seit der Entstehung des Attisch-Delischen Seebunds (478 v. Chr.) allmählich entstanden waren.

Kimon war der Sohn des Miltiades, des Siegers von Marathon und früheren Tyrannen auf der thrakischen Chersones, und Enkel des gleichnamigen Kimon. Mit beiden Vorfahren kommen wir noch zurück in die Tyrannenzeit und sehen eine Familie, die schon im 6. Jh. v. Chr. die athenische Außenpolitik entscheidend mitgestaltet hat – im Dissens oder in Kooperation mit den Tyrannen. Bekannt waren der ältere Kimon und Miltiades auch für ihre weitgespannten Beziehungen zu anderen Aristokraten der griechischen Welt. Sie waren typische Repräsentanten der internationalen Adelsgesellschaft des 6. Jhs. v. Chr. Der jüngere Kimon hat nach den Perserkriegen dieses Erbe bewußt angetreten. Ordnet man die über ihn bekannten Nachrichten, so fällt dreierlei auf an der Politik und am Auftreten dieses Mannes:

- Kontinuitätslinien:

Die Tradition seiner Familie, das von seinem Vater, Großvater und Großonkel, dem sogenannten älteren Miltiades, erworbene Wissen, Können und die Erfahrung, prädestinierten Kimon dazu, zu einem der herausragenden militärischen

Führer Athens zu werden. Tatsächlich ist seine außenpolitisch-militärische Kompetenz im Zusammenhang mit den letzten Operationen gegen die Perser und unmittelbar nach Gründung des Seebundes offensichtlich und unbestritten. Durch die militärischen Kampagnen nach Zypern (478/77 v. Chr.), in der nördlichen Ägäis und auf der thrakischen Chersones (477/76 v. Chr.), am Eurymedon in Pamphylien (466/65 v. Chr.), gegen Thasos (465/63 v. Chr.) hat er Athen binnen weniger Jahre zu einer Großmachtstellung in der Ägäis geführt. Auffällig ist die antipersische Stoßrichtung dieser Politik Kimons und seine Zurückhaltung bei Unternehmungen gegen griechische Städte. Im Falle von Karystos (etwa 472/71 v. Chr.) und Naxos (467/66 v. Chr.) hören wir nichts von ihm; die Niederwerfung von Thasos scheint er eher zögerlich und halbherzig verfolgt zu haben. Klar ist, daß Kimon nur in völliger Übereinstimmung mit der Volksversammlung in Athen agieren konnte. Seine Politik fügte sich denn auch nahtlos in die Linie der athenischen Außenpolitik oder besser: in eine der Linien der athenischen Außenpolitik seit dem Ende der *tyrannis*. Aufgrund der Familientradition wird abgesehen vom rein Militärischen der Stil der kimonischen Außenpolitik in vielem an die alten aristokratischen Formen persönlicher Beziehungen angeknüpft haben. Dies konnte solange niemanden in Athen stören, als dabei Erfolge und das Wachstum der athenischen Macht heraussprangen.

- Lakonophilie:

Kimon scheute vor einer allzu harschen Politik gegen unbotmäßige Mitglieder des Seebundes auf den Inseln und an der Küste Kleinasiens ebenso zurück, wie er offenbar für die weitere Ausdehnung der athenischen Macht auf dem griechischen Festland eine Grenze gesehen hat. Das zeigt sich an einer gegen ihn angestrengten Anklage wegen Untätigkeit im Feldzug gegen Thasos sowie vor allem an seiner ostentativ zur Schau getragenen Lakonophilie. Diese auf Frieden und Einvernehmen mit Sparta gerichtete Politik mag nach 479 v. Chr. in der Volksversammlung durchaus begrüßt worden sein, hielt sie Athen doch für die ersten Operationen zur Machtsicherung und -erweiterung im Seebund den Rücken frei. Kimon allerdings sah die Dinge grundsätzlicher: Es dürfe nicht zugelassen werden, „(...) daß Griechenland fortan lahme und die Stadt ohne ihr Nebenroß fahre" – mit diesen Worten soll er nach Ion von Chios die athenische Volksversammlung zur Hilfeleistung für die Spartaner überredet haben.[52]

- Eine neue politische Methode:

Schließlich hat Kimon offenbar versucht, seinen militärischen Ruhm auch zur Gewinnung einer innenpolitischen Sonderstellung einzusetzen. Voraussetzung hierfür war sein Reichtum, den er ererbt und durch internationale Verbindungen so-

---

[52] Plut. Kim. 16, 10.

wie auf seinen Kriegszügen gemehrt hatte. Dieses Vermögen hat er in großem Stile verausgabt, um seine innenpolitischen Konkurrenten auszustechen. Kimon wurde kein großes Talent zum Redner nachgesagt, vielleicht hat sich ihm deshalb eine andere Art, für sich zu werben, nahegelegt: Die Quellen berichten von großen Stiftungen und Wohltätigkeit verschiedenster Art, von der Anlage öffentlicher Gärten und Bauwerke bis zur Öffnung seiner Besitzungen für die Mitglieder seines Demos. Dies nun war etwas völlig Neues im kleisthenischen Bürgerstaat, dessen Ordnung vorsah, daß die Aristokraten gleichberechtigt in der Volksversammlung um die Gestaltung der Politik zu ringen hatten – mit der Überzeugungskraft der Rede. Kimon hatte dagegen versucht, auf andere Weise Loyalitäten des Volkes zu schaffen, hatte seine Munifizenz am offiziellen Liturgiensystem vorbei ganz auf seine Person zugeschnitten. Diese Politik ähnelt der sozialpolitischen Fürsorge eines Patron für seine Klienten. Sie war bis dato dem athenischen Gemeinwesen fremd gewesen oder besser: Wir müssen bis zu den Tyrannen zurückgehen, um Ähnliches wieder zu finden. Kimons Ansehen, sein Erfolg und sein Reichtum haben ihn also dazu gebracht, in einem neuen, von der Tradition abweichenden Stil in Athen Politik zu treiben. Dies mag für manche das Menetekel der *tyrannis* heraufbeschworen haben.

c. Ephialtes: Der Kampf gegen Areopagiten und die außenpolitische Linie Kimons

Zu denen, die Kimons Stil der Politik kritisierten, haben auch Ephialtes sowie sein Mitstreiter und politischer Erbe Perikles gehört. Über Ephialtes wissen wir weit weniger als über Kimon. Dennoch fügt sich auch dies Wenige zu einem deutlichen Bild, wenn man es an dem Leitfaden der völlig eindeutigen Gegnerschaft zu Kimon aufreiht.

Die erste Nachricht zeigt Ephialtes im Jahre 465 v. Chr. nach dem von Kimon errungenen Sieg über die Perser am Eurymedon mit einem kleinen Flottenkontingent weiter nach Osten in Richtung Kilikien vordringen.[53] Ein fähiger Stratege war Ephialtes also, der völlig in Übereinstimmung mit der athenischen Seebundspolitik handelte. Daß er wahrscheinlich eine aggressivere Gangart in der Außenpolitik als Kimon für angezeigt hielt, macht die Anklage gegen diesen im Falle Thasos kurze Zeit später klar. Unter den Anklägern wird er nicht namentlich, dafür aber sein Verbündeter Perikles erwähnt. Ephialtes selbst ist es dann, der über einen längeren Zeitraum hin Mitglieder des Areopag wegen ihrer Amtsführung verfolgte, wie die Athenaion Politeia sagt. Dies kann nicht gegen einfache Mitglieder des Areopag gegangen sein, vielmehr gegen Amtsträger. Wer dafür in Frage kommt, offenbart eine andere Notiz in der Athenaion Politeia 27, 1. Danach habe Perikles den Kimon einmal wegen seiner Rechenschaftslegung nach Ablauf seines Strategenjahres belangt.

---

53 Vgl. Plut. Kim. 13, 4.

Die Strategen waren infolge der Bedeutung des Seebundes und der großen Aufgaben, die daraus erwuchsen, zu den wichtigsten Amtsträgern in Athen geworden. Natürlich führte dieses Amt viele Aristokraten – und nur sie bekleideten es – in Versuchung, die damit sich eröffnenden Möglichkeiten vor allem im finanziellen oder im persönlich-diplomatischen Bereich auch an der *polis* vorbei für sich persönlich auszunutzen. Die Rechenschaftslegung der Strategen sowie aller Beamten erfolgte traditionell vor dem Areopag. Ephialtes' Anklagen gegen Areopagiten konnten sich also zum einen gegen Amtsmißbrauch von Strategen, die ja zugleich Areopagiten sein konnten, richten und zum anderen gegen solche Areopagiten, die ihre Pflicht verletzten und eine ordnungsgemäße Amtsentlastung von Strategen hintertrieben und vereitelten. Eine Fronde sich gegenseitig deckender Aristokraten unterlief da über Jahre die Kontrolle durch den Souverän, das Volk.

Freilich ist unsicher, ob wir bei den dagegen gerichteten Bestrebungen eines Perikles oder Ephialtes mit wirklichen Anklagen im juristisch-technischen Sinne rechnen dürfen. Denn das Problem von Amtsmißbrauch dieser Größenordnung und Art wird sich erst mit der Entwicklung des Seebundes ergeben haben. Nicht zufällig ist ja eine neue und rechtlich genaue Regelung der Beamtenkontrolle ein entscheidendes Resultat der von Ephialtes dann initiierten Volksbeschlüsse. Wir werden daher in den Jahren zuvor wohl mit einer massiven politischen Propaganda des Ephialtes in der Volksversammlung zu rechnen haben. Sie dürfte ins Feld geführt haben, daß vom Amt des Strategen eine Gefahr für die politische Kompetenz der Volksversammlung drohen konnte, wenn die Kontrolle der Amtsträger nicht funktionierte, und daß daher die geltende politische Ordnung des Kleisthenes zu schützen und zu bewahren sei.

Ein anderer Aspekt dieser dem Volk dargelegten Bestrebungen des Ephialtes richtete sich gegen Kimons außenpolitischen Kurs der Spartafreundlichkeit. Ephialtes habe sich dagegen ausgesprochen, den Spartanern bei der Niederschlagung des Helotenaufstands zu helfen, heißt es bei Plutarch.[54] Kimon konnte sich zwar zunächst noch durchsetzen, doch öffnete die brüske spartanische Abweisung kurz darauf der Mehrheit des athenischen Volkes die Augen für das außenpolitische Problem, das in der Politik Kimons steckte und durch deren Erfolg nur lange verdeckt war. Denn in seinem Verhältnis gegenüber Sparta wich Kimon von der außenpolitischen Linie Athens ab, wie sie sich seit dem Ende der *tyrannis* eindeutig verfolgen läßt; alle außenpolitischen Unternehmungen Athens hatten seitdem zumindest auch eine gegen Sparta gerichtete Komponente. Ganz massiv wurde der Gegensatz mit der Gründung des Seebundes und der Befestigung Athens durch Themistokles. Da die Stellung Athens im Verhältnis zu Sparta damit geklärt schien, Sparta seinerseits sich zurückhielt und durch innere Schwierigkeiten in Anspruch genommen war, stand das Thema danach zunächst nicht mehr im Vordergrund des außenpolitischen Interesses.

---

[54] Vgl. Plut. Kim. 16, 9.

Kimon hat jedoch durch seine persönliche Haltung den athenischen Standpunkt, daß den Athenern allein die Führungsrolle in Griechenland zukomme, unter der Hand zu revidieren gesucht. Dies gilt selbst dann, wenn man Kimon nicht eine grundsätzliche, sondern nur eine taktische Spartafreundlichkeit unterstellen würde, um eine für Athen möglicherweise gefährliche Konfrontation mit dem Kriegerstaat zu vermeiden. Ein solches, in der damaligen Situation durchaus vertretbares rationales Kalkül lag jedoch der athenischen Außenpolitik seit jeher fern. Man denke an Athens riskante Teilnahme am Ionischen Aufstand oder sein kompromißloses Verhalten während der Perserkriege und unbeirrbares Bestehen auf der Führungsrolle in Griechenland.[55] Das in Kimons Haltung gegenüber Sparta verborgene Problem mußte in dem Augenblick virulent werden, in dem die politische Situation erneut eine ausdrückliche Stellungnahme gegenüber Sparta von der Volksversammlung erforderte, wie dies dann angesichts des spartanischen Hilfegesuchs während des Helotenaufstands notwendig wurde.

Ephialtes' Opposition gegen die Unterstützung der Spartaner muß vor diesem Hintergrund gesehen werden. Sie befindet sich im Einklang mit der seit 50 Jahren geübten Politik gegenüber Sparta. Dieses betrachtete Athen seit den wiederholten lakedaimonischen Interventionen in Attika als potentiellen Gegner, den es zu schwächen und dem gegenüber es den eigenen Anspruch auf die Vormachtstellung zu bekräftigen galt. Ephialtes konnte als besonders schwerwiegend ins Feld führen, daß die Spartaner nur drei Jahre zuvor ihre in Wirklichkeit feindlichen Absichten wieder deutlich offenbart hätten: Auf ein Hilfeersuchen der Thasier, die 465/64 v. Chr. von den Athenern belagert wurden, hatten sie versprochen, in Attika einzufallen. Nur ein Erdbeben auf der Peloponnes und der Helotenaufstand hatten das verhindert.[56] „Es gehe", so Ephialtes vor der Volksversammlung, „also nicht an, (...) eine feindliche Stadt gegen Athen wieder aufzurichten (...).“[57]

Insbesondere die Politik des Themistokles dürfte für Ephialtes Vorbild gewesen sein. Die Auseinandersetzung zwischen ihm und Kimon läßt eine Kontroverse wieder aufleben, die unmittelbar nach den Perserkriegen bereits zwischen der Richtung des Themistokles und der des Kimon ausgetragen wurde und von der wir Reflexe in unserer Überlieferung finden.[58] Es ging damals darum, wer sich das größere Verdienst für die Rettung Griechenlands erworben habe: Miltiades bei Marathon oder Themistokles bei Salamis; ja es wurden von Kimon sogar Versionen der Schlacht von Salamis in Umlauf gebracht, die darauf zielten, den Ruhm des Themistokles zu schmälern.

Mit seinen Angriffen gegen Kimon hat Ephialtes auch in dieser alten Kontoverse eindeutig Partei ergriffen und sich in die Traditionslinie der athenischen Außenpolitik gestellt. Die Athener haben dies in ihrer Mehrheit nicht sogleich begriffen. Die Abfuhr, die die Spartaner dem athenischen Hoplitenkontingent erteilten, und

---

[55] Vgl. Kap. B, I.
[56] Vgl. Thuk. 1, 101, 1-2.
[57] Plut. Kim. 16, 9.
[58] Vgl. Aristot. Ath. pol. 23, 1.

die die Athener in ihrer Ehre traf, rief ihnen jedoch bald die Richtigkeit ihrer lange geübten Haltung in Erinnerung.

Vermutlich hat Ephialtes nach seiner zunächst erlittenen Niederlage in der außenpolitischen Frage vor allem das Potential der Theten in der Volksversammlung stärker aktiviert. Denn die Theten, die die athenische Außenpolitik in den zurückliegenden Jahren hauptsächlich getragen hatten und zu neuem Selbstbewußtsein erwacht waren, dürften die Argumentation des Ephialtes voll unterstützt haben. Sie wollten die Früchte ihrer Arbeit nicht durch ein wieder erstarktes Sparta gefährdet sehen, sondern auf dem erfolgreichen Kurs athenischer Machtpolitik weiterfahren. Sollten die Spartaner doch zusehen, wie sie zurechtkamen. Wer hatte den Athenern denn einst beigestanden, als es gegen den Perser ging? Wenn die Spartaner geschwächt wurden, um so besser für die Athener. Die kurz nach den Ereignissen von 462/61 v. Chr. abgeschlossenen Bündnisse mit Argos und Thessalien sind eine konsequente und aktive Fortsetzung dieser Politik, die nunmehr von der großen Mehrheit der Athener, auch der zunächst mit Kimon gezogenen Hopliten, getragen wurde. Von einem ‚Wechsel der Allianzen' – von dem die Forschung zuweilen spricht – kann folglich keine Rede sein, denn der alte Hellenenbund von 481 v. Chr. mit Sparta an der Spitze war zwei Jahrzehnte später von der politischen Wirklichkeit längst überholt worden.

Zusammenfassend ist festzuhalten: Ephialtes hat mit seiner gegen Sparta gerichteten Politik keine außenpolitische Wende eingeleitet, sondern einen seit langem energisch verfolgten und erfolgreichen Kurs fortgesetzt und eingeschärft. Die daraus abzuleitende These lautet, daß sich in analoger Weise auch die von Ephialtes formulierten den Areopag betreffenden Volksbeschlüsse am besten verstehen lassen.

d. Die Stellung des Areopag

Es ist mangels Quellen nicht leicht zu sehen, welche Kompetenzen der Areopag im Jahre 462/61 v. Chr. besessen hat und worauf die Initiative des Ephialtes demnach zielte.

- Eindeutig ist nur die Funktion des Areopag als Gericht in Mordsachen. Dies war im 7. Jh. v. Chr. der Ausgangspunkt für die Schaffung eines formellen Gremiums gewesen, zunächst des Ephetengerichts, dann – wohl seit Solon – des Areopag. Als Gerichtshof dieser Art fungierte der Areopag auch im 5. Jh. v. Chr.

- Möglicherweise urteilte der Areopag seit Solon auch über Anzeigen wegen Straftaten gegen die Gesamtgemeinde, das heißt insbesondere Versuche, eine *tyrannis* zu errichten.[59]

---

[59] Vgl. F 37 b Rusch.

• Sodann übte der Areopag sehr wahrscheinlich die Kontrolle über die Beamten aus, von ihm wurde also die Würdigkeitsprüfung vor Amtsantritt vorgenommen und die Rechenschaftsablegung nach der Amtszeit entgegengenommen.

• Sehr problematisch ist, was wir unter der dem Areopag zugeschriebenen allgemeinen Aufsicht über die Gesetze zu verstehen hätten.[60] Konkrete Nachrichten über solcherart Aktivitäten des Areopag haben wir für die Zeit bis Ephialtes nicht. Vermutlich handelt es sich um eine Schlußfolgerung aus den Aufgaben der *tyrannis*-Abwehr und der Beamtenkontrolle, die sich im 4. Jh. v. Chr. im Kontext einer Debatte um die gegenwärtige und frühere politische Bedeutung des Areopag aufdrängte.

• Was wir schließlich unter der Herrschaft des Areopag[61] verstehen sollen, ist von der konstitutionellen Seite her überhaupt nicht zu sehen, da seit Solon keine Änderungen in der Stellung des Areopag bekannt sind und dieser in der solonischen Ordnung mit Sicherheit keine dominierende Stellung einnahm.

Die Maßnahmen des Ephialtes, die auf einen Entzug von Kompetenzen des Areopag zielten, können demzufolge nur desssen richterliche Funktion und die Beamtenkontrolle betroffen haben; über das Problem einer ‚Herrschaft‘ des Areopag wird weiter unten noch einmal nachzudenken sein.

Bereits im frühen 5. Jh. v. Chr. gab es verschiedene Prozesse vor Volksversammlung oder Volksgericht wegen Verstößen gegen die Interessen der Gemeinde als ganzer. Ephialtes wollte deswegen wahrscheinlich Klarheit in der künftigen Handhabung solcher Verfahren schaffen. Denn im Rahmen der kleisthenischen Ordnung hatte die Kraft des Faktischen das alte Recht des Areopag obsolet werden lassen. Es wurde ihm daher jetzt entzogen. Sogenannte Eisangelie-Verfahren (Klagen gegen die Verletzung des Gemeinwohls) sollten künftig bei Rat und Volksversammlung anhängig gemacht werden.

Das Kernstück der Veränderungen lag in der Übertragung der Beamtenkontrolle vom Areopag auf das Volk. Mit Ephialtes beginnt eine Entwicklung, die zu einer immer komplizierteren Überprüfung der Amtsführung von Beamten führte. Sie wurde generell als *euthynai* bezeichnet. Auf die Details kommt es hier nicht an, entscheidend ist die Stoßrichtung dieser Maßnahme des Ephialtes: Es ging vor allem darum, den gewachsenen Aufgabenbereich der Strategen effektiver zu kontrollieren. Im Falle Kimons hatte man sehen können, welche Folgen es zeitigen konnte, wenn dies weiterhin durch den Areopag stattfand. Künftig sollte der gesamte Demos die Beamten kontrollieren, insbesondere die Strategen, die ja auch vom Volk gewählt wurden. Diese Neuregelung der Kontrollbefugnisse lag somit in der Konsequenz der kleisthenischen Ordnung und war auch nur auf deren Grundlage durchzuführen.

---

[60] Vgl. Aristot. Ath. pol. 3, 6; 4, 4; 8, 4; Plut. Sol. 19, 2.
[61] Vgl. Aristot. Ath. pol. 23, 1; 25, 1.

Wurde der Areopag dadurch ,entmachtet', wie die Quellen behaupten? Und gab es überhaupt diese Herrschaft des Areopag? Im rein formalen Sinne innerhalb der kleisthenischen Ordnung sicher nicht, und allein aufgrund des Rechts zur Beamtenkontrolle wird man davon nicht sprechen können. Und dennoch macht die Charakterisierung des Vorgangs durch die Quellen, insbesondere auch eine Tragödie des Aischylos, auf die gleich zurückzukommen sein wird, deutlich, daß die von Ephialtes herbeigeführte gesetzliche Definition der Stellung des Areopag im Bürgerstaat offenbar eine politische Rolle dieses Gremiums beendet hat, die über die bloße mangelhafte Ausübung der Beamtenkontrolle hinausging. Was also steckt dahinter?

Auch hier ist von Athens neuer Stellung in der Welt, wie sie vor allem durch Kimons erfolgreiche Außenpolitik errungen wurde, auszugehen. Das Versagen der Beamtenkontrolle konnte in diesem Zusammenhang durchaus innenpolitisch relevant werden. Auf die Interessenkoalition von Areopagiten und Strategen wurde schon hingewiesen. Des weiteren dürften die vielen neu zu bewältigenden Aufgaben und Materien im Rahmen des Seebundes sicher nicht nur von der Volksversammlung und dem Rat, sondern vor allem auch im Areopag diskutiert und die entsprechende Politik vorformuliert worden sein. Denn im Areopag saßen die seit 487 v. Chr. durch das Los bestimmten ehemaligen Archonten, sämtlich Mitglieder der Aristokratie. Und aus dieser rekrutierten sich die, welche die Seebundspolitik als Strategen vor Ort exekutierten und dafür Verantwortung zu tragen hatten. Die drängenden Aufgaben der Außenpolitik führten somit dazu, daß dem Adelsgremium Areopag politische Führungsaufgaben zuwuchsen – man vergleiche die Macht des römischen Senats im Bereich der Außenpolitik –, die bei der Einrichtung der kleisthenischen Ordnung nicht vorherzusehen, die zu bewältigen im Rahmen dieser Ordnung dem Areopag aber keineswegs zugedacht waren. Zeitweilig mochte dadurch der Areopag zudem wie ein verlängerter innenpolitischer Arm des Strategen Kimon erscheinen. Höchstwahrscheinlich bezieht sich die Athenaion Politeia hierauf, wenn sie von den „zusätzlichen Machtfunktionen, durch die er (der Areopag, d. Verf.) als Wächter der Verfassung fungierte"[62], spricht.[63]

e. Die Tradition des Bürgerstaates und ihre Bekräftigung

Aus dem Blickwinkel der traditionellen Ordnung beruhte die Stellung, die sich der Areopag unter dem Einfluß Kimons verschaffen konnte, auf angemaßten Zuständigkeiten, auch wenn diese in Forderungen nach politischer Führung gründeten, die sich aus den außenpolitische Aufgaben zwangsläufig ergaben. Dennoch griff dieser neue Zustand einschneidend in die bisherige Ordnung ein. Die Rechte des

---

[62] Aristot. Ath. pol. 25, 2; Ü.: Mortimer Chambers.

[63] Auch möglich ist, daß die von der Athenaion Politeia behauptete Wirkung der zusätzlichen Funktionen, die generelle Aufsichtsfunktion des Areopag, eine Übertragung der Situation in den Jahren um 340 v. Chr. ist, als der Areopag tatsächlich neue Befugnisse zur Sicherung der Einhaltung von Gesetzen erhielt.

Volkes wurden dadurch berührt und die Kompetenz der Volksversammlung allmählich unterminiert. Diese schleichende Erosion und Verschiebung der Gewichte wurde offensichtlich, als im Hinblick auf Sparta eine grundsätzliche Entscheidung über den außenpolitischen Kurs anstand.

Ephialtes hat in dieser Situation daran erinnert, daß die Führung in sämtlichen
politischen Belangen bei der Volksversammlung liegen müsse – und zwar gemäß
der geltenden Ordnung. Es war daher in seinen Augen notwendig, die kleisthenische Ordnung um einige konstitutionelle Zusatzregelungen zu ergänzen, um die
Rolle des Areopag präzise zu definieren und die Volksversammlung in ihre vollen
Rechte wieder einzusetzen.

> „Das politische Gewicht der Ekklesia war indes nicht erst die Folge der Maßnahmen des
> Ephialtes, sondern (...) eine wesentliche Voraussetzung für alle Veränderungen, die 462
> und in den folgenden Jahrzehnten vorgenommen wurden."[64]

Das Gesetz über den Areopag war mithin eine weitere Ausgestaltung der bürgerstaatlichen Ordnung und trug wesentlich zu deren weiterer Verwirklichung bei.

Darüber hinaus gibt es in den Quellen interessante Hinweise darauf, daß von dem
Konflikt des Jahres 462/61 v. Chr. und der Entwicklung, die zu ihm geführt hat,
auch noch Wirkungen ausgegangen sind, die auf einer anderen Ebene zur Bekräftigung der Bürgerstaatlichkeit beigetragen haben.

Im Jahre 463 v. Chr. wurde in Athen eine Tragödie des Aischylos mit dem Titel
Die Hiketiden, Die Schutzflehenden, aufgeführt. Diese sind die 50 Töchter des Da-
naos, die vor der Ehe mit den Söhnen des Aigyptios fliehen und in Argos Schutz
suchen. Der argivische König Pelasgos antwortet ihnen auf ihr Begehren:

> „Doch sitzt ihr nicht am Herde meines eigenen
> Palastes; wird die Stadt gemeinsam schuldbefleckt,
> So sorg' gemeinsam auch das Volk für Sicherung;
> Ich aber darf euch kein Versprechen geben, eh
> Mit allem Volk ich nicht zu Rat gegangen bin."

Darauf der Chor der Danaiden:

> „Die Stadt bist du, du bist alles Volk,
> Bist Herr, richterlos (frei von Rechenschaftspflicht, d. Verf.),
> Beherrschst auch den Altar, den Herd des Lands,
> Allein dein gilt die Stimme, wenn du winkst,
> Allein dein Szepter herrscht, im Thron vollziehst
> Du alle Tat, hüte dich vor Blutschuld!"

Zur Entscheidung gedrängt, wehrt Pelasgos mit den Worten ab:

> „Ein schweres Richtamt. Wähle mich zum Richter nicht!
> Ich sagte sonst schon, ohne meiner Bürger Rat
> Tät ich es niemals, dürft ich auch; es sage nie

---

[64] Karl-Wilhelm Welwei: Die griechische Polis. Stuttgart ²1998. S. 182.

Mein Volk zu mir, wenn's irgend minder glücklich geht:
‚Den Flüchtgen hilfreich gabst du preis die Vaterstadt.'"
(Aischyl. Hik. 365-369, 370-375, 397-401; Ü.: Franz Stoessl)

Kurt Raaflaub kommentiert diese Passagen so:

> „Es geht in dem Stück um die Reaktion der Polis auf das Asylgesuch der Töchter des Danaos, die aus Ägypten vor einer unerwünschten Ehe geflohen sind und die Heimatstadt ihrer Ahnin Io um Hilfe ersuchen – als Griechen gleichsam gegen Barbaren, auch dies ein höchst aktuelles Thema. Die Rechtslage ist kompliziert, aber die Flüchtlinge stehen unter der Obhut des Zeus Hikesios, dessen Gebot eindeutig ist: zu helfen ist recht, die Hilfe zu versagen unrecht. Das Hilfegesuch zu akzeptieren, kann allerdings Krieg bedeuten. Der König mag deshalb nicht allein entscheiden. Wenn der Gemeinde Gefahr droht, muß das ganze Volk gemeinsam für Abwehr sorgen; die Entscheidung muß deshalb von allen Bürgern gefällt werden (366 ff.). Darauf die Schutzflehenden: ‚Du bist die Stadt, du bist das Volk, du bist Herrscher, rechenschaftslos, du hast Macht über den Altar, des Landes Herd; mit deinem allein maßgebenden Votum, deinem Wink, deinem ‚Alleinszepter' auf deinem Thron hast du Macht über alles, was Not tut' (370 ff.). Das ist, was die Fremden aufgrund ihrer heimatlichen Erfahrung erwarten, das genaue Gegenteil einer freiheitlichen, somit aus griechischer Sicht natürlichen, eine tyrannenbeherrschte Polis, deren negative Merkmale wiederum der positiven Charakterisierung der demokratischen Polis dienen: Rechenschaftspflicht der Amtsträger, Entscheidung nicht durch einen, sondern durch alle. Der Aspekt der gemeinsamen Entscheidung und Verantwortung aller Bürger für das gemeinsame Wohl wird wiederholt hervorgehoben (398 ff., 483 ff.). Es ist die Rede von den ‚allgültigen Beschlüssen des Volkes' (601), von der ‚obwaltenden Hand des Volkes' (604) in der Abstimmung, die höchst anschaulich geschildert wird (607 f., vgl. 621 f.), von der alle Bürger verpflichtenden Kraft dieses Beschlusses (was offenbar noch betont werden muß: 613 f.). Voller Emphase schließlich im Segensgebet der dankbaren Danaiden: ‚Ohne Zittern möge seine Ehrenstellung wahren das Volk, das in der Stadt die Macht hat, eine vorausschauend-kluge, aufs Gemeinwohl bedachte Herrschaft' (698 ff.)."[65]

Die Macht liegt also beim Volk allein, und es übt sie durch seine Entscheidungen und durch die Kontrolle der Amtsträger aus. Nicht einer, eine für die Griechen völlig abwegige Vorstellung – selbst in *tyrannis*-Zeiten –, sondern alle, die Gesamtheit der Bürger, sind die Stadt. Das ist die Botschaft, die Aischylos seinen Zuschauern eindringlich klarmacht.

Nun war Aischylos aber kein politischer Revolutionär und seine Aufgabe als Tragödiendichter bestand nicht darin, zum Umsturz aufzurufen. Es ging es vielmehr darum, die Probleme der Zeit auf einer grundsätzlicheren Ebene aufzugreifen, zu diskutieren und dem Bürger Orientierung zu geben. Aischylos wollte folglich in seinem Drama die Grundlagen der athenischen Gemeinschaftsordnung bewußt machen und die zuschauenden Bürger auf sie einschwören. Zum ersten Mal in unseren Quellen des 5. Jhs. v. Chr. hören wir in Aischylos' Stück die Grundprinzipien des Bürgerstaates in einer mythisch vermittelten politischen Reflexion eindeutig ausgesprochen und begriffen. Ich habe keine Zweifel daran, daß der Auslöser da-

---

[65] Kurt Raaflaub: Politisches Denken im Zeitalter Athens. – In: Iring Fetscher/Herfried Münkler (Hrsg.): Pipers Handbuch der politischen Ideen Bd. 1. München 1988, S. 286 f.

für die Erkenntnis und das Bewußtsein gewesen sind, daß die politische Entwicklung der zurückliegenden 15 Jahre zu einer Infragestellung und Bedrohung der kleisthenischen Ordnung geführt hatte. Die schleichende Usurpation von Macht durch Kimon und den Areopag muß Denkern wie Aischylos und Politikern wie Ephialtes und Perikles in jenen Jahren plötzlich deutlich geworden sein. Dem ließ sich nur begegnen, wenn man dem Volk das Problem vor Augen führte und dessen Lösung als ein Gebot der Tradition einschärfte.

> „Ephialtes hätte also etwa erklärt: Diese Herren (die Strategen und Areopagiten, d. Verf.) behaupten zu wissen, was für die Stadt gut sei! Die Stadt aber sind wir doch alle! Das heißt: Wir müssen wissen, was wir wollen. Wir brauchen nicht andere für uns wissen zu lassen!"[66]

Wenn diese aus Aischylos gewonnene Einsicht richtig ist, dann besagt sie zugleich, daß sich in diesen 60er Jahren des 5. Jhs. v. Chr. erstmals die Möglichkeit abzeichnete, die bürgerstaatliche Ordnung könnte dahingehend verändert werden, daß nicht mehr der Demos als ganzer in der Volksversammlung, sondern nur ein kleiner Teil, die Aristokraten und ihre Versammlung, der Areopag, die Macht im Gemeinwesen ausüben könnte. Der seit fast zwei Jahrzehnten anhaltende Erfolg nach außen und das damit herbeigeführte Wohlergehen der ganzen Gemeinde schienen ein solches Ansinnen zu rechtfertigen. Und tatsächlich war eine gewisse Zahl von Aristokraten unter Kimons Führung dabei, das Steuer, mit dem der Kurs des Gemeinwesens bestimmt wurde, de facto an sich zu reißen.

Diese Absicht verfolgte indessen nur ein Teil der Aristokraten; ein anderer Teil, dessen Protagonisten Ephialtes und Perikles waren, hat diese Entwicklung beenden können und die kleisthenische Ordnung durch ergänzende Maßnahmen gesichert. Doch wirkte die Erfahrung der Spaltung des *demos* fort: Von jetzt an war die bürgerstaatliche Ordnung in verschiedenen Formungen denkbar geworden je nach der Zahl der an ihr Teilhabenden und dem Grad ihrer Beteiligung: daß das Volk, vorwiegend also die Nicht-Aristokraten, der *plethos*, herrsche und sich die Aristokraten seinem Willen einzufügen und unterzuordnen haben; oder daß eine wie auch immer abgegrenzte Minderheit von Bürgern die Mehrheit von der aktiven Teilhabe am Politischen ausschließe und die Herrschaft allein ausübe. Mit der Zäsur von 462/61 v. Chr. beginnt eine Entwicklung des politischen Denkens, in der sich die bisher einheitliche Vorstellung von *demos* und Gemeinde aufgelöst hat und die uns bekannten Verfassungsbegriffe wie Aristokratie, Oligarchie, Demokratie, Monarchie entstanden sind. Unser erstes Zeugnis dafür ist die sogenannte Verfassungsdebatte bei Herodot.[67]

Das Jahr 462/61 v. Chr. markiert somit doch eine tiefgreifende Zäsur in der Entwicklung des Bürgerstaates. Seit der Überwindung der *stasis* nach dem Ende der

---

[66] Meier a.a.O. S. 361. Ansonsten bin ich in der grundsätzlichen Bewertung der Zäsur von 462/61 v. Chr. mit ihm nicht einig.
[67] Vgl. Hdt. 3, 80-82.

tyrannis konnten die Athener guter Hoffnung sein, daß die Integration der Aristokraten in die politische Willensbildung des Bürgerverbandes auch weiterhin gelingen könnte. Die im Gefolge der Perserkriege mit dem Wachstum der athenischen Machtstellung neu eröffneten Dimensionen der Politik haben die Athener jedoch erstmals mit dem möglichen Scheitern aristokratischer Integration in größerem Stile und einem dementsprechenden alternativen politischen Ordnungskonzept konfrontiert. Die Prägung des Begriffs *demokratia* im Laufe der 50er und 40er Jahre des 5. Jhs. v. Chr. antwortete auf diese Situation und beharrte gegenüber der restriktiven Definition von Bürgerstaatlichkeit durch die Verfechter von *oligarchia/aristokratia* auf der Weiterverfolgung des seit der archaischen Zeit eingeschlagenen Weges. Unter dem Banner von *demokratia* wird nicht mehr wie noch zu Kleisthenes Zeiten um die Einrichtung einer politischen Ordnung überhaupt gerungen; *demokratia* ist ein Kampfbegriff, der von dem Willen zeugt, am *telos* der bisherigen Entwicklung festhalten zu wollen: Wenn ein Teil der Aristokraten sich nicht in den Bürgerverband integrieren wollte und als Aristokratie exklusive Machtansprüche erhob, dann mußten der *demos* und die mit ihm konform gehenden Aristokraten die Entscheidungsmacht der Volksversammlung im Konfliktfall als Ausübung von Herrschaft *(kratos)* verstehen. Neben die bisherige Logik der Herausbildung von Bürgerstaatlichkeit als einer Form der Bewältigung der Gemeinschaftsaufgaben, wie sie den sozialen, wirtschaftlichen und anderen Bedingungen der griechischen Gemeinden angemessen war, trat nunmehr ein Verständnis von Staatlichkeit, das verschiedene Formen nach der jeweiligen Verteilung von Macht unterschied.

Ein letzter Blick auf das Handeln des Ephialtes: Seine Voraussetzungen und seine Zielrichtung, wie ich sie zu rekonstruieren gesucht hatte, lassen diesen Mann nicht als revolutionären Umstürzler, sondern als konservativen Erneuerer erscheinen. Ephialtes sei persönlich unbestechlich und verfassungstreu gewesen, meint die Athenaion Politeia in 25, 1. In einem Dekret, das die Epigraphiker nur wenige Jahre später datieren und das die Pflichten und Aufgaben einer priesterlichen Aristokratenfamilie niederlegt, heißt es, daß gewisse Befugnisse „nach der Sitte der Väter"[68] wahrgenommen werden sollen. Offensichtlich ging es auch hier darum, aristokratischen Handlungsspielraum zu begrenzen auf das, was in der traditionellen Ordnung üblich und möglich war. Man kann diese antiken Stimmen nach dem Interpretationsmuster abtun, die Revolutionäre hätten sich, was ja ansonsten in der Geschichte durchaus zu beobachten ist, bloß ein Mäntelchen umgehängt. Man kann sie aber auch auf dem Hintergrund der Situation von 462/61 v. Chr. als zutreffende Beschreibung hinnehmen und erhält dann einen zusätzlichen Beleg für die Selbstauffassung eines Ephialtes und Perikles, sie ständen in einer bestimmten historischen Tradition, deren Fixpunkt Kleisthenes darstellt.

---

[68] Vgl. IG I³ 7, Z. 8, sog. Praxiergidai-Dekret, dt. Übers. bei John K. Davies: Das klassische Griechenland und die Demokratie. München 1983, S. 76.

f. Zusammenfassung

Das Jahr 462/61 v. Chr. bedeutete für Athen keinen revolutionären Umsturz. Ephialtes und die Volksversammlung haben nicht die aristokratische Herrschaft endgültig abgeschüttelt, den Areopag ‚entmachtet'. Folglich haben sie auch nicht ein völlig neues Prinzip der politischen Ordnung durchgesetzt. Mit dem Jahr 462/61 v. Chr. beginnt nicht die Demokratie als grundlegend neue politische Ordnung.

Diese war vielmehr seit Kleisthenes definitiv eingerichtet. Die Maßnahmen des Ephialtes zielten darauf ab, diese politische Ordnung zu stärken und konsequent weiterzuentwickeln. Sie haben damit zu ihrer Verwirklichung unter veränderten weltpolitischen Rahmenbedingungen geführt.

Die Ursache für diese weitere Ausgestaltung der kleisthenischen Ordnung lag in der Notwendigkeit, ihre Errungenschaften – die zentrale Stellung der Volksversammlung – gegen Tendenzen zu verteidigen, die die traditionelle Ordnung de facto außer Kraft zu setzen bestrebt waren. Diese Bestrebungen sind vor allem in der Politik Kimons verkörpert. In dreierlei Hinsicht hatte Kimon sich von der Tradition der athenischen Politik in dem zurückliegenden halben Jahrhundert entfernt: außenpolitisch durch seinen auf Koexistenz und Ausgleich mit Sparta zielenden Kurs; innenpolitisch durch eine faktische Aufwertung des Areopag als politischer Institution und durch neue Formen, persönliche Loyalitäten, d.h. Anhängerschaften im Volk zu gewinnen.

Indem die Volksversammlung, durch Ephialtes angeleitet, diesen der bisherigen Tradition zuwiderlaufenden Prinzipien eine Absage erteilt hat, sind den Athenern auch die Grundlagen der eigenen Ordnung bewußter als bisher geworden. Ihr Gegner war plötzlich nicht mehr nur der einzelne Aristokrat als Tyrann, sondern auch eine durch die Außenpolitik oder durch die Gegnerschaft zur inneren Ordnung relativ einige Aristokratie, die die Macht im Gemeinwesen beanspruchte. In der Abwehr dieser neuen Ansprüche hat sich dann allmählich das Selbstverständnis der Bürgerstaatlichkeit als *demokratia* herausgebildet: In dem Augenblick, wo aus der bisher nur sozial definierten Gruppe der Aristokraten eine kohärente und politisch handlungsfähige Aristokratie wurde, mußte auch das Volk, der *demos*, Partei werden. Soweit war es im Jahre 462/61 v. Chr. noch nicht gekommen. Aber die neuen Konstellationen waren zum erstenmal aufgetaucht. Die Bürgerschaft Athens hat im Jahre 462/61 v. Chr. ihre politische Unschuld verloren, und das Blut des Ephialtes, das die attische Erde getränkt hatte, bezeugte dies. Es ging von ihm der Ruf nach Rache ebenso aus wie die Mahnung, künftig mit allen Kräften um die Einheit der Bürgerschaft zu ringen.

g. Quellenanhang

„Bis dahin war also damals die Polis, und zugleich ihre demokratische Verfassung, in der Entwicklung fortgeschritten und hatte dabei nach und nach an Stärke gewonnen. Nach den Perserkriegen jedoch wurde der Rat auf dem Areopag wieder mächtig und leitete die Polis; die führende Stellung übernahm er nicht aufgrund eines Beschlusses, sondern wegen seines Verdienstes um die Seeschlacht bei Salamis. Als nämlich die Strategen in dieser Situation ratlos waren und ausrufen ließen, jeder solle sich selbst retten, verteilte er, nachdem er Geld beschafft hatte, an jeden acht Drachmen, und man bemannte Schiffe."

(Aristot. Ath. pol. 23, 1; Ü.: Martin Dreher)

„Nach den Perserkriegen hatte die Verfassung, in welcher die Areopagiten die führende Stellung einnahmen, ungefähr siebzehn Jahre lang Bestand, auch wenn sie einen allmählichen Niedergang erlebte. Als aber die Volksmenge stärker wurde, gelangte Ephialtes, Sohn des Sophonides, der als unbestechlich und loyal gegenüber dem Staatswesen galt, an die Spitze des Volkes und richtete Angriffe gegen den Rat (auf den Areopag). Zunächst beseitigte er viele der Areopagiten, indem er gegen sie Prozesse wegen ihrer Amtsführung anstrengte. Dann, unter dem Archonten Konon (462/461), nahm er diesem Rat alle die hinzugekommenen Funktionen wieder, durch die er Wächter der Verfassung war, und übertrug die einen den Fünfhundert, die anderen dem Volk und den Gerichten."

(Aristot. Ath. pol. 25, 1-2; Ü.: Martin Dreher)

„Aber auch Ephialtes verlor nicht viel später sein Leben durch einen Mordanschlag, den Aristodikos aus Tanagra ausführte. (...)
Der Rat der Areopagiten wurde also auf diese Weise seiner Aufsichtsfunktion beraubt."

(Aristot. Ath. pol. 25, 5 u. 26, 1; Ü.: Peter Dams)

„Nachdem Kimon nunmehr Mittel für seine Feldzüge reichlich zur Verfügung hatte, wandte er die Gewinne, die er rühmlich von den Feinden erzielt hatte, noch rühmlicher zugunsten seiner Mitbürger an. Er ließ nämlich die Einfriedigungen von seinen Gütern entfernen, damit sowohl die Fremden wie die bedürftigen Mitbürger die Freiheit hätten, ungescheut von den Früchten zu nehmen, und bei sich zu Hause ließ er alltäglich ein zwar einfaches, aber für viele ausreichendes Mahl bereiten, zu dem jeder Arme, der es wollte, hereinkommen und so seinen Unterhalt haben konnte, ohne zu arbeiten, um so allein für die öffentlichen Geschäfte frei zu sein. Nach dem Zeugnis des Aristoteles allerdings hätte er nicht für alle Athener, sondern nur für die Angehörigen seines Demos, die Lakiaden, soweit sie es wollten, offene Tafel gehalten. Ihn selbst begleiteten stets befreundete junge Leute in guter Kleidung, und jeder von ihnen mußte, wenn dem Kimon ein dürftig gekleideter älterer Bürger begegnete, die Kleider mit ihm tauschen; und das erschien den Leuten sehr großzügig. Dieselben jungen Leute trugen auch reichlich Geld bei sich und traten auf dem Markt an ehrbare Arme heran und legten ihnen schweigend Geld in die Hände. (...)
Wer das als demagogisches Bemühen um die Gunst der Masse verdächtigte, wurde durch die sonstige Richtung und Haltung des Mannes widerlegt, die durchaus aristokratisch und spartanisch war, wie er denn dem Themistokles, als er die Gewalt des Volkes über das rechte Maß hinaus erweitern wollte, im Bunde mit Aristeides entgegentrat und später mit Ephialtes, als er die Macht des Areopagrates beschränkte, in Streit geriet."

(Plut. Kim. 10, 1-3 u. 8; Ü.: Konrat Ziegler)

„Bei seiner weiteren innerpolitischen Tätigkeit wußte er zwar, wenn er zugegen war, sich durchzusetzen und das Volk, das sich gegen den Adel erhob und die ganze Macht und Gewalt an sich zu ziehen suchte, in Schranken zu halten. Als er aber wieder zu einem Feldzug ausgefahren war, fühlte die Menge sich aller Zügel entledigt, beseitigte die bestehende Staatsordnung und die väterlichen Bräuche, nach denen sie bisher gelebt hatte, nahm unter der Führung des Ephialtes dem Rat auf dem Areopag bis auf wenige Ausnahmen die Gerichtshoheit, machte sich selbst zur Herrin der Gerichte und stürzte so den Staat in eine uneingeschränkte Demokratie, wobei auch Perikles schon ein Wort mitredete und die Sache des Volkes vertrat. Als nun Kimon nach seiner Rückkehr äußerst entrüstet war über die Herabwürdigung des Areopagrates und den Versuch machte, ihm die Gerichtshoheit wiederzugeben und die Aristokratie der Zeit des Kleisthenes wiederherzustellen, da taten sie sich zusammen, erhoben ein großes Geschrei und hetzten das Volk gegen ihn auf (...)."

(Plut. Kim. 15, 1-3; Ü.: Konrat Ziegler)

„Im Anfang mußte Perikles, wie schon bemerkt, gegen das große Ansehen Kimons ankämpfen. Er suchte darum das Volk auf seine Seite zu ziehen. Allein Kimon verfügte über ungleich größere Mittel und Reichtümer, mit deren Hilfe er die Armen für sich gewann; denn täglich hielt er für die Bedürftigen eine Mahlzeit bereit, er kleidete die Alten und ließ auf seinen Landgütern sogar die Zäune wegreißen, damit jedermann nach Belieben Obst holen könne. Auf diese Weise stach er Perikles in der Gunst des Volkes aus, bis dieser auf den Ausweg verfiel, öffentliche Gelder zu verteilen. Nach Aristoteles' Bericht hatte ihm Damon, der Sohn des Damonides von Oia, zu diesem Mittel geraten. Es ging nicht lange, und das Volk war durch Schauspielgelder, Richtersold und anderweitige Vergütungen und Geschenke bestochen, so daß er es gegen den Rat auf dem Areopag verwenden konnte. Er gehörte dieser Behörde selber nicht an, da ihn das Los nie zum Archon oder zum Thesmothetes, Basileus oder Polemarchos bestimmt hatte. Die Archontenwürde wurde nämlich von alters her durch das Los vergeben, und wer sich über tadellose Amtsführung ausgewiesen hatte, rückte in den Areopag ein. Als nun Perikles im Volk genügend Rückhalt besaß, brach er den Einfluß dieser Körperschaft. Er ließ ihr durch Ephialtes die Entscheidung in den meisten Angelegenheiten entziehen und setzte es durch, daß Kimon als Spartanerfreund und Feind des Volkes verbannt wurde. Dabei durfte sich dieser Mann, was Reichtum und Adel betraf, mit jedem seiner Mitbürger messen, er hatte zudem die herrlichsten Siege über die Perser erfochten und die Stadt mit Reichtümern und Kriegsbeute angefüllt (...). So groß war die Gewalt, die Perikles damals über das Volk besaß."

(Plut. Per. 9, 2-5; Ü.: Walter Wuhrmann)

IV. Im Bürgerstaat leben: Die Praxis bürgerlicher Selbstregierung

1. Ein Volksbeschluß

Wie wurde die Praxis der bürgerlichen Selbstregierung ermöglicht und was hat diese bestimmt? Einen konkreten Einblick bietet ein alltäglicher Vorgang, der sich im folgenden Quellenzeugnis niedergeschlagen hat. Es handelt sich um eine Routineangelegenheit aus dem Jahre 408/07 v. Chr.:

„Götter.

Beschlossen von Rat und Volk, (die Ratsherren der Phyle, d. Verf.) Antiochis hatten die Prytanie inne, Eukleides war Sekretär, Hierokles hatte den Vorsitz (der Prytanie, d. Verf.). Euktemon war Archon.

Dieitrephes stellte den Antrag: Da Oiniades von Palaiskiathos ein vortrefflicher Mann *(aner agathos)* gegenüber der Stadt Athen ist und eifrig darauf bedacht ist, nach Kräften Gutes zu tun, und den Athenern, die Skiathos besuchen, Gutes tut, soll er gepriesen sein und als *proxenos* und Wohltäter *(euergetes)* der Athener eingetragen werden zusammen mit seinen Nachkommen. Und dafür, daß er kein Unrecht erleide, sollen in jedem Falle sorgen der gerade amtierende Rat, die Strategen und der jeweils amtierende *archon* in Skiathos. Der Sekretär des Rats *(grammateus tes boules)* soll diesen Beschluß *(psephisma)* auf einen steinernen Pfeiler aufschreiben und auf der Akropolis aufstellen (lassen, d. Verf.). Oiniades soll morgen auch zur Bewirtung in das *prytaneion* eingeladen werden.

Antichares stellte den Antrag: In allem übrigen besteht Übereinstimmung mit dem Rat, nur soll in der Beschlußvorlage (die Formulierung, d. Verf.), von Skiathos' geändert werden, so daß ,Oiniades von Palaiskiathos' geschrieben steht."

(Meiggs/Lewis Nr. 90; Ü.: Verf.)

Abb. 7 Inschriftstele des sog. Antityrannengesetzes des Eukrates mit Relief von der *agora* in Athen (Höhe 1,57 m), 337/36 v. Chr. (Athen, Agora-Museum, Inv. I 6524) Das nur kurz nach der athenischen Niederlage gegen Philipp II. von Makedonien (338 v. Chr.) beschlossene Gesetz richtet sich präventiv gegen einen promakedonischen Umsturz der Demokratie. Thema des Reliefbildes ist daher das Verdienst des *demos* um die Bewahrung der bürgerstaatlichen Ordnung. Die personifizierte *demokratia*, eine junge Frau, ehrt mit einem Kranz einen heroisch thronenden Alten, die Personifikation des *demos*.

Es handelt sich um ein sogenanntes Proxenie-Dekret, wie wir es auch aus mehr als 30 weiteren Fällen kennen. Die Inschrift hält fest, daß einem gewissen Oiniades aus Palaiskiathos die Ehre eines *proxenos* verliehen wird, eines Staatsgastfreundes der Athener. Von ihm wurde erwartet, daß er in seiner Heimatgemeinde Skiathos die Interessen Athens vertrat. Dafür wurde er dann unter den besonderen Schutz der Athener gestellt, von ihnen offiziell geehrt und zur Speisung in das Amtsgebäude der Prytanen, des geschäftsführenden Ausschusses des Rates, eingeladen. Skiathos ist eine kleine Insel der nördlichen Sporaden, die für die Sicherheit der Seewege über die Ägäis strategische Bedeutung besaß. Athen mußte daher darauf bedacht sein, daß ihm die Inselgemeinde stets freundschaftlich verbunden blieb, und es hat dieses Ziel unter anderem durch die Einrichtung der Proxenie zu fördern gesucht.

Wichtiger als der Inhalt und der zugrunde liegende sachliche Vorgang ist allerdings das aus der vollständig erhaltenen Inschrift zu ersehende formale Procedere, das über die Willensbildung und Entscheidungsfindung der Bürger sowie über das Zusammenspiel der Verfassungsinstitutionen Auskunft gibt und damit einen Einblick in die Arbeitsweise der bürgerlichen Selbstregierung erlaubt.

Die ersten vier Zeilen enthalten das Präskript, gewissermaßen die Überschrift. Am Beginn steht eine lapidare Anrufung der Götter, in der wir die Abbreviatur eines umfänglichen religiösen Rituals erkennen dürfen, mit dem jede Volksversammlung eingeleitet wurde. Ein Ferkel wurde geopfert, mit seinem Blut wurde die Grenze des Volksversammlungsplatzes markiert; dann trug ein Herold ein rituelles Gebet und eine Fluchformel vor. Er bat die Götter, die Versammlung möge so gut wie möglich und zum Nutzen der Stadt insgesamt wie der einzelnen Bürger verlaufen und nur derjenige möge maßgebend werden, der zum Besten der Athener handelt und spricht. Der Fluch richtete sich gegen solche, die sich dazu bestechen lassen, gegen die Interessen der Stadt zu sprechen, sie zu verraten oder Rat und Volk zu täuschen, und weiterhin gegen die, die eine *tyrannis* errichten wollten, mit den Persern verhandelt oder Münzen verschlechtert haben. Diese Eingangsrituale verwandelten den Platz der Volksversammlung, die Pnyx, in einen besonderen öffentlichen Raum, grenzten das hier zwischen den Bürgern zu Verhandelnde vom alltäglichen Geschehen auf den Straßen und Plätzen der Stadt ab und bestimmten das in Mehrheitsbeschlüssen zu findende Gemeinwohl als oberste Richtschnur des Handelns.

Die Eingangsformel „beschlossen von Rat und Volk" ist ein Legitimationsnachweis und besagt, daß das folgende als gültiger und bindender Beschluß der athenischen Bürgerschaft anzusehen ist. Der Rat, ohne den die Volksversammlung nicht handlungsfähig wäre, hatte die Beschlußmaterie als *probouleuma* vorformuliert; die Entscheidung aber lag beim *demos*. Die konkrete *ekklesia*, die den Beschluß gefaßt hat, steht dabei für den *demos* insgesamt, das heißt für den in diesem Augenblick nur ideell vorhandenen Körper der Gesamtbürgerschaft, weswegen sie sich selbst als *demos* bezeichnen kann.

Die Angabe der prytanierenden Phyle und ihres Vorsitzenden *(epistates)* Hierokles zeigt an, wer aktuell den Vorsitz der Volksversammlung führte und damit für die Geschäftsführung verantwortlich war. Zugleich ist der Vorgang taggenau zu datieren. Den gleichen Zweck verfolgt die Nennung des eponymen *archon* Eukte-mon, dessen Amt jedoch ebensowenig wie in der archaischen Zeit im Gefüge der Institutionen herausgehoben war, sondern gleich den anderen Beamtenpositionen eine ausschließlich dienende Aufgabe hatte. Das ist nicht erst das Ergebnis der Neu-regelung des Bestellungsmodus der Archonten durch das Losverfahren seit 487 v. Chr. beziehungsweise der Erweiterung des Kreises der Amtsfähigen durch die Zeugiten im Jahre 458 v. Chr. Diese beiden Maßnahmen liegen vielmehr in der Kon-sequenz der kleisthenischen Ordnung und stellen für den vollentwickelten Bürger-staat des 5. Jhs. v. Chr. sicher, was schon in der archaischen Zeit teils noch aus an-deren Gründen die Rolle der Beamten im Rahmen der Bürgerstaatlichkeit gekennzeichnet hatte: die Verhinderung möglicher Machtakkumulation und die strenge Verantwortlichkeit der Amtsträger gegenüber den Kollektivgremien von Rat und Volk.[69] Schließlich nennt das Präskript noch den Sekretär des Rates als den Verantwortlichen für die korrekte Ausfertigung des Beschlusses und die ordnungs-gemäße technische Ausführung der Veröffentlichung.

Nach dem Präskript wird zunächst aufgeführt, wer den Antrag gestellt, also das *probouleuma* des Rates formuliert hatte: das Ratsmitglied Dieitrephes. Später fällt noch der Name des Antichares, eines einfachen Besuchers der Volksversammlung, der dort mit dem wiedergegebenen Zusatzantrag erfolgreich gewesen ist. Die In-schrift läßt die beiden formellen Säulen erkennen, auf denen die politische Wil-lensbildung in der Volksversammlung beruhte: das *probouleuma* des Rates, nor-malerweise in einem bereits ausformulierten Antrag vorgelegt, dazu Abänderungs- und Zusatzanträge, die jeder Bürger bei der Beratung des jeweiligen Gegenstan-des in der Volksversammlung einbringen konnte. Das *probouleuma* des Rates hat die Erörterung in der Volksversammlung nicht präjudiziert, sondern sollte diese nur erleichtern, indem es aufgrund einer ersten Debatte und Meinungsbildung in der im Rat repräsentierten Bürgerschaft Aufgabenstellungen und Probleme so vorklär-te und formulierte, daß daraus für die große Volksversammlung handhabbare und entscheidungsfähige Tagesordnungspunkte wurden. Gerade für die zahlreichen Routinebeschlüsse wurde so ein zügiges Verfahren sichergestellt.

Die Inschrift spiegelt wider, daß es in der Regel einzelne Bürger waren, die gegen-über Rat und Volksversammlung die Initiative ergriffen und die Verantwortung über-nommen haben. Diese Bürgerverantwortlichkeit wurde in der zweiten Hälfte des 5. Jhs. v. Chr. noch gestärkt durch die Einführung des sogenannten Paranomie-Ver-fahrens. Danach konnte jeder Bürger in Volksversammlung oder Rat Klage gegen jedes Gesetz und jeden Antrag erheben, wenn er meinte, daß eine Neuerung nicht im Einklang mit der traditionellen Gesetzesordnung stand. Die Klage hatte suspen-dierende Wirkung und wurde dann vor einem Geschworenengericht verhandelt. Wurde ihr stattgegeben, zog das schwere Strafen für denjenigen nach sich, der die Änderung oder Neuerung ursprünglich beantragt hatte. Wie einst Solon mit der

---

69 Man bedenke die Neuregelung der Beamtenkontrolle durch Ephialtes, vgl. Kap. A, III, 3e.

Einführung der Popularklage[70] den Bürger in seiner Verantwortlichkeit für das Ganze in die Pflicht nehmen wollte, so ruft diese Möglichkeit der ‚Verfassungsklage‘ jeden einzelnen Bürger auf, sich ständig um den Erhalt der Ordnung zu kümmern. Willkürlichen, gar feindseligen Änderungsabsichten wurde damit von vornherein energisch entgegengetreten. Die Paranomie-Klage galt denn auch als Bollwerk der Demokratie. Ihre kontrollierende und disziplinierende Wirkung sicherte eines der Fundamente der Bürgerstaatlichkeit: das freie Rede- und Antragsrecht jedes Bürgers.

2. Die Redefreiheit

isegoria, das Recht zur freien Teilhabe an den Verhandlungen der Bürgerschaft auf der Basis bürgerlicher Gleichheit, war nach Herodot bereits ein Kennwort der kleisthenischen Ordnung:

> „Die Athener waren stark geworden (nach dem Ende der *tyrannis*, d. Verf.). Das bürgerliche Recht des freien Wortes für alle *(isegoria)* ist eben in jeder Hinsicht, wie es sich zeigt, etwas Wertvolles.“
>
> (Hdt. 5, 78; Ü.: Josef Feix)

Ho boulomenos, jeder der will, konnte hinfort in der Volksversammlung wie auf den zahlreichen anderen Foren bürgerlicher Öffentlichkeit das Wort ergreifen und frei reden *(eleutheron legein)*. *Tis agoreuein bouletai?* Wer will sprechen? So lautete die Frage des Herolds, mit der jeder Tagesordnungspunkt der Volksversammlung eingeleitet wurde. Angesichts möglicher Beschränkungen oder einer drohenden faktischen Außerkraftsetzung dieses Rechts, wie sie die Gegner einer weitgehenden Verwirklichung der Bürgerstaatlichkeit seit den 60er Jahren des 5. Jhs. v. Chr. immer wieder angestrebt haben, wurde man sich noch einmal schärfer bewußt, welchen Wert dieser Grundpfeiler der Ordnung besaß. In der zweiten Hälfte des 5. Jhs. v. Chr. sprach man daher vom ‚Alles-sagen-dürfen‘, der *parrhesia*, als Ausdruck für die demokratische Redefreiheit. Gegenüber den oligarchischen Alternativen konnte *parrhesia* geradezu mit dem Bürgerrecht als solchem gleichgesetzt werden.

In den verschiedenen Begriffen für das freie Rede- und Antragsrecht schlagen sich nicht nur ideale Zielvorstellungen der bürgerstaatlichen Ordnung nieder, sondern auch in einem hohen Ausmaß deren Realität. Wie intensiv die Bürger ihre Rechte und Möglichkeiten zur Mitgestaltung der Politik tatsächlich genutzt haben, bezeugen die Gegner der Demokratie mit ihrer praktischen Beschneidung der demokratischen Freiheiten wie in ihren theoretischen Analysen. Als in der zweiten Hälfte des 5. Jhs. v. Chr. der Konsens im Bürgerstaat zerbrochen war und Teile der Aristokratie die Verwirklichung des Bürgerstaates heftig kritisierten, haben sie die Bedeutung des Rederechts für die demokratische Ordnung genau erkannt:

---

[70] Vgl. Verf.: Gesellschaft und Staat bei den Griechen: Archaische Zeit. Paderborn 2003, Kap. B, VII, 6.

„Es gilt aber auch wirklich für jedes Land, daß das bessere Element Gegner der Volksherrschaft *(demokratia)* ist; denn bei den Besseren ist Zuchtlosigkeit und Ungerechtig-
keit am geringsten, gewissenhafter Eifer für das Gute und Edle am größten, beim Volke
aber Mangel an Bildung und Selbstzucht am größten und Gemeinheit; denn sowohl die
Armut verleitet sie viel eher zur Schlechtigkeit als auch der Mangel an Erziehung und
Bildung – seinerseits bedingt dadurch, daß es einigen der Leutchen an Mitteln gebricht.
Daraus aber könnte einer folgern, daß es geboten wäre, sie nicht alle ohne Unterschied
reden *(legein)* und am Rate teilnehmen *(bouleuein)* zu lassen, sondern nur die Rechten
und überhaupt ausgezeichnete Männer *(andres aristoi)*. Sie aber sind auch in diesem
Punkte ausgezeichnet beraten, indem sie auch den gemeinen Mann reden lassen; denn
wenn nur die Edlen redeten und sich berieten, so wäre es ganz unleugbar für ihresgleichen selbst vorteilhaft, für die Volkspartei jedoch nicht gerade vorteilhaft; so aber, da jeder, wer da will, zu Worte kommt, wenn er sich nur erhebt, macht irgendein gemeiner
Mensch ausfindig, was für ihn sowohl wie für seinesgleichen vorteilhaft ist.“

(Xen. Ath. pol. 1, 5-6; Ü.: Ernst Kalinka)

Diese Äußerung ist Teil eines antidemokratischen Pamphlets, das nachweisen will,
mit welchen Mitteln die Demokratie das Gemeinwesen zugrunde richtet. Letzteres
ist für den Autor ausgemachte Tatsache und kann daher außer Betracht bleiben.
Scharfsinnig und aufschlußreich für die tatsächliche Praxis des politischen Lebens
in Athen ist jedoch die Analyse der demokratischen Prinzipien, hier: der Redefreiheit, die nach Pseudo-Xenophon auch der einfachste Bürger tatsächlich ausübt und
damit eben den Staat angeblich allein zum Vorteil der breiten Masse lenkt.

Im Gespräch mit dem Sophisten Protagoras schildert Sokrates seine Beobachtung, daß die Athener tatsächlich in ihrem Staat so verfahren, als könne jeder Bürger in politicis einen wohlbegründeten Rat abgeben.

„Ich halte nämlich, wie auch wohl alle Hellenen tun, die Athener für weise, und nun
sehe ich, wenn wir in der Gemeinde versammelt sind *(ekklesia)* und es soll im Bauwe-
sen der Stadt etwas geschehen, so holen sie die Baumeister zur Beratung über die Gebäude; wenn im Schiffswesen, dann die Schiffbauer, und in allen andern Dingen ebenso, welche sie für lehrbar und lernbar halten. Will sich aber ein anderer unterfangen,
ihnen Rat zu geben, von dem sie glauben, daß er kein Meister *(demiurgos)* in dieser Sache ist, sei er auch noch so schön und reich und vornehm: so nehmen sie ihn doch nicht
an, sondern lachen ihn aus und betreiben Lärm, bis er entweder heruntergelärmt von
selbst wieder abtritt oder die Ordner ihn herunterziehen oder herausschaffen auf Ge-
heiß der Prytanen. Und in allem, wovon sie glauben, daß es auf Kunst *(techne)* beruhe,
verfahren sie so. Wenn aber über Verwaltung der Stadt etwas zu ratschlagen ist, so steht
jeder auf und erteilt ihnen seinen Rat: Zimmermann, Schmied, Schuster, Krämer, Schiffs-
herr, Reiche, Arme, Vornehme, Geringe, einer wie der andere, und niemand macht einem Vorwürfe darüber wie im vorigen Falle, daß er, ohne dies irgendwo gelernt zu haben oder seinen Meister darin aufzeigen zu können, sich nun doch unterfangen wolle,
Rat zu geben.“

(Plat. Prot. 319 b-d; Ü.: Friedrich Schleiermacher)

Platon, Gegner der Demokratie, ist der Auffassung, daß auf diese Weise ein Gemeinwesen nicht gut regiert werden könne, weil die Masse der Bürger die politische Tugend nicht von Natur aus besäßen. Er glaubt im Gegensatz zu Protagoras
auch nicht, daß man sie ihnen vermitteln könne.

Die Inschrift, zu der nun wieder zurückzukehren ist und der eine große Zahl vergleichbarer Dokumente an die Seite gestellt werden könnten, spricht eine andere Sprache. Sie zeigt, daß die Bürger in der Volksversammlung durchaus ihr freies Rede- und Antragsrecht für die Gestaltung einer Politik zu nutzen wußten, die nicht nur den Athenern selbst, sondern darüber hinaus einem großen Teil der griechischen Welt über einen langen Zeitraum hinweg Freiheit, Wohlstand und Stabilität beschert hat.

3. Die Rolle der Beamten

Um ihre Politik durchführen zu können, bediente sich die Bürgerschaft einer beträchtlichen Zahl von beauftragten Funktionsträgern, von Beamten. In der Inschrift sind einige genannt:

> „Und dafür, daß er (der *proxenos* Oiniades von Palaiskiathos, d. Verf.) kein Unrecht erleide, sollen in jedem Falle sorgen der gerade amtierende Rat, die Strategen und der jeweils amtierende *archon* in Skiathos. Der Sekretär des Rats soll diesen Beschluß auf einen steinernen Pfeiler aufschreiben und auf der Akropolis aufstellen (lassen)."

Neben dem Rat als der im politischen Alltag allein handlungsfähigen Form der Bürgerschaft werden hier zunächst die zehn Strategen genannt, die als Befehlshaber von Heer und Flotte Volksbeschlüsse, die den Bereich der Außenpolitik betrafen, im Zweifel mit Gewalt durchzusetzen hatten. Für den Schutz des Oiniades soll weiterhin ein athenischer Beamter mit dem Titel eines *archon* sorgen, der im Rahmen des Bündnisses von Athen mit Skiathos dort stationiert ist. Schließlich detaillierte Anweisungen an den Sekretär des Rates, aus denen sehr schön deutlich wird, daß sämtliche Amtsträger als reine Exekutivorgane der Bürgerschaft in Rat und Volksversammlung fungieren. Um eine mögliche eigenständige Machtakkumulation seitens der Magistrate zu unterbinden, sind die Ämter in bestimmter Weise konstituiert. Aristoteles nennt die wesentlichen Punkte:

> „(...) alle Ämter *(archai)* werden aus allen besetzt, alle herrschen *(archein)* über jeden und jeder abwechslungsweise über alle. Ferner werden die Ämter durchs Los besetzt, entweder alle oder doch jene, die nicht der Erfahrung und Kenntnisse *(techne)* bedürfen. Von der Vermögenseinschätzung hängen die Ämter entweder überhaupt nicht oder nur zu einem minimalen Grade ab. Keiner darf ein Amt zweimal bekleiden, oder nur wenige Male oder in wenigen Fällen, abgesehen von den Kriegsämtern. Die Ämter sind alle kurzfristig, oder doch alle, bei denen es möglich ist. Richter sind alle und können aus allen entnommen werden und richten über alles oder doch über das Meiste, Größte und Bedeutendste, wie über Rechenschaftsablagen, Verfassungsfragen und Privatverträge. Die Volksversammlung entscheidet über alles oder doch das Wichtigste, die Behörden dagegen über nichts oder nur ganz weniges."
>
> (Aristot. pol. 1317b 19-30; Ü.: Olof Gigon)

Aristoteles' Kriterien sind: Öffnung des Kreises der Amtsfähigen auf möglichst breite Bürgerschichten, Losverfahren, Iterationsverbot, enge zeitliche Begrenzung der Amtszeit. Hinzuzufügen ist noch das Fehlen jeglicher Hierarchisierung innerhalb einer großen Zahl gleichartiger Amtsträger. Für die Magistratur im demokratischen Bürgerstaat ist damit festgeschrieben, was – schon mehrfach erwähnt – durch die Tradition der Ämterentwicklung seit der früharchaischen Zeit bereits vorgegeben war: die Schwäche und der relativ geringe Handlungsspielraum der Amtspositionen und ihre enge Anbindung an die bürgerstaatlichen Kollektivgremien. Sollte die Regierung der Bürger über sich selbst Bestand haben, so duldete dies nicht die Ausbildung einer starken und eigenständigen bürokratischen Exekutive.

4. Entscheidungsverfahren und Beteiligung

Auf einen weiteren wichtigen Grundsatz weist wieder die Inschrift: Wie Rat, Volksversammlung und die übrigen bürgerschaftlichen Vereinigungen die Öffentlichkeit der Bürgerschaft konstituieren, so verlangen alle Beschlüsse des Volkes, ob sie auf der *agora* eines Demos oder auf der Pnyx im städtischen Zentrum gefällt wurden, ihre Veröffentlichung. Nicht zwingend ist die Anweisung an den Sekretär des Rates, in Stein gehauene Inschriften anfertigen und aufstellen zu lassen. Alle Entscheidungen mußten aber durch kurzfristige Anschläge allen Bürgern bekannt gemacht und durch Archivierung auch künftig zugänglich gehalten werden. Deswegen gibt die Inschrift am Ende auch den Zusatzantrag des Antichares wieder, obwohl das, was er bestimmte, die korrekte Benennung des Oiniades, in der abgeänderten Antragsversion des Dieitrephes schon berücksichtigt wurde. Dies ist nur damit zu erklären, daß dokumentiert werden sollte, daß die Volksversammlung die Quelle aller, auch der geringfügigsten Entscheidungen darstellte.

Wie wurden diese Entscheidungen herbeigeführt? Die Volksversammlung tagte pro Jahr mindestens vierzigmal, also viermal in jeder Prytanie in einer ordentlichen Sitzung. Hinzu kam je nach politischem Entscheidungsbedarf eine nicht festgelegte Zahl außerordentlicher Sitzungen. Für je einen der vier Sitzungstermine in einer Prytanie galten feste Tagesordnungspunkte: die Beamtenkontrolle und die Anzeige politischer Verbrechen sowie die Getreideversorgung und die Verteidigung der Stadt. Die übrigen Versammlungen waren thematisch weniger vorgegeben, aber außenpolitische Fragen wie etwa in der Inschrift sowie die Sicherung und der Ausbau der bestehenden Ordnung bildeten sehr häufig den Gegenstand von Anträgen und Erörterungen.

Die Abstimmungsprozeduren waren einfach: Beschlüsse wurden lediglich durch Handaufheben herbeigeführt *(cheirotonia)*, ausschlaggebend war die einfache Mehrheit. Nur selten stimmte man geheim mit Stimmsteinen ab, etwa beim Scherbengericht oder der Verleihung des Bürgerrechts, da man hier etwaige persönliche Beeinträchtigungen aus dem Abstimmungsverhalten ausschließen wollte. Nur in diesen seltenen Fällen wurde aus organisatorischen Gründen nach Phylen getrennt abgestimmt. Ansonsten entschied jeder Bürger für sich, unmittelbar und offen durch Handaufheben, ohne Rangfolge und ohne Einordnung in eine weitere Körperschaft (wie dies im Vergleich dazu etwa bei den römischen Centuriatscomitien geschah).

In diesem Abstimmungsmodus findet das Recht jedes Bürgers auf freie Rede und eigene politische Initiative seine folgerichtige Entsprechung. Die Voten wurden nicht gezählt, sondern es wurde die Mehrheit im Überblick ermittelt. Das Ergebnis konnte von jedem Bürger unter Eid angezweifelt werden. Mußte die Abstimmung dann wiederholt werden, wurde gegebenenfalls mit Stimmsteinen operiert. Im 4. Jh. v. Chr. wurde der Versammlungsplatz möglicherweise in neun Sektionen eingeteilt, die von den jeweiligen neun Vorstehern der Volksversammlung je einzeln eingeschätzt wurden, wodurch die Mehrheitsverhältnisse wohl genauer zu ermitteln waren.

Dieses Entscheidungsverfahren in der Volksversammlung war besonders schnell. Die allermeisten Tagesordnungspunkte konnten in einer einzigen und meist vermutlich nicht einmal den ganzen Tag über andauernden Volksversammlung erledigt werden. Denn vermutlich hatten die Bürger nicht erst auf der zentralen Volksversammlung Gelegenheit, sich über anstehende Fragen auszutauschen, sondern konnten Strittiges schon bei ihren zahlreichen Begegnungen im Rahmen der bürgerschaftlichen Vereinigungen besprechen. Die meisten Bürger dürften damit bereits mit einer vorgebildeten Meinung zu den Volksversammlungen gekommen sein. Denn alles Handeln der Volksversammlung gründete in der Ausrichtung jedes einzelnen auf das Politische und in der Gemeinsamkeit aller im Politischen, konkret: in einem kontinuierlichen politischen Diskurs. In der Atmosphäre des Politischen, die das gesamte Leben der Bürgerschaft durchdrang, hat diese zu einem hohen Grad innerer Homogenität gefunden, der letztlich die Leichtigkeit und Schnelligkeit der Entscheidungsfindung in der Volksversammlung wie auch die große Disziplin erklärt, mit der die Versammlungen dieses mehrtausendköpfigen Gremiums normalerweise abliefen.

Die innere Einheit der Bürgerschaft, deren gemeinsamer Nenner das Politische war, macht schließlich auch verständlich, warum man bei den Abstimmungsmodalitäten vermutlich ohne ein Quorum auskommen konnte. Auch die für das Scherbengericht überlieferte Zahl von 6000 Bürgern war vermutlich kein Quorum, sondern eine Mindeststimmenzahl. Dahinter steht die Erkenntnis vor allem in der jüngeren Forschung, daß der Besuch der Volksversammlung im Durchschnitt recht hoch gewesen ist. Geht man von einer Bürgerzahl von etwa 40000 im Jahre 431 v. Chr. aus – im 4. Jh. v. Chr. lag die Zahl noch vielleicht um die Hälfte höher –, dann dürfte sich regelmäßig bis zu einem Viertel der Gesamtbürgerschaft an der Volksversammlung beteiligt haben. Der Ort der Volksversammlung, die Pnyx, bot im 5. Jh. v. Chr. gut 6000 Besuchern Platz, im 4. Jh. v. Chr. sogar mehr als der doppelten Zahl. Auch die Tatsache, daß man erst infolge der vorübergehenden demographischen Schwächung durch den Peloponnesischen Krieg zur Unterstützung der Beteiligung bei der Volksversammlung seit 392 v. Chr. ein bescheidenes Tagegeld für die Teilnehmenden ausgab, belegt, daß die Beteiligung bis dahin auch ohne eine solche Unterstützung groß genug gewesen sein muß. Dabei rekrutierten sich die Teilnehmer der Volksversammlung sicher bevorzugt aus der Stadt und ihrer näheren Umgebung, und es waren auch bestimmte Schichten aus der Bürgerschaft wie Handwerker und Gewerbetreibende, denen der Besuch der Volksversammlung am leichtesten gefallen sein dürfte. Dennoch darf man solche naheliegenden Ableitungen in ihrer Wirkung nicht überbewerten. Denn gegen die Gefahr, daß sich nur bestimmte Interessen in der Volksversammlung durchsetzen würden, bildete der Rat mit seiner die Bürgerschaft in ihrer Gesamtheit repräsentierenden Zusammensetzung sowie vor allem die vorgängige politische Kommunikation der Bürger in ihren Abteilungen unterhalb der Volksversammlung ein wirksames Gegenmittel.

5. Die Kontinuität vom 5. zum 4. Jh. v. Chr.

Wiederholt wurde die Kontinuität von der archaischen zur klassischen Zeit betont. Auch die Praxis der bürgerlichen Selbstregierung des 5. Jhs. v. Chr. weist Prinzipien auf, die im Grundsatz bereits zu Beginn des 6. Jhs. v. Chr. von Solon erkannt und propagiert worden sind. Andererseits hat es in der Weiterentwicklung und praktischen Verwirklichung der solonischen Gedanken im Laufe der folgenden 150 Jahre mehrere einschneidende Ereignisse gegeben: die Herrschaft der Tyrannen, die kleisthenische Neuordnung, die Perserkriege und die Gründung des Attisch-Delischen Seebundes, die Geschehnisse von 462/61 v. Chr., die Eröffnung des Peloponnesischen Krieges. Es fragt sich nun, ob mit dessen katastrophalem Ausgang für Athen nicht eine tiefere Zäsur als je zuvor verbunden war und ob und in welchem Sinne wir die gut zwei Menschenalter, in denen Athen danach seine äußere Freiheit weiterhin besaß, noch zur Geschichte von Bürgerstaat und Demokratie zählen dürfen. Welche geschichtliche Bedeutung kommt dem 4. Jh. v. Chr. vor dem Hintergrund der Geschichte von Bürgerstaat und Demokratie im 5. Jh. v. Chr. zu? Im folgenden wird die Grundlinie skizziert, auf der man eine detaillierte Antwort zu suchen hat.

Ausgangspunkt ist die teils in der Forschung vertretene Anschauung, daß die Wende vom 5. zum 4. Jh. v. Chr. einen tiefen Bruch markiert, der entweder auf einem grundlegenden Wandel der geistigen und moralischen Kräfte oder der ökonomischen Verhältnisse oder der bürgerstaatlichen Institutionen zurückzuführen sei.

Der erste Argumentationszusammenhang stützt sich auf die Annahme einer Verfallsgeschichte der Demokratie, die bereits während des Peloponnesischen Krieges eingesetzt habe und im 4. Jh. v. Chr. zu verbreiteter Apathie und politischem Desinteresse geführt habe. Dagegen sind beispielsweise ins Feld zu führen: der Umbau und die erhebliche Erweiterung des Volksversammlungsplatzes im 4. Jh. v. Chr., oder die Zeugnisse der politischen beziehungsweise forensischen Rhetorik, die uns Einblicke in den Lebensalltag erlauben und dabei immer wieder das wache Interesse am Politischen sowie die weitere Wirksamkeit von dessen Infrastruktur bezeugen.

Im wirtschaftlichen Bereich sind Veränderungen zwar unbestreitbar, das zuweilen dunkle Gemälde eines von wirtschaftlichen und sozialen Krisen geschüttelten Athen geht jedoch zweifellos an der Wirklichkeit vorbei. Wirtschaftlich hat Athen keineswegs darniedergelegen, seine außenpolitischen Kraftanstrengungen und etwa auch das öffentliche Bauen sprechen eindeutig dagegen. Und es ist vor allem auch der häufig behauptete verschärfte Gegensatz zwischen Arm und Reich von den Quellen nicht gedeckt, in denen nicht das geringste von sozialen Unruhen verlautet. Insgesamt weist vielmehr alles auf eine durchaus stabile wirtschaftliche und soziale Lage hin.

Das in diesem Zusammenhang wichtigste Argument ist, daß sich eine gravierende Veränderung auch nicht im Bereich der politischen Ordnung nachweisen läßt. Dies sei anhand zweier wesentlicher Neuerungen deutlich gemacht, die die Kompetenz und das Verfahren der Volksversammlung betreffen und aus denen auf einen qualitativen Wandel geschlossen worden ist. Das eine ist die Verlagerung des Vorsitzes der Volksversammlung von der geschäftsführenden Prytanie auf ein Gremium von neun *prohedroi*, die für jede Sitzung der *ekklesia* aus den neun jeweils nicht geschäftsführenden Prytanien erlost wurden. Der einzige Sinn dieser Reform konnte nur sein, die Unabhängigkeit und Maßgeblichkeit der Volksversammlung gegenüber dem Rat zu bekräftigen. Wir wissen nicht, ob hierzu konkrete Veranlassung bestand; die Regelung als solche steht jedoch in völliger Übereinstimmung mit dem bereits der kleisthenischen Ordnung innewohnenden Gedanken, daß allein die Volksversammlung ausschlaggebend und der Rat ein ihr dienendes Instrument zu sein habe.

Die andere Neuerung bestand in einer Veränderung des Gesetzgebungsverfahrens durch die Einrichtung der sogenannten Nomothesie. Sie sah vor, daß der mit dem Wiederaufleben der Demokratie im Jahre 403 v. Chr. zusammenfassend niedergelegte Gesetzeskodex, in den auch die alten solonischen Gesetze Eingang fanden, alljährlich einmal einer Überprüfung durch die Volksversammlung unterzogen werden sollte. Stellte sich dabei heraus, daß man neue Gesetze benötigte oder daß zwischenzeitlich verabschiedete Gesetze nicht stimmig waren, dann wurde eine Kommission aus 500 Nomotheten eingesetzt, die aus den für das Richteramt zur Verfügung stehenden Bürgern ausgelost wurden und in einem dem Gerichtsprozeß entlehnten förmlichen Verfahren über die Gesetze entschieden. Die Volksversammlung hatte damit eine ihr ureigene Kompetenz an ein anderes, beschränkteres Gremium übertragen. Damit ist indessen nicht gesagt, daß die Volksversammlung einen Teil ihrer Machtbefugnisse abgetreten hätte. Vielmehr mußte die Volksversammlung ja zunächst entscheiden, ob die Regelung einer bestimmten Materie dieses neue Verfahren erforderlich machte und behielt damit von vornherein die Entscheidungsgewalt über das Procedere. Überdies garantierte das Zustandekommen des Nomotheten-Gremiums, daß auch dieses als ein Abbild des *demos* gelten konnte, nicht anders als Volksversammlung, Rat oder Gerichte. Die zentrale Stellung des *demos* in der demokratischen Ordnung ist mithin durch die Nomothesie in keiner Weise geschmälert, sondern lediglich bei der Beschlußfassung über bestimmte, über den Tag hinaus bedeutsame Gesetze einer neuen Förmlichkeit unterworfen worden. Solche Gesetze wurden von den Athenern *nomoi* genannt im Gegensatz zu den übrigen als *psephismata* bezeichneten Beschlüssen. Das Ziel war die Sicherung der Gesamtordnung durch einen stärker geregelten Geschäftsgang.

Unsere stichprobenhaften, aber signifikanten Belege erlauben auf die gestellte Frage keine andere Antwort: Die bürgerstaatliche Ordnung lebte auch im 4. Jh. v. Chr. ungebrochen fort, und wir dürfen den Zeitraum bis zum Verlust der außenpolitischen Handlungsfreiheit Athens 338 v. Chr. beziehungsweise bis zur der förmlichen Beseitigung der Demokratie durch den Makedonenherrscher Antipater im Jahr 322 v. Chr. als integralen Bestandteil der Geschichte von Bürgerstaat und Demokratie verstehen.

6. Gleichheit und Freiheit als demokratische Prinzipien

Diese Epoche, in der sich die Bürgerstaatlichkeit in einer für die griechische Welt einzigartigen Intensität verwirklicht hatte, wird vor allem von zwei Prinzipien beherrscht. Aristoteles:

> „Grundlage der demokratischen Staatsform ist die Freiheit; man pflegt nämlich zu behaupten, daß die Menschen nur in dieser Staatsform an der Freiheit *(eleutheria)* teilhaben, und erklärt, daß danach jede Demokratie strebe. Zur Freiheit gehört aber erstens, daß man abwechselnd regiert und regiert wird *(archesthai kai archein)*. Denn die demokratische Gerechtigkeit besteht darin, daß man nicht der Würde, sondern der Zahl nach die Gleichheit *(to ison)* walten läßt; wo diese Gerechtigkeit herrscht, da muß die Menge *(plethos)* Herr *(kyrios)* sein, und was die Mehrzahl billigt, das muß das Gültige und das Gerechte sein. Man sagt nämlich, es sei gerecht, daß jeder Bürger das Gleiche habe. So sind denn in den Demokratien die Armen mächtiger als die Reichen. Denn sie sind zahlreicher, und maßgebend ist die Meinung der Mehrzahl. Dies ist also das eine Zeichen der Demokratie, das alle Demokraten als Wesenszug dieser Verfassungsform angeben. Ein anderes ist, daß man leben kann, wie man will. Sie sagen, dies eben sei die Leistung der Demokratie; denn nicht zu leben, wie man wolle, sei charakteristisch für Sklaven. Dies ist also die zweite Eigenschaft der Demokratie. Von da her kommt denn, daß man sich nicht regieren läßt, am besten von überhaupt niemandem, oder dann doch nur abwechslungsweise. Auch dies trägt also zur Freiheit im Sinne der Gleichheit bei."
>
> (Aristot. pol. 1317a 40 - b 17; Ü.: Olof Gigon)

Von Freiheit und Gleichheit ist das Leben im Bürgerstaat bestimmt. Die Freiheit besteht in erster Linie in der politischen Freiheit, das heißt im Freisein von *tyrannis* und Gewaltherrschaft. Positiv verwirklicht sich die politische Freiheit im institutionellen Gehäuse des Bürgerstaates. In ihm ist die Voraussetzung für politische Machtausübung die gleiche Teilhabe aller Bürger an den mit Mehrheitsbeschluß getroffenen Entscheidungen. Die Bewältigung der Gemeinschaftsaufgaben wird nicht einer Beamtenkaste oder politischen Klasse übertragen, sondern bleibt in der Hand der Bürger selbst, die den aus ihrer Mitte kommenden Funktionsträgern lediglich begrenzte Mandate übertragen. Mit diesem Konzept haben die Griechen in ihrem Bürgerstaat erstmals das Grundproblem jeder politischen Ordnung erfolgreich bewältigt: Wie kann die politische Macht, derer jede Gemeinschaft existentiell bedarf, so kontrolliert und einhegt werden, daß die ihr innewohnende Dynamik die politische Gemeinschaft nicht zerstört?

Der zweite von Aristoteles herausgestellte Aspekt ist die soziale Freiheit. Soll der Bürger seine politischen Freiheitsrechte überhaupt ausüben können, so ist es unabdingbar, daß er anders als ein Sklave über seine Person und über seine soziale Existenz völlig frei bestimmen und verfügen kann. Bereits Solon hatte dies erkannt und seinen Mitbürgern ihre soziale Freiheit durch die entsprechenden Maßregeln auf Dauer zu sichern verstanden. Daß nach Aristoteles' Formulierung jeder leben kann, wie er will, ist nur sichergestellt, wenn die Gleichheit des Bürger-Seins nicht durch institutionalisierte soziale Abhängigkeit konterkariert wird. Politische und soziale Freiheit sind im verwirklichten Bürgerstaat notwendig aufeinander bezogen. Die Freiheit im gemeinsamen Politischen kann nur genießen, wer auch in seinem Eigenen in jeder Hinsicht sein eigener Herr ist.

V. Demagogische Manipulation und Willkürherrschaft der Masse? Politische Führung und sachgerechte Entscheidung in der Demokratie

1. Das Problem

Im Hinblick auf die Entwicklungsgeschichte der Bürgerstaatlichkeit von der archaischen zur klassischen Zeit ist in der Forschung die Auffassung vertreten worden, die seit der frühharchaischen

---

Abb. 8 Bildnis des Sokrates. Marmor (Höhe 0,37 m). Römische Kopie (erste Hälfte des 1. Jhs. n. Chr.) des Kopfes einer Bronzestatue aus Athen, ~380 v. Chr. (Neapel, Archäologisches Nationalmuseum, Inv. 6129) Dieses früheste Bildnis des Philosophen ist vermutlich von seinen Schülern ein bis zwei Jahrzehnte nach seinem Tod aufgestellt worden. Es knüpft an Sokrates' sprichwörtliche Häßlichkeit an und vergegenwärtigt dies im Bildtypus eines Silens, eines der im Gefolge des Dionysos auftretenden zügellosen Mischwesen: flaches und breites Gesicht, kurze Knollennase, hochsitzende Ohren, Glatze mit langem Nackenhaar. Allerdings erfahren diese Bildformeln durch das insgesamt gepflegte Äußere eine positive Deutung. Sokrates sollte in Anlehnung an mythische Vorbilder als der weise alte Erzieher erscheinen, und die bewußt provozierende Abweichung von den hergebrachten Schönheitsnormen (vgl. Abb. 1, 6, 9) demonstrierte einen Kernsatz seiner Lehre: die Scheinhaftigkeit alles Äußeren zu erkennen, um die innere Tugend, das wahrhafte Gutsein als Grundlage der Existenz zu erlangen. Wie durch sein Lehren widerlegt Sokrates auch durch sein posthumes Bildnis die bis dahin kanonische Vorstellung, daß Körperschönheit und Tugend eins seien *(kalogagathia)*.

Zeit bestehende Herrschaft der Aristokratie im athenischen Gemeinwesen sei erst seit 462/61 v. Chr., ja vielleicht auch danach nicht wirklich gebrochen worden. Was sich seit Kleisthenes dem institutionellen Gefüge nach als Herrschaft des *demos* ausnehme, sei tatsächlich eine von Aristokraten formulierte, gelenkte und bestimmte Politik gewesen, auch wenn formal das Gesamtvolk entschieden hätte.

Diese These stützt sich zum einen auf die unzutreffende Voraussetzung, bis ins 5. Jh. v. Chr. hinein habe es die Herrschaft einer Aristokratie gegeben und zum zweiten auf eine verkürzte Rekonstruktion der bürgerstaatlichen Struktur, deren komplexer Aufbau mit Bürgergenossenschaften, politischer Ethik und institutionellen Sicherungen des Volkswillens keinen Ansatzpunkt dafür bietet, daß sich angebliche aristokratische Sonderinteressen in das Mäntelchen von Volksentscheiden hätten kleiden können.

Eine ähnliche innere Widersprüchlichkeit wird in manchen Analysen des politischen Systems für die zweite Hälfte des 5. Jhs. v. Chr. konstatiert. Obwohl die Demokratie seit 462/61 v. Chr. institutionell immer ‚radikaler‘ geworden sei, habe der einfache Bürger an der Gestaltung der Politik in Wahrheit nicht teilgenommen, seien die Entscheidungen der Volksversammlung das Ergebnis der Durchsetzungsfähigkeit einzelner Politiker im Rahmen der gegebenen Spielregeln gewesen. Das zeige sich zuerst an dem überragenden Einfluß des Perikles, der in den 50er und 40er Jahren wiederholt und zwischen 443 und 430 v. Chr. ununterbrochen zum Strategen gewählt wurde und durch den Erfolg seiner politischen Initiativen angeblich eine quasi monarchische Stellung besaß:

> „Das kam daher, daß er (Perikles, d. Verf.), mächtig durch sein Ansehen und seine Einsicht und in Gelddingen makellos unbeschenkbar, die Masse in Freiheit bändigte, selber führend, nicht von ihr geführt, weil er nicht, um mit unsachlichen Mitteln die Macht zu erwerben, ihr zu Gefallen redete, sondern genug Ansehen hatte, ihr wohl auch im Zorn zu widersprechen. Sooft er wenigstens bemerkte, daß sie zur Unzeit sich in leichtfertiger Zuversicht überhoben, traf er sie mit seiner Rede so, daß sie ängstlich wurden, und aus unbegründeter Furcht hob er sie wiederum auf und machte ihnen Mut. Es war dem Namen nach eine Demokratie, in Wirklichkeit eine Herrschaft des Ersten Mannes. Aber die Späteren, untereinander eher gleichen Ranges und nur bemüht, jeder der erste zu werden, gingen sogar so weit, die Führung der Geschäfte den Launen des Volkes auszuliefern."
>
> (Thuk. 2, 65, 8-11; Ü.: Georg Peter Landmann)

Nach Perikles' Tod 429 v. Chr. sei zwar kein anderer Politiker wieder so lange Zeit politisch überlegen gewesen, jedoch sei demokratische Politik immer abhängig geblieben vom Handeln einzelner, meist in scharfer Konkurrenz zueinander stehender Politiker, die mit allen erdenklichen Methoden demagogischer Beeinflussung die Mehrheit der Volksversammlung auf ihre Seite zu ziehen bestrebt gewesen seien.

Nicht Bürgerverantwortung und Teilhabe am Politischen bestimmen dieses Bild der athenischen Demokratie, sondern die mehr oder weniger verantwortliche und vernünftige, am Gemeinwohl orientierte Lenkung beziehungsweise die allein persönlichen Machtambitionen geltende dreiste Manipulation einer ‚Masse‘ von Bürgern. Zu wirklicher politischer Selbstbestimmung sei diese ohnehin nicht fähig, und das formal demokratische politische System erweise sich als Willkürherrschaft der Masse, wenn die politische Führung in die Hände gewissenloser Demagogen gerate.

Dieses in der Rezeptionsgeschichte der athenischen Demokratie bis heute immer wieder gezeichnete Schauergemälde ist hier nicht in allen seinen Facetten systematisch zu widerlegen. Die vorgetragene Argumentation läßt den demokratischen Bürgerstaat aber in völlig anderen Farben und Konturen hervortreten. Zwei Vorgänge, die bereits in der Überlieferung als neuralgische Punkte erscheinen, sind aber stets als scheinbar unbestreitbare Beweise für die eben skizzierte These herangezogen worden: der sogenannte Arginusen-Prozeß und die Verurteilung des Philosophen Sokrates.

2. Der Arginusen-Prozeß

Im Sommer 406 v. Chr. befanden sich die Athener in einer verzweifelten Lage. Persisches Geld und das strategisch-diplomatische Geschick des neuen Oberbefehlshabers Lysander hatten die Spartaner und ihre Verbündeten in den zurückliegenden Jahren zunehmend die Oberhand gewinnen lassen. Trotz ihrer physischen und materiellen Erschöpfung waren die Athener daher gezwungen, ihre letzten Reserven zu mobilisieren und rüsteten in diesem Sommer noch einmal eine große Flotte aus. Mit 110 Schiffen fuhren sie gegen die ionische Küste, und es gelang ihnen, bei den zwischen Lesbos und dem Festland gelegenen Arginusen-Inseln einen großen Sieg über die Spartaner zu erringen. Doch gingen 25 Schiffe verloren, und es konnte bei Sturm und schwerer See die Mehrheit der Schiffbrüchigen nicht geborgen werden. Die Verluste waren daher größer, als sie es aus rein militärischen Gründen eigentlich hätten sein müssen. Die Volksversammlung enthob die Befehlshaber des Amtes und klagte sie nach ihrer Rückkehr mit dem Vorwurf an, sie hätten die Rettung Überlebender sowie die Bergung der Gefallenen vernachlässigt. Während zwei der Strategen sich dem Verfahren durch Flucht entzogen hatten, versuchten die übrigen, sich vor der Volksversammlung zu verteidigen, indem sie durch Zeugenaussagen gestützt darlegten, daß sie infolge höherer Gewalt nicht verantwortlich gemacht werden könnten.

„Mit diesen Worten begannen sie schon, die Versammlung von ihrer Unschuld zu überzeugen. Viele der anwesenden Privatpersonen standen auf, um freiwillig Bürgschaft zu leisten. Es wurde aber der Beschluß gefaßt, die Sache bis zur nächsten Volksversammlung aufzuschieben – denn diesmal war es schon zu spät und man hätte die Hände bei der Abstimmung nicht mehr richtig sehen können –, und der Rat solle nach einer Vorberatung einen Antrag einbringen, der das Gutachten darüber enthielt, auf welche Weise die Männer abgeurteilt werden sollten. Hierauf feierte man das Apaturienfest, bei welchem Eltern und Verwandte zusammenzukommen pflegen. Theramenes und seine Anhänger (die, die die Anklage hauptsächlich betrieben hatten, d. Verf.) sorgten dafür, daß viele Leute bei diesem Fest schwarz gekleidet und bis auf die Haut kahl geschoren erschienen, welche vor der Volksversammlung auftreten und sich als Angehörige der in der Seeschlacht ums Leben Gekommenen ausgeben sollten, und beredeten außerdem den Kallixenos, im Rate die Feldherrn anzuklagen. Als nächstes beriefen sie eine Volksversammlung ein, in welcher der Rat seinen eigenen Vorschlag einbrachte, für den Kallixenos folgenden Antrag stellte: ‚Nachdem sowohl die Anklagen gegen die Feldherrn wie auch deren Verteidigungsreden in der vorigen Volksversammlung gehört worden sind, sollten sämtliche Athener darüber phylenweise[71] mit Stimmsteinen abstimmen; für jede Phyle sollten zwei Urnen aufgestellt werden; jeder Phyle solle ein Herold bekannt geben: wer die Feldherrn für schuldig halte, die Sieger in der Seeschlacht nicht geborgen zu haben, solle seinen Stein in die erste Urne werfen, wer sie nicht für schuldig halte, in die zweite. Würden sie für schuldig befunden, solle über sie die Todesstrafe verhängt, sie selbst den Elfmännern[72] übergeben und ihr Vermögen für den Staat eingezogen

---

[71] Dies war ein sehr selten angewandtes Verfahren der Abstimmung.
[72] Elf durch das Los bestimmte Beamte, zu deren Aufgaben u.a. die Vollstreckung der Todesstrafe (in Athen gewöhnlich durch Gift) und die Aufsicht über das Gefängnis gehörten.

werden, ein Zehntel davon solle der Göttin gehören[73].' Da trat jemand vor der Versammlung auf und erklärte, er habe sich auf einer Mehltonne retten können; die Ertrinkenden
hätten ihm noch aufgetragen, falls er gerettet würde, solle er vor dem Volke melden,
die Feldherrn hätten die besten Verteidiger des Vaterlandes nicht gerettet. Den Kallixenos aber wollten Euryptolemos[74], Sohn des Peisianax, und einige andere vor Gericht ziehen, indem sie geltend machten, er habe einen gesetzeswidrigen Antrag abgefaßt.[75] Einige aus dem Volk billigten dies, die Menge jedoch schrie, es sei doch unerhört, wenn
man das Volk hindern wolle, zu tun, was ihm beliebe. Und als daraufhin Lykiskos be-
antragte, auch diese müßten verurteilt werden mit demselben Stimmstein wie die Feldherrn, falls sie nicht ihre Klage fallen ließen, da erhob der Pöbel von neuem ein wüten-
des Beifallsgeschrei, und so wurden die Betreffenden gezwungen, ihre Klage
zurückzuziehen. Von den Prytanen (dem geschäftsführenden Vorstand des Rates und der
Volksversammlung, d. Verf.) aber weigerten sich einige, die Abstimmung gegen das Gesetz vorzunehmen, bis Kallixenos zum zweiten Male auf das Rednerpult stieg und gegen sie dieselbe Anklage erhob. Da schrie das Volk wieder, man müsse diejenigen, die
sich weigerten, vor Gericht ziehen. Die Prytanen ließen sich einschüchtern und willig-
ten nun alle ein, die Abstimmung vorzunehmen, bis auf Sokrates, den Sohn des Sophro-
niskos[76]; dieser erklärte, er werde nichts tun, was nicht mit dem Gesetz in Einklang stehe. Danach bestieg Euryptolemos die Rednerbühne und hielt zugunsten der Feldherrn
folgende Rede (...).“

(Xen. Hell. 1, 7, 7-16; Ü.: Gisela Strasburger)

Diese sehr ausführliche Rede des Verteidigers der Strategen Euryptolemos ist in
der überlieferten Form vermutlich nicht gehalten worden, sondern dient hauptsächlich dazu, die eigene Position des Autors des Berichtes, Xenophon, zu diesem Vorgang zum Ausdruck zu bringen. Angesichts des bereits fortgeschrittenen
Verfahrens erscheinen die Ausführungen des Euryptolemos zu ausführlich, und
es ist unwahrscheinlich, daß die Mehrheit der Volksversammlung jemanden gegen Kallixenos beziehungsweise für die Verteidigung der Angeklagten hätte derart breit zu Wort kommen lassen, der in der Sache wenig Neues vorzubringen
hatte. Denn Euryptolemos versucht lediglich noch einmal, den Notstand geltend
zu machen, in dem sich die Angeklagten wegen des Sturms befunden hätten, und
er fordert, gemäß dem Gesetz ausreichend Zeit für Anklage und Verteidigung zu
gewähren sowie die Angeklagten einer Einzelbeurteilung zu unterwerfen. Da das
Verfahren nach seiner Auffassung ungesetzlich sei, warnt Euryptolemos das Volk
davor, eine vorschnelle Entscheidung zu treffen, die es später nur bereuen würde.

---

[73] Mit der Todesstrafe verknüpft war immer die Konfiskation des Vermögens. Dessen zehnter
Teil fiel bei Vergehen gegen die Gemeinde als ganze der Göttin Athena zu.

[74] Euryptolemos: ein Vetter des Alkibiades (450-404 v. Chr.), des bedeutendsten athenischen Po-
litikers und Feldherrn in den letzten beiden Jahrzehnten des 5. Jhs. v. Chr.

[75] Gesetzeswidrig war der Antrag, weil den Angeklagten in Hochverratsprozessen jeweils geson-
derte Verfahren zustanden, ihnen außerdem keine ausreichenden Verteidigungsmöglichkeiten
gewährt worden waren und bei dem vorgeschlagenen Verfahren das Stimmgeheimnis nicht
gewahrt blieb.

[76] Es handelt sich um den berühmten Philosophen Sokrates (470-399 v. Chr.).

„Nach dieser Rede stellte Eutryptolemos den Antrag, gemäß dem Volksbeschluß des Kannonos[77] jeden der Männer einem gesonderten Verfahren zu unterwerfen, im Gegensatz zu dem Antrag des Rates, alle zusammen in einer Abstimmung abzuurteilen. Als darüber in der Versammlung mit Handaufheben abgestimmt wurde, entschied sie sich zuerst für den Antrag des Euryptolemos; aber Menekles stellte daraufhin unter Eidesbekräftigung den Antrag auf Aufhebung des Beschlusses wegen Gesetzwidrigkeit[78], und bei einer zweiten Abstimmung entschied sich dann die Versammlung für den Antrag des Rates. Danach wurden die Feldherrn, die die Seeschlacht geleitet hatten – es waren acht – zum Tode verurteilt; die sechs anwesenden wurden hingerichtet. Kurze Zeit später gereute es die Athener, und sie beschlossen, diejenigen, welche das Volk getäuscht hatten, zu einer Voruntersuchung vor die Volksversammlung zu laden[79] (...)."

(Xen. Hell. 1, 7, 34-35; Ü.: Gisela Strasburger)

Der auf den ersten Blick nicht leicht nachvollziehbare Ablauf der Ereignisse noch einmal rekapituliert:

• Die acht Strategen, die die athenische Flotte in der Schlacht bei den Arginusen-Inseln kommandiert hatten, sind nach einer Voruntersuchung im Rat vor der Volksversammlung der unterlassenen Bergung der Schiffbrüchigen und Gefallenen angeklagt. Ankläger ist Theramenes, der beim Umsturz der Demokratie 411 v. Chr. für eine gemäßigte Oligarchie eingetreten, als Schiffskommandant an der Schlacht beteiligt und von den Strategen mit der dann wegen des Wetters nicht zur Ausführung gekommenen Bergung der Schiffbrüchigen beauftragt worden war und der 404 v. Chr., nachdem er mit Sparta den Frieden ausgehandelt hatte, vom Terrorregime der dreißig Tyrannen hingerichtet wurde.

• Die angeklagten Strategen können das Volk trotz zu kurzer Verteidigungszeit von ihrer Unschuld überzeugen. Eine Abstimmung aber ist wegen der einbrechenden Dunkelheit nicht mehr möglich, und so wird der Rat für die kommende Sitzung der Volksversammlung um ein *probouleuma* gebeten.

• Theramenes geht daraufhin zur Stimmungsmache gegen die Strategen über, um den Beschluß des Rats zu beeinflussen. Er nutzt dazu das gerade stattfindende Apaturienfest. An diesem Einzelzug ist noch einmal sehr schön die Bedeutung

---

[77] In Fällen von Amtsmißbrauch mußte bei mehreren Angeklagten über jeden einzelnen geurteilt werden.

[78] Jeder Bürger hatte das Recht zu erklären, er werde gegen einen Antrag oder ein Abstimmungsergebnis eine Klage wegen Gesetzeswidrigkeit (Paranomie-Klage) anstrengen. Gesetzeswidrigkeit konnte entweder im Inhalt des Antrags oder Gesetzes (Widerspruch zu bereits bestehenden Gesetzen) oder in der Form seines Zustandekommens liegen. Die Folge einer solchen Erklärung war, daß das laufende Verfahren und das gerade verabschiedete Gesetz bis zur Entscheidung über die Paranomie-Klage suspendiert war. Der Einspruch des Menekles richtet sich offenbar gegen das Zustandekommen der Abstimmung.

[79] Es handelt sich um ein prozeßrechtliches Sonderverfahren, nach dem ein Kläger seinen Klagevorwurf *(probole)* zunächst beim Rat einreicht. Dieser legt ihn der Volksversammlung vor mit der Frage, ob ein gerichtliches Verfahren beantragt werden dürfe.

der bürgerschaftlichen Unterabteilungen, hier der Phratrien, für die politische Willensbildung zu beobachten. Der Bericht der Quelle läßt nicht erkennen, daß der von Theramenes eingeschlagene Weg über die Phratrien an sich etwas Außergewöhnliches gewesen wäre, sondern moniert lediglich die dabei eingesetzten Mittel zur Täuschung des Volkes. Allerdings waren angesichts der in die Tausende gehenden Opfer tatsächlich auch viele Bürgerfamilien betroffen.

- Bei der nächsten Sitzung der Volksversammlung wird das *probouleuma* des Rates von einem gewissen Kallixenos vorgetragen. Es läuft darauf hinaus, daß ohne weitere Debatte mit Stimmsteinen offen abgestimmt werden und bei einem Schuldspruch Todesstrafe und Vermögenskonfiskation verhängt werden solle.

- Euryptolemos beantragt ein Paranomie-Verfahren gegen den Antrag des Kallixenos und bringt dafür drei Gründe vor: die Notwendigkeit gesonderter Verfahren für jeden Angeklagten in Verfahren wegen Pflichtverletzung im Amt; die Verhinderung ausreichender Verteidigungsmöglichkeiten; die Verletzung des Stimmgeheimnisses.

- Durch Tumult und Drohungen wird Euryptolemos genötigt, seinen Antrag zurückzuziehen, ebenso die Prytanen, über den Antrag des Kallixenos abstimmen zu lassen.

- Euryptolemos fordert daraufhin ein letztes Mal ein gesetzmäßiges Verfahren.

- Die nun doch stattfindende Abstimmung über den Antrag des Euryptolemos geht zu dessen Gunsten aus.

- Gleich darauf wird diese Entscheidung durch die Ankündigung einer Paranomie-Klage seitens der Gegner des Euryptolemos wieder ausgesetzt. In einer weiteren Abstimmung findet das *probouleuma* des Rats die Mehrheit.

- Die Strategen werden nun in der vom Rat vorgeschlagenen Weise zum Tod verurteilt. Nur sechs von ihnen sind anwesend, sie werden hingerichtet.

Neben Xenophon berichtet auch der spätere Historiker Diodor[80] über diese Vorgänge. Sein Bericht ist kürzer und bietet einige abweichende Akzente, auf die gleich zurückzukommen sein wird. Der Arginusen-Prozeß galt vielen Historikern von jeher als ein Musterbeispiel für einen Justizskandal beziehungsweise Justizmord:

„(...) sowohl die kollektive Anklage, die Einschränkung der Verteidigung, die rohe Einschüchterung derjenigen, die eine Gegenklage wegen Gesetzwidrigkeit erhoben, und schließlich der Umstand, daß der Tatbestand des Versäumnisses bei der Rettungs- und Bergungsaktion wegen des aufkommenden Sturmes wohl kaum erwiesen war, müssen

---

[80] Vgl. Diod. 13, 101-103, 2.

zu der Überzeugung führen, daß gegen das Rechtsbewußtsein der Zeit, gegen die Rechtspraxis und gegen das Gesetz, allein aufgrund der Behauptung, daß das Volk beschließen könne, was es wolle, verurteilt worden war."[81]

Hier wird zu Recht auf das Außerordentliche der Vorgänge abgehoben, die sich gegen die normalerweise geübte Rechtspflege wie ein Betriebsunfall ausnehmen, der auf die allgemeine Verwirrung in den letzten Jahren des großen Krieges und auf die besondere Enttäuschung nach der eigentlich siegreichen Schlacht zurückzuführen ist. Andere sehen in den Ereignissen das typische Ergebnis, zu dem die politische Willensbildung in der direkten Demokratie führen konnte, wenn nicht gar führen mußte. Das Volk habe Blut sehen wollen, aufgestachelt von skrupellosen Intriganten. Der angebliche Justizmord an den Strategen wäre demnach also nicht bloß ein erklärbarer Ausnahmefall, sondern eine in der politischen Ordnung der Demokratie stets lauernde Gefahr beziehungsweise mit ihr sich zwangsläufig einstellende Konsequenz.

Man kann dieser Auffassung, soweit sie sich auf den Arginusen-Prozeß stützt, indessen nicht nur jene Erklärungen entgegenhalten, die das Geschehen aus besonderen geschichtlichen Bedingungen heraus zu verstehen suchen. In der Forschung finden sich darüber hinaus auf der Grundlage einer abweichenden Bewertung verschiedener Einzelzüge auch Ansätze zu einem vollkommen andersartigen Gesamtbild. Ins Feld zu führen ist vor allem folgendes:

• Der Bericht, auf den man sich hauptsächlich stützen muß, stammt von Xenophon, dessen grundsätzliche Ablehnung der Demokratie bekannt ist. Seine Berichterstattung ist demnach im Ton abfällig gegenüber der Volksversammlung und dient bei ihm erkennbar dem Ziel, ein kritisches Argument gegen die Demokratie zu gewinnen. Durch die – im moralischen Sinne – möglichst düstere Schilderung der Ereignisse tritt für Xenophon im übrigen die von ihm verehrte Gestalt des Sokrates um so deutlicher hervor. Dem entscheidenden Quellenbericht liegt folglich ein Vorurteil zugrunde, das bei der auswertenden Rekonstruktion in Rechnung gestellt werden muß.

• Die kollektive Anklage von Beamtenkollegien war durchaus möglich. Der Volksbeschluß des Kannonos, auf den sich Euryptolemos beruft, sah individuelle Verfahren bei Amtsmißbrauch dann vor, wenn der Vorwurf nicht die Gesamtverantwortung eines Beamtenkollegiums betraf. Grundsätzlich waren nämlich Beamtenkollegien für kollektiv getroffene Maßnahmen auch kollektiv verantwortlich. Die Strategen, ein Kollektivgremium, hatten sich während des ersten Prozeßtermins in ihren Reden inhaltlich identisch geäußert, und es ist auch nicht zu sehen, weshalb die Bergung der Schiffbrüchigen und der Gefallenen nicht eine gemeinsame Pflicht dieser Beamten gewesen sein sollte. Die Volksversammlung hatte daher keinen Anlaß, vom Prinzip der kollektiven Verantwortlichkeit abzu-

81 Jochen Bleicken: Die athenische Demokratie. Paderborn ²1994, S. 565.

weichen. Auch Euryptolemos bringt keine inhaltlichen Gründe, die Strategen getrennt zur Verantwortung zu ziehen. Seine Forderung stellt sich so durchaus als Verfahrenstrick dar, vielleicht um seinen Verwandten Perikles, den letzten Sohn des großen Perikles, zu retten. Das Verfahren insgesamt entspricht mit Vorbehandlung im Rat, Hauptverhandlung und Urteil durch die Volksversammlung im übrigen genau dem typischen Eisangelie-Verfahren bei Bestechung und Hochverrat.

• In dem anderen Quellenbericht bei Diodor heißt es, der Schuldvorwurf habe sich vor allem auf die unterlassene Bergung der Toten bezogen. Die Verluste infolge der Arginusen-Schlacht waren außerordentlich hoch. Die 110 Schiffe auf athenischer Seite waren mit etwa 13000 Bürgern bemannt worden. Von ihnen waren in der Schlacht und danach bis zu 5000 Mann umgekommen. Ein nicht unerheblicher Teil der Bürgerschaft war also direkt betroffen. Als die Bürger am Apaturienfest zusammenkamen, wurde ihnen vermutlich das ganze Ausmaß der Verluste bewußt. Vieler Stimmungsmache bedurfte es daher für den Stimmungsumschwung gar nicht. Es ist klar, daß die Angehörigen ihre Toten auch ordnungsgemäß bestattet sehen wollten. Mit dem Sturm konnten sich die Angeklagten jedoch nur im Hinblick auf die nicht mehr mögliche Rettung lebender Schiffbrüchiger herausreden. Die Bergung von Gefallenen hätte nämlich auch danach noch erfolgen können. Das aber ist offenbar unterblieben, und eben darin liegt in jedem Fall ein strafwürdiges Vergehen der Angeklagten.
Nach eindeutig überwiegender Anschauung im Athen des 5. Jhs. v. Chr. bestand ein absolutes Bestattungsgebot für Tote[82]. Verweigerung von Begräbnis und Totenkult bedeutete Ruhelosigkeit für die Toten und beschwor auf die ganze Gemeinde deren Rache herauf. Die Volksversammlung mußte daher unbedingt auf die Einhaltung dieses ungeschriebenen Sittengesetzes *(agraphos nomos)* achten. Wer die Bestattung unterließ, verhielt sich ungerecht gegen die Gemeinschaft als ganze und mußte daher der Sanktion durch diese gewärtig sein. Die unterlassene Bergung der Toten schädigte also nicht allein eine beträchtliche Zahl einzelner *oikoi* von Bürgern, sie verstieß gegen die Frömmigkeit als einer kollektiven Pflicht zum Wohle des Gemeinwesens. Xenophon erwähnt diesen Zusammenhang überhaupt nicht.

Diese für sich genommen sehr überzeugenden Argumente sind zumindest geeignet, das bisher vom Arginusen-Prozeß gezeichnete Bild grundsätzlich in Frage zu stellen. Es ist allerdings mit ihrer Hilfe kaum möglich, ein neues Gesamtbild zu rekonstruieren, und es ist fraglich, ob dies überhaupt gelingen könnte, da wir auf den in seiner Glaubwürdigkeit erschütterten Bericht Xenophons angewiesen bleiben. Ungeachtet seiner Faktenwahrheit im Detail läßt er jedoch einige strukturelle Gegebenheiten erkennen, die als Probleme der politischen Praxis in der Demokratie diskutiert werden müssen.

---

[82] Vgl. den Konflikt in Sophokles' *Antigone.*

3. Das Spektrum der politischen Themen

Nach allem, was wir aus der inschriftlichen und literarischen Überlieferung über die politische Arbeit in der Volksversammlung wissen, konzentrierte diese sich stark auf die Beschäftigung mit Kriegführung und den äußeren Beziehungen. Wenn, wie im Fall der Arginusen-Schlacht, militärische Vorgänge in der Volksversammlung zur Debatte standen, so war dies nicht eine kriegsbedingte Ausnahme, sondern gehörte bereits das ganze 5. Jh. v. Chr. hindurch zu den regelmäßigen Beratungsgegenständen. Ist hierin eine Verengung des politischen Themenspektrums zu sehen? Zunächst einmal standen immer neben Kriegführung und äußeren Beziehungen auch die Bemühungen um die Herstellung der inneren Einheit der Bürgerschaft mittels Religion und Kultur sowie der von den Volksgerichten wahrgenommene Bereich der innergesellschaftlichen Streitschlichtung im Mittelpunkt der politischen Betätigung der Bürgerschaft. Damit wurden die entscheidenden gesamtgesellschaftlichen Regelungsaufgaben von den Institutionen des demokratischen Staates bewältigt.

Aus heutiger Sicht erscheint der Bereich, der dem politischen Willen der Bürgerschaft zugänglich war und den sie in ihrer freien Entscheidung gestaltet hat, vergleichsweise gering. Wer hierin ein Defizit erkennen möchte, sollte jedoch wenigstens zwei Gegebenheiten berücksichtigen: Alle über das genannte Spektrum hinausgehenden, von uns fraglos als politisch eingestuften Materien wie etwa das Bildungswesen oder die Wirtschafts- und Sozialordnung gehörten nach dem Verständnis der Griechen nicht in den Raum der Politik, sondern in den des *oikos*. Auch die regelmäßig vom Demos erörterte Frage der Sicherstellung der Getreideversorgung ist nicht als eine Aufgabe von Wirtschafts-, sondern von äußerer Machtpolitik beziehungsweise Diplomatie begriffen worden. Ebensowenig ist die Zahlung von Tagegeldern an die Mitglieder des Rates oder später an die Besucher von Theater und Volksversammlung eine sozialpolitische Maßnahme; sie zielte lediglich darauf ab, die Existenz auch der Ärmeren soweit zu sichern, daß sie ihre Rolle als Bürger erfüllen konnten. Die entscheidende Feststellung in diesem Zusammenhang ist, daß Demokratisierung, das heißt die weitgehende Verwirklichung von Bürgerstaatlichkeit, nie die Demokratisierung der Gesellschaft, soziale Chancengleichheit oder den Ausgleich beziehungsweise die Umverteilung der Vermögensverhältnisse meinte.

Was wir heute als Sozialstaatlichkeit bezeichnen, lag von vornherein strukturell außerhalb der Möglichkeiten des griechischen Bürgerstaates und hat auch nie zu seinen Zielsetzungen gehört. Denn die Herrschaft der Bürger über sich selbst ist nicht aus der Revolution einer bisher politisch benachteiligten sozialen Klasse hervorgegangen. Vielmehr ist sie das Ergebnis der Herausbildung einer staatlichen Ordnung überhaupt, die nur auf der Grundlage der unmittelbaren Beteiligung breitester Bürgerschichten erfolgen konnte. Daß dies in Athen so weitgehend gelungen ist, ist das Bemerkenswerte, nicht, daß Demokratisierung die Sozialordnung ausgespart hat.

4. Die ‚Demagogen' und das Problem politischer Führung im demokratischen Bürgerstaat

In der durch das Politische geprägten Ordnung des Bürgerstaates fallen alle die Gesamtheit bindenden Entscheidungen durch Abstimmungen in den Kollektivgremien auf der Grundlage vorangegangener Diskussion. Auch der Arginusen-Prozeß macht schlagend die überragende Bedeutung der politischen Rede für das Zustandekommen von Entscheidungen klar. Vom Austausch der Argumente und von der aktiven Beeinflussung der Mitbürger war in der Demokratie im Prinzip keiner, der wollte, *ho boulomenos*, ausgeschlossen. Das freie Rede- und Antragsrecht war ein Grundpfeiler der bürgerstaatlichen Ordnung. Redner, *rhetor*, konnte damit jeder Bürger sein. Es versteht sich jedoch, daß nicht jeder Bürger in gleicher Weise Neigung dazu hatte sowie über persönliche Anlagen und die entsprechende Ausbildung und Erfahrung verfügte. Auch wenn recht viele Bürger ihr politisches Engagement dazu gebracht hat, immer wieder einmal das Wort zu ergreifen, so dürfte dies doch eher in den kleineren, überschaubaren Bürgerabteilungen wie Demos, Phratrie oder während der Prytanie geschehen sein als in der großen, zentralen Volksversammlung. Dort haben nämlich, wie aus der Überlieferung hervorgeht, für die das hier besprochene Beispiel wiederum typisch ist, sich in der Regel nur solche Bürger ausführlich geäußert, die auf diese Rolle entsprechend vorbereitet waren und uns in ihr häufig nicht nur einmalig, sondern über einen längeren Zeitraum hinweg kontinuierlich entgegentraten. Die Überlieferung nennt sie Redner *(rhetores)*, Politiker *(politikoi)* oder auch Demagogen *(demagogoi)*; in unserem Beispiel sind dies also etwa Kallixenos, Euryptolemos oder Theramenes, zu ihnen gehören selbstverständlich auch die bekannten Namen eines Perikles, Nikias, Kleon oder Alkibiades.

Nicht erst der Verlauf des Arginusen-Prozesses, sondern bereits die Stellung, die etwa Perikles über Jahre hinweg in der Volksversammlung eingenommen hat, wirft zu Recht die Frage auf, ob der Einfluß, den die Redner in der Volksversammlung ausgeübt haben, nicht das Prinzip der gleichen Teilhabe aller Bürger am Politischen als eine lediglich ideale Norm und Forderung entlarvt, während die Wirklichkeit der politischen Willensbildung auch im demokratischen Athen des 5. Jhs. v. Chr. gänzlich anders ausgesehen hat. Unterlag also auch Athen dem ‚ehernen Gesetz der Oligarchie', das zu Beginn unseres Jahrhunderts von politischen Theoretikern wie Gaetano Mosca, Vilfredo Pareto oder Robert Michels formuliert und bis heute immer wieder aufgegriffen worden ist? Danach könne keine demokratische Ordnung auf Dauer Bestand haben, sondern es bilde sich schon nach kurzer Zeit eine politische Elite heraus, die de facto die politische Herrschaft an sich reiße.

Bei der Erörterung dieses Problems ist von folgendem auszugehen: Jede auf dem Willen des Volkes gründende politische Ordnung braucht notwendig eine Form politischer Führung. Alle Entscheidungen von Kollektivgremien müssen durch die Initiative einzelner Mitglieder angestoßen, die Problemlage muß durch den Austausch von Argumenten und Ansichten, die wiederum nur einzelne Mitglieder vortragen können, geklärt und die Entscheidung schließlich durch von einzelnen formulierte Anträge vorbereitet werden. In dieser Bereitschaft zur Ergreifung politischer Initiative, in der Fähigkeit zur argumentativen Klärung einer Sachlage und zur Formulierung angemessener Lösungsvorschläge manifestiert sich die Potenz und die Kompetenz jener Bürger, die die Neigung und die Voraussetzungen zu politischem Handeln in besonderem Maße besitzen und dadurch politische Führungsfunktionen ausüben können. Klar ist, daß diese Funktion in der athenischen Demokratie nicht amtsmäßig institutionalisiert worden ist.

Die politische Führung fällt, zweitens, im Rahmen der demokratischen Willensbildung in der Volksversammlung denen zu, die dort als Redner auftreten. Die Tätigkeit der Redner ist für die Entscheidungsfindung der Bürgerschaft von vornherein unabdingbar und nicht eine Verfallserscheinung der Volksherrschaft oder Ausdruck der Herrschaft einer politischen Klasse. Ohne die Redner kann das Volk nicht zu Entscheidungen kommen, und es dient daher der Effektivität der bürgerlichen Selbstregierung, wenn diese Redner ihr Handwerk verstehen. Je energischer einzelne die Initiative ergreifen, je präziser und knapper die Sachverhalte auseinandergelegt, je rascher und schärfer die sich bietenden Optionen herausgearbeitet und vorformuliert werden, um so besser kann die Bürgerschaft über ihre Angelegenheiten entscheiden. Angesichts der schieren Größe des Gremiums und des in der Regel sehr knappen zeitlichen Rahmens, innerhalb dessen Entscheidungen gefunden werden mußten, bedurfte es nicht nur einer entsprechenden Begabung, sondern vor allem einer gründlichen Ausbildung, wollte man politische Führungsaufgaben als Redner übernehmen.

Es überrascht daher, drittens, nicht, daß sich alle Redner aus der in erster Linie durch Reichtum und Bildung gekennzeichneten Elite der Aristokratie rekrutierten. Denn auch dies ist nicht zu bestreiten: Die Ausbildung des demokratischen Bürgerstaates hat an der seit jeher bestehenden sozialen Schichtung innerhalb der Gemeinde nichts geändert. Der Unterschied zwischen einer kleinen Gruppe von *oikoi*, die wirtschaftlich potenter waren und deren Oberhäupter allgemein als sozial höherstehend anerkannt wurden, und der Masse der Bürgerhäuser hat auch in der Zeit der Demokratie weiterhin bestanden. Das für uns Erstaunliche ist, daß dies die Gleichheit aller Bürger im Politischen nicht tangiert hat. Wie ist es zu erklären, daß sich die Masse der Bürger in der Wahrnehmung ihrer demokratischen Rechte durch die von einzelnen Mitgliedern der sozialen Elite ausgeübte politische Führung nicht beeinträchtigt gefühlt hat? Und wieso haben sich die Aristokraten mit ihrer Rolle als Redner in der Volksversammlung zufrieden gegeben und nicht versucht, ihre Position zu institutionalisieren und die politischen Entscheidungen unter sich auszumachen und allein zu herrschen?

Mit diesem in der Struktur der Gesellschaft steckenden Konfliktpotential war die Bürgerstaatlichkeit schon seit ihren Anfängen, seit den Tagen Solons konfrontiert. Im Zeichen des neu entstandenen Dualismus von Demokratie und Oligarchie seit der Mitte des 5. Jhs. v. Chr. ging von den sozialen Spannungen noch eine zusätzliche Bedrohung für die Einheit der Bürgerschaft aus. Um so bemerkenswerter ist es, daß der politischen Ordnung der Demokratie trotz der seit Ephialtes und Perikles aufgebrochenen Gegensätze eine so lang dauernde Stabilität beschieden war. Denn die Tätigkeit der zur Elite zählenden Redner in der Volksversammlung, ihre Übernahme politischer Führungsaufgaben offenbart gerade nicht das Scheitern demokratischer Prinzipien in der Wirklichkeit des politischen Alltags, also die Durchsetzung des ‚ehernen Gesetzes der Oligarchie‘. Sie ist vielmehr Ausdruck dafür, daß die Integration des größten Teils der sozialen Oberschicht in den demokratischen Bürgerstaat gelungen war.

Der Grund hierfür war, daß die Masse der Bürger wie ihre politischen Führungsfiguren in der politischen Ethik ihre Gemeinsamkeit als Bürger fanden – das entscheidende Mittel bereits in Solons Idee des Bürgerstaates. Mittlerweile war das politische Ethos in einem sich in verschiedensten Bereichen entfaltenden Repertoire sprachlicher und visueller Zeichen formuliert worden, sprachen soziale Elite und Volk als Bürger mithin in einem gemeinsamen und einheitlichen Code, in dem sich gegenseitige Abhängigkeit und gemeinsame Interessen artikulierten. Kein Redner konnte vor der Volksversammlung Erfolge erzielen, wenn er seine Zuhörer nicht davon überzeugen konnte, daß er als Mitglied der gesellschaftlichen Elite zugleich Bürger war, einer von ihnen, der es sich zur Pflicht machte, ihren unausgesprochenen Willen in Worte zu fassen, sie zu verteidigen, zu beraten oder auch kritisch an ihre eigenen Prinzipien zu erinnern. Was Gegner der Demokratie als bloße Schmeichelei gegenüber der Macht des *demos* geißelten, war im Normalfall lediglich der Versuch des Redners, den im Interesse des Volkes liegenden gemeinsamen Willen herauszuarbeiten und dadurch seiner Aufgabe als Sprachrohr des Volkes gerecht zu werden.

> „Wertvoll (für das Volk, d. Verf.) ist nicht die bloße Redeweise eines Redners oder die Kraft seiner Stimme, sondern auf derselben Wellenlänge zu denken (wörtlich: dasselbe zu bevorzugen, d. Verf.) wie das Volk und die gleichen Freunde und Feinde zu haben wie das Vaterland.“
>
> (Demosth. 18, 280; Ü.: Verf.)

So Demosthenes im Hinblick auf seinen Gegner Aischines, von dem er sich auch dadurch absetzen möchte, daß er erklärt, er habe nie versucht, das Volk gegen seinen Willen zu etwas zu nötigen.[83] Auf die notwendige Funktion der Redner als Instrumente der politischen Willensbildung des Volkes geht Demosthenes zu Beginn seiner ersten Olynthischen Rede ein:

> „Ich bin überzeugt, Männer von Athen (*Athenaioi*, die übliche Anrede in der Volksversammlung, d. Verf.), daß ihr es großem Reichtum vorziehen würdet, wenn euch deutlich gemacht werden könnte, was in den jetzt zur Diskussion stehenden Angelegenheiten der Gemeinschaft zum besten gereichen würde. Da dies sich so verhält, habt ihr allen Grund, all jenen aufmerksam zuhören zu wollen, die euch einen Rat geben möchten. Denn es ist ja nicht nur so, daß, wenn jemand einen nützlichen Plan vorbringt, ihr ihn

---

[83] Vgl. Demosth. 19, 206.

anhören und übernehmen könnt, sondern ich glaube, daß es auch ein glücklicher Umstand für euch ist, daß weitere Sprecher in der Eingebung des Augenblicks ebenfalls nützliche Vorschläge unterbreiten können, so daß es leicht sein wird, aus der Menge der Vorschläge den auszuwählen, der am meisten in eurem Interesse liegt."

(Demosth. 1, 1; Ü.: Verf.)

In ähnlicher Weise hatte schon Thukydides den Perikles die Bedeutung der Rede für die Beratung des Volkes in seiner Beschlußfassung hervorheben lassen:

> „(...) und nur wir entscheiden in den Staatsgeschäften selber oder denken sie doch richtig durch. Denn wir sehen nicht im Wort eine Gefahr fürs Tun, wohl aber darin, sich nicht durch Reden zuerst zu belehren, ehe man zur nötigen Tat schreitet."

(Thuk. 2, 40, 2; Ü.: Georg Peter Landmann)

Keiner der in der Volksversammlung auftretenden Redner äußert Zweifel daran, daß die alleinige politische Entscheidungsmacht beim *demos* liegt. Um diese aber auch wirklich ausüben zu können, brauchte das Volk die Hilfe der Redner. Sie klärten Sachverhalte und formulierten Vorschläge, die im Interesse des Ganzen lagen. Dies führte a priori zu einer starken Konkurrenzsituation zwischen den als Redner auftretenden Mitgliedern der sozialen Elite, was neben institutionellen Vorkehrungen wie dem Paranomie-Verfahren mit dazu beitrug, daß sich die Redner nicht zu einer de facto herrschenden politischen Klasse entwickelten. Entscheidend war jedoch, daß durch die Reden vor den bürgerschaftlichen Kollektivgremien zwischen der breiten Masse der Bürger und der sozialen Oberschicht ein ständiger Austausch gewährleistet wurde, der die soziale Kluft überspringen konnte und in dem die Verpflichtung aller Bürger auf das gemeinsame Politische ständig erneuert wurde.

Zur Funktionsfähigkeit der bürgerlichen Selbstregierung in Athen gehörte somit auch eine Form der politischen Führung, die die gleiche politische Teilhabe aller Bürger nicht zur Fassade degradierte, sondern sie eigentlich erst gewährleistete. Zur Untermauerung dieser These soll der Gedankengang mit einer wohlabgewogenen Argumentation zusammengefaßt werden, mit der Moses I. Finley allen elitetheoretischen Behauptungen entgegengetreten ist. Athen erweist sich darin als ein, wenn nicht das historische Beispiel, das die Gültigkeit des angeblich ‚ehernen Gesetzes der Oligarchie' definitiv widerlegt.

> „Durch dieses Regierungssystem (...) gelang es Athen, fast zweihundert Jahre lang der blühendste, mächtigste, stabilste, im Innern friedliche und kulturell bei weitem der reichste Staat in der gesamten griechischen Welt zu sein. Soweit dergleichen überhaupt ein nützliches Urteil über irgendeine Regierungsform ist, muß man sagen, daß das System funktionierte. (...) ‚Ebenso wird keiner aus Armut', so soll Perikles in einer Rede auf die Kriegsgefallenen gesagt haben (Thukydides 2, 37, 1), ‚wenn er für die Stadt etwas leisten könnte, durch die Unscheinbarkeit seines Namens daran gehindert.' Die weitreichende Teilhabe des Volkes an den Staatsgeschäften – und zum Volke zählten auch die ‚persönlich Gescheiterten, die gesellschaftlich Isolierten, die wirtschaftlich Ungesicherten und die Ungebildeten' – führte nicht zu ‚extremistischen Bewegungen'. Die Quellen lassen erkennen, daß in Wirklichkeit nur wenige von ihrem Rederecht in der Volksversammlung, die politische Narren nicht duldete, tatsächlich Gebrauch machten. In ihrem

gesamten Verhalten zollte sie der politischen und technischen Kompetenz von Experten Anerkennung, und den Rahmen einer zur Wahl stehenden Alternativpolitik zu formulieren war zu allen Zeiten die Sache einiger weniger. Die politische Praxis unterschied sich jedoch grundsätzlich von jener elitetheoretischen Sicht, wie sie Schumpeter formulierte: ‚Die demokratische Methode ist diejenige Ordnung der Institutionen zur Erreichung politischer Entscheidungen, bei welcher einzelne die Entscheidungsbefugnis vermittels eines Konkurrenzkampfes um die Stimmen des Volkes erwerben.'[84] Schumpeter verstand die ‚Entscheidungsbefugnis' ganz wörtlich: ‚Wer entscheidet, sind die Führer der politischen Parteien, nicht «das Volk».'[85]

Nicht so in Athen. Nicht einmal Perikles besaß solche Macht. Als sein Einfluß auf dem Höhepunkt stand, konnte er auf dauerhafte Billigung seiner politischen Unternehmungen hoffen, die sich in der Abstimmung des Volkes in der Ekklesia äußern mußte, doch wurden seine Gesetzesvorschläge Woche für Woche ebendieser Versammlung vorgelegt, sie mußten sich gegen andere Ansichten durchsetzen, und das Volk besaß immer die Möglichkeit und hat gelegentlich durchaus davon Gebrauch gemacht, ihn und seine Politik im Stich zu lassen. Die *Entscheidung* lag bei der Volksversammlung, nicht bei ihm oder irgendeinem anderen führenden Politiker. Daß man die Notwendigkeit politischer Führung anerkannte, zog nicht den völligen Verzicht auf die Macht, die Entscheidungen zu fällen, nach sich. (...)

Um es mit herkömmlichen Verfassungsbegriffen zu sagen: Die Bürger besaßen nicht nur das Recht, sich in ein Amt wählen zu lassen und andere in ein Amt zu wählen, sondern sie konnten auch in allen Angelegenheiten der öffentlichen Ordnung entscheiden und in den verschiedenen Gerichtshöfen über alle wichtigen Fälle, gleich ob zivil- oder strafrechtlicher Natur, ob das Staatsinteresse betroffen war oder eine Streitsache zwischen Privatleuten anstand, zu Gericht sitzen. Die Konzentration der Entscheidungsbefugnis in der Volksversammlung, die weitreichende Aufteilung und der periodische Wechsel der Funktionen in der Geschäftsführung und ‚Verwaltung', die Bestimmung von Magistraten und Richtern durch das Los, das Fehlen einer besoldeten Bürokratie, die aus der Bürgerschaft besetzten Geschworenengerichte, all dies diente dazu, die Bildung eines Parteiapparates und somit einer institutionalisierten politischen Elite zu verhindern. Für mediokre Marionetten, die nach der Pfeife der ‚wirklichen' Führer hinter den Kulissen getanzt hätten, war hier kein Platz. Gewiß bildeten Männer wie Perikles eine politische Elite, jedoch besaß diese keine innere Automatik der ungefährdeten Selbstergänzung und dauerhaften Etablierung. Wer zu ihr gehören wollte, konnte dies durch öffentliches Auftreten, vornehmlich in der Volksversammlung, erreichen; der Zugang stand jedem offen, und wer sich auf dieser Bühne halten wollte, der mußte eben dauernd auftreten. (...)

In seinen *Considerations on Representative Government* schrieb John Stuart Mill: ‚Man bedenkt zu selten, daß das gewöhnliche Leben der meisten Menschen kaum geeignet ist, die Grenzen ihrer Vorstellungs- und Empfindungskraft auszudehnen. (...) in den wenigsten Fällen ergeben sich irgendwelche Gelegenheiten zum Umgang mit Persönlichkeiten, deren Bildung die eigene erheblich überträfe. Indem man einen einzelnen aber etwas für die Öffentlichkeit zu tun gibt, wird für all diese Mängel bis zu einem gewissen Grade Abhilfe geschaffen. Wenn die Verhältnisse es gestatten, daß die ihm zugewiesenen öffentlichen Pflichten umfangreich sind, wird er zu einem gebildeten Menschen. Trotz der Mängel im Gesellschaftssystem und in den sittlichen Normen der griechischen Antike war das intellektuelle Niveau des durchschnittlichen Athener Bür-

---

84 Joseph A. Schumpeter: Kapitalismus, Sozialismus und Demokratie. München ²1950, S. 428 (zuerst 1942).

85 P. L. Partridge: Politics, Philosophy, Ideology. – In: Political Studies 9, 1961, S. 230.

gers durch die Praxis in Gericht und Volksversammlung dem in jedem anderen Gemeinwesen des Altertums wie der Neuzeit weit überlegen. (...) Er (der athenische Bürger, d. Verf.) ist aufgerufen, in Ausübung dieser Pflichten die Interessen anderer gegeneinander abzuwägen; im Falle widerstreitender Ansprüche muß er sich von anderen Gesichtspunkten als denen seiner persönlichen Neigungen leiten lassen und ständig Prinzipien und Grundsätze anwenden, die sich aus der Idee des Gemeinwohls herleiten. In der Regel findet er sich in seiner Arbeit Menschen zugesellt, die mit diesen Ideen und dieser Art des Wirkens vertrauter sind als er und die bemüht sein werden, seinen Verstand durch Einsicht und sein Gefühl durch neue Anregungen stärker an das Gemeinwohl zu binden.'[86]

(...)

Athen bietet somit eine wertvolle Fallstudie, wie die Aktivität von politischen Führern und die Teilnahme des Volkes an der Regierungstätigkeit über einen langen Zeitraum hinweg erfolgreich neben- und miteinander bestehen konnten – und zwar ohne die politische Gleichgültigkeit und Unbedarftheit, wie sie heute von den Meinungsforschungsexperten aufgedeckt werden, und ebenso ohne die extremistischen Gespenster, die manchen Elitetheoretiker so sehr verfolgen. Die Athener haben einiges falsch gemacht. Welches Regierungssystem aber hat das nicht? Das beliebte Spiel, Athen zu verurteilen, weil es nicht im Einklang mit einem gewissen Vollkommenheitsideal lebte, ist ein lächerliches Unterfangen. Sie haben keine tödlichen Fehler begangen, und das ist immerhin recht ansprechend. (...)

Unter solchen Bedingungen[87] wäre es absurd, unmittelbare Vergleiche zu einer kleinen, homogenen Gesellschaft wie Athen zu ziehen, wo der tägliche Umgang die privaten und ‚öffentlichen' Beziehungen bestimmt, und absurd wäre es auch, vorzuschlagen oder auch nur zu träumen, wir könnten in einer modernen Stadt oder Nation eine Vollversammlung der Bürger als höchstes Entscheidungsorgan wiederaufleben lassen. Nicht dies war die Alternative, die ich im Voranstehenden betrachtet habe; was mich beschäftigte, war vielmehr eine ganz andere Wahlmöglichkeit, die sich aus der politischen Teilnahmslosigkeit und ihrer Bewertung gibt. Daß Indifferenz gegenüber den öffentlichen Angelegenheiten und politische Unkenntnis heute eine grundlegende Tatsache sind, steht völlig außer Zweifel: Die Entscheidungen werden von den führenden Politikern getroffen und nicht durch eine Volksabstimmung, die bestenfalls die Macht hat, gelegentlich ein Veto einzulegen, wenn die Entscheidung schon gefallen ist. Das Problem ist, ob unter den gegenwärtigen, modernen Erfordernissen der Stand der Dinge notwendig und wünschenswert ist oder ob – in, wenn ich es einmal so umschreiben darf, athenischem Geist, wenngleich nicht mit den konkreten [und heute nur noch historischen, d. Verf.] Inhalten Athens – neue Formen einer Teilnahme des Volkes an den politischen Geschäften erfunden werden müssen. (Ich gebrauche das Verb hier in demselben Sinne wie in dem früheren Zusammenhang, als ich davon sprach, daß die Athener die Demokratie *erfunden* haben.) (...) Es ist eine irrige Logik, großen Teilen der Bevölkerung eine wirkliche Teilhabe am Entscheidungsprozeß zu verweigern mit der Begründung, daß ihre Forderungen wahrscheinlich dazu neigten, ‚extremistisch' zu werden, und dann ihren Mangel an Zurückhaltung als Beweis für die Richtigkeit ihres Ausschlusses zu verstehen."[88]

---

[86] John Stuart Mill: Betrachtungen über die repräsentative Demokratie. Paderborn 1971, S. 74f. (zuerst 1861).

[87] Gemeint sind Bedingungen neuzeitlicher Staatlichkeit wie Massenmedien, Politik als Beruf, Internationalität der Wirtschaft, Bürokratie, auf die Finley im vorhergehenden zu sprechen kommt.

[88] Moses I. Finley: Antike und moderne Demokratie. Stuttgart 1980 (engl. 1973), S. 27-30, 35-36, 37, 40-41, 74.

5. ‚Entartung' der Demokratie zur Willkürherrschaft der Masse?
Der Prozeß gegen Sokrates

Manchem Beobachter gilt der Arginusen-Prozeß als typisches Beispiel dafür, wohin es kommt, wenn die in der Volksversammlung versammelte Bürgerschaft keiner verantwortungsvollen politischen Führung mehr unterliegt. Da das Volk aus
sich heraus zu vernünftigen Entscheidungen nicht imstande sei, bestehe immer die
Gefahr, daß es skrupellosen Demagogen anheim falle, die irrationale Massenreak-
tionen auslösen und zu ihren Gunsten ausnutzen können. Es ist freilich nicht überraschend, daß der erklärte Gegner der Demokratie Xenophon den Verlauf des Arginusen-Prozesses so dargestellt hat, daß das Volk als leicht beeinflußbar und
wankelmütig erscheinen mußte. Und es ist ebensowenig verwunderlich, daß Xenophon die schließliche Verurteilung der Strategen nur als ein weiteres Glied in
jener Kette von Untaten betrachtet hat, die der *demos*, eines der „bösartigsten Tie-
re", begangen hat. Der gehässige Ausdruck stammt von Plutarch, der antidemokra-
tisches Gedankengut mit Fleiß aufgenommen und weitergetragen hat, und er legt
das Wort sogar noch in den Mund des Demosthenes, dessen lebenslanges Eintreten für die demokratische Ordnung ein solches Urteil schwerlich als glaubhaft erscheinen läßt. Nach Plutarch habe er während seiner Verbannung im Jahre 323 v.
Chr. folgendes ausgerufen:

> „O Herrin Athena! Warum findest du an den drei bösesten Tieren Gefallen, der Eule,
> der Schlange und dem Volk?' Und den jungen Leuten, die zu ihm kamen und sich mit
> ihm unterhielten, redete er dringend davon ab, sich der Politik zu widmen, und sagte:
> hätten gleich zu Anfang zwei Wege vor ihm gelegen, der eine zur Rednerbühne und zur
> Volksversammlung, der andere geradezu ins Verderben, und hätte er die Übel voraus-
> gewußt, welche die Politik mit sich bringe, Furcht, Haß, Verleumdungen und ewigen
> Kampf, so hätte er den Weg beschritten, der geradeaus in den Tod führte."
>
> (Plut. Dem. 26, 6-7; Ü.: Konrat Ziegler)

In der Tat: Wer sich als Redner vor der Volksversammlung exponierte, wer für sich
beanspruchte, das Volk in seiner Entscheidung beraten zu können, und selbstverständlich auch der, dem das Volk eine Aufgabe übertragen hatte, der ging nicht
nur das Risiko ein zu scheitern, sondern auch für anmaßend gehalten zu werden
und sich aus Prinzip einem Mißtrauen ausgesetzt zu sehen. So ist es kein Wunder,
daß nur wenige Redner in ihrem politischen Wirken unbehelligt geblieben sind:
von einer Liste von 41 prominenten Politikern von Miltiades bis Phokion, 490-322
v. Chr. wohl nur wenig mehr als ein Viertel. Rechtfertigt dies jedoch die Schlußfolgerung, der *demos* in der Volksversammlung sei eine von irrationalen Antrieben
bestimmte Masse gewesen, launenhaft und unberechenbar? Dieses Urteil ist über
die Möglichkeiten und Kräfte zur Selbstbestimmung und Selbststeuerung des Volkes schon von Homer an in der gesamten antiken Überlieferung und bekanntlich
nicht nur in dieser immer wieder gefällt worden. Muß man die schon seit Beginn
des 5. Jhs. v. Chr. zu beobachtende durchgängige Anwendung von Sanktionsmaß-
nahmen gegen einzelne Politiker nicht vielmehr gerade umgekehrt als ein Zeichen

für die Stärke der demokratischen Ordnung ansehen? Die Zahlen sprechen nämlich viel eher dafür, daß die Instrumente zur Kontrolle von Amtsträgern wie von
Politikern, die in der Volksversammlung Führungsaufgaben übernahmen, offenbar
recht wirksam gewesen sind. Wer mit Plutarch der Meinung ist, die Bürgerschaft
Athens habe ihre politischen Führungsfiguren willkürlich und ungerecht behandelt, vergißt, daß Kontrolle und Sanktion gegenüber denen, die Verantwortung trugen oder sich Verantwortung zurechneten, einem Grundprinzip der demokratischen
Ordnung folgen, wonach die Bildung einer Kaste von Berufspolitikern unverein-
bar war (und ist) mit der auf der politischen Teilhabe aller beruhenden Regierung
der Bürger über sich selbst. Also war es unabdingbar, die *rhetores* ständig an die
Kette des Volkswillens zu legen und darauf zu achten, daß Gesetze und gesellschaftliche Normen eingehalten wurden.

Finley hat mit Recht bemerkt, daß es dabei in der Volksversammlung unvermeid-
lich zuweilen zu Fehlurteilen gekommen ist. Doch war die Verhängung von Sanktionen keineswegs willkürlich, sondern vor dem Hintergrund der herrschenden
Rechts- und Moralvorstellungen durchaus vertretbar, wie gerade die Verurteilung
der Strategen im Arginusen-Prozeß deutlich macht, obwohl sie aufgrund unserer
Überlieferung auf den ersten Blick manchem wie ein Justizmord erscheinen mag.
Und in den mehrfachen Umschwüngen der Mehrheitsmeinung im Verlauf dieses
Prozesses kann man auch hinter der vorurteilsgeladenen Schilderung unseres Ge-
währsmannes Xenophon erkennen, daß man es sich mit der Urteilsfindung nicht
immer leicht gemacht hat.

Letztlich war dies auch in einem anderen Fall so, der vielen als Tiefpunkt der Verfallsgeschichte der Demokratie und als letzter Beweis für die strukturelle Unfähigkeit der Volksherrschaft zu vernünftigem Handeln gilt: im Prozeß gegen den Philosophen Sokrates und dessen Verurteilung zum Tode im Jahre 399 v. Chr. Sokrates
wurde vor einem Geschworenengerichtshof von 501 Richtern vermutlich folgen-
der Verbrechen angeklagt: Leugnung der traditionellen Götter und Behauptung neuer göttlicher Wesen; vor allem aber das Verführen und Verderben der Jugend. Der
Schuldspruch erging mit 281 zu 220 Stimmen, die Ansichten zu dem Fall waren
sehr kontrovers; erst als Sokrates das Gericht bei der Beratung über das Strafmaß
durch seinen Vorschlag, ihn von Staats wegen zum Helden zu erklären und für den
Rest seines Lebens im *prytaneion* zu speisen, aufs äußerste provoziert hatte, wandte sich die Stimmung der Richter deutlicher gegen ihn, und er wurde mit 360 zu
140 Stimmen zum Tode verurteilt.
    Betrachtet man die Anklagepunkte, so ist zunächst festzustellen, daß die Ursache
für das Vorgehen gegen Sokrates nicht in dessen Lehre als solcher zu suchen ist.
Hätte das, was er den Athenern in seinen Gesprächen über Jahrzehnte nahezubrin-
gen suchte, aus sich heraus Anlaß geboten, ihm den Mund zu verbieten, so hätten
die Athener Sokrates schon viel früher vor Gericht stellen oder aus der Bürgerschaft
ausschließen können. Gewiß lief Sokrates' Philosophieren auf eine radikale Abkehr

von der bisherigen Ethik und damit auf ein völlig neues Menschenbild hinaus, was im folgenden noch näher zu beleuchten ist. Aber auch andere hatten über die Natur, die Götter und das, was der Mensch soll, in der zweiten Hälfte des 5. Jhs. v. Chr. ganz neue Anschauungen entwickelt und sie ungehindert verbreiten können in dem herrschenden Klima geistiger Freiheit und Regsamkeit, deren eindrucksvollstes Zeugnis die sokratischen Dialoge selbst sind. Es gibt gute Gründe dafür, jene sämtlich aus sehr viel späterer Zeit stammenden Nachrichten über eine angeblich schon in der Zeit des Perikles einsetzende Hexenjagd der breiten Masse der Bürgerschaft gegen ‚Intellektuelle' für einen Bestandteil späterer antidemokratischer Topik und damit für unhistorisch zu halten. Dafür spricht nicht zuletzt auch, daß Platon nur wenige Jahre nach der Verurteilung des Sokrates seine philosophische Schule in Athen begründen (388-385 v. Chr.) und von da an völlig unbehelligt eine Lehre ausarbeiten und verkünden konnte, die allen herrschenden und traditionellen Überzeugungen der Athener radikal feindlich gegenüberstand.

Die Ursache für den Prozeß gegen Sokrates ist daher in dem von Xenophon überlieferten Anklagepunkt zu suchen, der Philosoph habe die Jugend der Bürgerschaft verdorben. Dahinter steckt der Vorwurf, Sokrates' Lehrtätigkeit habe für die Gemeinschaft schädliche Wirkungen im politischen Raum entfaltet, die verhinderten, daß die Heranwachsenden sich zu guten Bürgern entwickelten. Diese Anklage konnte sich darauf stützen, daß die überwiegende Mehrzahl der jungen Männer, die Sokrates in den zurückliegenden Jahrzehnten um sich geschart und deren Bildung er wesentlich beeinflußt hatte, wie zum Beispiel Xenophon und Platon ihre Ablehnung des demokratischen Bürgerstaats offen zur Schau trugen oder sie gar in politisches Handeln umsetzten. Zu den Schülern des Sokrates gehörten Alkibiades, in dessen kometenhafter politischer Karriere nur die eigene Person und ihre schier grenzenlosen Ambitionen einen festen Bezugspunkt bildete und dessen Verhältnis zur demokratischen Ordnung daher stets ambivalent blieb, oder ein Charmides (440-403 v. Chr.), ein Onkel Platons, der zu den 30 Machthabern des oligarchischen Terrorregimes von 404/03 v. Chr. gehörte; ebenso sein Vetter Kritias, einer der übelsten Schlächter in dieser vielleicht dunkelsten Stunde der athenischen Geschichte, der in den Schriften Platons jedoch als hehre Lichtgestalt erscheint und tatsächlich einer der begabtesten Schüler des Sokrates war, hochgebildet, ein Meister attischer Prosa, dessen Schriften noch Jahrhunderte später als Vorbild der reinsten attischen Sprache benutzt wurden. Solche Männer waren es, die der Bürgerschaft Athens in den letzten Jahren des 5. Jhs. v. Chr. vor Augen geführt hatten, daß eine Erziehung, wie Sokrates sie praktizierte, keineswegs nur in der müßiggängerischen Beschäftigung der jeunesse dorée mit spekulativen Gedankengebäuden enden mußte, über die man sich gegebenenfalls mit Aristophanes lustig machen konnte.[89] Sokrates schien offenkundig Wirkungen zu entfalten, die schwerer wogen und eine für den Bürgerstaat tödliche Gefahr heraufbeschworen hatten. Ein halbes Jahrhundert nach dem Prozeß urteilt der Redner Aischines:

---

[89] Vgl. Aristophanes' Komödie *Die Wolken*, 423 v. Chr.

> „Hierauf habt ihr, Athener, Sokrates, den Sophisten, hingerichtet, weil er offensichtlich den Kritias unterrichtet hat, einen der Dreißig (Tyrannen, d. Verf.), die die Demokratie zerstört haben (...).“
>
> (Aischin. 1, 173; Ü.: Verf.)

Freilich hat Sokrates selbst niemals zum Sturz der Demokratie aufgerufen. Doch sind seine Äußerungen durchzogen von einer Absetzung von den Vielen *(hoi polloi)*, die durchaus hochmütig erscheinen konnte, und verspottete er noch zuletzt das Bürgergericht, vor dem er stand, in schroffer, höchst beleidigender Form. Dennoch hätte die Bürgerschaft das Treiben dieses kauzigen Sonderlings und unzeitgemäßen Außenseiters, der sich wie kein zweiter der Kommunikation mit seinen Mitbürgern verschrieb, nur um gleichzeitig die Tradition und das Selbstverständnis der Bürgergemeinde radikal in Frage zu stellen, auf sich beruhen lassen können, und sie hat dies auch lange getan. Erst nach 403 v. Chr., als man nach der tiefen Demütigung durch das Terrorregime der Dreißig Tyrannen wieder einen demokratischen Neuanfang versuchte, reagierte man auf alles, was diesen hätte gefährden können, viel aufmerksamer und besorgter als früher. Sokrates selbst aber machte keinerlei Anstalten, in irgendeiner Weise für jenen Zusammenhang einzustehen, der sich zwischen seiner Lehre und den Katastrophen, in die das Gemeinwesen geraten war, offenkundig herstellen ließ. Nun fanden sich, da er seine Lehrtätigkeit unbeeindruckt fortsetzte, Bürger, die dies nicht mehr länger hinzunehmen bereit waren. Nach den schlimmen Erfahrungen der zurückliegenden Jahre und dem Blutzoll, dem man im Kampf gegen die *tyrannis* noch bis 401 v. Chr. entrichtet hatte, waren die Befürchtungen zu stark, es könne sich um Sokrates erneut eine Gefolgschaft junger Männer scharen, die, der *polis* und ihrem Ethos entfremdet, für diese erneut zur Gefahr werden könnten. Unsere wichtigsten aber höchst voreingenommenen Quellen Platon und Xenophon wollen glauben machen, bei der Anklage gegen Sokrates hätten auch persönliche Animositäten eine Rolle gespielt. Selbst wenn die Sokrates zur Last gelegten Verbrechen der Gottlosigkeit und des schlechten Einflusses auf die Jugend in einem rechtlich einwandfreien Sinne kaum nachweisbar gewesen sein werden, so wird vor dem skizzierten Hintergrund gleichwohl nur allzu verständlich, daß die Mehrheit der Bürger diesen in ihren Augen Unruhestifter endlich loswerden wollte. Die Abstimmungsergebnisse des Bürgergerichts zeigen, wie schwer man sich mit der beispiellosen Anklage getan hat. Sokrates' aus seiner Sicht konsequentes Verhalten hat dann ebenso notwendig das Todesurteil herausgefordert.

Die Hinrichtung des Sokrates ist somit nicht der Höhepunkt geistigen Terrors und der Willkürherrschaft demokratischer Massen. Sie wird vielmehr in der besonderen geschichtlichen Situation großer Unsicherheit und tiefer Depression geradezu als ein Akt der Notwehr verständlich und nachvollziehbar. Für die Geschichte des demokratischen Bürgerstaates bemerkenswert an dem Fall Sokrates ist daher etwas anderes:

> „Kein Staat, auch nicht der freieste, kann darauf verzichten, daß bestimmte Grundwerte, auf denen seine Institutionen gründen, als unzweifelhaft gültig hingenommen wer-

den, und wenn die Gültigkeit dieser Grundwerte kritisiert wird, so wird sich der Staat dieser Kritik früher oder später erwehren. Bedenkt man, daß Sokrates seine elenktische Kritik (sc. mittels seiner Gesprächsführung) über Jahrzehnte hinweg in unzähligen Gesprächen immer wieder durchschlagend geübt hat in einem überschaubaren Gemeinwesen, das sein politisches Leben in der Hauptsache mündlich zu regeln pflegte, so wird man sich eher darüber wundern müssen, daß Sokrates in Athen so spät politisch anstößig wurde, als daß es überhaupt zu einem Zusammenstoß kam. Es ehrt die alte athenische Demokratie, daß sie, obwohl sie sich beinahe dreißig Jahre lang in einem tödlichen Krieg mit Sparta befand, niemals den Versuch unternommen hat, Sokrates zum Schweigen zu bringen."[90]

Allerdings kann dies nicht das letzte Wort sein. Denn die Verurteilung des Sokrates war gleichwohl ein Fehlurteil, das aus einem tragischen Mißverstehen resultierte. Sokrates richtete sich nämlich, trotz aller zweifelhaften und gefährlichen Gefolgschaft, die sich auf ihn berief, mit seinem Tun niemals gegen seine Vaterstadt. Im Gegenteil: Aus tief religiösem Antrieb hatte er sein Leben der einzigen Aufgabe verschrieben, seinem Gemeinwesen zu dienen.

> „Dies die Athener zu lehren, befiehlt mir mein Herz,
> daß *dysnomia* der Stadt sehr viel Unglück bereitet,
> *eunomia* aber alles wohlgeordnet und wie es sein soll hervorbringt (...)."
> (Solon F 3D., 30-32; Ü.: Verf.)

Mit diesen Worten hatte eineinhalb Jahrhunderte zuvor Solon die Quintessenz seines politischen Denkens formuliert. Die Forderung an den einzelnen Bürger, Einstellung und Verhalten zuallererst auf die Belange der Bürgergemeinschaft als ganze hin zu orientieren, steht im Zentrum von dessen wegweisendem Entwurf einer bürgerstaatlichen Ordnung. Ohne ein solches politisches Bewußtsein, verwurzelt in der Mentalität jedes einzelnen, wären die seit Kleisthenes bestehenden Institutionen und Formen des politischen Handelns in der athenischen Demokratie nur schwerlich funktionsfähig gewesen. Indessen richteten sich schon Solons Mahnungen an seine Mitbürger – wie die weiterer Denker und Dichter nach ihm – zugleich gegen die fatalen Folgen für das Gemeinwesen, welche die in der Gesellschaft weithin herrschende individualistische Wettbewerbs- und Erwiderungsethik zeitigen konnte. Der innere Zusammenhalt der Bürgerschaft war stets gefährdet, und außerhalb Athens war auch im 5. Jh. v. Chr. die Wirklichkeit vielfach von jenem inneren Krieg geprägt, dessen häßliches Gesicht am Ende des Jahrhunderts dann in Athen zur Vorgeschichte des Sokratesprozesses gehört.

Sokrates hat mit seinem Wirken nur die letzte Konsequenz aus dieser elementaren Bedingung der Bürgerstaatlichkeit gezogen. Als Sohn eines Steinmetzen 469 v. Chr. geboren, gehörte Sokrates der Zensusklasse der Hopliten an und hat sich als solcher ganz selbstverständlich am politischen Leben beteiligt. Wenngleich er sich nach eigenem Bekunden in der Volksversammlung nicht hervorgetan hat, nahm

---

[90] Andreas Patzer: Sokrates als Philosoph. – In: Ders. (Hrsg.): Der historische Sokrates. Darmstadt 1987, S. 451 f.

er es mit seinen Bürgerpflichten, wenn es darauf ankam, sehr genau, zog mit den anderen Bürgern mehrfach in den Krieg oder amtierte als Ratsherr, wobei er sich durch Tapferkeit und Gesetzestreue auszeichnete. Als junger Mann befaßte er sich eine Zeit lang mit den Lehren des Naturphilosophen Anaxagoras. Woraus ihm das Interesse dafür entstand und wie er sich die nötige intellektuelle Schulung aneignete, wissen wir nicht. Jedenfalls ist Sokrates schon bald etwas anderes wichtig geworden. Er „(...) hat als erster die Philosophie vom Himmel herunter gerufen", um „(...) nach dem Leben, den Sitten und dem Guten und Schlechten zu forschen."[91] Er versetzte die großen Fragen der Philosophen nach der Ursache und der inneren Gesetzmäßigkeit der Welt aus dem Bereich bloßen Theoretisierens in die Praxis des menschlichen Zusammenlebens.

Seine Frage war die alte Frage Solons: Worauf muß sich das gemeinschaftliche Leben der Bürger in der *polis* gründen? Sokrates entdeckte, daß ihre Beantwortung sich nicht damit begnügen dürfe, einen bewährten Katalog von Bürgertugenden in Erinnerung zu rufen, und daß es noch weniger möglich sei, dem Bürger die angestrebte politische Kompetenz in Form eines beliebig konventionalisierbaren Verhaltenskodex beizubringen, wie dies die zu seiner Zeit in Athen auftretenden sophistischen Wanderlehrer mit scheinbarem Erfolg praktizierten. Nach der Überzeugung von Sokrates konnte der Bürger im Raum der Politik vielmehr erst dann wirklich handlungsfähig werden, wenn er sich als Mensch für sich selbst der Notwendigkeit eines schlechthin fundamentalen Gutseins innegeworden war. Zum guten Bürger könne nur werden, wer nach der sittlichen Vervollkommnung seiner ganzen Persönlichkeit strebe, da Tugend oder Bestheit *(arete)* nicht teilbar sein, sondern sich auf eine einheitliche Idee des Guten beziehe. Die Befähigung zum politischen Handeln sei daher nicht wie die Vielzahl der übrigen menschlichen Fähigkeiten jedem von Geburt an gegeben oder erlernbar. Vielmehr müsse sich jeder auf den Weg machen, sich mit sich selbst auseinanderzusetzen und sich selbst zu erkennen. Die Menschen dahin zu bringen, begriff Sokrates als seine Lebensaufgabe. Er sei, so charakterisiert er das Ziel seines Wirkens,

> „(...) nur darauf bedacht, wie ich jedem einzeln die (...) größte Wohltat erweisen könnte, (...) jeden von euch zu bewegen, daß er weder für irgend etwas von dem Seinigen eher sorge, bis er für sich selbst gesorgt habe, wie er immer besser und vernünftiger womöglich werde, noch auch für die Angelegenheiten des Staates eher als für den Staat selbst (...)."
>
> (Plat. apol. 36 c; Ü.: Friedrich Schleiermacher)

Immer wieder werde er seine Mitbürger deshalb ermahnen:

> „Bester Mann (...) aus der größten und für Weisheit und Macht berühmtesten Stadt, schämst du dich nicht, für Geld zwar zu sorgen, wie du dessen aufs meiste erlangest, und für Ruhm und Ehre, für Einsicht aber und Wahrheit und für deine Seele, daß sie sich aufs beste befinde, sorgst du nicht (...)?"
>
> (Plat. apol. 29 d-e; Ü.: Friedrich Schleiermacher)

---

[91] Cic. Tusc. 5, 10; Ü.: Olof Gigon.

Mit Sokrates' Forderung, das wichtigste sei die Sorge um sich selbst, verstanden als die Sorge um die eigene Seele, wird dem menschlichen Dasein im Verhältnis zur Welt wie zu sich selbst eine historisch völlig neue Deutung gegeben. Ist die Seele der Sitz der höchsten menschlichen Werte, dann gibt es Tugend und Glück nur im Inneren des Menschen. Die Entdeckung einer inneren Instanz, durch die allein dem Menschen das Gute zugänglich wird, stellt nichts weniger dar, als die Vollendung jener Revolution der Werte, die bereits von Solon und anderen nach ihm gefordert worden war. Sokrates zählt die drei bisher als höchste angesehenen Ideale auf: den Körper, also das äußere und öffentliche Erscheinungsbild des Individuums; Geld und Reichtum, das heißt das eigene Haus als Grundstein der gesellschaftlichen Ordnung; Ehre und Ruhm, also die auf der individuellen Leistungsfähigkeit beruhende soziale Anerkennung. Dies alles wird durch die sokratische Unterscheidung von Innen und Außen relativiert und in einen neuen Bezug zur eigenen Seele gesetzt. Damit kehrt sich die Geltung der Werte ins Gegenteil. Nicht mehr zählt primär das sichtbare Ergebnis einer Handlung, sondern der dahinter stehende Zustand der Seele. Was deren Tugend ausmacht, ist allerdings kein bestimmbarer Wissensfundus, sondern ein neuartiger Zustand der Bewußtheit des Menschen seiner selbst. Tugend ist nach Sokrates' Verständnis „eine Organisationsform des ganzen Menschen"[92].

Die Zeitgenossen empfanden die Botschaft des Sokrates als faszinierende Herausforderung. Was er zu sagen hatte, dürfte viele seiner Mitbürger durchaus überfordert, manche bloßgestellt haben. Einige haben seine Einladung zur inneren Befreiung durch Reflexion als einen Freibrief zum Zynismus mißverstanden – mit den schon genannten und von Sokrates gewiß aufs schärfste verurteilten politischen Folgen. Für seine wichtigsten Schüler wurde Sokrates' Tod und damit für sie: sein offenkundiger Mißerfolg zum Anlaß, die Fragen des Philosophen künftig von der Welt der Politik fernzuhalten. So trennten sie den Bürger vom Philosophen und träumten von Philosophenkönigen und einer geschlossenen Gesellschaft. Sokrates hingegen hätte darin sicher ebensowenig einen Ausweg gesehen, wie er sich mit einer mit eigenen Augen immer wieder festzustellenden, stets durch Fehlverhalten gefährdeten Herrschaft der Vielen über sich selbst hatte abfinden mögen. Als Philosoph war er ganz Bürger geblieben, aber er betrachtete die Demokratie nicht als das kleinere Übel, das man eben nehmen mußte, wie es war. Statt dessen war er davon überzeugt, daß es ein Drittes gebe, daß nämlich die Bürger durch eine richtig verstandene, weil tiefer fundierte politische Erziehung an der Bewußtwerdung ihrer selbst arbeiten könnten und daß einzig in einem solchen Prozeß ein tragfähiges moralisches Fundament für die bürgerstaatliche Ordnung gefunden werden könne.

---

[92] Gernot Böhme: Der Typ Sokrates. Frankfurt a.M. 1988. S. 140.

VI. Die Reflexion des Politischen: Das Theater in Athen und die *Eumeniden* des Aischylos

Abb. 9 Bildnis der Athena. Sog. Athena Velletri. Marmor (Höhe 0,56 m). Verkleinerte römische Kopie des Kopfes einer Bronzestatue aus Athen, ~430 v. Chr.
(Basel, Antikenmuseum, Sammlung Ludwig)
Künstlerisch dem Portrait des Perikles (vgl. Abb. 6) verwandt strahlt dieses Bildnis wie kaum ein anderes jene Klugheit *(metis)* und Anmut *(charis)* aus, welche die jungfräuliche Göttin für die Athener verkörperte. Ein solches Antlitz mag dem Dichter Aischylos vor Augen gestanden haben, als er seine Athena auf die Bühne brachte.

Die am weitesten gehende Verwirklichung von Bürgerstaat und Demokratie im Athen des 5. Jhs. v. Chr. setzte nicht nur voraus, daß die Selbstregierung der Bürger durch die mannigfachen Formen der politischen Teilhabe institutionell ermöglicht und gesichert wurde; komplementär dazu bildete sich auch ein Spektrum religiös-kultureller Einrichtungen, künstlerischer Schöpfungen und kollektiver Praktiken aus. Der bisherige Gedankengang gebietet, auf die für die Zeitgenossen vielleicht wichtigste und für die Nachwelt wirkungsmächtigste Kunstform einzugehen, die die Athener der klassischen Zeit hervorgebracht haben und die zugleich mit dem Politischen ihrer Ordnung am unmittelbarsten verbunden war: Das athenische Theater und die Tragödie als sein Hauptbestandteil.

In einem ersten Teil soll die Eigenart der dramatischen Aufführungen im Kontext des politischen Lebens in Athen sowie ihre Bedeutung für dieses skizziert werden. Vor allem Christian Meier hat immer wieder zu Recht betont, daß wir die Eigenart der Demokratie Athens nicht verstehen können, wenn wir nicht begreifen, warum die Athener für ihre politische Ordnung das Theater ebenso nötig brauchten wie Rat und Volksversammlung. Eines der Stücke, an denen sich dies eindrucksvoll demonstrieren läßt, ist die *Orestie* des Aischylos, genauer: deren letzter, *Eumeniden* genannter Teil. Eine Besprechung gerade dieser Tragödie liegt aus verschiedenen Gründen besonders nahe; wichtig für uns ist, daß ihr Inhalt und das Datum ihrer Aufführung eng verknüpft sind mit den Vorgängen jenes Jahres 462/61 v. Chr.[93] Für Christian Meier vollzog sich damals der epochale Umbruch von der Adels- zur Volksherrschaft. Diese Einschätzung ist, wie oben ausgeführt, nicht zu

---

[93] Vgl. Kap. A, III.

teilen, und der einschneidende Charakter der Entwicklungen jener Jahre und der auf sie antwortenden Maßnahmen des Ephialtes sind in anderer Weise herausgearbeitet worden. Ausgehend von Meiers methodischem Ansatz, in der Tragödie eine eminent politische Kunst zu sehen – das ist unumgänglich und über den Fall des Theaters hinaus wegweisend –, soll daher im zweiten Teil dieses Kapitels die Tragödie des Aischylos noch einmal nach ihrem Beitrag zum politischen Diskurs der athenischen Bürgerschaft in den Jahren nach 462/61 v. Chr. befragt werden.

1. Das athenische Drama und der Bürgerstaat

a. Die Feste im Bürgerstaat

Die Herausbildung des Bürgerstaates war von Beginn an begleitet von der Rückbindung und Sicherung der politischen Ordnung in der Sphäre der Götter. In Opferkult und religiösem Fest manifestierte sich schon seit der Zeit Homers nicht nur die Frömmigkeit des einzelnen, sondern die Selbstverpflichtung der Gemeinde als ganzer. Die Formung einer *polis*-Religion als Medium der politischen Ethik gehört zum von Solon durchdachten Konzept des Bürgerstaates[94] und hat bereits im 6. Jh. v. Chr. immer deutlicher die religiöse Praxis der Gemeinde bestimmt. Besonders förderlich wirkte sich die Religionspolitik der Tyrannen aus[95], die nicht nur dem Kult der Stadtgöttin Athena ein völlig neues Gesicht gaben, sondern sich auch der Verehrung des Gottes Dionysos in besonderem Maße annahmen. Dadurch ist auch das Kultfest der Großen Dionysien vermutlich neu gestaltet worden.

Die dramatischen Aufführungen des 5. Jhs. v. Chr. waren Bestandteil eben dieses zentralen Dionysosfestes. Vermutungen der Forschung über ihre für uns dunkle Vorgeschichte können hier beiseite bleiben. Immerhin gibt es einige Hinweise darauf, daß schon in der Tyrannenzeit möglicherweise auf Initiative des Kleisthenes die dithyrambischen Chorgesänge im Rahmen der Großen Dionysien zu ersten szenischen Darbietungen umgeformt worden sind. In der uns geläufigen Form ist die Tragödie in der Zeit der Perserkriege entstanden. Durch sie wurden die Großen Dionysien neben den Panathenäen zum bedeutendsten Fest in der athenischen Demokratie.

Alle Griechen kannten eine „unermeßliche Fülle und Vielartigkeit der Gottesdienste"[96]. Auffällig ist jedoch, daß die Athener mit dem Ausbau und der Verwirklichung des Bürgerstaates in der Demokratie des 5. Jhs. v. Chr. die Zahl ihrer Feste, deren zeitliche Dauer und die mit ihnen verbundene materielle Verausgabung auf eine von den anderen Griechen nicht erreichte Höhe gesteigert haben. Die

---

[94] Vgl. Verf.: Gesellschaft und Staat bei den Griechen: Archaische Zeit. Paderborn 2003, Kap. B, VII, 6.

[95] Vgl. Verf.: Gesellschaft und Staat bei den Griechen: Archaische Zeit. Paderborn 2003, Kap. B, VIII, 3.

[96] Jacob Burckhardt: Griechische Kulturgeschichte Bd. 2, Basel ²1898, S. 159.

Athener hätten „(...) Feste zu feiern (...) so viele, wie keine der Griechenstädte", ja doppelt so viele Feste wie die anderen, heißt es bei Pseudo-Xenophon.[97] Obwohl nur ein interkultureller Vergleich Klarheit darüber verschaffen könnte, ob die Bedeutung, die das religiöse Fest in der griechischen Gesellschaft im allgemeinen besaß, wirklich so außergewöhnlich gewesen ist oder ob das jenseits der Epochenschwelle der Moderne nur so scheinen mag, kann wenigstens die Steigerung der Festkultur in Athen auf die so weit getriebene Praxis der Bürgerstaatlichkeit zurückgeführt werden. Daher vergißt Perikles in seiner Schilderung der athenischen Lebensordnung bei Thukydides auch nicht, dies zu erwähnen:

> „Gewiß auch haben wir uns von den Anstrengungen die meisten Erholungen für unsere Seele geschaffen: Wettspiele und Opfer, die wir das ganze Jahr über in Brauch haben, und ferner ansehnliche häusliche Einrichtungen. Deren alltägliche Erfreuung vertreibt das Beschwerliche und den Trübsinn."
>
> (Thuk. 2, 38, 1; Ü.: Verf.)

Inwiefern konnten die Athener in ihren Festen Erholung für Geist und Herz finden, wie Perikles behauptet? Das Fest ist zunächst einmal als Gegenstück zum Alltag unverzichtbar. Im Fest halten die Menschen in ihrer Alltagsroutine inne und setzen sich einer Ausnahmesituation aus, deren andersartige Anforderungen und Herausforderungen Gelegenheit zu physischem und geistigem Ausgleich bieten. Solche Gegensätze braucht jeder einzelne wie jede Gesellschaft zur Ausbalancierung des mentalen und emotionalen Haushalts. Besonders dort, wo der alltägliche Umgang im politischen Raum jedem einzelnen ein hohes Maß an Selbstbeschränkung und Disziplin abverlangt, wo wie in Athen die Einhegung von Macht weithin gelungen war und die Überzeugung durch Argumente in Rede und Gegenrede die Ausübung unmittelbarer Gewalt verdrängt hatte, mußte es kontrollierte Freiräume zum Ausleben von Gefühlen und irrationalen Strebungen geben, mußte den Empfindungen von Furcht und Schrecken, Haß und rituell ausgeübter Gewalt Raum gelassen werden. Das Fest stellte so Distanz zum Alltag her, entlastete von ihm, indem Alltagserfahrungen auf einer anderen Ebene verarbeitet und bewältigt und die geistigen und moralischen Kräfte wieder regeneriert wurden.

Gerade die bürgerstaatliche Ordnung, deren Überleben letztlich an der Verinnerlichung des politischen Ethos durch jeden einzelnen Bürger hing, war elementar auf eine periodische Erneuerung dieser Grundlage angewiesen. In der gehobenen emotionalen Stimmung des Festes, in der „Kollektivgebärde des Selbstgenusses, der freudigen Selbsterhöhung"[98], konstituierte sich bürgerliche Öffentlichkeit, konnte die bürgerliche Gemeinsamkeit intensiv erlebt, der innere Zusammenhalt der Bürgerschaft bekräftigt werden. Den Räumen der Öffentlichkeit wie *agora* und Theater, Heiligtum, Tempel und Altar verliehen die kollektiven Praktiken der Fest-

---

[97] Xen. Ath. pol. 3, 2; Vgl. Xen. Ath. pol. 3, 8.
[98] Richard Harder: Eigenart der Griechen. Einführung in die griechische Kultur. Freiburg 1962, S. 121.

teilnehmer einen über den Festtag hinaus gültigen und im Gedächtnis haftenden Sinn.

Zur Erneuerung und Stärkung des inneren Zusammenhalts der Bürgerschaft trug schließlich bei, daß gerade Fest und Feier jene Kräfte mobilisierten, derer es bedurfte, um die soziale Kluft zwischen Nicht-Aristokraten und Aristokraten zu überbrücken und beide in die Gesamtheit der Bürgerschaft einzubinden. Denn die feierliche Ausnahmesituation des Festes enthielt Anlässe genug, daß Aristokraten ihren sozialen Status vor den Augen des Gesamtvolkes dartun konnten, ohne sich politischem Mißtrauen ausgesetzt zu sehen: sei es daß sie durch materielle Beisteuerungen zum Gelingen des Festes beitrugen, sei es, daß sie selbst als Personen an prominenter Stelle des Festablaufs in Erscheinung traten. So ist denn auch der aristokratische Charakter in der äußeren Form der Bürgerfeste unverkennbar. Im Fest konnte die Masse der Bürger jenen sonst nur der aristokratischen Muße vorbehaltenen Tätigkeiten und Genüssen nachgehen: Tanz und Gesang, Gelage und dichterische Unterhaltung, Pflege der bildenden Künste und glänzende Schaustellungen, nicht zuletzt die Beschäftigung mit dem Mythos. Die Feste schufen für Aristokratie und Volk eine gemeinsame Ebene der Verständigung, auf der ein vielfältiges Repertoire symbolischer Vokabeln, visueller Zeichen und kollektiver Rituale ausgebildet wurde. Die Feste verkörperten somit ein kollektives Zeichensystem, durch dessen Benutzung alle Bürger, Aristokraten und Volk gleichermaßen, auf das ihnen gemeinsame Politische verpflichtet wurden. Unter diesen Kommunikationsformen der bürgerlichen Öffentlichkeit nimmt die Tragödie wohl den wichtigsten Platz ein; sie ist „the main symbolic form of classical Athens"[99].

b. Organisatorische Voraussetzungen der dramatischen Aufführungen

Der durch und durch politische Gehalt der dramatischen Kunstform, ihre Einbettung in die politische Ordnung und ihre Ausrichtung auf die Belange des Ganzen der Bürgerschaft zeigt sich auch an dem organisatorischen Rahmen, innerhalb dessen die Tragödien zur Aufführung kamen.

Die Dichter hatten sich dabei einem Wettbewerb zu stellen und mußten eigens zugelassen werden. Jeder Kandidat hatte seine Stücke bei einem Beamten, dem *archon eponymos*, einzureichen, der wie alle anderen Beamten der Bürgerschaft gegenüber rechenschaftspflichtig war. Die Dichter hatten dabei ihre Arbeiten zu erläutern, woraufhin der *archon* eine Auswahl von drei Dichtern unter den Bewerbern treffen mußte. Diese durften je drei miteinander zusammenhängende Stücke inszenieren und dafür einige wenige professionelle Schauspieler engagieren, die vom Staat bezahlt wurden. Darüber hinaus teilte der *archon* jedem der drei Dichter einen Chor zu und bestimmte drei wohlhabende Athener zu Choregen. Diese übernahmen die Verpflichtung, zwölf bis 15 Bürger als Mitglieder eines

---

[99] Sally C. Humphreys: The Family, Women and Death. Ann Arbor ²1993, S. 18.

Chors zu gewinnen, sie aus eigenen Mitteln für die Zeit der Proben, die sich über mehrere Monate hinzogen, zu alimentieren, die Aufführung mit den notwendigen Requisiten auszustatten und einen Probenraum bereitzustellen. Der Dichter selbst führte Regie und erhielt wie seine professionellen Hauptdarsteller ein staatliches Honorar. Die Choregen wurden aus den Demen heraus von den Phylen vorgeschlagen, so daß anzunehmen ist, daß sich die gesamte Vorbereitung für die Tragödienaufführungen im Rahmen der bürgerschaftlichen Unterabteilungen abgespielt hat. Die Choregen genossen hohes Ansehen und wurden im Falle des Erfolges im Wettbewerb zusätzlich ebenso wie der Dichter etwa durch die Verewigung auf einer Inschrift geehrt.

Wie sehr der Tragödienwettbewerb in der Mitte der Bürgerschaft verankert war und den dort üblichen Spielregeln unterlag, wird schließlich auch am Zustandekommen des Preisgerichts deutlich. Kurz vor Beginn des Festes ließ der *archon* eine Jury aus Bürgern erlosen, die am Ende über den Ausgang des *agon* zu entscheiden hatte. Diese Bürger wurden einer Liste entnommen, zu der die zehn Phylen jeweils gleich viele Kandidaten beisteuerten. Die Jury selbst hatte zehn Mitglieder, je eines aus jeder Phyle. Bezeichnend für die demokratischen Prozeduren ist, daß am Ende nur fünf der abgegebenen zehn Voten gewertet wurden, die ihrerseits erlost wurden. Wahrscheinlich wollte man damit Bestechungen vorbeugen sowie der Jury die größtmögliche Unabhängigkeit sichern – bis zu einem gewissen Grade auch von den momentanen Stimmungen und Meinungsäußerungen des Theaterpublikums.

Bereits der institutionelle Rahmen macht klar: Die Tragödien entstammten nicht einer abgeschiedenen Dichterklause. Sie wollten nicht das Publikum mit eigentümlichen, individuellen Weltdeutungen eines dichterischen Individuums konfrontieren. Die Stücke mußten vielmehr von vornherein so verfaßt und spielpraktisch realisiert sein, daß sie sich in der politischen Öffentlichkeit erfolgreich durchzusetzen versprachen.

c. Der Ablauf des Festes

Die großen Dionysien dauerten fünf Tage. Am ersten Tag fanden verschiedene große Umzüge durch Athen statt. Die Statue des Dionysos Eleuthereus wurde von ihrem Tempel nahe dem Theater durch die Stadt getragen zu einem anderen Tempel, um dann unter Darbringung von Opfern wieder in ihr Haus zurückgeholt zu werden. Eine weitere Prozession galt verschiedenen Altären in der Stadt, an denen Opferrituale vollzogen wurden. An diesen Umzügen nahmen auch Abordnungen aus den Städten des Attisch-Delischen Seebundes teil, die große hölzerne Phalloi mit sich zu führen hatten. Bestandteil dieser Aufzüge war der *dithyrambos*, der gemeinsam gesungene Lobpreis des Gottes Dionysos, noch bis ins 6. Jh. v. Chr. die wichtigste gemeinsame Praktik der Feier. Im 5. Jh. v. Chr. wetteiferten aus jeder der zehn Phylen insgesamt je 50 Personen eines Männer- und eines Knabenchores mit Tanz und Gesang in der Darbietung chorlyrischer Dichtungen.

Die folgenden drei Tage waren dem Tragödienspiel vorbehalten. An jedem Tag stellte ein Dichter seine drei zusammenhängenden Stücke sowie ein sich anschließendes Satyrspiel dem athenischen Publikum vor. Am letzten Tag des Dionysos-Festes wurden fünf Komödien gespielt und schließlich die Sieger ermittelt und geehrt.

Das Dionysos-Fest fiel in den Monat Mounichion (zweite Märzhälfte). Zu dieser Zeit nahm man die Schiffahrt auf der Ägäis wieder auf. Die Athener erwarteten von den Bündnerstädten, daß sie sich an diesem Fest beteiligten. Einige Inschriften berichten uns von ihrer Verpflichtung, Opfergaben nach Athen zu bringen; außerdem hatten sie bei dieser Gelegenheit ihren Beitrag für die Kasse des Seebundes in Athen abzuliefern, was am zweiten Tag des Dionysos-Festes, unmittelbar vor der ersten Tragödienaufführung im Theater in einem feierlichen Akt öffentlich bekundet wurde. Diener brachten die Geldzahlungen der Bündner in die Orchestra des Theaters: 400 bis 500 Tonkrüge, gefüllt mit je einem Talent (26 kg) Silber. Die Beiträge der Städte, über die die Athener herrschten, wurden ausgerufen und der Ertrag der Herrschaft konnte genau nachgezählt, im wörtlichen Sinne begriffen werden. Diese eindrucksvolle politische Demonstration dürfte ihre Wirkung auf die Vertreter der bundesgenössischen Gemeinden nicht verfehlt haben; für die Athener war es ein Akt geradezu rauschhaften kollektiven Genusses ihrer Macht, der sie wohl eng zusammengeschweißt hat.

Eine zweite symbolträchtige politische Inszenierung schloß sich an: Die erwachsen gewordenen Kriegswaisen zogen feierlich in das Theater ein. Zum erstenmal waren sie bekleidet mit einer Rüstung, die ihnen entgegen dem sonst üblichen die *polis* stellte. Das Volk, so verkündete ein Herold, entlasse sie als Zeugen für das Heldentum ihrer Väter nun aus seiner Obhut. Sie nahmen bei den Amtsträgern und anderen Ehrengästen auf besonderen Sitzen Platz. Diese Kriegswaisen erinnerten die Bürger an die Opfer für die Freiheit ganz Griechenlands im Kampf gegen die Perser wie für die Verteidigung und den Ausbau ihrer gegenwärtigen Herrschaft. Und sie ermahnten zur Opferbereitschaft auch in der Zukunft.

Es waren nicht nur der Zeitpunkt und der große öffentliche Rahmen, die das Dionysos-Fest für diesen beiden aufeinander bezogenen Demonstrationen politischer Macht prädestinierten. Was diese behaupteten, hing vielmehr aufs engste zusammen mit dem was folgte. In den Tragödien kehrte nämlich ein Thema immer wieder: die Reflexion über den Umgang mit der Macht und die Folgen. Dies ging jeden Bürger an, der in der Volksversammlung über das Geschick einer Bündnerstadt zu entscheiden hatte. Auf der Bühne der Tragödie wurden die dabei gegebenen grundsätzlichen Verhaltensmöglichkeiten durchgespielt. Es ist für den Charakter des politischen Klimas in Athen bezeichnend, daß die Bürgerschaft den Mut und die Offenheit besaß, vor den Augen und Ohren aller Griechen die eigene Machtausübung im Medium des dramatischen Spiels auch zweifelnd und kritisch zu hinterfragen und zu durchdenken. Darin offenbart sich die Überzeugung, daß die Darlegung der eigenen Lebensgrundlagen und Handlungsweisen, nicht zuletzt die Art und Weise, wie man eben dieses Dionysos-Fest feierte, alle Nicht-Athener so beeindrucken und für die athenische Lebensform einnehmen würde, daß sie das Theater in der Meinung verließen, sie würden wahrlich nicht von Unwürdigen beherrscht[100].

d. Das Publikum, die mündliche Kultur und die Arbeit am Mythos

Das Ambiente des Festverlaufs läßt keinen Zweifel daran, daß auch die Tragödiendichtungen selbst als eine öffentlich-politische Manifestation zu verstehen sind. Das gilt für die wenigen klassischen Zeugnisse dieser Kunst, die in der Überlieferung bewahrt sind, aber auch für die vielen Stücke, die wir nicht mehr kennen. Insgesamt müssen wir allein über das 5. Jh. v. Chr. hin besehen mit einer riesigen Zahl von Tragödien rechnen: etwas mehr als 1000 tatsächlich gespielten und einer unbekannten Zahl von solchen, die bei der Auswahl durch den *archon* abgewiesen wurden. Noch bis in das 4. Jh. v. Chr. wurde jede Tragödie nur ein einziges Mal aufgeführt, doch gibt es Hinweise, daß die Stücke anschließend in den kleineren Theatern der Demen Attikas nachgespielt wurden.

Ihr Bekanntheitsgrad dürfte daher sehr hoch gewesen sein. Schon die Zahl der Zuschauer, die sich im Dionysos-Theater am südlichen Abhang der Akropolis versammeln konnten, erfaßte einen beträchtlichen Teil der Bürgerschaft. Unter den bis zu 17000 Zuschauern, die das Theater faßte, saßen neben Frauen, Jugendlichen, Sklaven und Fremden vermutlich gut 10000 erwachsene männliche Bürger. Das Theaterpublikum stellte damit eigentlich eine Volksversammlung dar. Und es überrascht deshalb auch nicht, daß man sich als solche am Ende des Festes noch im Theater formell konstituiert hat, um über den Festverlauf und die Handlungen der Amtsträger, die Entscheidung der Jury, die Ehrungen für den Choregen und den Dichter oder über Kritikpunkte zu beraten.

All das läßt darauf schließen, daß das Medium der dramatischen Inszenierungen jedem Bürger selbstverständlich und vertraut war. Von seiner Zielrichtung und Funktion her gibt es kein modernes Äquivalent, das nur annähernd den Grad von Verbreitung und allgemeiner Vertrautheit hätte. In Athen war das Publikum weitgehend aktiv an dem Geschehen beteiligt: Nicht nur während des gesamten Dionysos-Festes waren Bürger die aktiv Handelnden, sondern sie traten auch beim Spiel selbst als Chor in Erscheinung. Ferner war auch der einzelne Zuschauer dem Bühnenspiel nicht wie in den verdunkelten Theatern unserer Zeit isoliert ausgesetzt, man saß vielmehr im Hellen und während ganzer Tage beisammen, verfolgte den Austrag eines Wettbewerbs und dürfte es deswegen auch an spontanen Zustimmungs- und Mißfallensäußerungen nicht haben fehlen lassen. Nebenbei: noch im 18. Jh. beteiligte sich das Publikum lautstark an den Theatervorstellungen. Außerordentlich scheint also eher die Attitude des modernen Theaterbesuchers zu sein.

Daher sind auch folgende Fragen, mit denen manchmal Zweifel an der tatsächlichen Bedeutung des Theaters im klassischen Athen angemeldet werden, nur aus

---

[100] Vgl. die Worte des Perikles bei Thuk. 2, 41, 3.

einem in zeitgenössischen Erfahrungen wurzelnden Vorurteil heraus zu formulieren: Wie konnte eine so große Menge von Athenern, quer durch alle Bevölkerungsschichten, diesen Tragödien tatsächlich folgen? Waren die Anliegen der Dichter denn auf Anhieb überhaupt zu verstehen und geistig zu verarbeiten? Konnte die breite Masse die teils feinen Nuancen der Dialoge überhaupt wahrnehmen? Und was an dem, was auf der Bühne vorging, hat die Bürger interessiert?

Die Antwort liegt in dem zeitgenössischen politischen Rahmen, ohne den die Stücke keinen Sinn ergeben und auf den sie deshalb immer bezogen werden müssen. Das athenische Theater war kein gesellschaftliches Ereignis eines elitären Kulturbetriebes. Es war in der Mitte der Bürgerschaft angesiedelt, gemeinsame Sache aller Bürger. Die Wechselreden zwischen dem Chor und den Protagonisten der Tragödie gehörten ebenso zu den Institutionen der Bürgerstaatlichkeit wie Rede und Gegenrede auf der *agora* eines Demos oder vor den Schranken eines Volksgerichts. Wer im Zuschauerrund des Theaters das Spiel in der *orchestra* verfolgte, tat dies als Bürger, der am Politischen teilhatte.

Es steht daher außer Zweifel, daß das Tragödienspiel der Aufmerksamkeit der vielen tausend Zuschauer sicher gewesen und auf deren Bedürfnisse und Möglichkeiten zugeschnitten gewesen ist. Wie sonst hätten sich große Teile der Bürgerschaft Jahr für Jahr mehrere Tage lang der physisch und geistig anstrengenden Auseinandersetzung mit einer Kunstform gewidmet, die nicht nur ein sinnliches Spektakel war, sondern auch erhebliche intellektuelle Anforderungen stellte. Die oben gestellten Fragen verfehlen mithin die Eigenart des Theatergeschehens in der athenischen Demokratie. Um verständlich zu machen, wieso das athenische Drama diese politische Rolle spielen konnte, muß daher noch auf einige weitere im Publikum wie in den Tragödien selbst liegende Voraussetzungen eingegangen werden: die Stücke waren kein totes Bildungsgut, sondern lebendige Denkform. Betroffenheit mußte durch die Tragödien nicht erst hergestellt werden. Sie gehörte aufgrund der Thematik bereits zu ihren Voraussetzungen.

Seit Homer war die Dichtung ein Medium der ja immer mündlichen gesellschaftlichen Kommunikation. Was sie zu verkünden hatte, war daher auf die Probleme des Gemeinschaftslebens bezogen. Auch auf der Bühne Athens wurden nicht die Dramen in der Seele des Individuums ausgebreitet, sondern allenfalls die Reflexe, die die Katastrophen im menschlichen Gemeinschaftsleben in der Psyche des einzelnen hervorrufen konnten, und auch dies erst in einem späten Stadium bei Euripides. Die Themen der Tragödien waren vielmehr die in den aktuellen politischen Vorgängen steckenden Probleme der öffentlichen Moral. Sie wurden modellhaft vorgeführt. Die Schauspieler waren keine charakteristischen Typen; alle trugen immer wiederkehrende Masken und verkörperten archetypische soziale Rollen, die sozialen Konfigurationen im *oikos* ebenso wie die in der *polis*: Vater und *oikos*-Vorstand, Mutter und Ehefrau, Konkubine, Sohn und Tochter, Bruder und Schwester, Herrscher und Untertan, weiser Ratgeber, Gerechter und Ungerechter, Rächer und Opfer, das Volk, die Götter und die Menschen. Mit diesem Personal haben die Dichter die mythischen Geschichten in vielen Varianten immer wieder neu erzählt und dabei die Grundlagen der Gemeinschaftsordnung in der *polis* und ihre Problematik sichtbar gemacht: insbesondere der Umgang mit der Macht und die daraus erwachsenden Folgen, die Gefahr der Willkür und Selbstüberhebung, der *hybris*, die Grenzen der Verfügungsmacht des Menschen gegenüber der Sphäre der Götter, die Einhegung von Gewalt und die Beschwörung der Kraft der *peitho*, der Kunst der Rede und Überredung, die Mahnung zur inneren Eintracht der Bürgerschaft. Hinzu kamen häufig direkte Hinweise und Stellungnahmen zu aktuellen politischen Situationen. Das Spiel auf der Bühne ging so jeden Bürger an. Indem der Dichter die Athener dazu einlud, die Konflikte der zeitentrückten mythischen Welt mitzuerleben, bot er zugleich Gelegenheit, die eigenen Probleme kritisch zu durchdenken und sich der rechten Ordnung in der Gemeinde zu vergewissern. Dadurch wurden der Zusammenhalt der Bürger untereinander gefestigt, ihr Selbstverständnis geklärt und ihr Selbstbewußtsein, ihre Identität als Bürger sinnlich konkret erfahrbar.

Hieran schließt ein letzter Gesichtspunkt. Identität reicht immer in tiefe Schichten der Persönlichkeit. Gerade das Tragödienspiel war deshalb ein wichtiges Mittel zur Bildung von Identität. In moderner Analogie ist das, was uns überliefert ist, lediglich das Libretto. Aber nicht nur das Wort, sondern auch Musik und Tanz, Körpersprache und Gestik vergegenwärtigten das mythische Geschehen und schlugen die Zuschauer in Bann. Nicht allein deren Verstand, noch mehr ihre Gefühle und unbewußten Einstellungen wurden durch die zumeist extremen Situationen auf der Bühne herausgefordert. Das Publikum wurde von Wogen der Begeisterung und Freude ergriffen, aber auch durch Furcht und Entsetzen tief erschüttert. Botho Strauß spricht in einer Laudatio auf Peter Stein[101] vom „aufsteigenden Nackenhaar', vom Affekt der Überwältigung, dem Menschen seit jeher einzig im Theater begegnen konnten und unbedingt wollten, den sie mit ungefährem Begriff Furcht und Mitleid nannten, Erschütterung, von dem finalen Schauder eben, der Überschreitung partieller Erregungen zum umfassenden Pathos der Beteiligung." Während des Auftritts der gräßlichen Erinyen in Aischylos' *Eumeniden* soll es sogar zu Fehlgeburten gekommen sein. Die Tage im Theater müssen für die Athener ungemein anregend, oft aufwühlend und bewegend und dadurch zugleich auch spannend gewesen sein. Wie das Fest, dessen Bestandteil sie bildeten und wie die vielen anderen Feste, die die Athener feierten, gehörten dadurch die Tragödien zu jenem Gegenalltag, der für das gefühlsmäßige und mentale Gleichgewicht der demokratischen Ordnung unverzichtbar gewesen ist.

e. Das Theater als politisches Kommunikationsmedium

Das athenische Drama des 5. Jhs. v. Chr. läßt sich insgesamt wie in seinen Einzelzügen nur im Rahmen jener Entwicklung verstehen, durch die im Laufe des 5. Jhs.

---

[101] F.A.Z. vom 27.9.1997.

v. Chr. die Bürgerstaatlichkeit in der athenischen Demokratie besonders weitreichend verwirklicht worden ist. Das Theater ist Bestandteil eines staatlichen Kultfestes, seine Organisationsformen tragen typisch bürgerstaatliche Züge, es ist in seinem Vollzug unmittelbar mit politisch-demonstrativen Handlungen verquickt, seine Thematik betrifft immer die Bürgerschaft als ganze, die zugleich das Publikum ist. Alle diese Merkmale lassen das athenische Drama als eine spezifisch politische, also auf die *polis* gerichtete und nur durch sie lebende Kunstform erscheinen.

> „Nun denn, so gib mir auf eines Bescheid: was erwirbt dem Poeten Bewunderung?"

So läßt Aristophanes im Jahre 405 v. Chr. in seiner Komödie *Die Frösche* den Dichter Aischylos fragen. Und Euripides antwortet ihm:

> „Talent und Geschick und moralischer Zweck, begeisterter Eifer, die Menschen
> Im Staate zu bessern! (...)"
> > (Aristoph. ran. 1008-1010; Ü.: Hans-Joachim Newiger)

Wenig später fügt Aischylos noch hinzu:

> „(...) Schändliches soll sorgfältig verhüllen der Dichter,
> Nicht ans Tageslicht ziehn und öffentlich gar aufführen; denn was für die Knaben
> Der Lehrer ist, der sie bildet und lenkt, das ist für Erwachsne der Dichter.
> Nur das Treffliche dürfen wir singen. (...)"
> > (Aristoph. ran. 1053-1056; Ü.: Hans-Joachim Newiger)

Faßt man den Begriff der Erziehung, *paideia*, nur weit genug, dann hat Aristophanes die politische Funktion des Dramas durchaus treffend erfaßt.

Die Tragödie ist nur ein besonders vielseitiges und vielleicht das wirkungsvollste Beispiel aus dem Geflecht von Kommunikationsmedien, deren Zusammenspiel die Öffentlichkeit des Bürgerstaates ausmachte. Wenn auch in unterschiedlicher Akzentuierung, so sind sie doch alle wie die Tragödie von den folgenden Merkmalen gekennzeichnet:

- Sie sind Teil einer kollektiven Praxis im Rahmen der Gesamtbürgerschaft.
- Die durch sie zwischen den Bürgern zustande kommenden Beziehungen bestehen immer in einem wechselseitigen Austausch und nicht in hierarchischen Verhältnissen.
- Die Bürgerkommunikation bezieht sich auf Gegebenheiten und Probleme, die für das Ganze der Gemeinde wichtig sind.
- In der Tragödie vollzieht sich diese die Bürgerschaft integrierende Kommunikation in spielerischem Ernst, unter Aufbietung höchst eindrucksvoller künstlerischer Mittel zur Gestaltung eines Verstand, Sinne und Gefühle gleichermaßen bewegenden Kosmos von Zeichen.

Gibt diese Vielfalt von Mitteln und Wegen der öffentlichen Kommunikation im athenischen Bürgerstaat des 5. Jhs. v. Chr. nicht ein bestechendes Beispiel dafür, daß

Ernsthaftigkeit und Unterhaltung, Belehrung und Spiel, Rationalität und Sinnlichkeit, Aufklärung und emotionales Beteiligtsein einander nicht nur nicht ausschließen, sondern notwendig einander ergänzen müssen, wenn öffentliche Kommunikation breiteste Schichten einer Bürgerschaft erfassen soll?

f. Die Frage nach dem Klassischen

Obschon die athenische Tragödie als eine besondere, in vielem fremde und nur von den spezifischen Bedingungen der bürgerstaatlichen Kultur des 5. Jhs. v. Chr. her verständliche Kunst erkennbar wurde, hat die Analyse am Ende doch zu dem Ergebnis geführt, daß unter dem Gesichtspunkt der Erfordernisse, die in einem demokratischen Gemeinwesen an die Kommunikation der Bürger zu stellen sind, in den zeitspezifisch bedingten Formen der Tragödie zugleich mustergültige Lösungen für die generellen Probleme demokratischer Bürgerkommunikation gefunden worden sind. Auch unsere historisierende, funktionsanalytische Betrachtung mündet genau wie die Darstellung der übrigen politischen Ordnung in den vorangegangenen Kapiteln in die Frage, was uns das athenische Theater heute noch zu sagen hat. Das anhaltende Interesse der gegenwärtigen Bühnen an ihm sollte uns nicht vorschnell beruhigen, sondern weist eher auf eine gewisse nicht hinterfragte Selbstläufigkeit des Betriebes hin. Dort jedoch, wo man sich in einigen Inszenierungen der vergangenen Jahrzehnte diesem Problem wirklich gestellt hat, konnte erfolgreich nachgewiesen werden, daß auch die klassischen Stücke selbst bis heute gültige Botschaften enthalten, eben jenseits ihrer Einbettung in den Kommunikationszusammenhang der antiken Bürgerschaft.

Worin besteht dieser überschießende Gehalt, die die Zeiten überdauernde Einsicht, die eine Auseinandersetzung mit den Tragödien des Aischylos, Sophokles und Euripides bis heute zur elementaren Erfahrung macht und sie damit als klassisch ausweist? Darauf muß die folgende Interpretation von Aischylos' *Eumeniden*, zunächst konzentriert auf das Erschließen dieser Tragödie als historische Quelle, am Ende eine Antwort geben.

2. Die *Eumeniden* des Aischylos: Konflikt, Parteisieg und die Einheit der Bürgerschaft

Der Tragödiendichter Aischylos ist 525/24 v. Chr. geboren. Zwischen 499 und 496 v. Chr. beteiligte er sich erstmals an einem Wettbewerb tragischer Dichter während des Dionysos-Festes. Sieger in einem tragischen *agon* wurde er erstmals 484 v. Chr., zwölf weitere Siege folgten. Er ist in Gela auf Sizilien 456/55 v. Chr. gestorben.

Mit der Trilogie *Die Orestie* siegte Aischylos an den Großen Dionysien des Jahres 458 v. Chr. Die *Orestie* ist die einzige uns vollständig erhaltene Tragödientrilogie. Sie umfaßt die Stücke *Agamemnon*, *Die Choephoren* und *Die Eumeniden*. Zusammen mit der 463 v. Chr. aufgeführten Tragödie *Die Hiketiden* steht die *Orestie* den Ereignissen des Jahres 462/61 v. Chr. zeitlich am nächsten. Wenn die oben gegebene Deutung der Vorgänge dieses Jahres zutreffend ist, dann ist zu erwarten, daß Aischylos die Problematik dieser Jahre in seinen Tragödien aufgegriffen und reflektiert hat. Besonders an den *Eumeniden* ist dies zu erkennen.

a. Der Inhalt der *Orestie*

Die ersten beiden Tragödien erzählen den Mythos des Atridenhauses von Argos. Seit einem Frevel des Königs Tantalos gegen die Götter standen die Nachkommen des Hauses unter einem Fluch. Atreus, der Enkel des Tantalos, hatte seinen Bruder Thyestes verbannt, weil dieser die Gattin des Atreus verführt und sein Königtum angefochten hatte. Unter dem Vorwand der Versöhnung holte Atreus den Thyestes dann aus der Verbannung zurück und setzte ihm bei einem Festmahl das Fleisch von dessen eigenen Kindern vor.

> „Thyestes verfluchte ihn und floh mit dem einzigen überlebenden Sohn Aigisthos erneut in die Verbannung. Atreus' Söhne Agamemnon und Menelaos heirateten zwei Schwestern, Klytaimnestra und Helena. Zur Rückgewinnung der vom Trojaner Paris entführten Helena sammelte Agamemnon ein großes Heer unter allen Griechen, das freilich erst Segel setzen konnte, nachdem Agamemnon auf göttliches Geheiß zur Besänftigung der Artemis seine Tochter Iphigenie geopfert hatte. Klytaimnestra vermochte ihrem Gatten diese Tat nicht zu verzeihen. Sie verbündete sich mit dem ebenfalls nach Rache dürstenden Aigisthos und erschlug Agamemnon nach seiner Rückkehr von Troja samt seiner Beuteesklavin, der Königstochter und Seherin Kassandra. Agamemnons Sohn Orestes wuchs in der Fremde auf, kehrte Jahre später zurück, erschlug seine Mutter und ihren Gefährten und rächte damit seinen Vater."[102]

Zu seiner Tat wurde Orestes vom Gott Apollon unter Androhung schwerer Strafen gedrängt. Zugleich stellte der Gott ihm die Entsühnung im Heiligtum in Delphi in Aussicht. Mit dieser Entsühnung setzt die Handlung des dritten Teils der *Orestie*, der *Eumeniden*, ein. Aischylos hat in diesem Stück den Fortgang der mythischen Erzählung mit Blick auf die Probleme seiner eigenen Zeit völlig neu gestaltet: Obwohl von Delphi entsühnt, wird Orestes von den Rachegeistern seiner Mutter, den Erinyen, nicht in Frieden gelassen. Orestes flieht aufgrund einer Weissagung Apollons nach Athen und sucht am Altar der Athena Schutz. Die Erinyen dagegen beharren auf ihrem ursprünglichen Racheanspruch, so daß Apollon sich gezwungen sieht, seinerseits einen Anspruch dagegen zu setzen und zu behaupten, daß sein Schützling Orestes das Recht auf seiner Seite habe. Die Göttin Athena, vor der diese widerstreitenden Ansprüche vorgetragen werden, setzt daraufhin ein Gericht athenischer Bürger ein, den Areopag, um den Streitfall zu entscheiden. Stimmengleichheit bedeutet Freispruch; es ist schließlich die Stimme Athenas, die für das den Orestes befreiende Urteil den Ausschlag gibt. Die Erinyen fühlen sich infolgedessen überfahren und drohen den Athenern mit Vernichtung. Wiederum ist es

---

102 Kurt Raaflaub: Politisches Denken im Zeitalter Athens. – In: Iring Fetscher/Herfried Münkler (Hrsg.): Pipers Handbuch der politischen Ideen. Bd. 1. München 1988, S. 289.

Athena, die eine Lösung findet und die Erinyen dazu überredet, sich in Athen niederzulassen und von seinen Bürgern kultisch verehrt zu werden. Indem die Erinyen sich dazu entschließen, müssen sie allerdings ihr bisheriges Wesen ändern. Sie verwandeln sich in Wohlgesinnte (*Eumeniden*) und beschützen und segnen als solche fortan die Stadt.

In keiner der sonst bekannten Tragödien, die die Geschichte des Atridenhauses und Orestes' behandeln, wird dieser Mythos unmittelbar mit Athen verknüpft. Diese Wendung und der Ausgang der Geschichte sind Aischylos' persönliche Erfindung, seine augenfällige Arbeit am Mythos. Auf diese Zuspitzung kam es ihm mithin besonders an, in ihr liegt die wichtigste Botschaft, die Aischylos mit seiner Trilogie im Jahre 458 v. Chr. den Zuschauern im Dionysos-Theater vermitteln wollte. Und hierin liegt auch der entscheidende politische und damit historische Gehalt seiner Tragödie. Bevor dies im einzelnen dargelegt werden kann, ist kurz auf mehrere Anspielungen auf die zeitgenössische Politik einzugehen, die in dem Stück auftauchen, und also ebenfalls – wenn auch auf einer vordergründigen Ebene – politische Reflexe darstellen.

b. Zeitgeschichtliche Anspielungen

Ein auffälliges Beispiel bezieht sich auf das Bündnis, das Athen 461 v. Chr. mit Argos abgeschlossen hat. Mit Orestes ist der rechtmäßige Herrscher von Argos nach Athen geflüchtet. Apollon bemerkt gegenüber Athena im Hinblick auf Orestes:

> „So habe ich diesen Mann dort
> zu deinem Haus und Herd geschickt,
> damit er dir
> für alle Zeit verpflichtet bleibt,
> und du, Göttin,
> ihn dir als Bundesgenossen erwirbst,
> ihn, seine Kinder und Kindeskinder.
> Und das soll für immer gelten.
> Zukünftige Generationen
> in den beiden Städten – Athen und Argos –
> sollen die Verträge halten."

(Aischyl. Eum. 669-673; Ü.: Peter Stein)

Orestes selbst gelobt nach seinem Freispruch den Athenern Treue:

> „Doch ich will jetzt
> vor diesem Land und deinem Volk
> für alle Zeit und Ewigkeit
> einen Eid ablegen,
> bevor ich zurückkehre in mein Haus:
> es soll kein Herrscher meines Landes
> jemals ein kriegsbereites Heer
> gegen diese Stadt führen!"

(Aisch. Eum. 762-766; Ü.: Peter Stein)

Athens jüngste außenpolitische Operation, das gegen Sparta gerichtete Bündnis mit Argos, erhält auf diese Weise eine mythische Grundlegung und Legitimation.

Auch andere Anspielungen auf Athens Außenpolitik in dieser Zeit finden sich, so auf das Engagement in Ägypten[103] oder auf der Chalkidike[104]. Eindrucksvoll, wie Athena zum erstenmal die Bühne betritt:

> „Aus der Ferne hörte ich einen Schrei,
> einen Ruf,
> als ich am Skamandros
> das Land in Besitz nahm,
> den großen Anteil an der Kriegsbeute,
> den mir die Führer und Ersten der Achaier
> ganz und für immer zugesprochen haben,
> als erlesenes Geschenk
> für die Bürger meiner Stadt Athen."

(Aisch. Eum. 397-402; Ü.: Peter Stein)

Athenas Bericht dokumentiert das Interesse Athens am Schlachtfeld von Troja, durch das der Fluß Skamandros fließt. Ganz handfest sind die Athener dort präsent gewesen und hatten schon zur Tyrannenzeit die Kolonie Sigeion gegründet, die gewiß von Beginn an Mitglied des Attischen Seebundes gewesen ist. Der Grund für die athenische Präsenz an diesem Ort schon seit etwa 600 v. Chr. lag und liegt auch im 5. Jh. v. Chr. primär in seinem Symbolwert. Athena macht deutlich, daß sich die Athener als besonders privilegierte Teilnehmer an dem für die alte Geschichte der Griechen zentralen Kriegszug gegen Troja betrachten.[105] Wie im Falle von Argos verbinden sich hier zeitgenössische Wirklichkeit und Mythos.

Schließlich ist in der Einsetzung des Areopag als Gerichtshof durch Athena eine direkte Bezugnahme auf den die Stellung des Areopag bestimmenden Volksbeschluß des Jahres 462/61 v. Chr. zu erkennen. Doch wie dies zu verstehen ist, wird erst klar im Zusammenhang mit der in dem Stück insgesamt aufgeworfenen Problematik. Denn durch die Initiative des Ephialtes ist der Areopag auf seine Rolle als Blutgericht festgelegt worden, um seine Wirkungsmöglichkeiten einzuengen, während es in Aischylos' Stück gerade umgekehrt darum geht, daß ein Gremium mit wichtigen Befugnissen und großer Autorität eingesetzt wird. Aischylos hat im Jahre 458 v. Chr. den Areopag also als positive Instanz herausgestellt. In welcher Weise darin eine Stellungnahme zu den vorangegangenen politischen Ereignissen lag, wird zu klären sein.

---

[103] Vgl. Aischyl. Eum. 292 f.
[104] Vgl. Aischyl. Eum. 295 f.
[105] Vgl. Kap. B, III.

c. Die Verkettung von Rache und Widerrache und die Ordnung der polis-Gemeinde: Der Areopag und die Anfänge der Bürgerstaatlichkeit

Die *Orestie* führt in ihren ersten beiden Teilen vor, wie sich innerhalb einer Familie Rache und Vergeltung miteinander verketten: Agamemnon und seine griechischen Verbündeten nehmen Rache an den Trojanern für den Raub der Helena; Aigisthos will Rache für die Ermordung seiner Brüder durch Agamemnons Vater Atreus; Klytaimnestra nimmt Rache für die Opferung der Iphigenie durch Agamemnon. Nachdem dieser erschlagen ist, sieht sich Orestes der äußersten Steigerung des Rachegebots gegenüber: Er kann den Vater nur rächen, indem er seine Mutter tötet. Danach ist er, da keine lebenden Rächer mehr vorhanden sind, dem Rachebegehren der Toten ausgesetzt und wird von den Erinyen gejagt, den Rachegeistern seiner Mutter.

In Aischylos' Erzählung wird der Fluch des Atridenhauses als eine Pervertierung des Rachegedankens herausgearbeitet. Die ausschließliche Einhaltung des Rachegebots führt zu einer blinden Automatik, die im Ergebnis die Grundlagen des menschlichen Gemeinschaftslebens zerstört. Uns erscheint dieser Zusammenhang notwendig und selbstverständlich und das Gebot, ja der Zwang zur Rache fremd. Für die Griechen jedoch war Rache ein wichtiger Bestandteil alltäglichen Verhaltens, tief in ihrer Wettbewerbs- und Erwiderungsethik verwurzelt. Nicht nur die archaische Epoche, sondern auch das 5. und 4. Jh. v. Chr. kennen viele Beispiele für die Wirksamkeit und den Vollzug von Rache, im gesellschaftlich-privaten Bereich wie im politischen.[106]

Der allen Griechen geläufige und in den gesellschaftlichen Beziehungen verankerte Wunsch nach Rache wird von Aischylos nicht in Frage gestellt. In der *Orestie* beschäftigt er sich vielmehr mit dem Problem, wie dieses elementare Rachebedürfnis im Gemeinschaftsleben durch bestimmte Regeln so eingehegt werden kann, daß die Rache für den Bestand der Gemeinschaft nicht zerstörerisch wirkt. Vielmehr soll sie dazu führen, daß im Falle der Verletzung der allgemeinen Ordnung das legitime Vergeltungsbedürfnis befriedigt wird und gesellschaftliche Konflikte beigelegt werden. Im Rahmen eines regulierten Rachevollzugs muß geklärt sein, wer bei konkurrierenden Racheansprüchen mehr Recht zur Rache hat.

Dies gilt auch für vorstaatliche Gemeinschaftsordnungen, in denen Selbsthilfe und Racherecht durch starke soziale Sanktionen gesteuert sind[107]. Da der Mythos jedoch als reale alte Geschichte galt, hat Aischylos von einer solchen Differenzierung zwischen der vorstaatlichen Ordnung und seiner eigenen keine Vorstellung. So herrscht für ihn vor und außerhalb der in seinem Stück durch den Areopag repräsen-

[106] Vgl. Verf.: Gesellschaft und Staat bei den Griechen: Archaische Zeit. Paderborn 2003, Kap. A, IV, 1.

[107] Vgl. die Gerichtsszene bei Homer in: Verf.: Gesellschaft und Staat bei den Griechen: Archaische Zeit. Paderborn 2003, Kap. B, VI, 3.

tierten bürgerstaatlichen Ordnung nur das Chaos. Seine Sicht der Entwicklung hat freilich insofern ihre Berechtigung, als ja tatsächlich die Etablierung einer staatlichen Gemeindeordnung seit dem 7. Jh. v. Chr. auf den Zusammenbruch der vorstaatlichen Regulierungsmechanismen zurückzuführen ist. Wie schon die Einsichten und Maßnahmen von Drakon und Solon zeigen, war jener Krise nur beizukommen durch die Einführung neuer staatlicher Streitbeilegungsverfahren. Ihr wesentliches Kennzeichen ist die Kontrolle des Selbsthilfe- und Racherechts durch ein staatliches Gremium: das Ephetengericht beziehungsweise seit Solon den Areopag.

Mit der Gründung des Areopag durch Athena versetzt Aischylos seine Zuschauer in die Anfänge ihrer bürgerstaatlichen Ordnung. Zwar liegen sie für ihn bereits in mythischer Zeit, doch für die Ursachen, die hinter der Einrichtung des Kollektivgremiums Areopag standen, beweist Aischylos einen erstaunlichen historischen Scharfblick. Athena:

„Die Sache ist zu schwierig,
als daß ein Sterblicher allein
es wagen könnte, hier zu richten.
Nicht einmal mir ist es erlaubt,
einen Mordfall zu entscheiden,
der solche Befleckung bedeutet
und scharfen Zorn erwecken muß.
Zumal du zwar
wohl vorbereitet
und gereinigt
als Schutzflehender hierher kommst,
so daß nichts die Stadt hindern kann,
dich mitleidig aufzunehmen,
andererseits diese hier
Rechte und Pflichten besitzen,
die nicht leicht abzuweisen sind.
Denn wenn sie in dieser Sache
nicht den Sieg erlangen,
so entsteht aus ihrem Groll
ein unerträgliches Gift,
das überfließt und dieses Land befällt:
grauenhafte Seuchen.
So steht der Fall.
Ob ich ihnen stattgebe und dich abweise,
ob ich sie abweise und dir stattgebe,
beides bringt mir schweres,
ratlos machendes Leid.
Doch da die Sache auf uns zugekommen ist,
wähle ich geschworene Richter aus
für dieses Blutgericht
und gebe damit eine Satzung,
die für alle Zeiten gelten soll.
Ihr aber bringt Zeugen und Beweise bei,
die euch vor diesem Schwurgericht

unterstützen können.
Sobald ich die Besten meiner Bürger
ausgewählt habe,
komme ich wieder,
und diese Sache
wird sorgfältig entschieden,
und kein Eid
und kein Recht wird gebrochen werden."

(Aischyl. Eum 470-488; Ü.: Peter Stein)

Die von Mordfällen ausgehende äußerste Gefährdung für den Gemeinschaftsfrieden ist ebenso klar erkannt wie die Unmöglichkeit, durch eine einzelrichterliche Entscheidung derartige Fälle beizulegen. Wer könnte eine solche Autorität für sich beanspruchen, nicht einmal Athena selbst traut sich ein Urteil zu. Es muß also ein Kollektivgremium eingerichtet werden. Die Bürger müssen ihre Entscheidung nach sorgfältigster Prüfung gemeinsam verantworten. Athena:

„Höre jetzt meine Satzung, Volk von Attika.
Ihr seid das erste Gericht,
das über Blutvergießen urteilen wird.
Doch auch in Zukunft und für alle Zeit
soll dieser Gerichtshof
dem Volk von Athen erhalten bleiben.
Hier, wo wir uns versammelt haben,
hatten die Amazonen einst ihr Lager.
Hier schlugen sie ihre Zelte auf,
als sie haßerfüllt gegen Theseus
einen Kriegszug unternahmen.
Sie bauten gegen die Stadt
eine neue Stadt,
der Akropolis gegenüber eine Gegenburg.
Hier opferten sie dem Kriegsgott Ares,
und seit der Zeit
heißt dieser Felsen Ares-Hügel, Areopagos.
Und so, Areopag, nenne ich dieses Gericht.
Von hier aus wird die Ehrfurcht der Bürger
und die Furcht, die ihr verwandt ist,
dem Unrecht zu wehren
und das Recht zu bewahren suchen,
bei Tag und bei Nacht,
solange die Bürger selbst
nicht die Gesetze
durch üble Zusätze verderben.
Trübe klares Wasser mit Schlamm,
und du kannst es nicht mehr trinken."

(Aischyl. Eum. 681-695; Ü.: Peter Stein)

Das Recht bewahren, nur gerechtfertigter Selbsthilfe und Rache Raum geben – das ist das Ziel des Gerichtshofs wie der staatlichen Rechtspflege überhaupt. Dazu gehört die freie Würdigung der Tat sowie der Willensrichtung und Motivation des Täters aufgrund der vorgelegten Beweise und vorgetragenen Argumente. Athena demonstriert dies gleich im Dialog mit den Erinyen:

> „Wer seid ihr?
> Meine Frage geht an jeden von euch,
> hier an den Fremden,
> der bei meinem Standbild sitzt,
> wie an euch,
> die ihr keiner Art von Geschöpfen gleicht.
> Weder haben Götter
> euch je unter den Göttinnen gesehen
> noch seid ihr menschenähnlich an Gestalt.
> Doch ohne Grund zur Klage
> von anderen schlecht zu sprechen,
> ist ungerecht und nicht in Ordnung.
> *Chor.*
> Du sollst in knappen Worten
> alles erfahren, Tochter des Zeus.
> Denn wir
> sind die ewigen Kinder der Nacht.
> Fluchgöttinnen heißen wir
> dort, wo wir wohnen, dort unter der Erde.
> *Athene:*
> Jetzt weiß ich,
> wer ihr seid und wie ihr heißt.
> *Chor.*
> Auch mein Amt und meine Würde
> sollst du rasch erfahren.
> *Athene:*
> Sag es mir und sprich deutlich.
> *Chor.*
> Wir jagen die Mörder aus den Häusern.
> *Athene:*
> Und wo ist für den Mörder
> die Flucht zu Ende?
> *Chor.*
> Dort, wo die Freude gar nichts gilt.
> *Athene:*
> Auch diesen hier
> willst du in solche Verbannung hetzen?
> *Chor.*
> Ja, denn er hielt es für richtig,
> seine Mutter zu töten?
> *Athene:*
> Warum? War es Notwehr?
> War es höhere Gewalt?[108]
> Wurde er gezwungen?

---

[108] Dieser Vers fehlt in der Druckfassung von 1997, findet sich aber im ursprünglichen Text von 1980. Er ist durch den griechischen Text gedeckt.

Hatte er vor irgend jemandem Angst?
Chor:
Wie kann das ein Grund sein,
seine Mutter zu töten?
Athene:
Dazu werden wir
auch die andere Seite hören.
Chor:
Nein, nein, wozu?
Laß ihn schwören, daß er unschuldig ist
– doch er wird es nicht wagen –
und die Sache ist entschieden!
Denn wir fürchten uns nicht,
das Gegenteil zu beschwören.
Athene:
Sucht ihr Gerechtigkeit oder Rache?
Ihr wollt als gerecht gelten,
handelt aber nicht danach.
Chor:
Wieso? Belehre uns!
Denn dein Reichtum an Weisheit ist berühmt.
Athene:
Schwur und Gegenschwur allein
verhelfen nicht zum Recht.
Ich rate euch, versucht nicht,
durch Schwüre einen Sieg zu erringen,
der womöglich ungerecht ist.
Chor:
Also untersuche, urteile,
halte ein ordentliches Gericht."

(Aischyl. Eum. 408-433; Ü.: Peter Stein)

Wir erkennen in diesem Dialog den Übergang von der reinen Erfolgshaftung des Täters – das Prinzip der Erinyen – zur Notwendigkeit, Willensrichtung des Täters und nähere Tatumstände in Rechnung zu stellen, um Gerechtigkeit zu schaffen. Eben deshalb kann auch der Eidaustausch von Überführungseid und Reinigungseid zwischen den Anklägern und dem Beklagten für eine befriedigende Streitbeilegung nicht mehr ausreichen, sondern es bedarf eines Gerichts, das den Fall in freier Beweiswürdigung untersucht.[109] Folgerichtig findet vor dem Gerichtshof von Athen im weiterem ein Austausch von Argumenten statt zwischen den Erinyen einerseits und Orestes/Apollon andererseits, durch die jede Seite ihre Rechtsauffassung in dem Streit begründet. Die Rationalität der Beweisführung wird dabei von Apollon bis zur vereinseitigenden Spitzfindigkeit getrieben. Um das seiner Meinung nach höherstehende Recht des Orestes, seinen Vater zu rächen, zu untermauern, erklärt Apollon:

---

[109] Vgl. Verf.: Gesellschaft und Staat bei den Griechen: Archaische Zeit. Paderborn 2003, Kap. B, VI, 4.

„Es ist ja das, was man Mutter nennt,
nicht das,
was das erzeugte Kind auch gezeugt hat.
Es ernährt vielmehr
den frisch gesäten Keim.
Was zeugt, ist der männliche Teil:
Hengst, Stier oder Mann.
Sie nimmt für ihn,
wie die Wirtin für den Gast,
den Sproß in Verwahrung –
soweit kein Gott es hindert.
Und hier mein Beweis:
Man kann auch Vater ohne Mutter sein.
Und da steht mein Zeuge:
das Kind des olympischen Zeus, Athene.
Sie ist nicht im Dunkel eines Bauches
aufgewachsen,
und doch ist sie ein Sproß,
wie keine Göttin ihn gebären könnte."

(Aischyl. Eum. 658-666; Ü.: Peter Stein)

Apollons Argument erscheint ungeheuerlich. Es muß offenbleiben, ob es tatsächlich Aischylos' Auffassung wiedergibt. Orestes jedenfalls scheint von einem Auseinanderhalten von väterlichen und mütterlichen Erbanteilen nicht überzeugt zu sein, wenn er auf die Feststellung der Erinyen hin: „Der Mann, den sie (Klytaimnestra, d. Verf.) erschlug, war nicht ihr eigenes Blut", fragt: „Und ich bin ihr eigenes Blut?"[110] Die Rationalität Apollons sollte wohl bewußt schockieren. Sie rührt aus der Vereinseitigung und Polarisierung der Argumentation her. Vielleicht stecken in Apollons Äußerungen auch zeitgenössische medizinische Spekulationen. Wenn Aischylos diese hier so eingebracht hat, so will er für seine Zuschauer dahinter wohl ein Fragezeichen gesetzt wissen. Denn gegenüber der lapidaren und für jeden Zuschauer leicht nachvollziehbaren Feststellung der Erinyen, daß Mutterschaft eo ipso Blutsverwandtschaft bedeutet, entlarven sich die Ausführungen Apollons als advokatisch ausgeklügelte Spitzfindigkeit. Dennoch ändert auch der kritische Seitenblick des Aischylos auf gewisse Blüten, die das zeitgenössische spekulative Denken hervorgetrieben hat, sowie auf Praktiken vor Gericht, eine auf common sense beruhende Argumentationsweise rationalistisch übertrumpfen zu wollen, nichts daran, daß in den Augen des *Eumeniden*-Dichters nur durch die Einrichtung des Bürgergerichtshofes und das vor ihm stattfindende rationale Beweisverfahren der irrationale circulus vitiosus der Racheverkettung durchbrochen werden konnte.

Was bedeutete diese Feststellung für den Zuschauer des Jahres 458 v. Chr.? Zunächst wurde der Dichter seiner Aufgabe gerecht, das Publikum über die Grundlagen und Voraussetzungen der eigenen Lebensordnung aufzuklären, deren Vor-

---

[110] Aischyl. Eum. 605 f.; Ü.: Peter Stein.

teile und Errungenschaften bewußt zu machen. Am Schicksal des Atridenhauses konnten die Athener ablesen, wie wichtig eine Gerechtigkeit sichernde Rechtsordnung für das Zusammenleben im Bürgerstaat war. Von den solonischen Gesetzen abgesehen, stellte der Areopag die ehrwürdigste Institution dafür dar. Als Gerichtshof für Tötungsdelikte war er zentral für die Aufrechterhaltung des inneren Friedens in der Gemeinde. Diese traditionelle Funktion des Areopag war nur wenige Jahre zuvor durch die Initiative des Ephialtes festgeschrieben worden. Aischylos bekräftigt dies noch einmal und verleiht der Aufgabe des Areopag eine mythische Dignität. Er legt damit dem Zuschauer eine Sicht nahe, vor der die Vorgänge des Jahres 462/61 v. Chr. als etwas anderes erscheinen konnten, als sie tatsächlich waren: Die von Kimon und dem Areopag ausgegangene aristokratische Bedrohung der bürgerstaatlichen Ordnung wird von Aischylos vergessen gemacht. Statt dessen wird der Areopag als konstitutives Element dieser Ordnung vorgestellt, freilich ausschließlich in seiner Recht und Gerechtigkeit wahrenden Funktion:

> „Frei von Gewinnsucht, unbestechlich,
> Ehrfurcht gebietend, rasch zupackend,
> wachsam über den Schlaf der Bürger,
> so sei dieser Rat der Richter
> von mir
> als Schutz des Landes eingesetzt."
>
> (Aischyl. Eum. 704-706; Ü.: Peter Stein)

Athena weist dem Areopag eine gewichtige Stellung und hohe Verantwortung zu, gewiß aber keine politische Herrschaftsposition. Im Laufe der weiteren Interpretation wird sich ergeben, wie dies auf den Konflikt von 462/61 v. Chr. zu beziehen ist.

d. Das Durchspielen der Auseinandersetzung: Der Gegensatz von *oikos* und *polis*

Im Streit zwischen den Erinyen und Apollon/Orestes treffen zwei Lebensbereiche aufeinander, die – in ihrer Eigengesetzlichkeit deutlich voneinander geschieden – dennoch komplementär aufeinander bezogen sind: die Bereiche von *oikos* und *polis*. Sie besitzen für sich genommen allein keine Existenzmöglichkeit, müssen also immer zusammen gedacht werden und machen erst dadurch das Ganze der griechischen Lebensordnung aus.

Klytaimnestra und Aigisthos denken und handeln ausschließlich im Hinblick auf ihre Familie und ihre persönlichen Rachebedürfnisse. Sie töten mit Agamemnon den Sohn dessen, der die Söhne seines Bruders ermordet hat, dann den Mörder der Tochter und auch den treulosen Gatten. Agamemnon jedoch ist der legitime und verantwortliche König, der dem göttlichen Gebot folgend seine Tochter im Interesse des Gemeinwohls geopfert hat unter schweren persönlichen Schuldgefühlen, die er im Dienst an der Allgemeinheit auf sich nimmt.

„Schwer lastet Unheil,
wenn wir dem Seher nicht folgen.
Und schwer lastet es,
wenn ich meine Tochter schlachte,
Iphigenie,
die Zierde des Hauses,
mein Kleinod, meinen ganzen Stolz –
diese Vaterhand am Altar beflecke
und in das strömende Opferblut
meines Kindes tauche!
Was ist da ohne Weh?
Was ist da frei von Übel?
Wie kann ich die Flotte verlassen,
die verbündete Streitmacht verraten,
die Erwartungen und Hoffnungen
des Volkes und der Fürsten enttäuschen?
Wenn es nach windstillendem Opfer,
nach dem Blute des Mädchens
heftig mich drängt –
recht ist es!
So sei es uns heilsam!"

(Aischyl. Ag. 206-217; Ü.: Peter Stein)

Auch der Krieg gegen Troja dient der Verteidigung des Rechts, hier des von Zeus geheiligten Gastrechts, und nicht bloß der persönlichen Rache des Menelaos.[111] Vor diesem Hintergrund ist die Ermordung Agamemnons keine reine Familienangelegenheit mehr, sie wird denn auch vom Chor sofort als tyrannischer Umsturz gewertet.[112] Am Ende tritt Aigisthos auch ganz ungeschminkt als Tyrann auf, zumal für die Zuschauer des 5. Jhs. v. Chr., für die das von ihm gebrauchte Bild eindeutig sein mußte.

„Chor: Aigisthos,
            ich verachte deinen schadenfrohen Übermut.
            Du sagst,
            du hättest diesen Mann vorsätzlich getötet,
            du allein
            hättest diesen jämmerlichen Mord geplant?
            Ich sage dir:
            dein Haupt wird vor Gericht
            dem Fluch des Volkes nicht entkommen,
            merke es dir,
            und nicht der Steinigung.
Aigisthos: In welchem Ton sprichst du da unten,
            spricht so ein Ruderknecht zum Steuermann?"

(Aischyl. Ag. 1612-1618; Ü.: Peter Stein)

---

[111] Vgl. Aischyl. Ag. 60 f., 362.
[112] Vgl. Aischyl. Ag. 1348-1369.

Die Tat des Orestes ist daher a priori weit mehr als nur das nächste Glied in der Kette der Rache. Indem Orestes seinen Vater rächt, befreit er zugleich seine Stadt von einer *tyrannis*:

> „Seht hier das Paar,
> die beiden Tyrannen unseres Landes,"
>
> (Aischyl. Choe. 973; Ü.: Peter Stein)

so Orestes vor den Leichen der beiden Ermordeten. Und wenn er auch in der Verfolgung durch die Erinyen schwer an seiner Tat zu büßen hat und nur auf das Erlösungsversprechen Apollons hoffen kann, so war sein Mord unter diesem Blickwinkel ein gerechtfertigtes Attentat. Der Chor:

> „Nein, deine Tat war gut,
> (...).
> Du hast die Stadt Argos befreit,
> ganz befreit,
> und die beiden Schlangen
> mit schnellem, gut geführtem Schnitt geköpft."
>
> (Aischyl. Choe. 1044-1047; Ü.: Peter Stein)

Auch Apollon verweist gegenüber den Erinyen noch einmal darauf, daß mit Agamemnon die legitime, von Volk getragene Ordnung gestürzt worden sei.[113] Durch diese Argumentation, der sich dann auch Athena anschließt und den Freispruch Orestes' bewirkt, sind Agamemnon und vor allem Orestes in ihrer Auseinandersetzung mit der Gegenseite entlastet. Es kann kein Zweifel sein, daß für Aischylos das Interesse der Bürgergemeinde im Zweifel das Übergewicht haben sollte gegenüber Rücksichten und Ansprüchen, die allein den Bereich des *oikos* betrafen. Es ist aber ebenso wenig zweifelhaft, daß diese Ansprüche ernst zu nehmen und ihnen nach Möglichkeit im Rahmen des Bürgerstaates Raum zu geben war, daß sie nicht einfach beiseite geschoben, verdrängt, „niedergeritten" werden konnten. Diese hier, so sagt Athena im Hinblick auf die Erinyen, hätten Rechte und Pflichten, die nicht leicht abzuweisen seien oder nur mit der Gefahr, daß daraus Leid für die Gemeinde als ganze entstände. Die Spannung zwischen den vorgetragenen Ansprüchen in der Auseinandersetzung zwischen den Erinyen und Orestes ist daher nicht ohne weiteres aufzulösen. Aischylos macht sie vielmehr an einer Reihe von Gegensätzen deutlich, die alle auf ihre Weise zum Spannungsfeld von *oikos* und *polis* gehören:

- Weithin wird das Männliche gegen das Weibliche gestellt, der Konflikt als ein Geschlechterkonflikt aufgefaßt. Dieses Thema wurde auf der attischen Theaterbühne immer wieder durchgespielt. Das verweist auf ein latentes Konfliktpotential in der bürgerstaatlichen Ordnung. Die Scheidung von *oikos* und *polis* bedeutete immer auch eine Trennung der weiblichen und der männlichen Lebenssphären. Im 5. Jh. v. Chr. ergab sich aus der außerordentlichen Bedeutung des Politischen

---

[113] Vgl. Aischyl. Eum. 626.

und der Männerwelt der Bürgerschaft für die Frauen eine ganz spezifische Zurücksetzung. Diesen Zustand spiegeln die Reden Apollons und auch Athenas für das Übergewicht des Männlichen. Demgegenüber führt Aischylos in den Gestalten der Erinyen und in ihrem durchaus plausibel gemachten Eigenrecht die andere Seite eindrucksvoll vor und macht die Bürger darauf aufmerksam, daß auch die Welt des *oikos* ein integraler und notwendiger Bestandteil der *polis*-Ordnung ist, und daß es zu Spannungen und Störungen der Ordnung kommen kann, wenn die Sphäre des *oikos* ohne jede Rücksichtnahme unter dem Diktat des Politischen steht.

• Eng damit zusammen hängt der Gegensatz von Ehe und Blutsverwandtschaft. Letztere ist elementar und naturgegeben, auch wenn sich bei den Griechen daraus keine eigenständigen sozialen Organisationsformen (Verwandtschaftsordnung) entwickelt haben. Auf die Gefühle der Blutsbindung muß auch die Politik Rücksicht nehmen, sonst werden menschliche Grundwerte zerstört. Die Ehe dagegen ist geschlossen zum Zwecke der Hervorbringung von neuen Bürgern und liegt daher im direkten Interesse der Bürgergemeinschaft und genießt deren Schutz.

• Auffallend ist auch der Gegensatz zwischen alten und neuen Göttern. Die neue Dynastie der olympischen Götter unter Zeus hält ihre schirmende Hand über die öffentliche Ordnung. Ihnen gegenüber stehen die alten Götterdynastien, die von Zeus besiegt worden sind. In der Ordnung haben sie und damit die Erinyen, die zu ihnen gehören, einen festen Platz. Diesen sehen die Erinyen durch das Verhalten und die Argumente Apollons in Frage gestellt. Die von Aischylos herausgestellten Spannungen in der Götterwelt verweisen möglicherweise auf religionspolitische Diskussionen und Reformversuche, wie sie uns aus perikleischer Zeit bekannt sind.

• Schließlich werden die Gegensätze noch durch weitere Aspekte verdeutlicht: Den Gegensätzen zwischen den Göttern entspricht ein ins Grundsätzliche gesteigerter Gegensatz von Jung und Alt, von Hell und Dunkel sowie besonders prägnant herausgestellt zwischen der Sphäre des Schönen, das Apollon, und dem unsagbar Häßlichen, das die Erinyen verkörpern.

In all diesen Fällen hat Aischylos mit der Darstellung des Konflikts zwischen den Erinyen und Apollon/Orestes eigentlich Zusammengehöriges, nicht unabhängig voneinander Denkbares auseinandergerissen und zur jeweils absolut gesetzten Position zweier Streitparteien gemacht. Die realen und notwendigen Scheidungen in der Ordnung von Gesellschaft und Bürgergemeinde sind darin reflektiert, und der Zuschauer kann sich die in den Grundlagen seiner Lebensordnung enthaltenen Konfliktpotentiale bewußt machen. Konflikte, so will Aischylos sagen, können daraus aber nur entstehen, wenn man das komplementär aufeinander Bezogene isoliert und trennt und jeweils zur allein gültigen Maxime erhebt. Dann nämlich, das zeigt die Zuspitzung der Auseinandersetzung in den *Eumeniden,* wird die jeweilige Position absurd und unhaltbar. Es geht nicht an, unter Berufung auf uralte Rechte und Pflichten so zu tun, als könne der einzelne seiner persönlichen Verpflichtung zur Rache folgen, ohne dabei mitspielende Belange der Gemeinschaft zur Kenntnis zu nehmen. Es führt indessen ebenso zum Unfrieden, wenn man sich im Besitz des besseren, weil den Forderungen der Gemeinschaft entsprechenden Rechtes wähnt und dieses um jeden Preis durchsetzen will. Aischylos demonstriert diese Lehre durch die absurde Zuspitzung des Streits, in der Art und Weise seiner Lösung formuliert er sie dann explizit.

Auf dieser Ebene der Problemstellung scheint sich Aischylos nicht direkt auf die Vorgänge von 462/61 v. Chr. zu beziehen. Christian Meier hat die genannten Scheidungen und Gegensätze mit den Konflikten zwischen den durch Ephialtes und durch Kimon verkörperten Tendenzen von 462/61 v. Chr. korrelieren wollen. Gegen eine solche Deutung der Vorgänge[114] spricht nun auch die mangelnde Plausibilität der hier vorgenommenen Korrelationen. Wie sollte denn etwa die von Aischylos verfolgte Lehre, die auf eine Mahnung zur Versöhnung hinausläuft, wirklich fruchten, wenn sich die Seite der Aristokraten in dem Stück unter anderem durch die Epitheta ‚alt‘, ‚häßlich‘, ‚weiblich‘, ‚dunkel‘ repräsentiert sähe. Die Gestalten der Erinyen sind wahrlich keine aristokratischen Identifikationsfiguren. Ebensowenig ist ferner die Anschauung haltbar, die von Kurt Raaflaub vorgetragen wurde, wonach die *tyrannis* des Aigisthos und der Klytaimnestra eine Anspielung auf die „demokratische ‚Machtergreifung‘"[115] durch Ephialtes verkörpere. Dies ist schon deswegen undenkbar, weil das athenische Volk einem solchen Stück gewiß die Anerkennung versagt hätte. Publikumsbeschimpfung konnte im Dionysos-Theater nicht stattfinden; jeder Versuch in diese Richtung hätte die Vorauswahl der Stücke durch den *archon* nicht passiert.

Gerade wenn man die von Meier zu Recht für notwendig gehaltene Interpretationsmethode der Tragödie ernst nimmt, wird man den Bezug dieser Ebene des Stücks auf die zeitgenössische Politik nicht in der Projektion der geschilderten Gegensätze auf die in der Bürgerschaft aufgebrochenen Parteiungen sehen dürfen, sondern in einer Reflexion des Dichters auf das in der Grundstruktur der Polisordnung, im Verhältnis von *oikos* und *polis,* lauernde Konfliktpotential und in der Aufzeigung eines Weges, wie man damit umzugehen habe.

e. Der Freispruch des Orestes: Das Bewußtsein vom drohenden Zerfall der Bürgerschaft

Die komplementären Gegensätze, die Scheidungen und Trennungen bestimmter Lebensbereiche, die mit der Bürgerstaatlichkeit notwendig gegeben waren, hat Ai-

---

114 Vgl. die Kritik Kap. A, III, 1.
115 Pipers Handbuch der politischen Ideen. Bd. 1, S. 291.

schylos im Streit zwischen den Erinyen und Apollon/Orestes als scheinbar unvereinbare, parteiische Positionen vorgestellt. Die absurden Verabsolutierungen, in denen etwa das Gegeneinanderausspielen von Männlichem und Weiblichem gipfelte, führten dem Zuschauer die Sinnlosigkeit solcher Parteiungen vor Augen und bestärkten ihn in der traditionellen Ansicht, daß es nur eine einzige rechte Ordnung der Gemeinde gebe, deren Wahrheit und Geltung dadurch gesichert sei, daß sie die genannten Gegensätze in sich zu integrieren vermochte. Um so erschütternder muß Aischylos' Konstruktion der Entscheidung des Areopag-Gerichts gewirkt haben. Das Ergebnis der Abstimmung, Orestes' Freispruch und damit der Sieg Apollons, fiel so knapp wie nur möglich aus. Allein die für Orestes abgegebene Stimme Athenas hat die Stimmengleichheit hergestellt, die nach dem Prinzip in dubio pro reo zu seinen Gunsten den Ausschlag gab.

In der Spaltung der Richter und in der letztlichen Unentschiedenheit ihres Urteils kommt noch einmal zum Ausdruck, daß die von den Streitparteien vorgebrachten Ansprüche gleichermaßen berechtigt und daher eigentlich nicht als ausschließliche zu betrachten sind. Schon zu Beginn der Verhandlung hatte Athena bemerkt, eine Entscheidung zwischen ihnen könne nicht leicht fallen. Sie mußte schließlich aber gefällt werden. Der von Athena eingesetzte Areopag war kein Schiedsgericht, sondern hatte ein autoritatives Urteil abzugeben. Wo es aufgrund der Sachlage eigentlich keinen Sieger geben durfte, mußte gleichwohl am Ende eine Partei als Gewinner dastehen, mußte einer der beiden Standpunkte sich durchsetzen. Aischylos' Konstruktion der Konfliktlösung war ein Parteisieg aufgrund einer äußerst knappen Mehrheitsentscheidung. Damit veranschaulichte der Dichter das Problem, in das man gerät, wenn man grundlegende, die Gemeinschaftsordnung als ganze betreffende Fragen zum Gegenstand von Abstimmungen mit Mehrheitsentscheid macht. Wer oder was bürgt dann für die Richtigkeit oder Wahrheit des Beschlusses? Gerade Athenas Begründung bei der Abgabe ihrer Stimme weist auf diese offene Frage hin:

> „Jetzt ist es an mir,
> als letzte, Recht zu sprechen
> und den Prozeß zu entscheiden.
> Hier, diesen Stimmstein gebe ich Orestes.
> Denn keine Mutter hat mich geboren,
> ich liebe das Männliche in allen Dingen,
> nur zur Ehe bin ich nicht bereit.
> Mein ganzes Wesen,
> alles in mir ist dem Vater zugehörig.
> So kann für mich das Los der Frau
> Nicht schwerer wiegen,
> die ihren Mann erschlug,
> den Bewahrer des Hauses."

(Aischyl. Eum. 734-740; Ü.: Peter Stein)

Athena schließt sich hier nur der Parteimeinung des Apollon an, eine Antwort auf die Frage nach der Wahrheitsgarantie ihrer Entscheidung ist in ihrer Stellungnahme nicht zu erkennen. Diese Vorführung des Aischylos enthält im Kern die Einsicht, daß ein auf Mehrheitsentscheidungen bauendes politisches System die Frage nach der Richtigkeit und Wahrheit von Beschlüssen abzutrennen hat von der Notwendigkeit ihrer Geltung. Am Ende eines politischen Willensbildungsprozesses entscheidet immer die Mehrheit, und sei sie noch so knapp, ohne daß die Entscheidung sachlich zwingenden und damit allgemein konsensfähigen Argumenten entspringen muß.

Diese Konstellation war den Athenern aufgrund der Entscheidungsprozeduren in der Volksversammlung im Prinzip nichts Neues. Freilich gehörten zur politischen Ordnung des Kleisthenes auch jene institutionellen Vorkehrungen – nämlich die innere Gliederung der Bürgerschaft – elementar hinzu, in denen sich bereits im Vorfeld von Entscheidungen der Volksversammlungen ein möglichst auf Konsens zielender politischer Wille der Bürgerschaft bilden sollte. Es wäre naiv anzunehmen, es habe fast bis zur Mitte des 5. Jhs. v. Chr. keine wirklichen Mehrheitsentscheidungen in der Volksversammlung gegeben. Dennoch scheinen bis zum Jahre 462/61 v. Chr. die die Entscheidung bestimmenden Gegensätze nie so tiefgreifend gewesen zu sein wie angesichts der Herausforderung durch Kimon und den Areopag, die durch die Anträge des Ephialtes deutlich geworden war. Die schleichende Machtusurpation durch den Areopag stellte erstmals in der Geschichte des Bürgerstaates eine wirklich alternative Ordnungskonzeption zur Entscheidung: Nicht mehr der *demos* insgesamt sollte herrschen, sondern eine wie auch immer abgegrenzte Schicht von Bürgern beziehungsweise in diesem Falle von Aristokraten. Angesichts einer solchen polarisierten Situation konnte nur noch ein Sieg in der Abstimmung, wie knapp auch immer, eine Klärung herbeiführen.

Dieser Sieg des Ephialtes und seiner Anhänger in der Volksversammlung 462/61 v. Chr. und in den Folgejahren markierte, so sehr er auf die Wahrung der von Kleisthenes herkommenden Tradition zielte, zugleich einen Bruch: Denn er bedeutete wohl zum erstmalig zwangsläufig einen Parteisieg des *demos*. Die in der Bürgerschaft aufgebrochenen Gegensätze zwischen Mehrheit und Minderheit verfestigten sich in der Folge zu Parteiungen in der Volksversammlung. Sie konnten durch eine geschickte Politik der Mehrheit entschärft, heruntergespielt und weitgehend wirkungslos gemacht werden, rückgängig zu machen war die Spaltung der Bürgerschaft nicht mehr. Die traditionelle, auf die Integration aller Kräfte der Bürgerschaft abgestellte Konzeption bürgerstaatlicher Ordnung verwandelte sich in die Konkurrenz verschiedener Verfassungsvorstellungen, die, obschon auf einem gemeinsamen Substrat von Bürgerstaatlichkeit ruhend, in starkem Gegensatz zueinander standen.

Mit seiner Darstellung des Urteils über Orestes hat Aischylos diese neu aufgebrochenen Gegensätze aufgenommen und deutlich gemacht, was ein derartiger Parteientscheid auf Mehrheitsbasis bedeutete. Das Erschrecken hierüber wird nicht gering gewesen sein, zumal – Ephialtes war gerade ermordet worden – die Konsequenzen dieses politischen Verhaltens bereits sichtbar geworden waren. Das politische Klima drohte sich dauerhaft zu verschlechtern.

f. Die Folgelast der Entscheidung:
Das Ringen um die Einheit der Bürgerschaft

Orestes ist durch die Entscheidung des Gerichts davongekommen. Den Athenern dankbar freut er sich seiner Befreiung. Doch jenen drohen nun größere Übel, die Erinyen wüten gegen die Stadt:

> „Ioh,
> ihr jüngeren Götter,
> die alten Sitten habt ihr niedergeritten,
> die alten Gebräuche
> meinen Händen entwunden.
> Ich Entehrte, Elende,
> schwer erzürnt gegen dieses Land,
> wehe,
> Leid gegen Leid,
> sende ich Gift, Gift,
> aus dem Herzen quillt,
> tropft es zur Erde,
> unfruchtbar machend wuchert aus ihm
> Aussatz, Geschwüre, Flechten und Brand,
> Blätter vernichtend,
> Kinder vernichtend,
> oh Dike, Dike,
> verbreitet sich rasch,
> über den Boden kriecht es,
> wirft tödliche Ansteckung
> über Menschen und Land.
> Ich stöhne.
> Was soll ich tun? Ich werde verlacht.
> Unerträgliches
> litt ich von diesen Bürgern.
> Oh ihr grundunglücklichen,
> entehrten, beschimpften,
> traurigen Töchter der Nacht!"

(Aischyl. Eum. 778-793; Ü.: Peter Stein)

Doch nicht nur Krankheiten und Naturkatastrophen drohen die Erinyen den Athenern an, sondern Schlimmeres, den inneren Krieg. Athena hält in dem Wortwechsel mit den Erinyen diesen vor:

> „Doch du wirf nicht
> diese blutigen Wetzsteine in mein Gebiet,
> an denen sich die Herzen junger Männer
> zum eigenen Schaden gerne reiben
> in weinlos trunkener Wutraserei,
> reize sie nicht wie die Hähne zum Kampf,
> laß unter meinen Bürgern
> den Bürgerkrieg nicht seßhaft werden,

der innerhalb eines Volks
den einen gegen den anderen hetzt."

(Aischyl. Eum. 858-863; Ü.: Peter Stein)

Die Entscheidung, so setzt Aischylos seine Arbeit am Mythos hier fort, birgt eine schwere Hypothek. Sie hat auf sich zu nehmen, wer die Tragfähigkeit der Mehrheitsentscheidung nicht gefährden will. Die überragende geistige Kraft der Athena, ihre *metis*, offenbart sich darin, daß sie dies sofort erkannt hat und daß sie einen Weg weisen kann, die Drohung der Erinyen abzuwenden und mit der Folgelast der Entscheidung fertigzuwerden.

„Stöhnt nicht so tief,
vertraut mir, ihr nehmt es zu schwer!
(...)
Denn ich verspreche euch in aller Form
Sitz und gewölbte Wohnung
hier in diesem Land,
das der Gerechtigkeit verpflichtet ist:
auf ölgesalbten Thronen
sollt ihr bei den Altären sitzen,
umgeben, überhäuft, verherrlicht
von den Ehrungen seiner Bürger."

(Aischyl. Eum. 794, 804-807; Ü.: Peter Stein)

„Laß dich Erhabene ehren,
laß dich hier nieder
und sei meine Mitbewohnerin.
Habt ihr erst einmal
aus diesem weiten Land
die Erstlingsopfer
für Kindersegen und Eheglück empfangen,
so werdet ihr meinen Rat
für alle Zeiten preisen."

(Aischyl. Eum. 833-836; Ü.: Peter Stein)

Athena verspricht den alten Rachegöttinen dauerhaften Sitz in Athen, die Anerkennung aller Bürger, höchste Ehren, wenn sie von ihrem bedrohlichen Vorhaben ablassen. Doch die Erinyen sind nicht leicht zu bewegen, zu tief fühlen sie sich gekränkt. Es kostet Athena große Mühe und Geduld, die Erinyen zur Annahme ihres Angebots zu bewegen. Was sie am Ende doch erfolgreich sein läßt, ist ihre *charis*, ihre Großzügigkeit in der Sache und ihre Anmut, das heißt eine gewisse ernsthafte Leichtigkeit im Ton, mit der sie die Drohungen der Erinyen aufnimmt und ihnen antwortet, als sei die von ihr angebotene Lösung das Selbstverständlichste von der Welt. Hinzuzudenken sind eine gewinnende äußere Erscheinung, eine Ausstrahlung, der man sich nicht entziehen kann. Man betrachte etwa die sogenannte Athena Velletri oder die Skulpturen des Parthenon, um einen sinnlich-visuellen Eindruck zu empfangen von dem, was *charis* für die Griechen ausmachte. Diese *charis* ist Athena das ganze Stück hindurch eigen, bestimmt aber besonders ihr

Zwiegespräch mit den Erinyen im letzten Teil. Athena selbst ist sich bewußt darüber, welch machtvolles Mittel sie einzusetzen hat:

> „Wenn dir die erhabene Macht
> der Peitho heilig ist
> – die Versöhnungskraft,
> die Zauberkraft des Wortes,
> die schmeichelnde Verführung
> durch meine Zunge –,
> so wirst du bleiben!"
>
> (Aischyl. Eum. 885-887; Ü.: Peter Stein)

Eine geradezu magische Gewalt geht von der Rede der Athena aus, wie die Erinyen schließlich feststellen müssen:

> „Ich glaube, du bezauberst mich,
> du scheinst mich zu überreden,
> und ich spüre: Mein Zorn läßt nach."
>
> (Aischyl. Eum. 900; Ü.: Peter Stein)

Am Ende weist Athena eigens darauf hin, daß ihr Lobpreis von Peitho zugleich einen Wesenszug der bürgerstaatlichen Ordnung bloßlegt:

> „Und ich liebe und preise
> die Augen der Peitho,
> die mir auf Zunge und Lippen ruhten,
> so daß ich die wild sich Sträubenden
> zu überreden vermochte.
> Doch Zeus Agoraios,
> Beschützer des Marktes,
> der Volksversammlung und der Redner,
> er ist der Herr!"
>
> (Aischyl. Eum. 970-974; Ü.: Peter Stein)

Peitho und Zeus Agoraios tragen den Sieg davon. Das ist selbstverständlich keine Neuerung. Vielmehr ist es die Rückbesinnung auf älteste Eigenheiten griechischer Gemeindeordnung, wie wir sie schon bei Homer, Hesiod und vor allem Solon ausgeprägt finden. Nur dies führt aus der Krise heraus, die durch parteiische Mehrheitsbeschlüsse heraufbeschworen werden kann. So verheißt es jedenfalls Aischylos seinen Zuschauern. Die öffentliche Rede – sie muß so sein, daß sie nicht aufrührt, sondern bei aller Klarheit der Position besänftigt, daß sie nicht Gräben reißt, sondern zusammenführt, daß sie nicht trennt, was zusammengehört. Durch die Macht der Peitho gelingt es Athena, die Erinyen in die Bürgergemeinschaft der Athener einzubinden.

Das Ergebnis: Die Erinyen willigen in Athenas Vorschlag ein, sie werden als Eumeniden, Wohlgesinnte, zu wichtigen und geachteten Gottheiten der Athener. Ihnen gewähren sie, werden sie nur eifrig verehrt, Segen, Gedeihen und Wohlstand:

> „Kein schlimmer Wind,
> der den Bäumen schadet

– so sei mein Segen –
kein Brand, keine sengende Hitze,
die den Pflanzen die Knospen wegfrißt,
überschreite die Grenzen dieses Gebietes,
und keine schreckliche,
lang dauernde Seuche,
die unfruchtbar macht,
schleiche sich ein
und befalle die Ernte!
Und Pan segne die strotzenden Schafe
mit doppeltem Wurf,
mit Zwillingslämmern zur richtigen Zeit.
Der Ertrag
der Bodenschätze bleibe erhalten,
der glückliche Fund,
die Ehrengabe der Götter."

(Aischyl. Eum. 938-947; Ü.: Peter Stein)

Und komplementär zu ihren früheren Drohungen noch eine weitere Verheißung der Eumeniden:

„Niemals brülle
das unersättlichste aller Übel,
der Bürgerkrieg *(stasis)*, durch diese Stadt,
das wünsche ich ihr,
und hat der Staub einmal
das schwarze Blut der Bürger getrunken,
so fordere er nicht in rasender Rachsucht
– Mord für Mord –
Vergeltung in der Stadt.
Freude für Freude
sollen sie einander schenken.
Gemeinschaftlich denken
an das Wohl der Gesamtheit –
auch im Haß eines Sinns!
Viel menschliches Leid
läßt sich so vermeiden."

(Aischyl. Eum. 978-987; Ü.: Peter Stein)

Innere Eintracht der Bürgerschaft und Geschlossenheit nach außen als Voraussetzung für militärischen Sieg und äußere Machtentfaltung – das sind die Verheißungen dieser Versöhnung. Noch einmal Athena:

„Der Krieg soll vor den Grenzen bleiben,
Krieg mit dem Ausland gibt's genug,
man braucht nicht lange auf ihn zu warten.
Dort soll die Ruhmsucht schrecklich wüten.
Doch Kampf zwischen Vögeln eines Nestes
billige ich nicht."

(Aischyl. Eum. 864-866; Ü.: Peter Stein)

Hier nun kann es keinen Zweifel geben: Die Drohung der Erinyen mit dem Bürgerkrieg, die dagegen gerichtete Mahnung Athenas und die schließliche segensreiche Verwandlung der Erinyen in die Eumeniden haben einen unmittelbaren Bezug zur athenischen Geschichte in jenen Jahren. So wie die Erinyen in die Bürgergemeinschaft integriert werden und dort segensreich wirken konnten, so mußte nach der Auffassung des Aischylos die Folgelast der Entscheidung von 462/61 v. Chr. bedacht werden. „Und hat der Staub einmal das schwarze Blut der Bürger getrunken, so fordere er nicht in rasender Rachsucht – Mord für Mord – Vergeltung in der Stadt." Dies kann im Jahre 458 v. Chr. nicht anders denn als eindringliche Mahnung an die Bürgerschaft Athens insgesamt verstanden worden sein – an die Sieger von 462/61 v. Chr. wie an die Unterlegenen. Bürgerblut war geflossen, weiterem Blutvergießen mußte Einhalt geboten werden; die aufgebrochenen Gegensätze mußten überbrückt, die Spannungen abgebaut werden. Verallgemeinert lautete die den Athenern von Aischylos empfohlene Therapie: „Gemeinschaftlich denken an das Wohl der Gesamtheit." Auf die spezifische historische Situation gewendet konnte dies nur heißen, die Aristokraten auch weiterhin für die Teilnahme an der Selbstregierung der Bürgerschaft zu gewinnen, sie nicht auszugrenzen und „niederzureiten", sondern ihnen zu verdeutlichen, daß sie eine wichtige Aufgabe für das Gedeihen des Gemeinwesens zu erfüllen hatten.

Dieser Appell des Dichters lag ganz in der Tradition der bisherigen bürgerstaatlichen Entwicklung, ebenso wie die Perspektive, die er gerade der Aristokratie auf der Grundlage ihrer Integration eröffnete: „Vor den Grenzen (...) soll die Ruhmsucht schrecklich wüten." Aristokratische *philotimia* im Dienste der Bürgerschaft hatte seit den Tagen Solons und der *tyrannis* die Athener zu ihrer geschichtlichen Stellung in der Mitte des 5. Jhs. v. Chr. geführt. Es stellt der politischen Urteilskraft des im Dionysos-Theater versammelten Volkes von Athen nicht das schlechteste Zeugnis aus, daß es Aischylos' Lehre verstanden und in der politischen Praxis der Folgezeit beherzigt hat. Denn wie anders als auf einem sehr weitgehenden consensus universorum beruhend sollten wir die unvergleichlichen politisch-kulturellen Leistungen der perikleischen Zeit begreifen können. Das Gespenst des Auseinanderfallens der Bürgerschaft in Parteiungen und deren gnadenlosem Kampf hatte für wenige Jahrzehnte noch einmal gebannt werden können, bis es sich dann in den zerstörerischen Konvulsionen des großen Krieges doch wieder zeigte.

Es ist nicht sicher auszumachen, wieviel die politische Botschaft des Dichters tatsächlich zu einer Stabilisierung der Lage beigetragen hat. Wenn ihm die Bürger mit der *Orestie* den Sieg im tragischen *agon* zuerkannten, würde man das auf dem Hintergrund des eben skizzierten Verständnisses des Stückes und seines offenbaren Zeitbezugs jedoch gerne darauf zurückführen, daß Aischylos mit seiner Botschaft den Nerv der Bürger getroffen, ihnen gewissermaßen aus dem Herzen gesprochen hat. Sicher ist, daß er das politische Ideal der bürgerstaatlichen Ordnung, wie es nach den Konflikten von 462/61 v. Chr. neu zu formulieren war, in gültiger Weise artikuliert hat:

„Anarchie und Despotie
solltest du nicht preisen.
Das Maß, die Mitte,
ist in allem das Beste.
Der Mitte verliehen die Götter,
stets zu obsiegen."

(Aischyl. Eum. 525-529; Ü.: Peter Stein)

So äußern die Erinyen sich noch vor der Gerichtsverhandlung. Athena macht sich dies später wörtlich zu eigen:

„Weder der Anarchie
noch der Despotie sich zu beugen,
sondern sich davor zu schützen,
rate ich den wachsamen Bürgern (...)."

(Aischyl. Eum. 696-697; Ü.: Peter Stein)

Weder ohne Herrschaft zu sein noch durch Gewalt beherrscht – das ist das spezifische Kennzeichen der bürgerstaatlichen Ordnung. Keine staatliche Ordnung kann ohne eine Zentralisierung von Macht und Gewalt bestehen. Die antike Welt hatte in vorgriechischer Zeit und in der nicht-griechischen Welt im wesentlichen eine Form staatlicher Machtausübung gekannt: die Monarchie. Die Griechen haben diese mit dem Begriff der despotischen Herrschaft bezeichnet. Und sie haben ihre eigene, neue Form staatlicher Herrschaft davon klar abgesetzt. Wenn die Bürger über sich selbst herrschen, Herrscher und Beherrschte also zugleich sind, so handelt es sich in den Augen der Griechen um ‚politische Herrschaft', die Ordnung des Bürgerstaates. Aischylos hat hier erstmals präzise benannt was das Merkmal politischer Herrschaft ist. Mehr als einhundert Jahre später wird sie von Aristoteles folgendermaßen bestimmt:

„Aber es gibt auch eine Herrschaft, in der man über Gleichartige und Freie regiert. Diese nennen wir die politische Herrschaft. Sie muß der Regent lernen dadurch, daß er regiert wird: Reiterführer wird er, indem er als Reiter dient, Feldherr, indem er als Soldat dient, und ebenso Taxiarch und Lochage. Darum wird auch mit Recht gesagt, daß keiner gut regieren kann, der nicht sich gut hat regieren lassen. Hier handelt es sich um verschiedene Tugenden; der gute Bürger aber muß sich sowohl regieren lassen, wie auch regieren können, und dies ist die Tugend des Bürgers: die Regierung von Freien in beiden Richtungen zu verstehen."

(Aristot. pol. 1277b 7-15; Ü.: Olof Gigon)

Aischylos ist Zeuge solcher ersten begrifflich-theoretischen Bewußtwerdung und Durchdringung des Politischen. Kurze Zeit später dürfte die erste Debatte der politischen Theorie geführt und formuliert worden sein, die wir bei Herodot[116] lesen können.

---

[116] Vgl. Hdt. 3, 80-82.

g. Die Ethik der Mäßigung als Vollendung der politischen Aufklärung

In dem von den Erinyen repräsentierten Prinzip der Mitte und in dem von Athena gefundenen Ausgleich des Konflikts steckt noch eine weitere Einsicht und Botschaft des Dichters Aischylos. Sie knüpft sich nicht direkt an die Ereignisse von 462/61 v. Chr., sondern bezieht sich auf eine längerfristige Entwicklung, die sich in der Denkweise und Mentalität der athenischen Bürgerschaft unter dem Eindruck der Verwirklichung von Demokratie und der Erringung äußerer Macht beobachten läßt.

Die Erinyen beschreiben in einem großen, dem Auftritt Athenas vorangehenden Chorlied ihre altererbten Rechte und Pflichten als Rachegöttinnen. Ihr Amt verfolgt auch das Ziel, die Menschen von bösen Taten abzuschrecken. Daher müssen die Erinyen von Natur aus schrecklich und furchteinflößend sein. Jedem sei bewußt:

> „Menschenruhm,
> noch so himmelhoch erhaben,
> sinkt nieder zur Erde, zerschmilzt
> und schwindet schmachvoll dahin
> vor unseren schwarzen Gewändern,
> vor unserem Angriff und Anfall,
> vor dem furchterregenden
> Tanz unserer Füße."

(Aischyl. Eum. 368-371; Ü.: Peter Stein)

Daher gilt:

> „Welcher Sterbliche aber
> empfindet nicht Scheu oder Ehrfurcht,
> wenn er mich
> die heilige Satzung nennen hört,
> von den Moiren bestimmt
> und von den Göttern
> unverbrüchlich bestätigt."

(Aischyl. Eum. 389-394; Ü.: Peter Stein)

Als sich kurze Zeit später die Erinyen durch das Auftreten Athenas und ihre Ankündigung, einen Gerichtshof einberufen zu wollen, in ihrer bisherigen Stellung in der Weltordnung bedroht fühlen, geben sie zu bedenken:

> „Es gibt den Fall,
> da wirken Angst und Schrecken segensreich.
> Sie sollten stets
> als Wächter vor dem Herzen sitzen.
> Nützlich ist es,
> unter dem Druck der Not
> Besonnenheit zu lernen.
> Welcher Staat
> oder welcher einzelne Mensch
> würde im Lichte seines Glücks
> wohl Ehrfurcht vor dem Recht empfinden,

wenn er im Herzen
nichts zu fürchten brauchte?
(...)
Hybris
entspringt in Wahrheit
dem Mangel an Ehrfurcht."

(Aischyl. Eum. 516-524, 534; Ü.: Peter Stein)

Diese Haltung muß notwendig ins Unglück führen:

„Wer verwegen, wer tollkühn
die Schranken überschreitet
und sein Schiff
mit vielen, von allen Seiten
gewaltsam und unrecht
erworbenen Gütern befrachtet,
der wird noch einmal die Segel streichen,
wenn der Sturm der Mühsal ihn packt
und ihm die Rahen zersplittern."

(Aischyl. Eum. 553-557; Ü.: Peter Stein)

Wie im Falle der Definition von politischer Herrschaft übernimmt auch hier Athena die Aussagen der Erinyen:

„Weder der Anarchie
noch der Despotie sich zu beugen,
sondern sich davor zu schützen,
rate ich den wachsamen Bürgern,
und Furcht und Schrecken
nicht gänzlich aus der Stadt zu verbannen.
Denn wer vor nichts zurückschreckt
unter den Sterblichen,
wie achtet der wohl das Recht?
Wenn ihr
in solcher Ehrfurcht die Gesetze bewahrt,
habt ihr ein rettendes Bollwerk
für das Land und die Stadt,
wie es kein anderes Volk besitzt,
nicht einmal die Skythen
oder die Spartaner."

(Aischyl. Eum. 696-703; Ü.: Peter Stein)

Ihre Aufgabe als Segensbringer für die Gemeinde erfüllen die zu Eumeniden gewordenen Erinyen also nur deshalb, weil mit ihrer Aufnahme unter die Götter der Bürgerschaft eine Kraft des Ehrfurchteinflößenden bewahrt ist. Die Eumeniden verkörpern das *deinon*, das Furchterregende, Ehrfurchtgebietende. Diese Mächte müssen die Bürger achten und ihr Wirken anerkennen, soll die Versöhnung gelingen, die innere Einheit der Bürgerschaft wiederhergestellt werden. Tun sie das nicht, versuchen sie, sie zu ignorieren, sie für alt und überholt anzusehen, so werden sich diese Mächte rächen, aus Segen wird Unglück und Heimsuchung werden. Mangel an Ehrfurcht aber, so die Erinyen, ist *hybris*, Selbstüberhöhung und Verblendung über das dem Menschen notwendig gegebene Geschick und seine Grenzen.

Dies ist die letzte Dimension der Botschaft des Aischylos, die er in den Gestalten der Erinyen und in deren Verwandlung auf die Bühne gebracht hat. Die Warnung vor der *hybris* war schon von alters her, etwa bei Solon, eines der Leitmotive des politischen Denkens. Seit der Mitte des 5. Jhs. v. Chr. ist dies aber doch besonders akzentuiert. Nicht nur Aischylos beschäftigt sich auch in seinen anderen Tragödien immer wieder mit diesem Thema, das überhaupt ein Kernpunkt der Tragödiendichtung dieser Zeit ist. Gleiches gilt – in anderem Rahmen aber nicht weniger eindringlich – für die Geschichtsschreibung, vor allem für Herodot. Es muß also etwas in der historischen Entwicklung jener Jahre gelegen haben, was die intellektuelle Reflexion beunruhigt hat und dazu trieb, über die Frage nachzudenken, was die Menschen dazu bringt, sich über den ihnen in der Weltordnung zukommenden Platz zu überheben und welche Folgen dieses Streben hat. Diesen Hintergrund bilden wenigstens drei Erscheinungen:

• Die äußere Machtstellung Athens:

Seit der Gründung des Attisch-Delischen Seebundes im Jahre 478 v. Chr. war ein immer größerer Teil der griechischen Welt zunehmend in den Schatten der athenischen Macht geraten. Athens Außenpolitik war bereits seit mehreren Jahrzehnten eine anhaltende Erfolgsgeschichte, fast nach Belieben konnten die Athener schalten und walten, ein unerhörter Aufstieg zu einer Stellung, wie sie unter den Griechen noch keine Gemeinde besessen hatte. Diese Entwicklung mußte zwangsläufig zum Nachdenken über die Gefahren des Machtbesitzes und das Schicksal jedes Mächtigen führen. Besonders eindrucksvoll fand dies in dem neuen Medium der geschichtlichen Reflexion bei Herodot Ausdruck, so etwa in dessen Erzählungen vom Aufstieg und Fall großer Mächte wie der persischen Könige, des Lyder-Königs Kroisos, der griechischen Tyrannen des 7. und 6. Jhs. v. Chr. Überall bei Herodot spielt die *hybris*, in die die Mächtigen notwendig geraten, die ausschlaggebende Rolle für ihren späteren Sturz.
Zweifellos läßt sich auch Aischylos' Warnung vor der *hybris* auf diese Problematik des Machtbesitzes beziehen. „Wer (...) sein Schiff mit vielen, von allen Seiten gewaltsam und unrecht erworbenen Gütern befrachtet", der wird im Sturm schließlich untergehen, heißt es an der schon zitierten Stelle.[117] Wer Ohren hatte zu hören, der konnte hierin eine Anspielung erkennen darauf, daß die Athener die Tribute ihrer Bündner zum größten Teil für eigennützige Zwecke verwendeten. Dem stehen in den *Eumeniden* freilich jene ebenfalls schon zitierten Passagen gegenüber, in denen äußerer Krieg und Kampf um Ruhm und Macht ausdrücklich bejaht werden. Das ist freilich stark auf die Herstellung innerer Ein-

---

[117] Vgl. Aischyl. Eum. 553-557.

tracht bezogen und nicht für sich genommen reflektiert. Dennoch: Die Verknüpfung des *hybris*-Gedankens mit dem Phänomen der äußeren Machtentfaltung ist bei Aischylos nicht ausdrücklich durchgeführt. Eine grundsätzliche Infragestellung der athenischen Herrschaft war in einer offiziellen, staatlichen Veranstaltung wie den Tragödienaufführungen auch nicht zu erwarten.

- Der innere Wandel in Athen:

Die zweite Beobachtung resultiert aus dem inneren Wandel in Athen. Der Sieg des Ephialtes in der Volksversammlung über Kimon war ein Parteisieg. Erstmals standen sich Demokratie und Aristokratie gegenüber, war das Ergebnis einer ordnungspolitischen, den Areopag betreffenden Reform nicht direkt auf die Integration aller im Bürgerstaat gerichtet. Vielmehr galt es, die in ihm wirksame Tendenz zur Verbreiterung der politischen Mitsprache gegen neue, konkurrierende Ansprüche durchzusetzen und zu bewahren. Als das gelang, waren die aufgebrochenen Gegensätze nicht beseitigt, sondern eher bestätigt. In dieser Situation konnte Aischylos' Warnung vor *hybris* auch heißen: Der Sieg der Demokratie in der Volksversammlung barg die Gefahr, daß die Sieger überheblich werden und ihren Sieg ausnutzen könnten, ihre Gegner wie äußere Feinde endgültig „niederzureiten". Auch das wäre *hybris*, der durch Mäßigung und eine auf Integration abstellende Politik entgegengewirkt werden mußte.

Ehrfurcht und Scheu vor der Tradition bedeuteten in diesem Zusammenhang weniger die von Christian Meier betonte weitere Anerkennung der Aristokratie als führender Schicht, sondern die Zurückhaltung gegenüber mutwilligen Veränderungen des überkommenen und auf innere Einheit zielenden bürgerstaatlichen Ordungskonzepts. Seit Solon war zwar der Gedanke geläufig, daß die menschliche Gemeinschaftsordnung menschlichen Eingriffs- und Gestaltungsmöglichkeiten unterliegt. Aischylos fügt dem aber die Mahnung hinzu, daß man die Grundlage und das Grundprinzip der seit Solon gefundenen Ordnung nicht willkürlich, in der Laune des Siegers, über Bord werfen dürfe. Wenn die Regierung der Bürger über sich selbst „verwegen und tollkühn diese Schranken überschreitet", so sei dies eben *hybris*, der die Bestrafung durch die Götter auf dem Fuße folgen würde. Mit diesem Gedanken hat Aischylos das in den *Eumeniden* propagierte politische Programm theologisch untermauert.

- Das Alte gegen das Neue:

Die *hybris*-Kritik bei Aischylos hat schließlich eine dritte Dimension: Die Auseinandersetzung zwischen den Erinyen und Apollon ist auch ein Kampf zwischen alt und neu. Es sind die alten Götter, die Erinyen, die Apollon und der Zeus-Dynastie die Neuheit ihrer Ansprüche vorhalten, so als sei das Neue per se keine Empfehlung. Für Apollon ist das Neue denn auch kein Argument, er geht auf den Vorwurf überhaupt nicht ein. Tatsächlich war das Prinzip, für das er steht, in der Sache das Traditionelle der bürgerstaatlichen Ordnung – bei aller Neuheit der politischen Methode: der parteiischen Auseinandersetzung und Durchsetzung.

Bei den Griechen wie in der Antike überhaupt mußte sich alles Neue tunlichst als das Alte ausgeben, wenn es sich behaupten wollte. Mit der Neuerung als solcher war nicht zu argumentieren. Von dieser allgemein gültigen Beobachtung gibt es im 5. Jh. v. Chr. einige charakteristische Ausnahmen. In einer Reihe von Zeugnissen wird der Wert von etwas Neuem positiv hervorgehoben. Der Sophist Hippias von Elis behauptet:

> „(...) ich bin bemüht, immer etwas Neues zu sagen."
>
> (Xen. mem. 4, 4, 6; Ü.: Peter Jaerisch)

In der Komödie des Aristophanes *Die Wolken* (423 v. Chr.) treten zwei Redner auf: der Anwalt der guten Sache, schlicht und altmodisch gekleidet, und der Anwalt der schlechten Sache, reich und neumodisch gekleidet:

> *„Anwalt der schlechten Sache:*
> Doch schlage ich dich, wenn auch stärker als ich
> Du dich anmaßt zu sein!
> *Anwalt der guten Sache:*
> Und wie fängst du das an?
> *Anwalt der schlechten Sache:*
> Mit den neuen Ideen, die mir stehn zu Gebot.
> *Anwalt der guten Sache:*
> Die florieren jetzt prächtig, *(auf die Zuschauer deutend:)* dank diesen hier,
> Dem verbildeten Volk –
> *Anwalt der schlechten Sache:*
> Dem gebildeten Volk!"
>
> (Aristoph. nub. 894-898; Ü.: Ludwig Seeger)

Auch die Bildhauer versuchen, Neues zu meißeln, damit man sie nicht auslache; der Maler Zeuxis war sich stolz bewußt, jedesmal Neues, Ausgefallenes geschaffen zu haben; die Dichter wollen immer wieder Neues bringen:

> „Zwei- und dreimal bring ich euch nie einen Witz und täusch euch nicht,
> Bin euch nagelneue Sujets vorzuführen stets bedacht,
> Alle voller Keckheit und Witz, keines je dem andern gleich."
>
> (Aristoph. nub. 546-548; Ü.: Ludwig Seeger)

Und der Musiker Timotheos (Ende 5. Jh. v. Chr.) sagt von sich:

> „Ich singe keine alten Weisen, meine eigenen sind viel besser. Jetzt regiert der junge Zeus, Kronos ist gestürzt."
>
> (Timotheos F 7D.; Ü.: Christian Meier)

Dieses Neuerungsbewußtsein ist immer auch Verbesserungsbewußtsein. Die Voraussetzung dafür ist die Vorstellung, mehr und Besseres zu können als die Vorfahren. Christian Meier hat in diesem Zusammenhang zu Recht von einem „Könnensbewußtsein" des 5. Jhs. v. Chr. gesprochen, einem Äquivalent zum modernen

Fortschrittsgedanken. Können meint in diesem Zusammenhang vor allem den technischen und methodischen Sachverstand. Die Neuerungen in Kunst und Architektur, Städtebau und Kriegstechnik oder Medizin boten gewiß Anlaß zu glauben, der Mensch sei zur Meisterung bisher unerhörter technischer und wissenschaftlicher Probleme imstande. Auch in der *Orestie* finden sich Reflexe davon: Zu Beginn wird die Botschaft vom Fall Trojas durch eine Signalkette von Feuerzeichen nach Griechenland gemeldet. Dahinter steht möglicherweise eine militärtechnische Neuerung zur Herrschaftssicherung Athens in der Ägäis, bei der die Kontrolle des Hellespont ein neuralgischer Punkt war. Die Zuschauer in Athen werden die Demonstration ihrer technischen Intelligenz durch den Dichter mit Stolz zur Kenntnis genommen haben. Ein anderes schon erwähntes Beispiel ist die Rationalität der Beweisführung vor Gericht. Eng damit in Zusammenhang stehen die Errungenschaften der zeitgenössischen Rhetorik. Ihr Ziel war, mit rednerischen Mitteln die schwächere Sache zur stärkeren zu machen. Schließlich verstand man sogar die Politik als eine *techne*. Dem Kulturentstehungsmythos des Sophisten Protagoras zufolge könnten sich die Menschen aus der barbarischen Wildheit nur herausarbeiten, indem sie die *politike techne* erlernten.[118] Auch das Zusammenleben im Bürgerstaat sei also lehr- und lernbar.

Das Könnensbewußtsein steigert sich zuweilen zu der Behauptung, daß es einen Zufall nicht gebe, daß es in allem nur darauf ankomme, gut zu planen; dann werde man sicherlich der Meister seines Geschicks. Von Anaxagoras von Klazomenai, einem Philosophen und engen Vertrauten des Perikles, wird berichtet, daß er

„(...) als erster als Prinzip der Weltordnung nicht den Zufall noch die Notwendigkeit annahm, sondern den reinen, lauteren Geist, der aus dem chaotischen Durcheinander aller übrigen Elemente die gleichgearteten Teile aussondert."

(Plut. Per. 4, 6; Ü.: Walter Wuhrmann)

Eine der eindrucksvollsten Bezeugungen des Könnensbewußtseins steht in einem berühmten Chorlied der Tragödie *Antigone* des Dichters Sophokles:

„Vieles ist ungeheuer, nichts
ungeheuerer als der Mensch.
Das durchfährt auch die fahle Flut
in des reißenden Südsturms Not;
das gleitet zwischen den Wogen,
die rings sich türmen! Erde selbst,
die allerhehrste Gottheit,
ewig und nimmer ermüdend, er schwächt sie noch,
wenn seine Pflüge von Jahre zu Jahre, wenn
seine Rosse sie zerwühlen.
Völker der Vögel, frohgesinnt,
fängt in Garnen er, rafft hinweg
auch des wilden Getiers Geschlecht,

---

[118] Vgl. Plat. Prot. 322 b-d.

ja, die Brut der salzigen See
in eng geflochtenen Netzen,
der klug bedachte Mann, besiegt
mit List und Kunst das freie,
Berge besteigende Wild und umschirrt mit dem
Joche den mähnigen Nacken des Rosses und
auch des unbeugsamen Bergstiers.
Und Rede und, rasch wie der Wind,
das Denken erlernt' er, den Trieb,
die Staaten zu ordnen, und auch der Fröste
Unwohnlichkeit im Gefild
und Regensturms Pfeile fliehn:
allbewandert, in nichts unbewandert schreitet er
ins Künft'ge; vorm Tod allein
sinnt er niemals Zuflucht aus;
doch für heilloser Krankheit Pein
fand er Hilfe.
Mit kluger Geschicklichkeit für
die Kunst *(techne)* ohne Maßen begabt,
kommt heut er auf Schlimmes, auf Edles morgen."

(Soph. Ant. 332-367; Ü.: Wilhelm Willige)

Zwei Einsichten hält Sophokles bereit. Zum einen, daß *techne* an sich wertneutral sei, das Können vermag zum Guten wie zum Schlechten auszuschlagen. Und das zweite: Es gibt eine Grenze, die nicht zu überwinden ist: den Tod. In einem späteren Chorlied heißt es ergänzend:

„Wer kann, Zeus, von den Menschen je
deiner Macht übertretend trotzen,
die nimmer der Schlaf fesselt, der Allerbeuter,
nimmer zerstört der Monde
Unrast? In nie alterndem Leben herrschst du
auf Olympos' Höhn in
schimmernden Marmors Lichtglanz.
Und hinfort in alle Zukunft
wie von jeher wird bestehn
dies als Gesetz: es läuft nichts
im Menschengeschick jahrelang frei von Unheil.
Denn die schweifende Hoffnung wird
vielen Menschen Quelle des Segens,
verführt aber viel andre zu Leichtsinnswünschen,
kommt über Ahnungslose,
bis an der Glut man sich den Fuß verbrannt hat.
Ein berühmtes Wort kam
einst aus dem Mund der Weisheit:
Wem ein Gott den Geist ins Unheil
stoßen will, dem scheint zuletzt
Arges, als wär' es edel;
die wenigste Zeit bleibt er dann frei von Unheil."

(Soph. Ant. 604-625; Ü.: Wilhelm Willige)

Der gleiche Gedanke wie bei Aischylos: Der Mensch muß Grenzen im Bereich des Göttlichen beachten, sonst wird er aufgrund seiner *hybris* mit Verblendung geschlagen und geht zugrunde. Auch wenn dies von Aischylos in der *Orestie* noch nicht so breit dargestellt wird wie von späteren Denkern, gehört doch auch er schon in jene große Debatte, die seit der Mitte des 5. Jhs. v. Chr. immer lauter wird und an der Herodot und Sophokles, Thukydides und Sokrates auf der einen Seite und Protagoras, Gorgias und Kritias ebenso wie Perikles auf der anderen Seite teilnehmen. Letztere glauben, in ihrem Könnensbewußtsein zu völlig neuen Ufern aufbrechen und Geschichte, Tradition und religiöse Bindung im Vertrauen auf ihre Rationalität und ihre Leistungsfähigkeit hinter sich lassen zu können. Die Kritik, die sich dagegen erhoben hat, fordert die Anerkennung und Beachtung des dem Menschen gesetzten Maßes und der Grenzen seiner Verfügungsgewalt.

Wie in so vielem, erweisen sich auch hier die Griechen als geschichtliche Vorreiter. Sie habe ihre eigene Entwicklung bis zu einem Punkt durchdacht und kritisch reflektiert, an dem die dialektische Natur aufklärerischer Rationalität, die ungeheuren Möglichkeiten, die sie eröffnet, ebenso wie die in ihr liegenden Bedrohungen und Gefahren sichtbar werden. Dieses Grundproblem bestimmt die Geschichte Europas bis heute.

In einer großen Rede zu Ehren der Gefallenen im ersten Jahr des Peloponnesischen Krieges läßt Thukydides den Perikles ein grandioses Idealbild der Errungenschaften Athens in Politik und Kultur entfalten. Demokratie und freier Geist, die Pflege der Muße und der Musen, wirtschaftliche und militärische Autarkie, die Liebe zur Schönheit und zur Bildung, bürgerliches Engagement von Reichen wie Armen gleichermaßen – dieses, so Perikles,

> „(...) zeichnet uns vor anderen aus, daß letzte Kühnheit und klarste Berechnung dessen, was wir unternehmen wollen, sich in uns vereinigt finden, während sonst in der Welt nur Ahnungslosigkeit den Wagemut und Überlegung Unentschlossenheit erzeugt. Stärkste Seelenkraft spricht man mit Recht aber doch denen zu, die von dem Furchtbaren wie von dem Angenehmen die genaueste Kenntnis haben, und sich deswegen doch keiner Gefahr entziehen. (...) Mit einem Wort also sage ich: unsere Stadt ist im Ganzen die hohe Schule Griechenlands (...). Mit großen Beweisen und wahrlich nicht unbezeugt haben wir unsere Macht den heutigen wie den kommenden Geschlechtern zur Bewunderung dargetan."
>
> (Thuk. 2, 40, 3 u. 41, 1 u. 4; Ü.: Wolfgang Schadewaldt)

Dies ist die vielleicht stärkste Manifestation eines Bewußtseins, zu dem sich das Verbesserungs- und Könnensbewußtsein dieses Jahrhunderts verdichten konnten: Vollender der Zeiten und Höhepunkt der Geschichte zu sein. Thukydides hat mit dieser dem Perikles möglicherweise nicht zu Unrecht in den Mund gelegten Bekundung jene Halbheit einer Aufklärung demonstriert, die nicht selbstreflexiv ist und dadurch selbstgerecht und verblendet wird. Gewiß hätte auch Aischylos dies *hybris* genannt. Und Thukydides hat Perikles mit seiner Darstellung des Kriegsverlaufs Lügen gestraft: Tollkühnheit, Gewalt, Irrationalität, Zufall bestimmten diesen Krieg in den Augen des Historikers. Seine Botschaft an die Zeitgenossen wie an alle späteren lautet: Geschichte ist weder stillzulegen noch ausrechenbar, auch wenn diese Hoffnung immer wieder aufkeimen oder sich gar zu unheilvoller Überzeugung auswachsen mag. Damit ist jedoch jene andere Hoffnung keineswegs dementiert, die die von Perikles gezeichneten Ideale einer bürgerstaatlichen Ordnung erwecken können und die seine Zeit in einem bis dahin nicht und in den folgenden zweieinhalb Jahrtausenden kaum je wieder erreichten Ausmaß verwirklicht hatte. Soll diese Hoffnung nicht trügen, so muß sie allerdings von jener Einsicht imprägniert sein, die der erste Historiker Herodot in die schlichten Worte gefaßt hat:

> „Meine bitteren Erleidnisse *(pathemata)*",

so der bekehrte Lyderkönig Kroisos zum Perserkönig Kyros,

> „sind mir zu Erlernnissen *(mathemata)* geworden. Wenn du glaubst, du seist unsterblich und würdest über ein derartiges (nämlich unbesiegbares, d. Verf.) Heer gebieten, brauche ich dir wohl meine Ratschläge gar nicht zu eröffnen. Wenn du aber erkennst, daß du ein Mensch bist und über deinesgleichen herrschst, dann lerne als erstes dieses, daß es einen Kreislauf der menschlichen Dinge *(kyklos ton anthropaion pregmaton)* gibt, der umgeht und nicht zuläßt, daß immer dieselben Menschen vom Glück begünstigt sind."
>
> (Hdt. 1, 207; Ü.: Verf.)

Die Dichter haben in der mythischen Handlung ihrer Tragödien die drängenden Probleme ihrer Zeit eingefangen. Ihre Antworten zeigen, daß sie die Konflikte und Schwierigkeiten kontingenter Ereigniszusammenhänge tief durchdacht und die dahinterliegenden allgemeinen Probleme aufgewiesen haben. In geschichtlichen Situationen mit strukturell vergleichbaren Problemlagen kann diese Ebene des Verständnisses, die in den Dichtungen erreicht ist, dann erneut Bedeutung erlangen und können die Botschaften dieser Dichter auch für uns Heutige wieder Gültigkeit beanspruchen. Es ist kein Zufall, daß diese Tiefe der Reflexion auch anderen Zeugnissen bürgerstaatlicher Kultur des 5. Jhs. v. Chr. eigen ist: der Geschichtsschreibung von Herodot und Thukydides ebenso wie der plastischen Bildkunst von Phidias und Polyklet, der Architektur eines Iktinos und den hochklassischen Vasenmalern des rotfigurigen Stils oder der Aufklärungsphilosophie der Sophisten. Ihnen allen wie der gesamten politischen Ordnung von Bürgerstaat und Demokratie, deren Teil sie sind, wohnt eine Kraft inne, die uns gerade heute in den Irrwegen und Sackgassen der Moderne Orientierung für ein Denken in die Zukunft zu geben vermag.

Es ist beides, das Projekt von Aufklärung und Verwirklichung von Bürgerstaatlichkeit – „ein Neubeginn der Weltgeschichte", wie Christian Meier es mit Recht genannt hat – wie seine kritische Begleitung durch Dichtung, Philosophie und Geschichtsschreibung, was die griechische Geschichte in der archaischen und klassischen Zeit und besonders die Athens zu einem bleibenden Paradigma für die historische Reflexion macht.

B. Die *polis* als Tyrann

Vorbemerkung: Problemstellung und Aufriß des Themas

Die Darstellung der Beziehungen zwischen den griechischen Gemeinden in der archaisch-klassischen Zeit ergänzt das bisher gezeichnete Bild ihrer inneren Entwicklung. Bestand diese in der Herausbildung der bürgerstaatlichen Ordnung, so ist nun zu fragen, wie die Beziehungen zwischen den Gemeinden strukturiert und welche Prinzipien in ihnen maßgebend waren.

Am augenfälligsten tritt jene äußere Herrschaftsstellung in den Blick, die die Gemeinde der Athener im Anschluß an die Perserkriege über viele Gemeinden der griechischen Welt erringen konnte. Nachdem die Griechen Kleinasiens bereits seit etwa der Mitte des 6. Jhs. v. Chr. in das persische Reich eingegliedert waren, versuchten die persischen Könige 490 und 480 v. Chr. mit großen Feldzügen auch die mutterländischen Griechen in Abhängigkeit zu bringen. Die Griechen konnten unter der Führung von Athen und Sparta die Perser erfolgreich zurückschlagen und traten durch diese Auseinandersetzung aus dem weltpolitischen Windschatten heraus, in dem die wichtigsten mutterländischen Gemeinden während der archaischen Zeit meist gestanden hatten. Damit konnte sich nicht nur die von Kleisthenes ins Leben gerufene Ordnung des Bürgerstaates in Athen weiterhin unbeeinträchtigt von äußeren Eingriffen entfalten. Infolge der Zurückdrängung der Perser taten sich darüber hinaus auch neue, in dieser Dimension nicht gekannte, über die gesamte Ägäis reichende Handlungsräume auf. Diese neuen Möglichkeiten haben die Athener im Vollgefühl ihres bei Salamis errungenen Sieges mit großer Energie ergriffen.

Als erstes soll beobachtet werden, wie die Athener ihren Triumph in den Aufbau einer eigenen Machtstellung unter den griechischen Gemeinden umzumünzen verstanden (Kap. I). Der Weg, auf dem Athen innerhalb ganz kurzer Zeit zu einer Vormachtstellung in der griechischen Welt gelangte, ist im einzelnen ausführlich zu verfolgen. Denn über die Gründung des Attisch-Delischen Seebundes, in dem Athens neue Stellung ihren institutionellen Ausdruck fand, sind die Quellenberichte widersprüchlich. Und an sie knüpft sich das zentrale und in der Geschichtsforschung bis heute kontrovers beurteilte Problem: Ist der Seebund zunächst eine Kampfbündnis von Griechengemeinden gewesen, die unter der militärischen Führung von Athen den Perserkrieg offensiv fortsetzen wollten? Haben die Athener in diesem Bündnis dann allmählich eine so dominierende Stellung bekommen, daß sie es schließlich nur noch als ein Instrument ihrer eigenen Machtpolitik ansahen und behandelten? Ob diese Einschätzung der Entwicklung des Seebundes von einem Bündnis- zu einem Herrschaftssystem zutrifft, hängt zum einen von einer genauen Beurteilung seiner Entstehung ab (Kap. I), zum zweiten aber auch von einer Analyse seiner institutionellen Struktur (Kap. II). Um die athenische Politik während der Perserkriege und im Anschluß an sie zu verstehen, ist es ferner unerläßlich, die äußeren Aktivitäten und Bestrebungen der Athener während des 6. Jhs. v. Chr. und in diesem Zusammenhang den allgemeinen Charakter der äußeren Beziehungen der griechischen Gemeinden in der Zeit der weltpolitischen Isolation zu untersuchen (Kap. III). Nur so ist zu erkennen, in welcher Weise die Perserkriege einen Einschnitt für die äußeren Beziehungen der griechischen Gemeinden bedeutet haben beziehungsweise inwieweit das, was den Perserkriegen folgte, nicht auch Züge einer Kontinuität aufweist, die sich bis weit in die archaische Zeit hinein zurückführen läßt. Diese Blickrichtung ist schon deswegen unabdingbar, weil auch für die innere Entwicklung des athenischen Gemeinwesens Kontinuitätslinien von der archaischen zur klassischen Zeit bestimmend gewesen sind. Wodurch die neue politische Situation nach der Gründung des Seebundes 478/77 v. Chr. charakterisiert war, soll also im wesentlichen von ihrer Entstehungs- und sehr viel weiteren Vorgeschichte her abgeleitet werden. Eine Untermauerung des daraus gewonnenen Bildes bietet schließlich die Betrachtung der Operationen, die Athen und seine Partner im Bündnis in den ersten zehn Jahren seines Bestehens durchgeführt haben (Kap. IV).

Abb. 10 Die Hauptgebiete der griechischen Welt: Mutterland, Ägäis, Kleinasien, Unteritalien, Sizilien

Eine weitere Frage ist die nach den Mitteln und Methoden, mit denen die Athener über die im Seebund zusammengefaßten griechischen Gemeinden Herrschaft ausgeübt haben. Die Struktur dieser Mittel und der jeweilige Grad ihrer Entfaltung (Kap. V) hängen aufs engste mit der inneren Entwicklung der athenischen Demokratie im Laufe des 5. Jhs. v. Chr. zusammen. Damit war ein Rahmen gegeben, innerhalb dessen sich die Mittel der Herrschaftspraxis herausbilden konnten. Diese wirkten freilich auf die Ausbildung der demokratischen Staatlichkeit ihrerseits zurück (Kap. VI). Vor dem Hintergrund der eigentümlichen Struktur der athenischen Herrschaft sowie der Wechselwirkung zwischen politischem Binnen- und äußerem Herrschaftsraum soll schließlich nach den Gründen für den auffallenden Mangel an Stabilität und für die letztlich geringe Dauer der athenischen Herrschaft gefragt werden (Kap. VII). Dies führt abschließend zu dem Problem, warum es den Griechen in archaisch-klassischer Zeit nicht gelungen ist, ihre zwischenstaatlichen Beziehungen dauerhaft und stabil so zu ordnen, daß sie ihre politische Eigenständigkeit gegen einen übermächtigen Feind erfolgreich hätten verteidigen können. Das Wunder von Salamis ließ sich nicht beliebig wiederholen (Kap. VIII).

I. Der Wille zur Macht: Die Entstehung des Ersten Attisch-Delischen Seebundes

1. Die Bundesgründung in den Quellen: Ein problematischer Befund

Abb. 11 Bildnis des Themistokles. Marmor (Höhe 0,50 m). Römische Kopie (vermutlich erste Hälfte des 2. Jhs. n. Chr.) des Kopfes einer Bronzestatue aus Athen, 480/70 v. Chr. (Ostia, Museum, Inv. 85)
Der Politiker Themistokles (524-459 v. Chr.) war maßgebend für den Aufbau der athenischen Seemacht, den Sieg über die Perser bei Salamis (480 v. Chr.) und damit den Weg zur athenischen Machtstellung im 5. Jh. v. Chr. Seine noch zu Lebzeiten und vor der Verbannung (471/70 v. Chr.) aufgestellte Ehrenstatue zeigt das früheste griechische Portrait mit möglicherweise individuellen Zügen. Der wuchtige Kopf, der Stiernacken, ein geschwollenes Ohr und die grimmige Mimik sind weit entfernt vom klassischen Schönheitsideal und lassen an Schwerathleten oder den Heros Herakles denken. Vielleicht dokumentiert sich hierin die gewaltige Kraft und Anstrengung, mit der dieser Mann und mit ihm die Bürger ihrer *polis* Athen einen neuen Platz auf der Bühne der Weltgeschichte erobert hatten.

a. Der Hegemoniewechsel vor Byzanz

Im September 479 v. Chr. konnte das verbündete griechische Heer am Mykale-Vorgebirge (am kleinasiatischen Festland der Insel Samos gegenüberliegend) das noch verbliebene militärische Potential des persischen Königs vernichten, mit dem dieser die Griechen des Mutterlandes weiterhin hätte bedrohen können. Viele griechische Gemeinden an der ionischen Küste nutzten daraufhin die Schwäche der Perser, um sich von der persischen Oberhoheit loszusagen. Die Parole der Befreiung von den Persern verbreitete sich rasch im gesamten griechischen Siedlungsgebiet rund um die Ägäis und im östlichen Mittelmeer. Von ihr ging eine neue Dynamik militärischen Eingreifens aus, die das im Jahre 481 v. Chr. von Spartanern, Athenern und einer Reihe weiterer mutterländischer Griechenstädte gegründete militärische Kampfbündnis unter weiteren Zugzwang setzte. So segelte im darauffolgenden Frühjahr 478 v. Chr. eine Flotte dieses Hellenenbundes erneut nach Osten. Sie bestand aus 30 Schiffen der Athener und 20 Schiffen des Peloponnesischen

Bundes sowie weiterer Schiffen anderer Bündner. Zunächst wandte sie sich nach Zypern, dem östlichsten geschlossenen Siedlungsbereich der Griechen. Dort vertrieb sie die phönizische Flotte, die bis dahin für die Wahrung der persischen Interessen gegenüber den Griechenstädten gesorgt hatte. Nach dem Unternehmen in Zypern fuhren die Schiffe der griechischen Verbündeten entlang der kleinasiatischen Küste nach Westen und Norden bis hinauf nach Byzantion, das noch von den Persern besetzt war. Unter der Führung des Spartaners Pausanias wurde auch Byzantion genommen und für frei erklärt.

Im Zusammenhang dieser Ereignisse trug sich nun das zu, für das sich in der Forschung der Begriff ‚Hegemoniewechsel' eingebürgert hat. Zunächst Thukydides:

> „Schon während dieser Führung *(hegemonia)* aber verdroß die Hellenen sein (des Pausanias, d. Verf.) gewaltsames Wesen, vor allem die Ionier und die jüngst vom Großkönig Befreiten. Sie gingen zu den Athenern und baten sie, ihre Führer zu werden, wegen ihrer gleichen Abstammung[1], und die Eigenmächtigkeiten des Pausanias nicht zu dulden. Die Athener gingen darauf ein und strengten sich an, ihm nichts durchzulassen und alles so einzurichten, wie es ihnen am besten dienlich schiene. Inzwischen aber riefen die Spartaner Pausanias heim zur Untersuchung – sie hatten allerlei erfahren; denn viel Unrecht wurde ihm zur Last gelegt von den Hellenen, die nach Sparta kamen; und in seinem Gebaren sah er offenbar einem Tyrannen ähnlicher als einem Feldherrn. Seine Abberufung traf in die gleiche Zeit, da die Verbündeten, von ihm abgestoßen, zu den Athenern übergingen außer den Soldaten vom Peloponnes. Als er nach Sparta kam, wurde er wegen einzelner Vergehen gegen den oder jenen schuldig befunden, vom Hauptverbrechen aber freigesprochen; er war nämlich angeklagt vor allem der Verbindung mit Persien, und man meinte, das sei völlig erwiesen. Immerhin schickten sie ihn nicht mehr als Befehlshaber aus, sondern Dorkis und ein paar andere mit einem nicht sehr starken Heer; diesen überließen die Verbündeten die Führung nicht mehr, und als sie das merkten, fuhren sie wieder ab, und andere schickten die Spartaner später nicht mehr hin, aus Sorge, die Fremde verdürbe ihnen ihre Leute, wie sie es ja auch an Pausanias erlebt hatten, und weil sie den Persischen Krieg satt hatten und Athen als Vormacht stark genug glaubten, mit dem sie ja im Augenblick gut standen. Auf diese Weise bekamen die Athener die Führung, mit Zustimmung der Verbündeten *(symmachoi)*, weil Pausanias verhaßt war (...)."

(Thuk. 1, 95-96, 1; Ü.: Georg Peter Landmann)

Mit der Tendenz dieses Berichts stimmt auch die Schilderung Plutarchs in der Biographie des Atheners Aristeides überein:

> „Als er (Aristeides, d. Verf.), mit Kimon als Feldherr *(strategos)* zur Kriegführung ausgesandt, beobachtete, daß Pausanias und die anderen Befehlshaber der Spartiaten bei den Bundesgenossen *(symmachoi)* wegen ihrer Schroffheit verhaßt waren, verkehrte er selber mild und gütig mit ihnen, sorgte auch dafür, daß Kimon sich im Felde freundlich und zugänglich zeigte, und entzog so unmerklich, nicht durch Waffen, Schiffe und Rosse, sondern durch Sanftmut und kluge Politik, den Lakedaimoniern die führende Stellung *(hegemonia)*. Waren die Athener nämlich schon durch die Gerechtigkeit des Aristeides und durch die Milde Kimons bei den Griechen beliebt, so wurde die Zuneigung

---

[1] Die Ionier betrachteten sich als in mythischer Zeit von Athen aus gegründete Kolonien.

zu ihnen noch verstärkt durch die Habsucht und Härte des Pausanias. Denn er begegnete den Führern der Bundesgenossen stets zornig und herrisch, und die Gemeinen strafte er mit Schlägen oder ließ ihnen einen eisernen Anker auf die Schultern legen und sie so einen ganzen Tag stehen. Streu zum Lager oder Futterholen oder zur Quelle gehen, um Wasser zu schöpfen, durfte niemand vor den Spartiaten, sondern Knechte mit Peitschen in der Hand jagten jeden, der herankam, weg. Als hierüber Aristeides einmal sich beklagen und ihm Vorhaltungen machen wollte, zog Pausanias die Stirn in Falten, sagte, er habe keine Zeit, und hörte ihn gar nicht an. Daher traten die Führer der Griechen zu Land und zur See, besonders die Chier, Samier und Lesbier, an Aristeides heran und suchten ihn zu bereden, den Oberbefehl zu übernehmen und die Bundesgenossen an sich zu ziehen, die schon lange von den Spartiaten loszukommen und sich statt dessen den Athenern anzuschließen wünschten. Als er ihnen antwortete, er erkenne wohl die Notwendigkeit und die Berechtigung dessen, was sie sagten; um sich aber darauf verlassen zu können, bedürfe es einer Tat, die es der Menge unmöglich mache, wieder umzuschwenken, so verschworen sich der Samier Uliades und der Chier Antagoras miteinander und liefen bei Byzantion gegen die voranfahrende Triere des Pausanias von beiden Seiten an. Als er bei diesem Anblick aufsprang und zornig drohte, er würde den Männern sehr bald zeigen, daß sie nicht sein Schiff, sondern ihr eigenes Vaterland angegriffen hätten, erwiderten sie ihm, er solle nur abziehen und dem Glück dankbar sein, das ihm bei Plataiai beigestanden habe[2]; denn nur noch aus Scheu vor diesem verzichteten die Griechen darauf, ihm die verdiente Strafe aufzuerlegen. Endlich fielen sie ab und gingen zu den Athenern über.

Hier zeigte sich nun die Gesinnung Spartas in bewunderungswürdiger Weise. Als sie nämlich bemerkten, daß ihre Feldherren durch die Größe ihrer Machtfülle verdorben wurden, verzichteten sie freiwillig auf den Oberbefehl und entsandten keine Führer mehr für den Krieg, sondern zogen es vor, Bürger zu haben, die Maß hielten und sich in die alten Sitten fügten, als über ganz Griechenland zu herrschen."

(Plut. Arist. 23; Ü.: Konrat Ziegler)

Die beiden Quellenberichte stimmen im Hinblick auf die hier interessierenden Informationen in folgendem überein:

• Den Athenern wird die Führung der vor Byzantion liegenden Bündnerflotte und damit die Position eines *hegemon* im griechischen Bündnis von der Mehrheit der Bündner angetragen. Plutarch erwähnt ausdrücklich die aktive Rolle der drei großen Inseln Chios, Samos und Lesbos dabei.

• Ursache ist die verbreitete Unzufriedenheit mit dem tyrannischen Verhalten des spartanischen Oberbefehlshabers Pausanias.

• Die Spartaner haben sich freiwillig der Entscheidung der Bündner gefügt. In ihrem eigenen Interesse, um sich nämlich vor schädlichen Einflüssen von außen abzuschotten, hätten sie auf den militärischen Oberbefehl verzichtet.

---

[2] Dort wurde unter der Führung Spartas 479 v.Chr. der entscheidende Sieg zu Lande über die Perser errungen.

- Plutarch erwähnt, Kimon und Aristeides, die athenischen Kommandeure, hätten sich schon zuvor bei den Verbündeten beliebt gemacht, indem sie sich ihnen gegenüber völlig anders als Pausanias verhalten hätten. Nicht ohne eigenes Zutun seien die Athener also zur Führung gekommen. Hier klingt ein Motiv an, das sich in einer konkurrierenden Version der Überlieferung dieser Ereignisse findet. Plutarch macht es aber zugunsten der vorherrschenden Aussage seines Berichts nicht sehr stark: Denn bei ihm wie bei Thukydides fällt die militärische Führung aufgrund der Absetzung von Pausanias den Athenern gleichsam in den Schoß. Diese hätten sich selbst nicht danach gedrängt.

Aus den Quellen geht ebenfalls die Gegenposition hervor, zwar nicht so ausführlich erzählt, jedoch unmißverständlich in der Aussage. Zunächst Herodot:

„Denn als sie (die Athener, d. Verf.) den Perser zurückgeschlagen hatten und nunmehr um deren Land kämpften, nahmen sie den Lakedaimoniern den Oberbefehl *(hegemonie)* weg, indem sie die Überheblichkeit *(hybris)* des Pausanias als Grund vorschützten."
(Hdt. 8, 3; Ü.: Josef Feix)

Genauso lapidar heißt es in der Athenaion Politeia:

„Damals (nach dem Sieg bei Salamis, d. Verf.) waren sie (die Athener, d. Verf.) ja auch kriegsgeübt und standen bei den Griechen in hohem Ansehen. Sie übernahmen die Vorherrschaft *(hegemonia)* auf dem Meer, gegen den Willen der Spartaner. (...) Aristeides war es, der die Ionier zum Abfall von dem Bündnis mit den Spartanern ermunterte, indem er es ausnutzte, daß die Spartaner durch Pausanias in schlechten Ruf geraten waren."
(Aristot. Ath. pol. 23, 2 u. 4; Ü.: Peter Dams)

Das Gegenbild zu der von Thukydides vermittelten Anschauung sieht also folgendermaßen aus:

- Die Initiative für den Hegemoniewechsel ist allein von Athen ausgegangen.
- Die Anerkennung Athens als *hegemon* erfolgte gegen den Willen der Spartaner.
- Pausanias hat mit seinem abstoßenden Verhalten lediglich einen willkommenen Vorwand für die Athener geliefert.
- Als wahrer Hintergrund für die Zustimmung der übrigen Griechen zu Athens Führungsstellung wird in der Athenaion Politeia genannt: die kriegerische Stärke der Athener und ihr hohes Ansehen, das sie sich offenbar durch ihre militärischen Leistungen während der Perserkriege erworben hatten.

Wir haben es hier mit einem beispielhaften Fall völlig divergierender Quellenaussagen zu tun. Bei der Rekonstruktion der Vorgänge muß man entscheiden, welcher Version der Vorzug zu geben ist. Die Forschung ist bisher meist Thukydides gefolgt. Seine Erzählung hebt sich nicht nur durch ihre Ausführlichkeit von den knappen Nachrichten Herodots und der Athenaion Politeia ab, ihre Plausibilität scheint auch am leichtesten nachvollziehbar. Sie hat überdies den Vorteil, zu einem verbreiteten Gesamtbild zu passen, in dem der Sündenfall athenischer Macht-politik und Herrschaftsausübung erst nach einem allmählichen Übergang oder ir-gendwann zu einem unterschiedlich angenommenen späteren Zeitpunkt stattfin-det. Lag er hingegen bereits in der Geburtsstunde der Übernahme des Oberbefehls durch die Athener im Hellenenbund, so fällt auf die Helden von Marathon und Sa-lamis ein allzu dunkler Schatten, und man tut sich schwer zu erklären, wie es zu diesem plötzlich so zielstrebig erscheinenden Machterwerb kommen konnte vor dem Hintergrund der bis dahin so unspektakulär und im ganzen unschuldig er-scheinenden athenischen Außenpolitik.

Die Klärung des durch die Urteile der Quellen aufgeworfenen Problems fordert deshalb sowohl eine genaue Untersuchung der unmittelbaren Vorgeschichte von Hegemoniewechsel und Seebundsgründung als auch eine auf die Herausarbeitung der Interessen Athens gerichtete Analyse der institutionellen Struktur des neuen Bündnisses wie schließlich die Einbeziehung eines weiteren bis in die archaische Zeit zurückreichenden Zeithorizontes. Denn es reicht für eine Beurteilung der Ent-stehung des Seebundes und seines Charakters nicht aus, die Berichte über den Akt der Bundesgründung quellenkritisch zu durchleuchten. Zunächst müssen diese aber erst noch weiter vorgestellt werden, da bislang ja nur vom Wechsel in der Führung des gegen Persien gerichteten Hellenenbundes die Rede war. Was ist demgegen-über unter der Gründung des Attisch-Delischen Seebundes zu verstehen?

b. Das neue Bündnis

Über den Gründungsakt des Seebundes heißt es bei Thukydides, die Athener

> „(...) setzten nun fest, welche Städte Geld gegen den Barbaren beisteuern sollten und welche Schiffe (...). Damals setzten die Athener zuerst die Behörde der Schatzmeister von Hellas *(hellenotamiai)* ein, den Beitrag *(phoros)* zu empfangen (so nannte man die Geld-Beisteuer). Der erste Beitrag, der umgelegt wurde, betrug vierhundertsechzig Ta-lente; als Schatzhaus wählten sie Delos, und dort im Heiligtum waren auch ihre Ver-sammlungen."
>
> (Thuk. 1, 96; Ü.: Georg Peter Landmann)

Das sind nüchterne Tatsachenfeststellungen. Sie unterscheiden sich deutlich von dem vorangehenden, stark wertenden Bericht. Das ist um so auffallender, als Thu-kydides im Sinne seiner Tendenz, die Athener von den Verbündeten in die Füh-rungsrolle gedrängt zu sehen, nicht mehr aus diesen Informationen zum Grün-dungsakt des Seebundes gemacht hat. Bei Plutarch können wir lesen, was daraus werden konnte:

> „Die Griechen leisteten auch schon, als die Lakedaimonier die Führung hatten, Beiträge für den Krieg, wünschten nun aber, daß diese Stadt für Stadt nach Billigkeit festgesetzt würden, und erbaten daher von den Athenern den Aristeides, den sie nun beauftragten, überall das Land und seine Einkünfte zu besichtigen und danach den Beitrag gerecht nach dem Können eines jeden zu bestimmen. Zu so großer Machtvollkommenheit ge-langt und gewissermaßen zum alleinigen Herrn über Griechenland gesetzt, zog er arm

aus und kehrte noch ärmer zurück, nachdem er nicht nur unantastbar und gerecht, sondern auch zur Zufriedenheit aller und mit der rechten Abstimmung die Einschätzung der Beiträge vorgenommen hatte. Denn wie die Alten das Zeitalter des Kronos, so priesen die Bundesgenossen der Athener die Abgabenliste des Aristeides und nannten diese Zeit die Glückszeit Griechenlands, vor allem, als nach nicht langer Zeit der Betrag verdoppelt und dann gar verdreifacht wurde. Die Summe, die Aristeides festgesetzt hatte, belief sich nämlich auf vierhundertsechzig Talente."

(Plut. Arist. 24, 1-4; Ü.: Konrat Ziegler)

Auch die Athenaion Politeia verweist auf Aristeides' Wirken. Nur ist es dort konsequent in das Bild von der aktiven Rolle der Athener bei der Übernahme der Führung eingeordnet:

„(...) Aristeides war es, der die Ionier zum Abfall von ihrem Bündnis mit den Spartanern anspornte, da er wahrgenommen hatte, daß die Spartaner wegen des Verhaltens des Pausanias heftig kritisiert worden waren. Deshalb war er es auch, der die ersten Beiträge *(phoroi)* für die Bundesstädte im dritten Jahre nach der Schlacht bei Salamis, unter dem Archonten Timosthenes, festsetzte; er leistete auch den Ioniern die Eide, daß es (für die Athener, d. Verf.) dieselben Feinde und dieselben Freunde (wie für die Bundesgenossen, d. Verf.) geben solle; zur Bekräftigung dessen versenkten sie die Eisengewichte im Meer."

(Aristot. Ath. pol. 23, 4-5; Ü.: Mortimer Chambers)

Die Eideszeremonie nennt auch Plutarch:

„Aristeides nahm den Griechen den Eid ab und leistete ihn seinerseits für die Athener, wobei er zu den Verwünschungen Metallklumpen ins Meer versenkte."

(Plut. Arist. 25, 1; Ü.: Konrat Ziegler)

Diesen Quellen können folgende Informationen zum Gründungsakt und zur Struktur des neuen Bündnisses entnommen werden:

- Wahrscheinlich im Spätsommer 478 v. Chr. wurden die Athener in Byzanz die militärischen Führer, der *hegemon*, eines Bündnissystems. Dessen Namen kennen wir aus späteren Inschriften: „Die Athener und ihre Bundesgenossen" (*hoi Athenaioi kai hoi symmachoi*, wörtlich: Die Athener und ihre Mitkämpfer). Der in der modernen Forschung geläufige Begriff ‚Attisch-Delischer Seebund' ist in den antiken Quellen nicht belegt.
- Das Bündnis entstand, indem Athen mit den vor Byzanz anwesenden Griechen, mit Ausnahme derer, die mit den Spartanern nach Hause gefahren waren, Einzelbündnisse abschloß. Letzteres ist zu folgern aus dem Namen des Bündnisses sowie den im Plural genannten Eiden, die die Athener mit den jeweiligen Bündnern geschlossen haben.[3]
- Die Bündnisformel lautete: „denselben Feind und denselben Freund zu haben".

---

[3] Vgl. Thuk. 3, 10, 2: Die Männer von Mytilene sprechen 427 v. Chr. über ihre Beziehung zu den Athenern als von „unserem Bündnis mit den Athenern".

- Die Bündnisse waren zeitlich nicht befristet. Das Versenken der Metallgewichte sollte vermutlich ein symbolischer Ausdruck dafür sein, daß das Bündnis fortdauern sollte, bis die Gewichte wieder auftauchen würden.
- Athener und Bündner hatten ein gemeinsames Heiligtum auf der Insel Delos.
- Dort trat eine Versammlung *(synhedrion)* aller Bündner zusammen.
- Die Athener bestimmten den Beitrag *(phoros)*, den die Bündner jeweils zu den gemeinsam mit ihrem *hegemon* unternommenen militärischen Aktionen zu leisten hatten. Es konnten Schiffe gestellt oder Geldzahlungen entrichtet werden.
- Die Athener setzten jeweils die Höhe des gesamten Finanzbedarfs fest. Dieser wurde je nach Leistungsfähigkeit auf die einzelnen Bündner umgelegt.
- Diese Bundesgelder wurden im Apollonheiligtum von Delos aufbewahrt. Zu ihrer Verwaltung wurde eigens eine Behörde geschaffen, die *hellenotamiai*, die sich ausschließlich aus Athenern rekrutierten.

Aus der Vielzahl von Fragen, die sich im Anschluß an diesen widersprüchlichen und recht detaillierten Überlieferungsbefund (es gibt daneben noch eine Reihe von Sekundärquellen) stellen, scheinen die in den folgenden Kapiteln zu erörternden besonders ergiebig für eine Klärung des oben skizzierten Grundproblems, welchen Charakter dieses Bündnis von seinen Anfängen an besessen hat.

2. Der Hellenenbund und der Seebund

In welchem Verhältnis standen die Bündnisse, die Athen 478 v. Chr. vornehmlich mit Griechen aus Ionien und den ägäischen Inseln abgeschlossen hat, zu jenem nur wenig älteren Bund, in dem sich 481 v. Chr. Athen, Sparta und andere Griechenstädte zur Abwehr der Perser vereinigt hatten? Bedeuteten die neuen Bündnisse nicht vielmehr nur die Aufnahme neuer Mitglieder in diesen älteren Hellenenbund sowie einen Wechsel in dessen militärischer Führung? In der Tat ist in der Forschung die These von der Identität von See- und Hellenenbund vertreten worden.

Ein Vergleich der beiden Bündnisse zeigt jedoch, daß der Hellenenbund von anderer Natur war als die Bündnisse von 478 v. Chr.: Im Hellenenbund waren die Teilnehmer alle untereinander verbündet, während Athen 478 v. Chr. zweiseitige Abkommen mit jedem einzelnen Bündner einging. Daß dies nicht nur den Wechsel im Oberbefehl nach sich zog, ist auch daraus ersichtlich, daß sämtliche ihrerseits mit Sparta verbundenen Peloponnesier sich zusammen mit Sparta nach den Vorgängen von Byzanz zurückzogen. Innerhalb des Hellenenbundes hätte Sparta schließlich seine Ausbootung als *hegemon* nicht so völlig widerspruchslos hinnehmen können. Denn der Bund von 481 v. Chr. war in dieser Form auf ewige Zeiten geschlossen worden.

Im übrigen wird sich keinem der an den Vorgängen in Byzanz Beteiligten das Problem etwaiger formeller Zugehörigkeit zu anderen Bünden und der damit verbundenen Loyalitäten wirklich gestellt haben. Weder dachte man in rein formalju-

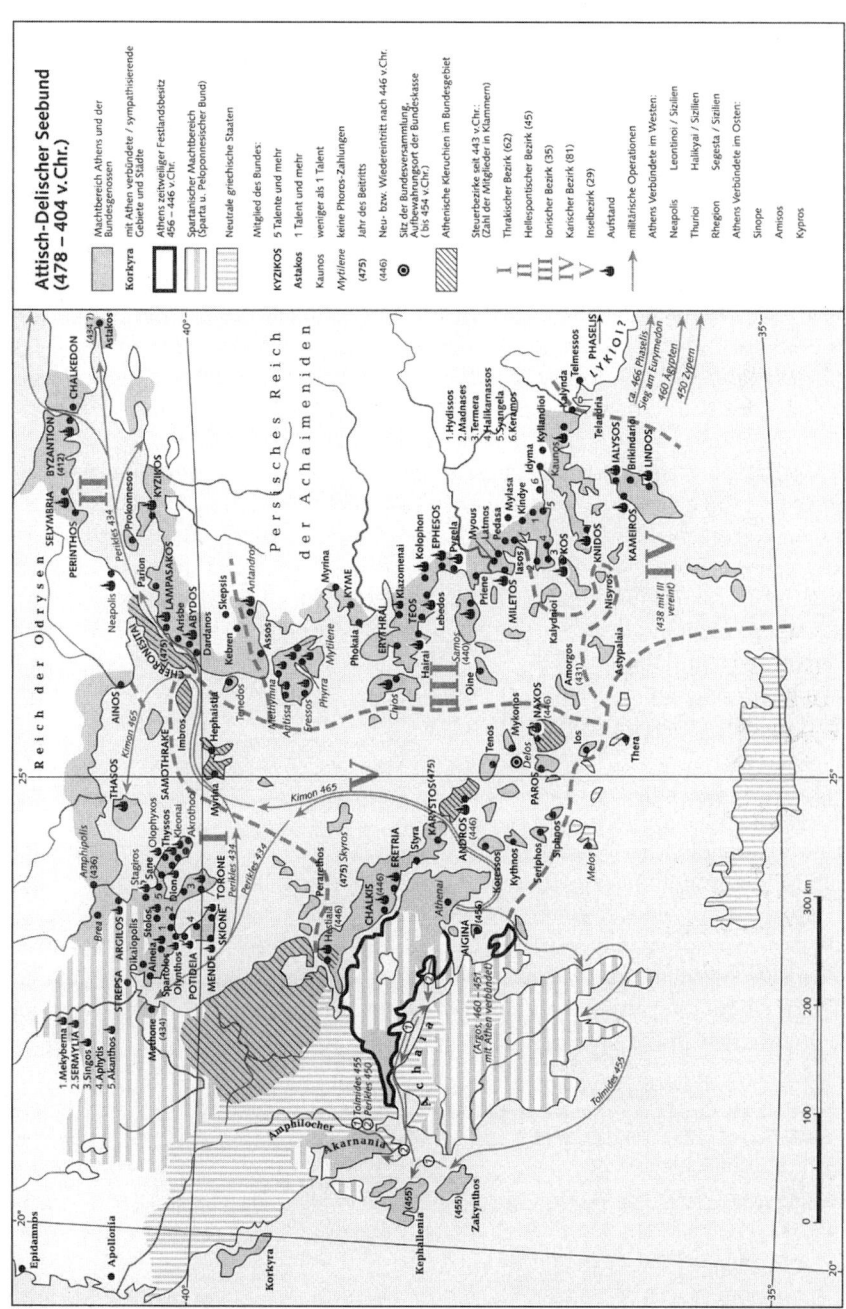

Abb. 12 Der Attisch-Delische Seebund

ristischen Kategorien, noch besaß nach den epochalen Ereignissen der vergangenen beiden Jahre das alte Bündnis von 481 v. Chr. noch irgendein Gewicht: Gegen jede Erwartung waren die Perser besiegt, und es war – ebenfalls gegen jede Erwartung – nicht Sparta, sondern für alle offensichtlich Athen, dem das Hauptverdienst dabei zukam. Damit hatte sich das Verhältnis zwischen den griechischen Gemeinden grundlegend gewandelt. In dieser neuen Lage konnte das von Sparta geführte Bündnis als historisch überholt gelten. Es spielte auch fortan keine Rolle mehr, einer formellen Auflösung bedurfte es daher eigentlich nicht. Allenfalls könnte man die Jahre 461 v. Chr. und 411 v. Chr. als Verfallsdaten des Hellenenbundes von 481 v. Chr. betrachten. 461 v. Chr. schloß Athen Militärbündnisse mit Argos und Thessalien ab. Die Athener hätten damit, so Thukydides[4], das gegen Persien mit Sparta geschlossene Bündnis aufgegeben: Argos und Thessalien waren perserfreundlich, Argos überdies der Erzrivale Spartas. Indessen ist der Rückbezug auf den Hellenenbund in dieser Situation sicher anachronistisch und nur zu verstehen aus Thukydides' Konzeption des athenisch-spartanischen Verhältnisses als eines allmählichen Wachstums der gegenseitigen Feindschaft in dem halben Jahrhundert nach den Perserkriegen. 411 v. Chr. haben dann die Spartaner und ihr Bund mit den Persern ein Beistandsabkommen gegen Athen geschlossen. Jedoch liegt auch hier auf der Hand, daß zu diesem Zeitpunkt, nach 14 Jahren Krieg zwischen Sparta und Athen, niemand auch nur im entferntesten an die ehemalige Allianz gegen die Perser gedacht haben dürfte.

Festzuhalten ist, daß die Athener durch ihre Bündnisse von 478 v. Chr. eine völlig neue militärische Allianz geschaffen haben.

3. Das Verhältnis zwischen Athen und Sparta

Auf den ersten Blick ist offensichtlich, daß die Gründung des Attisch-Delischen Seebundes das Verhältnis von Athen und Sparta berührt haben mußte. Ein Problem wirft jedoch Thukydides' Darstellung auf, die Spartaner seien auf die Klagen der Bundesgenossen über den spartanischen Oberbefehlshaber Pausanias eingegangen und hätten ihn verurteilt. Statt seiner hätten sie dann Dorkis nach Byzanz geschickt, der jedoch unverrichteter Dinge wieder zurückgefahren sei, da inzwischen die Hegemonie an Athen übergegangen war.

> „(...) andere schickten die Spartaner später nicht mehr hin, aus Sorge, die Fremde verdürbe ihnen ihre Leute, wie sie es ja auch an Pausanias erlebt hatten, und weil sie den Persischen Krieg satt hatten und Athen als Vormacht stark genug glaubten, mit dem sie ja im Augenblick gut standen."
>
> (Thuk. 1, 95, 7; Ü.: Georg Peter Landmann)

---

[4] Vgl. Thuk. 1, 102, 4.

Eine parallele Bemerkung hierzu findet sich im Zusammenhang mit der Schilderung der spartanischen Reaktion auf den athenischen Mauerbau im Winter 479/78 v. Chr.:

> „Die Spartaner nahmen das auf, ohne einen Ärger über Athen zu zeigen ((...) zudem waren sie ihm damals eben wegen seiner großen Taten im Perserkrieg höchst zugetan) (...).“
>
> (Thuk. 1, 92; Ü.: Georg Peter Landmann)

Eben hierin liegt das Problem: Ist Thukydides' Urteil wirklich glaubhaft, und waren die Beziehungen zwischen den Athenern und Spartanern im Jahre 478 v. Chr. tatsächlich so gut und von Athens neuer militärischer Stellung unbeeinträchtigt? Folgende Informationskomplexe dienen der Beantwortung der Frage:

- Athen und Sparta vor den Perserkriegen:

Allein im letzten Jahrzehnt des 6. Jhs. v. Chr. ist Sparta mehrmals gegen Athen militärisch vorgegangen:

511/10 v. Chr.:	Auf Drängen des Orakels in Delphi schicken die Spartaner einen gewissen Anchimolios mit einem Heer nach Attika, um den letzten Tyrannen Hippias aus Athen zu vertreiben. Der Versuch scheitert.[5]
510 v. Chr.:	Dem gleichen Ziel dient im Jahr darauf die militärische Intervention des Spartanerkönigs Kleomenes, die in der Beseitigung der *tyrannis* in Athen endet.[6]
508/07 v. Chr.:	Im Zuge der *stasis*-Auseinandersetzungen zwischen den Athenern Isagoras und Kleisthenes greift Kleomenes erneut militärisch in Athen zugunsten von Isagoras ein. Damit stellen sich die Spartaner gegen die Einrichtung des Bürgerstaates durch Kleisthenes. Obwohl Kleomenes anfänglich Erfolg hat und Kleisthenes sowie viele weitere seiner Anhänger aus Athen vertreiben kann, scheitert er schließlich am entschlossenen und gewaltsamen Widerstand der athenischen Bürger.[7]
506 v. Chr.:	Nach der erfolgreichen kleisthenischen Neuordnung versuchen die Spartaner nochmals, durch ein groß angelegtes militärisches Unternehmen des Peloponnesischen Bundes die Gegner des Kleisthenes und den Isagoras in Athen an die Macht zu bringen. Das Unternehmen bleibt bereits in der Anfangsphase stecken, weil sich sowohl die beiden spartanischen Könige als auch die verbündeten Heere uneins sind.[8]

Auch in den Folgejahren verlieren die Spartaner ihre gegen die neue Ordnung in Athen gerichteten Ziele nicht aus den Augen. Am Vorabend der Perserkriege ventilieren sie auf einer Konferenz in Sparta den Plan, nunmehr den vormaligen Tyrannen Hippias wieder in seine Machtstellung in Athen einzusetzen. Gegen

---

[5] Vgl. Hdt. 5, 63, 2-4.
[6] Vgl. Hdt. 5, 64 f.
[7] Vgl. Hdt. 5, 72, 1-2.
[8] Vgl. Hdt. 5, 74-76.

den Widerstand ihrer Bundesgenossen, allen voran Korinths, können sie sich jedoch nicht durchsetzen.[9]

Der Grund für diese immer wieder gegen das nachkleisthenische Athen gerichtete Politik der Spartaner war höchstwahrscheinlich dessen nach dem Sturz der *tyrannis* sehr aktive Außenpolitik. Die Athener hatten sämtliche, noch von den Tyrannen genommenen Rücksichten auf Sparta abgelegt und damit in den Augen der Spartaner Gefahren für deren eigene außenpolitische Ambitionen etwa in Mittelgriechenland heraufbeschworen. Herodot hat diesen Punkt exakt getroffen, indem er in Zusammenhang mit dem zuletzt genannten Hippias-Plan bemerkt: Die Spartaner hätten gesehen, daß die Athener immer mehr zunahmen an Macht und in keiner Weise mehr bereit seien, sich den Spartanern unterzuordnen.[10]

Das Ergebnis: Gewiß von beiden Seiten aus, jedoch erkennbar in zahlreichen feindseligen Aktivitäten Spartas waren die athenisch-spartanischen Beziehungen bereits in den zwei Jahrzehnten vor den Perserkriegen gespannt und von offener Konfrontation eher gekennzeichnet als von Freundlichkeit.

• Die Bedeutung des Hegemoniewechsels für Sparta:

Mit großer Selbstverständlichkeit war den Spartanern im griechischen Bündnis gegen die Perser die Führung zugesprochen worden. Das war die sachlich notwendige Folge aus Spartas außenpolitischer und militärischer Stellung im davorliegenden halben Jahrhundert, das den Aufbau des Peloponnesischen Bundes und glänzende spartanische Siege auf dem Schlachtfeld gesehen hatte. Spartas eigenes Selbstverständnis war praktisch ausschließlich durch seine überragende militärische Leistungsfähigkeit geprägt. Die ihm in den Perserkriegen übertragene Rolle gehörte daher zur spartanischen Identität. Daß es daran bis zuletzt keine Zweifel gab, zeigt die unverzügliche Aussendung des Dorkis als Ersatz für Pausanias zur Führung der griechischen Flotte vor Byzanz.

Vor diesem Hintergrund muß die Nachricht von der mittlerweile erfolgten Übertragung des Oberbefehls an Athen in Sparta wie eine Bombe eingeschlagen haben. Sie traf die Spartaner an ihrem empfindlichsten Nerv: ihrer militärischen Stellung nach außen, die angesichts ihrer politischen Ordnung untrennbar mit den Verhältnissen im Inneren ihres Gemeinwesens verbunden war. Die Ereignisse vor Byzanz stellten für Sparta vor dem Hintergrund seiner gesamten bisherigen Geschichte einen fundamentalen Einschnitt dar. Wenn Thukydides und Plutarch berichten, Sparta habe die neue Lage geduldig hingenommen, ja sogar erleichtert begrüßt, so klingt dies folglich kaum glaubwürdig. Die gegenteiligen Quellenaussagen[11] beschreiben die Vorgänge wohl zutreffender.

---

[9] Vgl. Hdt. 5, 90-92 a 2, 93.
[10] Vgl. Hdt. 5, 91, 1.
[11] Hdt. 8, 3, 2: „den Oberbefehl entrissen"; Aristot. Ath. pol. 23, 2: „gegen den Willen der Spartaner".

• Der spartanische Plan eines Rachefeldzugs gegen Athen:

Zu dem bisherigen Befund passen Nachrichten bei Diodor[12], die wohl in den auf die Seebundsgründung folgenden Winter 478/77 v. Chr. zu datieren sind. Es wird berichtet, Sparta habe den Verlust der Hegemonie nicht ertragen wollen und daher einen Feldzug gegen Athen und die vom Hellenenbund abgefallenen Bündner geplant. Sowohl in der spartanischen *gerusia* als auch in der Vollversammlung der Spartiaten sei darüber beraten worden. Man sei schon fast entschlossen gewesen, als Hetoimaridas, ein Mitglied der *gerusia*, seine Mitbürger doch noch umgestimmt habe. Sein Argument sei gewesen, daß es nicht in Spartas Interesse gelegen habe, um die Vorherrschaft auf dem Meer zu streiten. Dahinter steht vermutlich die Einsicht, daß es ohne entsprechend starke Flotte für die Spartaner nicht möglich gewesen wäre, das vor Byzanz Geschehene rückgängig zu machen. Die Voraussetzungen für eine energische Flottenrüstung waren in Sparta aber nicht gegeben, weder militärisch-taktisch, noch sozial. Sparta wäre für diesen Fall auf die Heloten angewiesen gewesen. Vielleicht ist schon die Absetzung des Pausanias darauf zurückzuführen, daß er eine in diese Richtung zielende Politik anvisiert hat.[13]
Die Passivität Spartas nach 478 v. Chr. ist also keine freiwillige Hinnahme der neuen Lage, sondern der Ausdruck dessen, daß man Realitäten, die sich infolge der Perserkriege ergeben hatten, zähneknirschend zur Kenntnis nehmen mußte.

• Spartas innere Schwierigkeiten:

Daß Sparta gezwungen war, sich den augenblicklichen Gegebenheiten zu unterwerfen, liegt auch an Schwierigkeiten, mit denen es in seinem eigenen Einflußbereich, dem Peloponnesischen Bund, in jenen Jahren zu kämpfen hatte. Sowohl die Verbündeten Tegea wie Arkadien standen schlecht mit Sparta. Auch dies ist möglicherweise zurückzuführen auf die Einbuße an Prestige, die Sparta durch den Aufstieg der Athener erleiden mußte. Ein anderer Grund könnte der Mangel an Gelegenheiten gewesen sein, den militärischen Zusammenhalt zu beweisen. Argos, der wichtigste Feind Spartas, war seit 494 v. Chr. auf dem Tiefpunkt seiner Macht. Die spartanischen Ambitionen in Mittelgriechenland, zuletzt ein Unternehmen des Königs Leotychidas gegen Thessalien, waren fehlgeschlagen.

Die Vorgänge und Faktoren, die das Verhältnis zwischen Athen und Sparta bestimmten, lassen wenig Zweifel daran, daß der Attisch-Delische Seebund gegen den Wil-

---

[12] Diod. XI, 50.
[13] Vgl. Thuk. 1, 132, 4.

len und gegen die politischen Interessen Spartas gegründet wurde. Dieses war jedoch zum damaligen Zeitpunkt nicht in der Lage, etwas entgegenzusetzen. Sparta hat sich daher vorläufig zurückgehalten und Athen gezwungenermaßen das Feld überlassen.

4. Der zielstrebige Weg zur Führung: Athens Politik in der unmittelbaren Vorgeschichte der Bundesgründung

Die Grundfrage der angeführten Quellen lautet: War Athen lediglich bereit, die militärische Führung der Griechen zu übernehmen, als es von einem Teil der bisherigen Mitbündner sowie neuen Partnern dazu aufgefordert wurde – so die Version von Thukydides und Plutarch? Oder hat Athen die Situation vor Byzanz aus Eigeninteresse genutzt, gar selbst herbeigeführt? Steckt dahinter sogar eine schon länger zu beobachtende Tendenz der athenischen Außenpolitik, wie es das Zeugnis der Athenaion Politeia und besonders Herodots nahelegen?

Daß letzteres richtig ist, ist im vorangehenden bereits in einigen Punkten begründet worden. Der Sicht Herodots ist vor der des Thukydides der Vorzug zu geben. Dessen Darstellung, Athen sei zur Übernahme der Führung und damit zu seiner neuen Machtstellung als Mittelpunkt eines Bündnissystems aufgrund der Unfähigkeit des Pausanias und der Unwilligkeit der Spartaner geradezu gedrängt worden – diese Deutung der Vorgänge läßt sich als Teil eines Konzepts von Thukydides verstehen, das seiner Geschichte der Pentekontaetie (der 50 Jahre zwischen dem Perserkrieg und dem Peloponnesischen Krieg) zugrunde liegt. Von geringen und gewissermaßen unschuldigen Anfängen aus sei die Macht Athens erst langsam gewachsen:

> „Als Führer der zunächst noch selbständigen Verbündeten, die in den Zusammenkünften gemeinsam berieten, breiteten nun zwischen dem Persischen und dem Peloponnesischen Kriege die Athener ihre Macht soweit aus, kriegführend und zupackend bei allen Zwistigkeiten mit den Barbaren, mit ihren eignen widerspenstigen Verbündeten und auch mit Peloponnesiern, die sie von Fall zu Fall sich gegenüberfanden."
>
> (Thuk. 1, 97, 1; Ü.: Georg Peter Landmann)

Gleich zu Beginn der Erzählung über die Vorgeschichte des Peloponnesischen Krieges kleidet Thukydides seine historische Bewertung in unmißverständliche Worte:

> „Den wahrsten Grund (für den Krieg, d. Verf.) freilich, zugleich den meist beschwiegenen, sehe ich im Wachstum Athens, das die erschreckten Spartaner zum Kriege zwang (...)."
>
> (Thuk. 1, 23, 6; Ü.: Georg Peter Landmann)

Dies ist vom Ergebnis her gewiß nicht zu bestreiten, ebensowenig, daß die athenische Macht im Laufe des 5. Jhs. v. Chr. erheblich angewachsen ist. Problematisch ist allerdings der von Thukydides damit verknüpfte Gedanke, als sei Athen erst mit der Zeit auf den Geschmack an der Macht gekommen, als sei es zur Zeit der Gründung des Seebundes zwar dessen militärischer Führer gewesen, dies aber doch primär rein militärisch, und im übrigen eines unter anderen gleichberechtigten Mitgliedern des Seebundes. Dieser hätte seinen Charakter als *symmachia*, als allein militärischer Beistandspakt nach und nach verloren und aus den *symmachoi*, den Mitkämpfern Athens, seien allmählich Objekte von dessen Herrschaftsausübung geworden. Der Seebund sei mithin später nur noch dem Namen nach ein Bündnis gewesen. Auf Thukydides' Sicht gestützt, hat die Forschung die Formel ‚von der *symmachie* zur *arche* (= Herrschaft)‘ geprägt.

Über die Anfänge des Seebundes ist also deswegen Klarheit zu gewinnen, weil hieran das Verständnis alles weiteren hängt. Hält man nämlich mit Herodot athenisches Machtstreben, den Willen zur Herrschaft bereits im Gründungsakt des Seebundes für wirksam, ja ausschlaggebend, so fällt die Formel ‚von der *symmachie* zu *arche*‘ in sich zusammen. Das aber hat weitreichende Konsequenzen für die Rekonstruktion der historischen Entwicklung im 5. Jh. v. Chr. sowohl außen- wie innenpolitisch.

Warum die Quellen die Sicht Herodots eher nahelegen als die des Thukydides, dessen Mitteilungen etwa in Kapitel 1, 98 im übrigen auch gegen das von ihm selbst Beabsichtigte gelesen werden können, soll im folgenden weiter belegt werden. Jene Nachrichten, die die Quellen über die athenische Politik in den gut zwei Jahren liefern, die vor der Gründung des Seebundes liegen, zeigen eine dichte Abfolge von Handlungen:

- 481 v. Chr.

    „Bereits am Anfang (bei der Gründung des Hellenenbundes, d. Verf.) (...) war die Rede davon, man müßte die Seemacht eigentlich den Athenern anvertrauen. Da die Bundesgenossen aber dagegen Einspruch erhoben, hatten die Athener nachgegeben, weil ihnen die Rettung Griechenlands am Herzen lag und sie wohl wußten, daß Griechenland im Streit um den Oberbefehl zugrunde gehen müsse. Das war ein richtiger Gedanke; denn Zwietracht im Innern ist umso viel schlimmer als ein einmütig geführter Krieg, wie Krieg schlimmer ist als Friede. Eben aus diesem Grund widersetzten sie sich nicht, sondern fügten sich, solange sie jene ganz nötig brauchten, wie sie später bewiesen."

    (Hdt. 8, 3; Ü.: Josef Feix)

Bereits bei der Gründung des Hellenenbundes hatte Athen also versucht, den Befehl über die gemeinsame Flotte zu erhalten. Offenbar drohte hierüber ein Streit auszubrechen, vor dem die Athener jedoch zurückscheuten angesichts der von den Persern unmittelbar drohenden Gefahr.

- 480 v. Chr.

Im Sommer darauf beginnen die Flottenoperationen. Die Griechen nehmen mit 271 Schiffen, darunter 127 athenischen an der Nordspitze der Insel Euboia Aufstellung. Noch einmal wagen die Athener einen Vorstoß, das Oberkommando zu erhalten, doch wieder vergeblich: Der von den Spartanern gestellte Kommandant Eurybiades soll auch die Gesamtflotte befehligen.

> „Denn die Bundesgenossen weigerten sich, wenn der Lakone die Leitung nicht erhielt, der Führung der Athener zu folgen."
>
> (Hdt. 8, 2; Ü.: Josef Feix)

Der Streit hatte sich zugespitzt. Die Bündner, sagt Herodot, wollten, wenn die Athener auf ihrer Forderung bestünden, die Flotte ganz auflösen, das heißt ihre kleineren Kontingente zurückziehen.

Es gibt keinen Anlaß, diese Vorfälle für eine Erfindung Herodots zu halten. Dann zeigt sich hier jedoch bereits ein erster Schritt auf die spätere Konstellation hin: die Trennung zwischen Athen mit seiner Seemacht und einer größeren Zahl griechischer Gemeinden des Mutterlandes, die primär Landmächte waren und teils dem Peloponnesischen Bund angehörten.

Auch Athen wird vermutlich nicht völlig allein gestanden haben. Vielleicht läßt sich dies sogar aus Herodots Formulierung in 8, 3 herauslesen: „War die Rede davon, daß man ...". Doch angesichts des unmittelbar bevorstehenden persischen Angriffs konnten die Athener es nicht wagen, zu diesem Zeitpunkt offen aus dem Bündnis auszuscheren. Dies erscheint ebenso plausibel wie – gemessen an dem von Athen allein erbrachten Beitrag zum Seekrieg – dessen Forderung als solche innerhalb des Bündnisses nicht unbillig gewesen ist. Dem athenischen Kontingent von 127 Schiffen, bei Salamis dann auf 200 erhöht, standen etwa 40 Schiffe der Korinther und zehn Schiffe der Spartaner gegenüber.

• Ende September 480 v. Chr.[14]

Nach dem Seesieg bei Salamis halten die Griechen Kriegsrat auf der Insel Andros. Der Athener Themistokles rät, den Kampf gegen die Perser unverzüglich über See hin fortzusetzen, am Hellespont die persischen Brücken abzubrechen und damit dem persischen Landheer den Rückzug abzuschneiden. Dem widersetzen sich die Peloponnesier: Man solle die Perser ruhig zurück in ihr Land fliehen lassen. In Griechenland sei man sie dann wenigstens erst einmal los. Einen Kampf um persisches Land könne man später immer noch führen. Die Athener sind jedoch entschlossen, den Krieg auf eigene Faust weiterzuführen, Themistokles stellt dies für das nächste Frühjahr in Aussicht. Die restlichen Wochen der Feldzugsaison 480 v. Chr. verbringt ein Teil der Griechen damit, unter Themistokles' Führung verschiedenen Gemeinden der ägäischen Inseln, die mit den Persern verbündet gewesen waren, Kriegsentschädigungen abzupressen.

Ganz deutlich ist also, daß die Einheit der Griechen im Kampf gegen die Perser nach dem Sieg sofort wieder zerbrochen ist. Wie beim Kap Artemision einige Monate zuvor befindet sich Athen jedoch zunächst weiterhin in einer Minder-

---

[14] Vgl. Hdt. 8, 108-112.

heitsposition. Im Hellenenbund war seine auf Seeoperationen ausgerichtete Militärpolitik nicht durchzusetzen.

• Frühjahr 479 v. Chr.[15]

Eine Flotte von 110 Schiffen des Hellenenbundes liegt unter spartanischer Führung vor der Insel Aigina, als sechs Aristokraten von der Insel Chios kommen. Sie hatten in der Verwirrung des persischen Rückzugs Morgenluft gewittert und die Chance gesehen, den Tyrannen von Chios, einen Vertrauensmann der Perser, zu beseitigen. Dafür hielten sie nach auswärtigen Helfern Ausschau. Sie hätten, berichtet Herodot, zunächst in Sparta vorgesprochen, offenbar aber ohne Erfolg. Denn daraufhin hätten sie die Griechen der Flotte bei Aigina aufgesucht, deren Hauptmasse gewiß wieder die Athener darstellten, und für ihr Vorhaben geworben. Hier finden sie denn auch Resonanz, ein Flottenkontingent verläßt Aigina in Richtung Chios, kommt aber nur bis zur Insel Delos. Aus Herodots etwas gewundener Erklärung dafür ist jedenfalls soviel erkennbar, daß die offenbar gemischt zusammengesetzte griechische Flottille zu neuerlichen Auseinandersetzungen mit den Persern zur See keine Neigung hatte.
Erneut also war Athen mit seinen Interessen auf halbem Wege steckengeblieben. Die Situation des Vorjahres auf der Konferenz von Andros schien sich fortzusetzen. Dennoch bahnte sich mit dem Versuch, in Chios einzugreifen, schon eine Wendung in die von den Athenern offensichtlich angestrebte Richtung an. Erstmals traten Griechengemeinden aus Ionien in die bisherigen innergriechischen Kräfteverhältnisse ein. Das von ihnen artikulierte Interesse – aus durchsichtigen innenpolitischen Motiven heraus Hilfe bei der Befreiung von den Persern zu erlangen – wies den Athenern den Weg aus dem Dilemma, in dem sie innerhalb des Hellenenbundes steckten. Hier boten sich den Athenern neue mögliche Bündnispartner, deren Interessen mit denen Athens vereint werden konnten und mußten, wollte man den eigenen Zielen näherkommen. Athen hat denn auch im folgenden entschlossen und konsequent auf die ihm hier in die Hand gespielte Karte gesetzt.

• Sommer 479 v. Chr.[16]

Die gesamte Flotte des Hellenenbundes, geführt vom Spartanerkönig Leotychidas, liegt nun bei der Insel Delos. Erneut trifft eine Gesandtschaft aus Ionien ein, dieses Mal von der Insel Samos. Ihr Begehren ist das gleiche wie das der Chier etwa zwei Monate zuvor. Die Männer aus Samos haben indes mehr Glück. Nunmehr können sich auch die Spartaner dem Drängen der Ionier ohne Gesichtsverlust vor den übrigen Griechen nicht länger entziehen. Die Samier werden in

---

[15] Vgl. Hdt. 8, 132.
[16] Vgl. Hdt. 9, 90-92.

den Hellenenbund aufgenommen, die Griechen versprechen das gemeinsame Vorgehen gegen die Perser. Erstmals seit Salamis agierte der Hellenenbund damit so, wie die Athener es seit einem Jahr immer gefordert hatten. Die Athener werden bei den Vorgängen auf Delos zwar nicht ausdrücklich erwähnt. Doch kann es nach der vorhergehenden Entwicklung keinen Zweifel geben, daß sie es waren, die hier im Hintergrund die Weichen gestellt haben. Das Ergebnis: Samos und Chios bilden nun zusammen mit Athen den Kern einer neuen Interessenverbindung.

- September 479 v. Chr.[17]

Die Flotte des Hellenenbundes kreuzt vor dem kleinasiatischen Festland auf, um die Reste der persischen Seemacht zu stellen. In der Schlacht beim Mykale-Vorgebirge wird diese vernichtet, ohne daß sich die Perser überhaupt noch zu einer Seeschlacht formieren können. In den sich hauptsächlich am Strand abspielenden Gefechten tun sich, sicher auch aufgrund ihres zahlenmäßigen Übergewichts, die Athener besonders hervor. In der Folge dieses Sieges erklären sich fast alle ionischen Griechengemeinden mit den übrigen Griechen solidarisch und sind bestrebt, die persische Oberhoheit abzuschütteln.
Nach Mykale bestand für den Hellenenbund endgültig eine völlig neue Lage. Die Griechen Kleinasiens waren nun unwiderruflich in die Konfrontation mit den Persern einbezogen. Den Athenern eröffnete sich ein großes Potential an neuen Verbündeten, und die Spartaner waren genötigt, ihre ursprünglich bezogene Position zu überprüfen.

- Herbst 479 v. Chr.[18]

Direkt nach der Schlacht bei Mykale tritt der Hellenenbund auf dem nahen Samos zusammen, um seine zukünftige Politik zu klären und abzustimmen. Das Problem lautet: Was soll mit den griechischen Gemeinden Kleinasiens und der Inseln geschehen, die sich von der persischen Herrschaft befreit haben und noch befreien werden? Ein dauerhafter militärischer Schutz vor den Persern durch die Stationierung der griechischen Flotte in den Gewässern Ioniens wird von der Mehrheit nicht für möglich gehalten. Sparta und die Peloponnesier bringen daher den Plan vor, die ionischen Griechen in das Mutterland umzusiedeln. Jene Griechen, die auf Seiten der Perser gestanden hätten, sollten dazu gezwungen werden, Land abzutreten, das dann den Ioniern zur Besiedelung übergeben werden sollte.
Gegen diese radikale Konsequenz, mit der die Spartaner ihre ursprüngliche Position retten und der neuen Lage zugleich Rechnung tragen wollten, machen die

---

[17] Vgl. Hdt. 9, 97-106, 1.
[18] Vgl. Hdt. 9, 106, 2-4; Diodor XI, 37, 1-6.

Athener energisch Front. Eine Verwirklichung dieses Vorhabens hätte das Ende militärischer Operationen über See und damit auch der sich anbahnenden Interessenkoalition zwischen Athenern und Ioniern bedeutet. Ob die Spartaner ihren Vorschlag wirklich ernst gemeint haben, kann man angesichts der Dimension, die eine solche Umsiedelungsaktion angenommen hätte, mit guten Gründen bezweifeln. Die Athener hatten es daher auch nicht sehr schwer, sich mit ihrer Alternative dagegen durchzusetzen: Zunächst wurden alle Griechengemeinden der ägäischen Inseln, von denen die Perser bereits vertrieben worden waren, in den Hellenenbund aufgenommen. Auch den übrigen war damit eine Zukunftsperspektive eröffnet. Mit diesem Erfolg hatten die Athener endgültig ihre Isolierung innerhalb des Hellenenbundes durchbrochen. Dieser hatte sich seit der Zusammenkunft auf Samos de facto bereits erheblich in seinem Charakter verändert. Was sich ein Jahr darauf in Byzantion ereignen sollte, hatte auf Samos seinen Anfang genommen.

- Herbst 479 v. Chr.[19]

Von Samos aus segelt die griechische Flotte zum Hellespont. Man findet die persischen Brücken bei Abydos zerstört, deren Abbruch Athen schon im Jahr zuvor gefordert hatte. Leotychidas und seine Peloponnesier kehren nach Hause zurück. Die Athener (und – so ist, von Herodot nicht erwähnt, aus Thukydides zu ergänzen – die Ionier) belagern die Stadt Sestos. Sie wird nach längerer Zeit – es ist mittlerweile schon Winter geworden – eingenommen, der persische Statthalter wird auf der Felsklippe gekreuzigt, an der das europäische Ende der Xerxesbrücke ansetzte, ein symbolischer Akt der Rache.

Die Belagerung von Sestos war die erste militärische Operation der neuen Interessenkoalition unter athenischer Führung, und sie galt auch einem neuen Ziel: nicht mehr der Abwehr der Perser, sondern der Rache und der Vergeltung an ihnen.

Aufschlußreich ist darüber hinaus eine weitere Begebenheit: Als die Belagerung von Sestos sich hinzog, wurden Teile der Truppen ungeduldig und drängten auf Abbruch. Immerhin war die gewöhnliche Feldzugssaison bereits vorüber. Die athenischen Feldherrn haben die Soldaten jedoch in scharfer Form zurückgehalten. Hieraus wird ganz deutlich der Wille der athenischen Führer sichtbar, die neue Bündniskonstellation in einer machtpolitischen Demonstration ihre erste Bewährungsprobe bestehen zu lassen. Und ein weiteres: Die Operationen am Hellespont gelten einem Raum, der für die Athener von großer Bedeutung war – in der Vergangenheit schon, wir werden darauf zurückkommen, und in der Zukunft: die ersten Seebundsoperationen werden es zeigen.

- 479 v. Chr.[20]

---

[19] Vgl. Hdt. 9, 114-115; 9, 117-121; Thuk. 1, 89, 2.
[20] Vgl. Thuk. 1, 89, 3 – 1, 93, 1 ; Plut. Them. 19, 1-3.

Kurz nachdem die Perser abgezogen sind (ob schon vor oder nach der Schlacht von Plataiai im September 479 v. Chr. ist nicht zu sagen) bringt Themistokles die Athener dazu, in einer gewaltigen Kraftanstrengung ihre im Krieg zerstörten Stadtmauern bis hin zum Piräus in kürzester Zeit wieder aufzubauen. Die Spartaner werden deswegen in Athen vorstellig. Themistokles gelingt es jedoch, sie durch eine raffinierte Verschleierungstaktik so lange hinzuhalten, bis das Werk seinen Zweck erfüllen kann. Im Winter 479/78 v. Chr. stehen die Spartaner vor vollendeten Tatsachen.

Das Motiv für die Verteidigungsanstrengungen der Athener liegt in ihren Erfahrungen der Vorperserkriegszeit. Angesichts der mehrfachen spartanischen Militärinterventionen konnte der Mauerbau nur gegen die Spartaner gerichtet sein. Kein Wunder, daß diese beunruhigt waren. Die Worte, die Themistokles an die spartanischen Gesandten richtet, sind denn auch unmißverständlich:

> „(...) die Stadt sei bereits befestigt und stark genug, ihre Bewohner zu schützen; wollten die Spartaner oder ihre Verbündeten zu ihnen Botschaft senden, so sollten sie es inskünftig tun ohne zu vergessen, daß die Athener sich sehr wohl auf ihr eigenes und das allgemeine Beste verstünden."
>
> (Thuk. 1, 91, 4; Ü.: Georg Peter Landmann)

Der Tenor dieser Äußerungen gibt exakt den Status wieder, den Athen im Winter 479 v. Chr. nach dem Sestos-Unternehmen erreicht hatte: in seinem außenpolitischen Gewicht mit Sparta zumindest gleichgezogen zu haben.

Es kann angesichts dieses aus Thukydides selbst gewonnenen Eindrucks nur als eine kaum noch nachvollziehbare beschönigende Untertreibung gewertet werden, wenn Thukydides abschließend bemerkt:

> „Die Spartaner nahmen das auf, ohne einen Ärger über Athen zu zeigen (...); doch blieb (...) eine heimliche Verstimmung."
>
> (1, 92; Ü.: Georg Peter Landmann)

Sie muß nach Lage der Dinge tiefgreifend und kann daher kaum heimlich gewesen sein. Allerdings: zu mehr als einem Grollen war Sparta unter den gegebenen Umständen eben nicht in der Lage.

• Winter/Frühjahr 478 v. Chr.[21]

Die Spartaner stellen in der Amphiktionie von Delphi den Antrag, die Kollaborateure mit den Persern auszuschließen, zum Beispiel Thessalien, Theben, Argos. Athen widersetzt sich, um Stimmung für sich zu machen, und hat wiederum Erfolg. Der bereits an vielen Stellen zutage getretene athenisch-spartanische Gegensatz brach offenbar auf allen Feldern auf, auf denen sich beide Gemeinden begegneten. Und Sparta hatte seit dem Sommer 479 v. Chr. immer wieder vor den Ansprüchen und Einsprüchen Athens zurückstecken müssen.

---

[21] Vgl. Plut. Them. 20, 3-4.

• Sommer 478 v. Chr.[22]

Ihren Abschluß findet diese Entwicklung mit der Übernahme des Oberbefehls und der Gründung des Seebundes in Byzantion. Voraus geht das letzte gemeinsame Flottenunternehmen des Hellenenbundes. Es gilt wie bereits erwähnt zunächst Zypern. Danach segelt die Flotte nach Westen und Norden an der gesamten kleinasiatischen Küste entlang. Die Athener und die bereits in den Bund aufgenommenen Ionier werden diese Fahrt auch dazu benutzt haben, für ihre gemeinsamen Interessen an der Fortsetzung des Krieges gegen die Perser zu werben. Sie konnten dabei auf die gelungene Sestos-Operation des Vorjahres verweisen und den kleinasiatischen Griechen das Bild einer von jeder persischen Oberhoheit freien Zukunft vor Augen stellen. Den Athenern muß in diesen Monaten eine nicht mehr zu brechende Welle der Sympathie entgegengeschlagen sein. So wird *peitho*, die Macht der Rede, die nach der Athenaion Politeia den athenischen Kommandanten Aristeides ausgezeichnet hat, am Ende leichtes Spiel gehabt haben, die Unzufriedenheit mit der spartanischen Führung und die auf Athen gesetzten Hoffnungen in den endgültigen politischen Erfolg umzumünzen.

Dank günstiger Quellenlage konnte eine recht dichte Ereigniskette rekonstruiert werden. Die Vorgänge dieser knapp drei Jahre von 481 bis zum Sommer 478 v. Chr. sprechen eine deutliche Sprache: Von Beginn an hat Athen aufgrund seiner militärischen Leistungsfähigkeit zur See eine Führungsposition im griechischen Bündnis gegen die Perser für sich gefordert. Durch den Sieg bei Salamis in diesem Anspruch bestärkt, versuchte Athen, die übrigen Griechen auf die Politik einzuschwören, den Krieg über See hin weiter fortzusetzen. Dies hätte eine athenische Führung künftig unausweichlich gemacht. Trotz anfänglich großer Widerstände haben die fundamental veränderte machtpolitische Lage nach Salamis und Mykale sowie die Erwartungen der kleinasiatischen Griechen den politischen Zielen Athens am Ende zum Erfolg verholfen. Die drei großen Inseln Samos, Lesbos und Chios spielten dabei eine Vorreiterrolle. Während der ganzen Zeit und selbst im unmittelbaren Kontext der Schlacht bei Salamis gab es Spannungen und Konflikte zwischen Sparta und Athen. Dieses hat keine Gelegenheit verstreichen lassen, seine Position gegen Sparta auszubauen, und hat schließlich nach dessen Rückzug vor Byzantion eine neue, seinen eigenen Interessen dienliche Bundesstruktur geschaffen.

---

[22] Vgl. Hdt. 8, 3, 2; Thuk. 1, 95-96; Aristot. Ath. pol. 23, 2 u. 5; Plut. Arist. 23.

II. Die Wahrung der athenischen Interessen: Die rechtliche Struktur des Bündnisses

Die These, der Attisch-Delische Seebund habe von Beginn an athenischen Herrschaftsinteressen gedient, läßt sich auch durch eine Analyse der Bundesstruktur und ihrer Elemente begründen.

1. Die Bündnisformel

Die Athenaion Politeia überliefert, die Verbündeten, also Athen und die jeweilige Einzelgemeinde, schworen einander, denselben Freund und Feind zu haben. Der

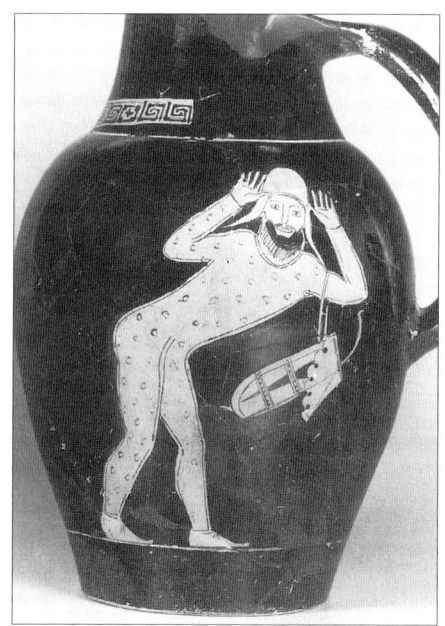

Abb. 13 a/b   Attische Oinochoe (Sog. Eurymedon-Kanne). (Höhe 0,23 m). ~460 v. Chr. (Hamburg, Museum für Kunst und Gewerbe, Inv. 1981 173)
An der Mündung des Flusses Eurymedon in Pamphylien an der kleinasiatischen Südküste besiegte 466/65 v. Chr. der athenische Feldherr Kimon (vgl. Kap. A, III, 3 b) Flotte und Landheer der Perser. Vergeltung und Rache an den Persern war das proklamierte Ziel des Attisch-Delischen Seebundes. Das führte auch zu einem sorgsam gepflegten Feindbild. Die Perser waren die unterlegenen und oft auch herabgewürdigten Barbaren, wie das Bild auf der Weinkanne besonders drastisch deutlich macht: Ein Grieche in heroischer Nacktheit ist im Begriff, einen Perser, der sich ihm ergibt und vor ihm bückt, sexuell zu unterwerfen. Dem Bild ist beigeschrieben: „Ich bin Eurymedon. Ich stehe vornüber gebeugt." Die militärische Niederwerfung wird im Bild zur sexuellen Demütigung. Denn das inaktive Opfer einer homosexuellen Penetration verliert seine männliche Ehre.

formelle Vollzug des Vertragsschlusses deutet darauf, daß es sich um zeitlich und sachlich unbegrenzte militärische Beistandspakte handelte.

Die Formel „denselben Freund und Feind haben" ist naturgemäß sehr elastisch. Sie stellt nicht eigentlich eine rechtstechnische Formulierung dar. Sie ist vielmehr der Umgangssprache entnommen: „(...) daß ich süß bin (...) den Freunden und den Feinden bitter", war die ethische Maxime Solons um 600 v. Chr. ebenso wie die der Medea des Euripides 431 v. Chr.[23] Es ist dies die klassische Formulierung eines der wichtigsten Grundsätze griechischer Ethik: der Einteilung der Welt in Freunde und Feinde und der ihr entsprechenden Erwiderungsmoral. Wie das Aristie-Ideal, die dazu komplementäre Wettbewerbsmaxime, wurzelt das Freund-Feind-Denken in den Grundlagen der Sozialstruktur: der sozialen Vereinzelung der *oikoi*. So überrascht es nicht, diesen Grundsätzen auch im zwischenstaatlichen Bereich wieder zu begegnen, mit allen, auch im zwischenmenschlichen Verkehr verbundenen Komponenten: Aristie-Streben, Herrschaftswille, Neid und Rache, Krieg als endemischem Problem.

Die Folge der Freund-Feind-Formel ist jedenfalls, daß sich von Fall zu Fall sehr Unterschiedliches darunter verstehen läßt. Die Beziehung zwischen den *symmachoi* ist mit dieser Verpflichtung ebensowenig definiert wie die Situation für den Bündnisfall. Grundsätzlich deckt die Formel einen offensiven Bündniszweck ab, und grundsätzlich schließt sie ein weitgehendes politisches Suprematieverhältnis des einen über den oder die anderen Bündnispartner nicht aus. In einem spartanischen *symmachie*-Vertrag heißt es über die Bündnerpflicht:

> „(...) indem sie fol | [5]gen, wohin auch immer die La[kedaimoni | er] führen, sowohl z[u Lande | a]ls auch zur See, und [denselben] | zum Freund *(philos)* und densel[ben zum Feind *(echthros)*] | haben wie [die Lake] | [10]daimonier."
>
> (Meiggs/Lewis Nr. 67 bis, 4-10;
> Ü.: Brodersen/Günther/Schmitt)

Die Heeresfolgepflicht des *symmachos* drückt eine deutliche, auch politische Hegemonie der Spartaner aus.

Auch in der von den Athenern verwendeten Formel zur Bezeichnung ihres Bundes kommt dies implizit zum Ausdruck: „Die Athener und ihre Bundesgenossen". Athen als allein namentlich erwähnte Stadt steht den nicht eigens erwähnten Verbündeten gegenüber, obgleich doch *symmachie*-Verträge mit jedem einzelnen bestanden. Das faktische Ungleichgewicht zwischen den Vertragspartnern ist nicht zu verkennen. Die *symmachoi* sind im wörtlichen Sinne tatsächlich Mitkämpfer, die Athener können aus ihrer hegemonialen Stellung de facto erhebliche Kompetenzen ableiten: Die Athener setzen die Kriegsziele fest. Sie sind Hauptnutznießer militärischer Erfolge, denn sie verteilen die Beute und ziehen das eroberte Territorium ein. Und die Athener bestimmen über die Rüstungsanstrengungen und verwalten die eingezogenen finanziellen Beiträge.

---

[23] Vgl. Verf.: Gesellschaft und Staat bei den Griechen: Archaische Zeit. Paderborn 2003, Kap. A, IV, 1.

All das sind keine sich erst nach und nach einstellenden Konsequenzen der See-
bundsentwicklung, sondern bereits von seiner Gründung und seinen ersten Unternehmungen an gegebene Strukturmerkmale. Der Bündnisschluß als solcher unter
der Freund-Feind-Formel bot mithin den erforderlichen Spielraum, um das Bündnis ausschließlich im Sinne und zum Vorteil der Athener zu nutzen.

2. Das *synhedrion*

Im Heiligtum zu Delos, so Thukydides, trafen sich die Athener und ihre *symmachoi* zu gemeinsamen Beratungen.[24] Aus einer Rede, die die Mytilenaier von der
Insel Lesbos im Jahre 428 v. Chr. in Olympia halten, um die Peloponnesier um Hilfe bei ihrem Abfall von Athen zu bitten, geht hervor, daß die Mitglieder des *synhedrion* mit je gleicher Stimme abstimmungsberechtigt waren. Die Athener seien,
so die Mytilenaier, die ihnen „gleichgestellten Führer *(hegemones)*"[25]. Die Forschung
hat dies zusammen mit den Bemerkungen zur Bundesversammlung im Kontext der
Gründung des Seebundes zu der Vorstellung verdichtet, die Bundesversammlung
sei zu Beginn des Seebundes ein Gegengewicht gegen die athenische Hegemonie-
stellung und eine Garantie der Gleichberechtigung für die Bundesmitglieder gewesen.

Dagegen spricht aber zum einen, daß die von Athen und den wenigen anderen
einen direkten militärischen Beitrag leistenden Bundesmitgliedern durchgeführten
Militäroperationen von Beginn an ganz überwiegend der Befriedigung athenischer
Interessen dienten.[26] Ferner gibt es praktisch keine Nachrichten über tatsächlich
stattgefundene Beratungen des *synhedrion*. Schließlich wissen wir nicht, ob und
wann dieses Gremium seine Tätigkeit eingestellt hat, was doch, wenn es für die
Struktur des Bundes so wichtig gewesen sein sollte, ein äußerst markanter und den
Charakter des Bundes einschneidend verändernder Schritt gewesen wäre. Die Mytilenaier weisen in ihrer Rede noch auf einen weiteren Umstand hin, der die Bedeutung des *synhedrion* mindern mußte: Die Bundesgenossen hätten wegen ihrer
Uneinigkeit untereinander, „wehrlos in ihrer Vielspältigkeit (...)"[27], den Athenern
nichts entgegenzusetzen gehabt. Eine solche Einheit der Bündner wäre aber nötig
gewesen, um, wenn überhaupt, der überragenden Machtposition Athens begegnen zu können.

Wie bei der Bundesformel bestimmt auch im Falle des *synhedrion* die reale Macht-
lage, nämlich das gewaltige Machtgefälle zwischen Athen und den *symmachoi*, das
tatsächliche Verhältnis. So ist es kein Zufall, daß wir keine Hinweise in den Quellen dafür finden, das *synhedrion* habe einmal eine eigenständige Rolle bei der Gestaltung der Seebundspolitik gespielt. Es dürfte für die Athener von Beginn an le-

---

[24] Vgl. Thuk. 1, 96, 2; 97, 1.
[25] Thuk. 3, 10, 4; Ü.: Georg Peter Landmann.
[26] Vgl. Kap. B, IV.
[27] Thuk. 3, 10, 5.

diglich ein geeignetes Forum für die Bekanntgabe ihrer eigenen Entscheidungen gewesen sein. Keiner der von Beginn an den Athenern unterlegenen, potentiell untertänigen Bündner wird bei Abstimmungen im *synhedrion* ein abweichendes Votum riskiert, keiner auch zu Anfang überhaupt daran gedacht haben. Denn war man nicht mit fliegenden Fahnen und großen Hoffnungen und Erwartungen den Athenern in die offenen Arme gelaufen?

3. Die Ziele des Seebundes

Die Formel, unter der das Bündnis geschlossen wurde, „denselben Freund und Feind haben", gab der Militärallianz keine von vornherein feststehende Zielrichtung. Daraus folgt, daß von Beginn an den Vorgaben desjenigen Bündnispartners, der als *hegemon* die formelle militärische Führung innehatte und der de facto eine überragende Machtstellung besaß, die entscheidende Bedeutung zukam. Vor diesem Hintergrund haben wir die Aussagen der Quellen zur Zielsetzung des Seebundes zu beurteilen. Es sind vor allem drei Aussagen von Thukydides einschlägig:

> „Auf diese Weise bekamen die Athener die Führung, mit Zustimmung der Verbündeten, weil Pausanias verhaßt war und setzten nun fest, welche Städte Geld gegen den Barbaren beisteuern sollten und welche Schiffe – denn das Vorgeben war: Vergeltung erlittener Unbill durch Verwüstungen des königlichen Landes."
>
> (Thuk. 1, 96, 1; Ü.: Georg Peter Landmann)

Die Gründung des Seebundes ist also erstens begleitet von einer offiziellen Zielbestimmung seiner Politik: Rache an den Persern. Von Athen aus gesehen ist das nur zu verständlich, hatten sie doch die Hauptlast bei der Abwehr der Perser getragen und war ihre Stadt bei der persischen Invasion stark zerstört worden. Wir müssen uns zum Verständnis der athenischen Reaktion noch einmal die grundlegende Bedeutung des Racheprinzips im Kanon der griechischen Verhaltensmaximen ins Gedächtnis rufen, Rache als ein Ausdruck der griechischen Wettbewerbs- und Erwiderungsethik. Sie ist Teil des überall anzutreffenden Freund-Feind-Denkens und nicht nur elementares Bedürfnis, sondern gesellschaftliche Pflicht. Es überrascht daher nicht, daß Rache auch zwischenstaatlich ein Grundprinzip darstellt. Die Bündnisformel des Seebundes schloß so gesehen die gegebenenfalls vorhandene Rachepflicht mit ein. Der Beistandsfall ergab sich hier eben aus den Schäden, die Athen von den Persern zugefügt worden waren.

Die Athener haben also den Vergeltungskrieg gegen die Perser ausgerufen und zu diesem Zweck Mitkämpfer um sich geschart. Deren Pflicht als Alliierte – in der Sprache der Ethik: *philoi* – war, sich das Anliegen Athens zu eigen zu machen. Praktisch bedeutete der Vollzug der Rache an den Persern, daß man auf dem Wege weiterging, der schon im Herbst 479 v. Chr. mit der Belagerung von Sestos am Hellespont beschritten worden war. Es galt, die noch perserfreundlichen Griechen zu bestrafen und dadurch, daß man sie ‚umdrehte' und dem eigenen Bündnis einfügte, den persischen Macht- und Einflußbereich weiter einzuschränken, also die Perser seinerseits zu schädigen. Ziele der Seebundsaktionen waren demzufolge in erster Linie Griechenstädte an der kleinasiatischen Küste und in der Ägäis. Anderes und Weitergehendes, etwa das Vordringen in das kleinasiatische Landesinnere, lag gänzlich außerhalb der Möglichkeiten und der Reichweite der auf den Seekrieg ausgerichteten Politik der Athener.

Die Proklamierung der Rache an den Persern ist ein verständliches und auch für die athenischen Bündner nachvollziehbares Ziel der Seebundspolitik. Es ist zugleich klar, daß es zunächst in erster Linie von den Interessen der Athener her zu denken ist. Könnte es aber nicht sein, daß auch die Bündner eigene oder jedenfalls mit denen Athens konvergierende Interessen hatten? Das führt auf die zweite Aussage des Thukydides.

In der bereits erwähnten Rede in Sparta 428 v. Chr. tragen die Mytilenaier folgendes vor:

> „Unser Bündnis mit Athen begann, als ihr euch aus dem Persischen Krieg zurückzoget und sie im Feld ausharrten, um zu tun, was noch zu tun übrig war. Doch schlossen wir dies Bündnis nicht zur Unterwerfung der Hellenen unter Athen, sondern zur Befreiung von den Persern für Hellas."
>
> (Thuk. 3, 10, 2-3; Ü.: Georg Peter Landmann)

Die kleinasiatischen Griechen hätten, so die Mytilenaier, das Ziel des Bündnisses mit den Athenern in der Befreiung von der persischen Herrschaft gesehen beziehungsweise im Schutz ihrer nach Mykale errungenen Freiheit. Die Konferenz von Samos zeigt, daß sich in der Tat das Problem stellte, wie die von den Persern abgefallenen Griechen ihre Unabhängigkeit sichern konnten. Die einzige Möglichkeit dazu war ein Anschluß an Athen. Dieses Motiv geht mit dem athenischen Rachewunsch konform, impliziert es doch auch seinerseits Rache an den Persern und jenen Griechen, die mit ihnen in den einzelnen Gemeinden zusammengearbeitet hatten.

So ist es durchaus plausibel, daß der offensive Rachekrieg gegen Persien geführt wurde mit der Freiheitsparole auf den Lippen. Solche Gemeinden, die sich dem nicht anschließen mochten oder wo die perserfreundlichen Kreise noch fest im Sattel saßen, wurden dann zwangsweise ‚befreit'.

Was hieß Befreiung und Abfall von den Persern für die kleinasiatischen Griechen konkret? Wir können das bereits in den allerersten Anfängen sehen: Als im Frühjahr 479 v. Chr. Aristokraten aus Chios bei der griechischen Flotte vor Aigina erscheinen, bitten sie um Hilfe bei der Vertreibung der perserfreundlichen *tyrannis*. Selbiges wiederholt sich wenige Wochen später mit den Samiern. Abfall von den Persern setzte also immer einen inneren Umsturz in den jeweiligen Gemeinden voraus, eine erfolgreiche Wendung in der *stasis*. Unter Befreiung ist demnach konkret die Vertreibung jener Teile der Aristokratie zu verstehen, die bislang aufgrund der persischen Unterstützung die Oberhand in der städtischen Politik hatten. An ihre Stelle trat ein anderer, bislang von der Macht ausgeschlossener Teil, der häufig im Exil lebte. Diese Konstellation ist in den folgenden Jahrzehnten in den kleinasiatischen Städten im übrigen immer wieder zu beobachten: etwa in den athenischen Volksbeschlüssen für Erythrai oder Milet, wo von den beiden Gruppierungen der jeweiligen Oberschichten die Rede ist. Mithin galten Befreiung und Abfall weniger der persischen Macht als solcher, getragen von der gesamten Griechenstadt; vielmehr handelt es sich um eine Wendung in der inneren *stasis* dieser Städte, die durch das athenische Eingreifen möglich wurde. Rache an Persien hieß also zugleich und konkret Rache an den innenpolitischen Gegnern; Freiheit von Persien meinte die eigene Vorherrschaft, gestützt nunmehr auf Athen. Insoweit war natürlich auch die Freiheitsparole eine durchaus in athenischem Sinne fungierende Kraft.

Drittens schließlich wirft der Syrakusaner Hermokrates im Winter 415/14 v. Chr. in einer Rede vor den Bürgern von Kamarina den Athenern folgendes vor:

> „Führer der Ionier und der von ihnen abstammenden Verbündeten auf deren eigenen Wunsch, wie es hieß, zur Rache an Persien, haben sie den einen Dienstverweigerung, den andern gegenseitige Kriege vorgeworfen und was sich jedesmal an schönklingenden Anklagen bot, und haben so einen um den andern unterworfen. Nicht um die Freiheit also von Hellas haben die Athener, oder um ihre eigne die Hellenen dem Perser so tapfer widerstanden, sondern die Athener um Unterwerfung unter ihr eignes, statt unter sein Joch, die andern um den Tausch des einen mit einem andern, ebenso gewiegten, aber weniger gewogenen Herrn."
>
> (Thuk. 6, 76, 3-4; Ü.: Georg Peter Landmann)

Nicht Rache und Freiheit, die offiziellen Parolen, hätten hinter der Seebundsgründung gestanden. Deren Ziel sei vielmehr von vornherein die Aufrichtung der athenischen Herrschaft gewesen. Dies sei das eigentliche Ziel, freilich das „meist beschwiegene", wie Thukydides in 1, 23, 6 sagt, das übrige nur Vorwand, ein *proschema*, wie in 1, 96, 1 die Rache genannt wird.

Der athenische Ausbau der Herrschaft durch die Unterdrückung der Bündner ist in der von Hermokrates gemeinten Form erst post festum erkennbar. Als Ziel kann die konkrete Art und Weise athenischer Herrschaftsausübung im Seebund schließlich an dessen Beginn noch nicht gestanden haben. Den Seebund als einen Herrschaftsbereich anzusehen, ihn mit bestimmten Mitteln zusammenzuhalten, die Herrschaft in Formen zu gießen und dadurch auf Dauer zu stellen, das war weder in den späteren Dimensionen noch in den konkreten Einzelheiten noch überhaupt als politisches Projekt im Jahre 478 v. Chr. für die Athener vorstellbar. Wo hätten sie ein Vorbild dafür finden können? Als ein auch als solcher von allen Beteiligten verstandener Herrschaftsraum hat der Attisch-Delische Seebund erst im Laufe der Erfahrungen von Jahrzehnten Gestalt angenommen.

Unbestreitbar ist aber, daß die Athener von Beginn an von dem unbeirrbaren Anspruch und Willen beseelt waren, Führer in ihren Bündnissen nicht bloß militärisch zu sein, sondern eine grundsätzliche Vorrangstellung einzunehmen. Rachewünsche und Freiheitsparolen widersprechen dem nicht und dürfen nicht als Propagandaformeln abgetan werden, wie Thukydides das nahelegen könnte. Die Athener haben in den folgenden Jahrzehnten nicht eine Maske abgeworfen und ihr wahres Wesen enthüllt. An ihren Intentionen konnte es von Beginn an keinen Zweifel geben. Dabei gehörten Rache, Freiheit, Machtstreben und Herrschaftswillen als die die Seebundspolitik bestimmenden Motive und Ziele untrennbar zusammen.

Athens überragende Macht als Ergebnis der Perserkriege sowie sein Wille, diese Macht zu behaupten, zu gebrauchen und zu vergrößern sind somit die hinter der Gründung des Seebunds stehenden Triebkräfte, die sich auch in dessen Struktur und Zielsetzung konsequent niedergeschlagen haben.

III. Die Kontinuität zur archaischen Zeit: Athens äußere Unternehmungen im 6. Jh. v. Chr.

Eine dritte Argumentationsreihe beleuchtet die These, Athen habe die sich ihm bietende Vormachtstellung im Anschluß an die Perserkriege bewußt angestrebt und entschlossen ergriffen, aus der Perspektive einer weiteren Vorgeschichte im 6. Jh. v. Chr.

Die ersten äußeren Aktivitäten Athens, von denen wir Kunde haben, galten der Insel Salamis, direkt vor der Küste Attikas gelegen. Schon im 7. Jh. v. Chr. tru-

Abb. 14   Bildnis des Miltiades. Marmor (Höhe 0,68 m). Römische Kopie (~Mitte 2. Jh. n. Chr.) des Kopfes einer Bronzestatue aus Athen, 350/40 v. Chr.
(Ravenna, Archäologisches Nationalmuseum, Inv. 347)
Der Feldherr und Politiker Miltiades (~550-488 v. Chr.) war schon während der *tyrannis* politisch aktiv (Archontat 524 v. Chr.), baute im Einvernehmen mit den Tyrannen und danach der athenischen Bürgergemeinde einen eigenen Machtbereich in der nördlichen Ägäis auf, führte das athenische Heer zum Sieg über die Perser bei Marathon und erlag zwei Jahre später, des Hochverrats angeklagt und eingekerkert, einer Kriegswunde. Dieses unrühmliche Ende des großen Mannes will die retrospektive Ehrenstatue vergessen machen. Sie enthält sich aller Zeichen seiner herausragenden Stellung und zeigt ihn als Gleichen unter Gleichen im schlichten Bürgermantel, zurückhaltend und mit fast ausdruckslosen Gesichtszügen.

gen die Athener mit ihren Nachbarn in Megara lange Kämpfe um den Besitz von Salamis aus. Obwohl sie dabei unterlegen waren, unternahmen sie um 600 v. Chr. auf Initiative von Solon hin einen erneuten Anlauf, wiederum ohne durchschlagenden Erfolg. Dieser stellte sich erst mit den Feldzügen des nachmaligen Tyrannen Peisistratos ein (580/60 v. Chr.), Salamis wurde dauerhaft von Siedlern aus Athen besetzt.

Ebenfalls seit solonischer Zeit betrieben die Athener mit Einsatz und Zähigkeit ein anderes Unternehmen: An der Küste der Troas sollte in Sigeion eine Kolonie Athens gegründet werden. Auch hier mußten langwierige militärische Auseinandersetzungen bestanden werden mit den Mytilenaiern, die den Landstrich von Sigeion für sich beanspruchten. Erst nach mehreren Kriegen konnte letztlich Peisistratos als Tyrann von Athen die athenischen Besitzrechte von Sigeion dauerhaft sichern.

Modernen Erklärungen zufolge scheint nun auf der Hand zu liegen, daß in beiden Fällen die entscheidende Triebkraft für diese auch militärischen Abenteuer in existentiellen Bedürfnissen oder Bedrängnissen der Gemeinde Athen zu suchen sein müßten. Genauere Analysen der jeweiligen Gegebenheiten und Möglichkeiten können indes zeigen, daß dem nicht so war: Es ging den Athenern weder um militärstrategische oder geopolitische Interessen noch um die Befriedigung drängender sozialer oder wirtschaftlicher Ansprüche. Der jeweils mögliche militärische, verkehrstechnische oder wirtschaftliche Nutzen der beiden eroberten Territorien war für die Athener sehr begrenzt.

Hinter den Anfängen der athenischen ‚Außenpolitik'[28] stecken vielmehr dieselben Beweggründe, die auch später im 5. Jh. v. Chr. noch von entscheidender Bedeutung bleiben:

- Das Interesse einzelner Aristokraten an persönlicher Profilierung und an Machtgewinn traf sich mit der inneren Entwicklungstendenz der Gemeinde zu mehr Einheitlichkeit, mit dem Wunsch, die *stasis* zu überwinden, mit dem aufkeimenden Bewußtsein von Eigenständigkeit und Identität.

- Die Objekte außenpolitischen Begehrens sind häufig solche von großem ideellem Symbolwert. Aus Salamis stammte Aias, einer der prominentesten Kämpfer der Achaier vor Troja, den die Athener gern als einen der Ihren ansahen. Sigeion wiederum lag direkt auf dem Schauplatz des Trojanischen Krieges. Dort selbst präsent zu sein und dadurch zu einem Teil des für alle Griechen bedeutendsten Mythos zu werden, betrachteten die Athener als hohes und erstrebenswertes Ziel. Vom Flusse Skamandros her komme ich, so stellt sich Athena in den Eumeniden des Aischylos (458 v. Chr.) vor, aus einem Land, das die Achaier im Krieg erworben haben. Ein ansehnlicher Teil davon gehörte als auserwählte Gabe dem Stamm des Theseus, also Athen.[29]

Die Peisistratiden haben in ihrer Zeit als Tyrannen zwischen 560 und 510 v. Chr. die bereits vorher gelegten Fäden aufgenommen und durch lebhafte eigene Aktivitäten zu einem eindrucksvollen und weit gespannten Netz außenpolitischer Beziehungen versponnen. Der Tyrann, selbst lediglich bedacht auf die Sicherung seiner persönlichen Machtstellung im Inneren, hat die persönlichen Interessen einzelner Aristokraten und die allmählich bewußt werdenden Interessen und Bedürfnisse der Gemeinde als ganzer erstmals zu einer dynamischen Außenpolitik gebündelt. In dieser Zeit empfanden die Bürger deutlicher als zuvor, daß es einen gegenüber dem Binnenraum der Gemeinde abgrenzbaren und eigenständigen sowie eigenen Gesetzen gehorchenden äußeren Handlungsraum gab.

Jetzt auch zeichnen sich bereits die Umrisse und Horizonte der athenischen Interessensphäre im kommenden Jahrhundert ab. Hervorzuheben ist besonders

---

[28] Der Begriff kann hier nur im heuristischen Sinne eines allgemein eingeführten und gebräuchlichen Ausdrucks, nicht in streng terminologischem Sinne verwendet werden; zur Begründung vgl. Kap. B, VIII.

[29] Vgl. Aisch. Eum. 397–402, Kap. A, VI, 2b.

der Raum der nördlichen Ägäis mit dem Hellespont, der thrakischen Küste und den Inseln als Eckpunkten. In diesem Raum war Athen bis zur Perserkriegszeit bereits jahrzehntelang präsent. Das ließ eine Tradition von Ansprüchen und Erfahrungen wachsen, an die die Politiker der bürgerstaatlichen Ordnung seit 510 v. Chr. anknüpfen konnten. Hieraus resultierten bis 480 v. Chr. einige wichtige Vorgänge:

- Zwischen 510 und 506 v. Chr. erobern die Athener die Inseln Lemnos und Imbros und siedeln eigene Bürger dort an.

- 508/07 v. Chr. führen die Athener Krieg gegen die mittelgriechischen Boioter und die mit ihnen verbündeten Chalkidier von der Insel Euboia. Nach ihrem Sieg nehmen sie den Aristokraten von Chalkis große Teile des fruchtbaren Landes ab und siedeln darauf 4000 athenische Bürger an, die als sogenannte Kleruchen auch weiterhin Athener bleiben.

- 499 v. Chr. lassen sich die Athener vom milesischen Tyannen Aristagoras zur Teilnahme am Aufstand der ionischen Griechen gegen die Perser gewinnen. Sie schicken 20 Schiffe, vielleicht die Hälfte ihrer damaligen Flotte, ohne damit freilich den Aufständischen ein entscheidendes militärisches Übergewicht geben zu können.

- Seit 493 v. Chr. wird auf Betreiben des Themistokles die athenische Flotte aufgerüstet. Die Entdeckung der Silbervorkommen von Laureion zehn Jahre später ermöglicht es, den Bau von Kriegsschiffen noch zu verstärken.

- Miltiades d.J., der Vater des Sieges von Marathon, unternimmt im Jahr darauf (489 v. Chr.) im Auftrag der Volksversammlung einen Raubzug zur Insel Paros. Das Unternehmen scheitert allerdings, Miltiades wird verwundet und stirbt bald darauf.

Gewiß führt von dieser Kette äußerer Aktivitäten noch kein direkter und zwangsläufiger Weg zur Gründung des Seebundes. Aber es wird doch bis zur Perserkriegszeit bereits ein weites und fruchtbares Feld athenischer Außenpolitik abgesteckt und bestellt. Auf ihm konnte der Anspruch der Athener auf Führerschaft in der griechischen Welt heranwachsen und Wurzeln schlagen, bis er schließlich nicht mehr abweisbar wurde. Deutlich wird nun, daß Athen seine Machtstellung in der Welt der Nachperserkriegszeit nicht aus dem Nichts heraus aufgebaut hat, sondern sich dabei auf teils durchaus länger zurückreichende Voraussetzungen stützen konnte:

- Die Überlieferung läßt bereits für das 6. Jh. v. Chr. eine spezifische Sphäre athenischen Interesses erkennen: die nördliche Ägäis, die Hellespontregion, die Troas sowie Teile Ioniens.

- Im Laufe des 6. Jhs. v. Chr., verstärkt seit dessen Mitte, hat sich in Athen ein Fundus von Kenntnissen und Erfahrungen gebildet, konzentriert vor allem in bestimmten aristokratischen Familien wie der des genannten Miltiades. Dieser selbst war noch in der Tyrannenzeit im Norden der Ägäis und am Hellespont tätig, teils auf eigene Rechnung, teils auf Betreiben der Tyrannen, später der athenischen Gemeinde insgesamt. Schon sein Onkel, der sogenannte ältere Miltiades, hatte um die Jahrhundertmitte im gleichen Gebiet eine quasi-tyrannische Machtstellung aufgebaut. Der Sohn des jüngeren Miltiades war der Politiker und Stratege Kimon, der zwischen 480 und 460 v. Chr. die athenische Politik, also auch die athenische Machtpolitik im Seebund maßgeblich gestaltet hat.

- In diesen Kreisen der führenden Politiker des nachkleisthenischen Athen ist ein seit der zweiten Hälfte des 6. Jhs. v. Chr. herangewachsener spezifischer außenpolitischer Machtwille zu beobachten. In ihm vereinigten sich die individuellen Aristie-Strebungen der Aristokraten mit den Machtinteressen der Gesamtgemeinde. Gerade die Außenpolitik bot unter den Bedingungen des Politikmachens im demokratischen Bürgerstaat einen recht weiten Raum für die Entfaltung und das Ausleben der Ambitionen des einzelnen Aristokraten. Die Bedeutung etwa von Aristeides bei der Gründung des Seebundes ist bereits hervorgehoben worden, und von der Zeit der Tyrannen an ist überdeutlich, daß die *stasis* nur ausgetrocknet und das Gemeinwesen im Inneren stabil werden konnte, wenn es gelang, die Aristokraten in den Bürgerstaat zu integrieren. Kaum ein besseres Mittel hierfür gab es als den gemeinsam von allen Bürgern errungenen außenpolitischen Erfolg. Wie sehr mußte also allen Beteiligten an ihm gelegen sein.

Eine Reihe von Bedingungen, die die athenische Außenpolitik seit der Perserkriegszeit möglich gemacht haben, hat sich mithin schon im Laufe der archaischen Zeit herausgebildet. Als zu ihnen dann noch der militärische Triumph von 480 v. Chr. sowie die ihm zugrundeliegende militärische Potenz hinzukam, bedurfte es eigentlich nur noch der entsprechenden Ereignisverkettungen, um schließlich den Machtwillen und den Führungsanspruch der Athener offen hervortreten zu lassen.

IV. Durchsetzung und Mehrung der Macht: Das erste Jahrzehnt des Seebundes

Athen war von Beginn an gewillt, seine Machtstellung nicht mehr aus der Hand zu geben, sondern sie zu sichern und zu bekräftigen. Die 478 v. Chr. auf ewig geschlossenen Bündnisse sollten daher nicht einseitig aufgekündigt und stets nur im Interesse Athens wirksam werden können. Ein Blick auf die ersten Aktionen des Seebundes macht die Kontinuität mit der Politik der Vorperserkriegszeit und zugleich Athens Verständnis seiner Rolle in dem

Abb. 15   Grabrelief des Kephisodoros. Marmor (Höhe 1,05 m). Aus Athen, ~410 v. Chr. (Berlin, Antikensammlung, Inv. Sk 1708)
Der Soldat (Bildmitte) ist in der letzten Phase des Peloponnesischen Krieges gefallen, als die sieben Jahrzehnte zuvor begründete athenische Machtstellung sich aufzulösen begann. Dem Verstorbenen gegenüber steht ein zweiter Soldat, der ebenfalls mit Rundschild, Lanze und Piloshelm leichtbewaffnet ist, links daneben ein Mann in Priestertracht. Blickkontakt und Händedruck signalisieren nicht nur den Abschied von dem Toten, sondern auch die Verbundenheit des Hinterbliebenen mit dem für die *polis* Gestorbenen. Innere Eintracht, gemeinsamer Wille und kollektive Einsatzbereitschaft der Bürger waren von Anfang an die entscheidende Voraussetzung für die Erringung und den Ausbau der äußeren Macht.

Bündnissystem deutlich. Thukydides gibt einen dürren Abriß der Vorgänge in den Jahren nach 478 v. Chr.:

> „Zuerst nahmen sie (die Athener und ihre Bundesgenossen, d. Verf.) durch Belagerung
> Eion am Strymon, das von den Persern gehalten war, und machten die Einwohner zu

Sklaven – Feldherr war Kimon, Miltiades' Sohn; ebenso erging es den Dolopern auf Skyros, der Insel im Ägäischen Meer; diese besiedelten sie selbst. Darauf führten sie einen
Krieg gegen Karystos, ohne das übrige Euboia, und mit der Zeit einigten sie sich in einem Vertrag. Dann war Naxos abgefallen, und durch Krieg und Belagerung gewannen
sie es wieder. Das war die erste Bundesstadt, die gegen die Satzungen geknechtet wurde, dann auch von den übrigen eine um die andere."

(Thuk. 1, 98; Ü.: Georg Peter Landmann)

Thukydides nennt hier die wichtigsten uns bekannten Unternehmungen des Seebundes in dem Jahrzehnt zwischen 476 und 466 v. Chr.:

• 476 v. Chr.

Nach längerer Belagerung wird die Stadt Eion, am östlichen Ufer des Strymon
gelegen, eingenommen. Das Territorium der Stadt geht in athenischen Besitz über
und wird von Athenern besiedelt.[30] Eion war einer der bedeutendsten Plätze an
der thrakischen Küste. Wegen der in seinem Hinterland gelegenen reichen Bodenschätze war dieser Landstrich schon seit dem 6. Jh. v. Chr. in das Blickfeld
der Athener geraten. Bereits Peisistratos errichtete hier einen Stützpunkt, um die
Gold- und Silbervorkommen des Pangaion-Gebirges auszubeuten.

• 476 v. Chr.

Die Unterwerfung der Insel Skyros ist die folgerichtige Ergänzung zu der bereits
früher erfolgten Inbesitznahme von Lemnos und Imbros. Der Seeweg zum Hellespont war damit für die Athener durch wenigstens drei große Inseln abgedeckt.
Skyros dürfte vor allem als wichtiger Stützpunkt von Seeräubern einen Unsicher-
heitsfaktor gebildet haben.

• Ende der 470er Jahre v. Chr.

Karystos war die erste rein griechische Stadt, die Opfer eines Angriffs des Seebundes wurde. Ihm eingegliedert zahlt sie fortan Tribut *(phoros)*. Wir müssen
uns freilich hier – wie in allen übrigen Fällen – vor Augen führen, daß die „ge-
knechtete" Stadt keine innere Einheit darstellte. Mit Hilfe der Athener konnte ein
Teil der einheimischen Aristokraten eine Vormachtstellung erringen und sichern.

• 467/66 v. Chr.

Naxos fällt als erste Gemeinde vom Bündnis mit Athen ab. Es wird daraufhin mit
militärischer Gewalt unterworfen und erneut in ein Bundesverhältnis zu Athen
gebracht. Die Gründe für den Abfall sind konkret nicht auszumachen. Auch hier

---

[30] Vgl. Plut. Kim. 7, 1-3.

ist freilich immer an die innere *stasis* als Voraussetzung zu denken. Man hat im Hinblick auf Naxos vielleicht nicht zu Unrecht die Perser ins Spiel gebracht. Sie könnten die internen Machtverhältnisse in Naxos wieder gekippt haben. Andere Bündner sagten sich von Athen los, weil dieses die Handlungsspielräume und Interessen der heimischen Aristokraten, die die Athener durchaus zu unterstützen bereit waren, zu stark beschnitten hat. So auf der Insel Thasos nur ein Jahr nach den Vorfällen in Naxos 466/65 v. Chr., als sich die einheimischen Interessen mit den athenischen am thrakischen Festland kreuzten. Wie unnachgiebig die Athener ihre Ziele durchsetzten, zeigen die sich über drei Jahre hinziehenden militärischen Anstrengungen, die für die Thasier 463/62 v. Chr. mit der Auslieferung der Flotte, der Schleifung ihrer Befestigungen und der künftigen Tributpflichtigkeit endeten.

Zwei Folgerungen sind aus diesen Nachrichten über den Seebund im ersten Jahrzehnt seines Bestehens zu ziehen:
Zunächst: Obwohl wir aufgrund der Existenz der Bündnisse von 478 v. Chr. annehmen müssen, daß sich hinter den genannten Vorgängen jeweils gemeinsame militärische Aktionen Athens und seiner Verbündeten verbergen – entweder stellten diese Schiffe oder zahlten Beiträge –, dienten die Feldzüge in jedem Fall vorrangig athenischen Zielen:

- Zwar mögen die verbündeten Mitkämpfer aus Samos, Chios, Lesbos, Thasos oder Naxos an der Verteilung der beweglichen Beute beteiligt worden sein. Der wichtigste materielle Vorteil, das speererworbene Land, ging ausschließlich an Athener, auf ihm wurden athenische Bürgerkolonien (Kleruchien) gegründet. Auch die Auferlegung von Tributzahlungen etwa gegenüber Karystos, Naxos oder Thasos kam natürlich dem *hegemon* zugute, der über die Verwendung der Tribute selbständig entschied.

- Die Besetzung wichtiger Seestützpunkte wie Eion, Skyros, Karystos beziehungsweise ihre Eingliederung in die eigene Machtsphäre lag ebenfalls im Interesse der Seemacht Athen. Neben den unübersehbaren ökonomischen Vorteilen zog aus den Vorgängen den rein militärischen Gewinn in erster Linie die führende militärische Macht Athen, dessen Schiffe das Meer immer unangefochtener durchfahren und auf immer zahlreichere Stützpunkte zurückgreifen konnten.

Mit Ausnahme von Eion richtete sich zweitens keiner der Feldzüge direkt gegen die Perser. Der Proklamation des Rachefeldzuges gegen die Perser folgten kaum wirkliche Taten. Erst die Kampagne des Kimon 466/65 v. Chr., ein Jahr nach der Niederwerfung von Naxos, die zur Angliederung der meisten Städte in Karien und Pamphylien an den Seebund und zum großen Sieg gegen die Perser am Eurymedon in Pamphylien führte, läßt sich direkt mit der ursprünglichen Parole des Seebundes in Verbindung bringen. Die ersten Aktionen der Athener richteten sich vielmehr primär gegen Griechenstädte im Raum der mittleren und nördlichen Ägäis. Es tritt dabei ein Grundmuster zutage, das sich im Verlauf der Entwicklung bis 404 v. Chr. noch viele Male wiederholen wird: Gemeinden werden dem Seebund zwangsweise angeschlossen und/oder gewaltsam an der Loslösung gehindert.

In beiden Fällen ist das mit massiven Eingriffen in den bisherigen Status der Betroffenen verbunden: Sie werden entweder von Schiffe stellenden in Beiträge zahlende Bündner verwandelt, oder ihre inneren Verhältnisse werden durch athenische Verfügung neu geordnet. Es entsteht dann das, was Thukydides als „Knechtung" bezeichnet hat.[31]

Es ist festzuhalten: Die Ereignisse im Jahrzehnt nach der Gründung des Seebundes zeigen, daß Athen seinen Machtanspruch und die Bereitschaft, Herrschaft zu errichten und auszuüben, die bereits die Gründung des Seebundes bestimmt hatten, ohne Zögern in die Tat umgesetzt hat. Die 478 v. Chr. gegründeten Bündnisse werden den Athenern dadurch in zunehmendem Maße als das ihnen eigene Herrschaftsinstrument bewußt, als die Form, der Rahmen, innerhalb dessen der eigene Machtanspruch zur Herrschaftspraxis werden konnte.

---

[31] Vgl. Kap. B, V.

V. Die Organisation der Macht: Struktur und Entwicklung der Herrschaftsmittel

In den gegen Persien geschmiedeten Kampfbündnissen war Athen von Beginn an die bestimmende Macht – nicht nur de facto, sondern auch intentional: die Athener hatten diese Macht selbst errungen und wollten sie festhalten. Bereits im ersten Jahrzehnt nach 478 v. Chr. machte Athen dann in Kooperation und Konfrontation mit seinen Verbündeten Erfahrungen, die ihm den Weg aufzeigten, auf dem seine Macht in eine dauerhafte Herrschaft zu transformieren war. Es fehlen in der Überliefe-

Abb. 16   Eine athenische Triere unter vollen Segeln.
Kriegsschiffe waren das wichtigste Mittel zur Errichtung und Sicherung der athenischen Herrschaft. Zwischen 1981 und 1986 hat ein britisches Wissenschaftlerteam mit Unterstützung der griechischen Regierung eine athenische Triere nachgebaut. 1986 und 1987 wurden in der Ägäis Versuchsfahrten unternommen, durch die zahlreiche Einzelfragen des Aufbaus und der Einsatzweise dieser Schiffe geklärt werden konnten. Durch Segeln ohne Rudereinsatz hatte man sich im übrigen nur ausnahmsweise fortbewegt.

rung Einzelheiten, wie Athen im Falle von Karystos und Naxos verfahren ist, durch welche Auflagen und Instrumente man die beiden Gemeinden zukünftig einer engeren athenischen Kontrolle unterwarf. Es scheint aber angesichts des bislang gezeichneten Bildes unzweifelhaft, daß bereits hier die Anfänge jener Herrschaftsmittel zu suchen sind, durch die Athen im Laufe der folgenden Jahrzehnte seine Herrschaft immer stärker auszubauen und zu intensivieren wußte. Wichtige Stationen, die diese Entwicklung vorangetrieben haben, markieren

- die Siege über die Perser (469/66 v. Chr. am Eurymedon) und der formelle Friedensschluß mit ihnen (449 v. Chr., sogenannter Kallias-Friede, dessen Historizität umstritten ist);

- verschiedene von Athen getroffene Verfügungen, die alle seine Bündner gleichermaßen betrafen (454 v. Chr.: Verlagerung der Kasse des Seebundes nach Athen und Neuorganisation der *phoros*-Leistungen; 450/46 v. Chr.: Vereinheitlichung von Münzen, Maßen und Gewichten im Bereich des Seebundes);

- schließlich die zahlreichen weiteren Versuche von Bündnern, sich von Athen loszusagen, die jedoch allesamt gewaltsam unterdrückt wurden und zu teilweise detaillierten Festlegungen über die künftige Form der Abhängigkeit von Athen führten (457 v. Chr. Aigina, 452 v. Chr. Erythrai und Milet, 446 v. Chr. Chalkis, 439 v. Chr. Samos und Byzanz, 430 v. Chr. Kolophon, 427 v. Chr. Mytilene, 416 v. Chr. Melos).

Die Geschichte des Seebundes ist somit nicht die eines Wandels von einer Kampfgenossenschaft gleichberechtigter Mitglieder zu einer athenischen Gewaltherrschaft. Sondern sie besteht darin, daß die Athener in einem durch kontingente Bedingungen bestimmten Lernprozeß allmählich die Möglichkeiten entdeckten, durch die sie hofften, ihre Macht zu einer dauerhaften Herrschaftspraxis werden lassen zu können. Dabei kamen sie von zunächst tastenden Versuchen zum Aufbau einer Herrschaftsstruktur zu einem immer ausgeklügelteren und dichteren Netz von Herrschaftsmitteln.

In ihrem faktischen Verlauf ist die Geschichte freilich nicht zu rekonstruieren, es fehlen die Quellen. Nicht nur Thukydides läßt uns hier im Stich. Auch die übrigen authentischen Quellen sind im einzelnen mit großen Unklarheiten behaftet, insbesondere was ihre Datierung angeht. Am ehesten würden wohl noch die sogenannten Tributlisten als Anhaltspunkt für eine Verlaufsgeschichte taugen. Von 454/53 v. Chr. an, als die Kasse des Seebundes von Delos nach Athen verlegt wurde, besitzen wir Fragmente inschriftlich festgehaltener Listen von Anteilen am jährlich eingehenden Tribut. Von diesem stand ein Sechzigstel als offizielle Abgabe der Göttin Athena zu. Dieser Anteil ist auf den Listen festgehalten. Man hat nun versucht, aus plötzlich fehlenden Eintragungen oder aus Änderungen der Tributhöhe auf bestimmte Ereignisse in der Geschichte des Seebundes zu schließen. Daraus haben sich in einigen Fällen durchaus stichhaltige Hinweise erzielen lassen. Doch größere entwicklungsgeschichtliche Zusammenhänge sind nicht erkennbar.

Ebenfalls nur Momentaufnahmen geben die ersten großen Inschriftenzeugnisse, die die athenische Herrschaft über den Seebund dokumentieren. Sie zeichnen Beschlüsse der athenischen Volksversammlung auf, die einzelne oder die Gesamtheit der Bündner betreffen, auch einzelne Personen in einer Bündnerstadt. Obwohl uns diese Inschriften vielfach vor Schwierigkeiten bei der Wiederherstellung des Textes und der Datierung stellen, bilden sie aufgrund ihrer zum Teil detaillierten Angaben die wichtigste Quelle für die Rekonstruktion der Struktur der athenischen Herrschaft. Punktuelle Einblicke in die Herrschaftspraxis gewähren schließlich zeitgenössische Anspielungen in literarischen Quellen, vor allem in den Komödien, dann in Pseudo-Xenophon und den Rednern.

Im folgenden werden zunächst die einzelnen Herrschaftsmittel und ihre Bedeutung in einem systematischen Überblick vorgestellt. Danach soll an drei Inschriften exemplarisch die Funktionsweise der Herrschaftsmittel besprochen werden.

1. Die Mittel der athenischen Herrschaft

a. Militärische Mittel

Die wichtigste Grundlage der Machtstellung Athens war seine militärische Stärke zur See. Sie war das Erbe der Kriege gegen die Perser, die Athen mit seiner Flotte bei Salamis (480 v. Chr.) für die Griechen entschieden hatte. Die Flotte war die entscheidende Waffe, mit der die Athener die geschilderten militärischen Operationen im Namen ihrer Bündnisse durchführen, den Verkehr auf der Ägäis kontrollieren, weitere Gemeinden zum Abschluß von Bündnissen bewegen sowie abtrünnige Bündner wieder an sich binden konnten.

Als im zweiten Jahr des Peloponnesischen Krieges (430/29 v. Chr.) nach dem Wüten der Pest und der Verwüstung des attischen Landes durch die Spartaner die Kampfmoral der Athener geschwächt war, erinnerte Perikles sie daran, warum sie sich trotz allem überlegen fühlen dürften:

> „Ihr meint, ihr herrschtet nur über eure Verbündeten, ich aber will euch zeigen, daß von den zwei Reichen, die dem Menschen zum Gebrauch verliehen sind, Erde und Meer, ihr des einen völlig und allein Gewalt habt, soweit ihr es jetzt befahrt und wenn ihr noch weiter wolltet; da ist niemand, weder der Großkönig noch irgendein anderes Volk, euch im Augenblick Halt zu gebieten, wenn ihr mit eurer gegenwärtigen Flottenmacht daherführet."
> (Thuk. 2, 62, 2; Ü.: Georg Peter Landmann)

Den Stolz dieser Worte nährten 200 bis 300 Kriegsschiffe, sogenannte Trieren oder in der lateinischen Form: Triremen, die Athen im 5. Jh. v. Chr. ständig einsatzbereit hielt. Diese Trieren waren Ruderschiffe, etwa 38 m lang, gut fünf Meter breit und gut zwei Meter über die Wasserlinie hochragend. Sie besaßen zwei Segel, die jedoch vermutlich nur bei Fahrten über größere Entfernungen und nicht im Kampf zum Einsatz kamen. Ihre militärische Wirksamkeit erreichte die Triere vielmehr durch ihr ausgeklügeltes Rudersystem. 170 Ruderer saßen auf beiden Seiten des Schiffes in drei Reihen versetzt übereinander. Sie brachten das Schiff bei entsprechendem Training in weniger als einer Minute auf die hohe Geschwindigkeit von acht bis zehn Knoten. Damit und mit dem am Bug angebrachten bronzenen Rammsporn war das gegnerische Schiff rasch außer Gefecht zu setzen. Das Schiff selbst war also die Hauptwaffe, mit der seine Ruderer kämpften, die daher in der Regel auch nur von wenigen weiteren Bewaffneten (zehn Schwerbewaffnete und vier Bogenschützen) begleitet wurden. Zusammen mit Offizieren, Handwerkern und

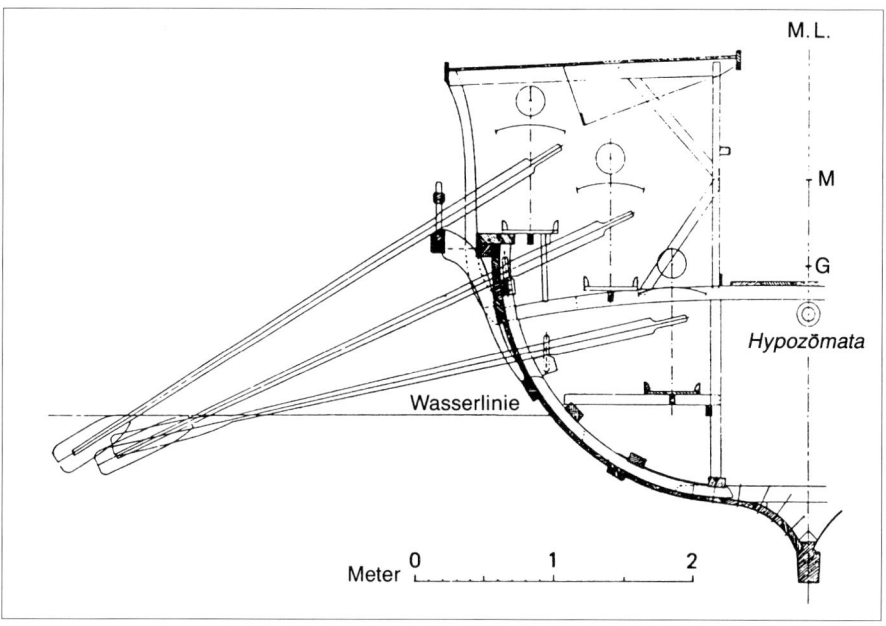

Abb. 17   Rekonstruierte Triere. Querschnitt der Ruderanlage

weiteren Hilfskräften hatte die Triere alles in allem 200 Mann Besatzung. Ihre militärische Effektivität lag in ihrem Durchsetzungsvermögen in einem Kampf, der das Rammen des Gegners zum Ziel hatte. Erreicht wurde dies durch die Geschwindigkeit und Wendigkeit der Schiffe, die man durch eine Verdreifachung der Zahl der Ruderer bei gleichzeitiger Verminderung der Schiffslänge erzielte.

Ausschlaggebend für die Einsatzfähigkeit dieser technologisch hochentwickelten Waffe war ein kontinuierlich hoher Ausbildungsstand der sie bedienenden Mannschaften. Die für den Dienst auf den Ruderbänken der Schiffe rekrutierten athenischen Bürger, die Theten, unterlagen daher einem ständigen harten und ausgedehnten Training. Die Athener waren sich über den Zusammenhang einer ununterbrochenen Übung im Seekrieg und ihrem militärischen Erfolg durchaus im klaren und konzentrierten daher alle Kräfte darauf, kontinuierlich im Training zu bleiben sowie ihr Schiffsmaterial zu verbessern und die Kampfestaktik zu verfeinern. Noch einmal Perikles, der nach Thukydides zu Beginn des Peloponnesischen Krieges seinen Mitbürgern die Bedingungen für ihre Stärke vor Augen führt:

„Zur See aber Sachverständnis erst zu erwerben wird ihnen (den Lakedaimoniern, d. Verf.) nicht leicht fallen. Seid doch selbst ihr, mit eurer ständigen Übung schon seit der Perserzeit, noch lange nicht fertig. Wie sollten da Bauern vom Innern des Landes etwas Rechtes leisten (...). Seefahrt ist eine Kunst wie eine andere und erlaubt nicht, daß man

Abb. 18   Auf der Ruderbank einer Triere. Rekonstruierter Blick auf die oberste Ruderbank

sie bei Gelegenheit als Nebenwerk betreibe, vielmehr hat neben ihr kein Nebenwerk sonst mehr Raum."

(Thuk. 1, 142, 6-9; Ü.: Georg Peter Landmann)

Obgleich die Athener mit ihren schnellen Schiffen bei vielen ihrer Verbündeten im Notfall rasch sein konnten, hielten sie es darüber hinaus immer wieder für erforderlich, die innere Ordnung einer Bündnerstadt und damit deren Loyalität durch die Stationierung eines Truppenkontingents zu sichern. Das lag besonders dann nahe, wenn die Stadt schon einmal versucht hatte, das Bündnis einseitig aufzukündigen. Die Regelungen von Erythrai[32] zeigen, daß dies dann auch mit erheblichen und weit über das Militärische hinausreichenden Befugnissen für den Kommandanten der athenischen Besatzungsmacht verbunden war.

Die Besatzungstruppen wurden zu ihren Einsatzorten selbstverständlich mit der Flotte gebracht. Unter Reduzierung ihrer Seekampftüchtigkeit ließen sich die Trieren mit einer größeren Zahl von Hopliten bemannen und deshalb im Bedarfsfall auch als Truppentransporter verwenden.

Um einen möglichen Einsatz der Flotte wirksam und ohne Hindernisse zu gestalten, bewogen die Athener ihre Bündner oder zwangen sie im Zuge von Kapi-

---

[32] Vgl. Kap. B, V, 2.

tulationsbedingungen dazu, dort, wo Städte Befestigungsanlagen zur Seeseite hin besaßen, diese zu beseitigen. Auf diese Weise waren sie dem militärischen Zugriff der Athener schutzlos ausgeliefert.

Schon die ersten Operationen des Seebundes gegen Eion am Strymon und die Insel Skyros endeten mit der Anlage von athenischer Siedlungen auf dem unterworfenen Gebiet. Diese Praxis setzte sich dann bis in den Peloponnesischen Krieg hinein fort. Sie ging entweder einher mit der Beseitigung von Teilen der bisherigen Bevölkerung, oder sie zielte auf die Gründung einer neuen Siedlung in der Nachbarschaft von weiterbestehenden Bündnerstädten. Die athenischen Bürger, die sich hier niederließen und dabei abweichend von der sonstigen Praxis griechischer Koloniegründungen weiterhin Bürger Athens blieben, konnten jederzeit auch eine militärische Aufgabe zur Sicherung der athenischen Macht übernehmen.

b. Administrative Maßnahmen

Infolge der Aufgabe, die Machtstellung im Seebund zu sichern sowie die Herrschaft zu organisieren, gewannen in Athen selbst vor allem zwei Beamtenkollegien besondere Bedeutung: die *hellenotamiai*, die als Schatzmeister der Bundeskasse von Beginn an athenische Beamte waren, sowie die zehn Strategen. Diese wurden von den zehn Phylen gewählt und waren untereinander gleichberechtigt. Einzeln oder in Gruppen wurden sie von der Volksversammlung mit militärischen Führungsaufgaben betraut. Während eines militärischen Unternehmens waren sie für alle erforderlichen Regelungen zuständig. Insbesondere wirkten sie bei der Festsetzung und Einsammlung des finanziellen Beitrags zum Seebund mit. Auch wenn sie der Volksversammlung gegenüber stets rechenschaftspflichtig blieben, konnte das Strategenamt aufgrund seines im Rahmen des Seebundes enorm gestiegenen Aufgabenbereichs manchem Aristokraten zu großem Ansehen und einer starken Stellung als Berater der Volksversammlung verhelfen. Das berühmteste Beispiel ist Perikles.

Aus Inschriften und literarischer Überlieferung ist bekannt, daß athenische Beamte im Bereich des Seebundes in großer Zahl tätig waren. Die Athenaion Politeia spricht von 700 solcher Funktionäre[33], die in den mit Athen verbündeten Gemeinden die Aufgabe hatten, die Herrschaftsinteressen Athens geltend zu machen und durchzusetzen. Auch wenn man mit der Mehrheit der Forschung die genannte Zahl von 700 für einen Fehler in der Überlieferung der Athenaion Politeia hält, dürfte die Gesamtzahl der in den Gemeinden des Seebundes tätigen athenischen Beamten nicht unbeträchtlich gewesen sein.[34] Die wichtigsten von ihnen waren:

---

[33] Vgl. Aristot. Ath. pol. 24, 3.

[34] Dies entspricht nicht zuletzt der Tendenz der demokratischen Ordnung in Athen, die Zahl der Funktionsträger zu vervielfachen.

- die *phrouarchoi*: die Kommandanten der örtlichen Besatzungen, die zugleich administrative Aufgaben hatten;
- die *episkopoi*: wörtlich: Aufseher, wohl der häufigste Typ von Beamten, die nicht an einem Ort stationiert waren, sondern im Gebiet des Seebundes umherreisten, um von Zeit zu Zeit die von Athen beanspruchten Aufgaben auszuführen;
- die *archontes*: auch sie wirkten bei der inneren Verwaltung von Bündnergemeinden mit und übten so Herrschaft im Sinne Athens aus.

In Aristophanes' Komödie *Die Vögel*, aufgeführt 414 v. Chr., kommt ein solcher Repräsentant Athens in die neue Stadt Wolkenkuckucksburg. Es kommt zum Konflikt zwischen ihm und dem Gründer der Stadt und Helden des Stückes Peithetairos:

> *„Ein Kommissar (episkopos) tritt auf, zwei Abstimmungsurnen mitbringend:*
> Wo ist der Resident *(proxenos)*?
> *Peithetairos*: Wer ist denn dieser Sardanapal[35]!
> *Kommissar*: Der Kommissar, gewählt für Wolkenkuckucksburg.
> *Peithetairos*: Der Kommissar? Wer schickt dich her?
> *Kommissar*: Der Wisch da, ausgefertigt von Teleas –
> *Peithetairos*: Ei, willst du nicht den Sold einstreichen gleich, dir Zeit
> und Mühe sparen und gehn?
> *Kommissar*: Ja gern! Zur Volksversammlung sollt ich ohnehin, für
> Pharnakes zu wirken!
> *Peithetairos prügelt ihn*: So packe dich, da hast du deinen Sold!
> *Kommissar*: Was soll das?
> *Peithetairos*: Wirken soll's für Pharnakes!
> *Kommissar*: Man schlägt den Kommissar, ich rufe Zeugen!
> *Peithetairos*: Willst du dich schieben, du mit deinen Urnen?
> *Kommissar ab.*
> Ist's nicht empörend? Kommissare schicken
> Sie in die Stadt, noch eh sie eingeweiht?"
> (Aristoph. av. 1021-1034; Ü.: Hans-Joachim Newiger)

Die Kritik von Aristophanes richtet sich gegen die anscheinend grenzenlose Machtgier der Athener, die, wo immer sie können, ihren Herrschaftsanspruch erheben, obwohl das Wolkenkuckucksburg des Stückes keineswegs ein Verbündeter Athens ist. Doch sein Protagonist vermag sich erfolgreich zu wehren, und so gießt Aristophanes seinen Spott über das Verhalten des athenischen Funktionärs aus, das offensichtlich eher von der Befriedigung persönlicher Eitelkeit und Habgier bestimmt ist als vom Dienst an den gemeinschaftlichen Interessen des athenischen Volkes.

Das Amt des *episkopos* unterliegt den für alle Ämter üblichen Modalitäten im demokratischen Bürgerstaat. Er ist durch das Los für seine Mission ausgewählt, sein genauer Auftrag ist in einem Beschluß der Volksversammlung niedergelegt, dessen Antragsteller hier ein gewisser Teleas war und auf den der *episkopos* etwas gering-

---

[35] Sagenhafter assyrischer König, berühmt durch Schwelgerei und Verweichlichung.

schätzig verweist, um gleich danach seinen eigentlichen Auftrag zu vergessen und die ihm scheinbar angebotene Summe einzustreichen. Ob die athenischen Beamten wirklich ihren Sold am Ort ihres Wirkens erhielten, wissen wir nicht. Möglicherweise spielt Aristophanes jedoch auf durchaus vorstellbare Bestechungspraktiken an. Was der *episkopos* eigentlich zu tun hatte, zeigen die von ihm mitgebrachten Urnen für eine Abstimmung. Offenbar sollte er die Rechtsprechung überwachen und dabei für die Einhaltung der in Athen üblichen Abstimmungsprozeduren Sorge tragen. Er genoß bei dieser Aufgabe als offizieller Vertreter Athens dessen Schutz, obschon dies dem *episkopos* unserer Szene nichts hilft, da er sich durch sein selbstherrliches und nachlässiges Verhalten bereits gründlich diskreditiert hat.

Ein echtes militärisches Bündnis konnten von Beginn an nur ganz wenige Gemeinden mit den Athenern eingehen, vor allem die großen Inseln Ioniens. Nur sie verfügten über die Möglichkeit, mit eigenen Schiffen an den militärischen Operationen der Athener teilzunehmen. Es ist klar, daß diese wenigen Verbündeten, die allein im wirklichen Wortsinne *symmachoi*, Mitkämpfer, waren, gegenüber der großen Masse der übrigen Verbündeten, deren Leistung nur in materiellen Beiträgen bestand, einen privilegierten Status im Verhältnis zu Athen besaßen. Für Athen war es vorteilhaft, solange wie nur möglich an dieser Zweiteilung der Verbündeten festzuhalten, da sie die einzigen zählbaren militärischen Instrumente, die diese potentiell gegen Athen einzusetzen gehabt hätten, neutralisierte.

Die Athener hatten nur dann eine Chance, ihre Vormachtstellung in eine dauerhafte Herrschaft zu überführen, wenn sie die Bildung von Zentren potentieller Gegenmacht verhinderten. Sie erreichten dies, indem sie darauf achteten, daß jeder Bündner ihnen immer allein gegenüberstand: beim Abschluß des Bündnisses, bei der Festsetzung des finanziellen Beitrags, die von der athenischen Volksversammlung für jeden Bündner einzeln vorgenommen wurde, bei der Einsammlung beziehungsweise Eintreibung dieses Tributs, bei der jede einzelne Gemeinde der athenischen Flotte schutzlos ausgeliefert war, bei etwaigen Verfügungen und Eingriffen, die – wie nicht nur das Beispiel bei Aristophanes, sondern vor allem die Masse der Inschriften zeigt – von der Volksversammlung für jeweils bestimmte Gemeinden verfügt wurden, sowie natürlich auch bei einem Abfallversuch.

Ob es daneben auch generelle Gesetze gegeben hat, die bestimmte Regelungen für das gesamte Gebiet des Seebundes einheitlich und in einem einmaligen Akt festgelegt haben, ist mangels direkter Beweise nicht sicher zu sagen. Aus einigen Hinweisen in Inschriften seit den 440er Jahren v. Chr. könnte jedoch auf die Existenz solcher *leges generales* im Bereich der Rechtspflege geschlossen werden. Diese stünden dann in einem gewissen Widerspruch zu dem vorher skizzierten Prinzip der Vereinzelung der Bündner und könnten auf einen Wandel der Herrschaftspraxis hindeuten. Zu einer durchgreifenden Wirkung und Neuorientierung der Herrschaftspraxis ist dies jedoch durch den Ausbruch des großen Krieges nicht mehr gekommen.

c. Politische Methoden

Die Proxenie war eine bereits in der archaischen Zeit verbreitete Einrichtung, die dazu diente, den Aufenthalt von Bürgern in einer fremden Gemeinde zu erleichtern. Ein Bürger, der sich durch Vermögen und sozialen Status auszeichnete, wurde von einer anderen Gemeinde dazu auserwählt, ihren Bürgern bei einem Besuch in seiner Gemeinde Gastfreundschaft zu gewähren, für sie gegenüber den örtlichen Behörden nötigenfalls einzutreten und ganz allgemein für die Wahrung ihrer Interessen zu sorgen. Athen hat sich diese diplomatische Institution für seine Herrschaftstechnik zunutze gemacht und pflegte in den Städten des Seebundes eine große Zahl von Privatleuten zu seinen Staatsgastfreunden zu erklären. Wir sind einem solchen *proxenos* bereits begegnet[36], und auch in der zuletzt herangezogenen Quelle läßt Aristophanes seinen *episkopos* als erstes nach dem athenischen *proxenos* rufen, um sich über die momentane politische Lage der Stadt informieren zu lassen. Aufgrund seiner Machtstellung hatte Athen nun die Möglichkeit, seine *proxenoi* viel deutlicher als früher zu privilegieren und unter seinen Schutz zu stellen. In einem Volksbeschluß von 450/49 v. Chr. heißt es unter anderem:

> „[– soll] e[r Proxenos sein der Athen | er und W]ohltäte[r. Wenn von irgendwelchen] | Acheloio[n Unrecht erleide]t, [soll er einen Prozeß er | halten g]egen diese [in] A[then vor de | m Pol]emarchos; Ger[ichtsgebühren soll nicht zahlen müsse | n der Kläger mit Ausnah]me von fünf Drachm[en.] | Wenn jemand [den Acheloion] tö[tet | oder] einen sei- ner Söhne [im Gebiet einer der Städt | e, wel]che die Athener [beherrschen, soll die Sta | dt] fünf Talent[e Buße zahlen wie wenn] ein [Athe | ne]r getö[tet worden ist. Die Klage soll in Athe | n] erfolgen in d[erselben] Weise, [wie wenn ein] Athene | [r ge]tötet worden [ist –]"
> (Inscriptiones Graecae Bd. I³ 19 ;
> Ü. : Brodersen/Günther/Schmitt)

Wer als treuer Freund der Athener so geehrt wurde, war an die ihn beschützende Gemeinde viel intensiver gebunden als frühere *proxenoi*. Und er benötigte die Protektion seiner Schutzherren auch dringender, da ihn seine unbedingte Loyalität ihnen gegenüber in Konfliktfällen durchaus in eine prekäre Lage bringen konnte. Thukydides berichtet, daß Mytilene den Abfall von seinem Bündnis mit Athen im Sommer 428 v. Chr. überstürzt vollziehen mußte, obwohl die für einen Erfolg nötigen Maßnahmen noch nicht vollständig getroffen waren:

> „Aber ihre (der Aufständischen, d. Verf.) Feinde von Tenedos (einer nördlich von Lesbos gelegenen Insel, d. Verf.) und Methymna (einer anderen Gemeinde auf Lesbos, d. Verf.), und aus Mytilene selbst auf eigne Faust Männer der Gegenpartei, die Gastfreunde Athens, erstatteten Anzeige in Athen: sie zwängen alle Lesbier mit Gewalt, nach My- tilene zu ziehen, und betrieben mit den Spartanern und den stammverwandten Boiotern ihre Rüstungen zum Abfall, und wenn man nicht jetzt schon zuvorkäme und die Stadt besetze, würde Lesbos verlorengehen."
> (Thuk. 3, 2, 3; Ü.: Georg Peter Landmann)

---

36 Vgl. Kap. A, IV.

Informanten lebten gefährlich, zumal wenn, wie in diesem Fall, ihre Warnungen keinen Erfolg hatten. Um so mehr ist das Bemühen der Athener zu verstehen, ihre *proxenoi* durch Ehrungen auf ihrer Seite zu halten. Sollte das Schlimmste eintreten, konnten sie sogar eines athenischen Staatsbegräbnisses sicher sein. Eine zwischen 460 und 440 v. Chr. entstandene Inschrift vom Kerameikos in Athen erinnert an einen Pythagoras aus Selymbria (einer an der nördlichen Küste des Marmarameeres gelegenen mit Athen verbündeten Stadt):

> „(...) Um der verdienstvollen Proxenie sowohl seiner Vorfahren als auch seiner eigenen willen | haben die Athener hier beigesetzt Pythagoras, | den Sohn des Dionysios, auf Gemeindekosten; über seine pferdenährende | Heimat Selymbria kam Trauer um den Dahingegangenen."
>
> (Inscriptiones Graecae I² 1034; Ü.: Brodersen/Günther/Schmitt)

Schon die ersten inschriftlichen Zeugnisse seit den 450er Jahren lassen erkennen, daß die Athener ihre Herrschaft auszuüben und zu sichern gesucht haben, indem sie Einfluß auf die innere Ordnung der Bündnergemeinden nahmen. Ziel war, dort eine politische Konstellation herbeizuführen, die die betreffende Gemeinde quasi von selbst in eine innere Affinität zu Athen brachte. Indem ein möglichst großer Teil der städtischen Bevölkerung politisch beteiligt und damit privilegiert wurde, konnte dessen Interesse an einer Aufrechterhaltung dieses Zustandes mit dem Herrschaftsinteresse Athens deckungsgleich werden. Das probateste Mittel hierzu bestand darin, vorhandene Bestrebungen nach einem Ausbau und einer Ausweitung der Bürgerstaatlichkeit tatkräftig zu unterstützen, wenn nötig direkt zu intervenieren und dabei selbstverständlich die eigene Ordnung als vorbildlich und maßgebend zu propagieren. Für den Erfolg dieser Politik sprechen die fragmentarischen Belege der Inschriften, in denen wir immer wieder institutionelle Formen erkennen können, die es in gleicher oder ähnlicher Weise in Athen selbst gegeben hat.

Die Athener haben bei der Ausübung ihrer Herrschaft also nicht nur auf ihre überall sitzenden *proxenoi* zurückgreifen können, sondern in zahlreichen Städten auch auf die Anhänglichkeit breiter Bevölkerungsschichten. Soweit diese als Demokraten die Sache Athens unterstützten und förderten, hat Athen sie ähnlich den *proxenoi* unterstützt und die von ihnen getragenen politischen Ordnungen gegen Umsturzversuche in Schutz genommen. Freilich ist hinzuzufügen, daß die oberste Richtschnur für Athens Handeln in jedem Fall der Beweis von Loyalität war und daß die Existenz von Demokratien dafür gewiß eine bessere Voraussetzung bot, jedoch keine absolute Garantie. Solange die eine Gemeinde politisch Führenden die Treue des Bündners zu Athen zu sichern vermochten, nahm die athenische Volksversammlung daher auch keinen Anstoß an einer Zusammenarbeit mit oligarchischen Regimen. Eine durchgängige Tendenz zu einer systematischen Demokratisierung in den Gemeinden des Seebundes ist denn auch nicht zu beobachten.

Die strikteste Form politischer Anbindung sind allgemeine Loyalitätseide gegenüber Athen[37], wie sie in der Reaktion auf Brüche des Bündnisses gefordert worden sind. Solche Eide wurden sowohl von demokratisch zustande gekommenen Gremien in den Gemeinden wie von deren gesamten Bürgerschaften abgelegt.

d. Jurisdiktionelle Instrumente

Eine spezifische Variante der bislang besprochenen administrativen und politischen Zugriffe Athens auf seine Bündnergemeinden sind die verschiedenen Regelungen auf dem Gebiet der Rechtspflege, einem der zentralen Aufgabenbereiche der Bürgerstaatlichkeit. Athen hat durch seine Funktionäre die Verfolgung aller als politisch eingestuften Straftaten (etwa Umsturzversuche der Verfassung, Schädigung von *proxenoi*, Kollaboration mit den Persern) an sich gezogen. Dabei scheinen solche Delikte, die mit der Todesstrafe, mit Verbannung und Verlust des Bürgerrechts bedroht waren, vor den Volksgerichten in Athen verhandelt worden zu sein. Das geht auch aus der Szene im aristophanischen Wolkenkuckucksburg hervor. Nachdem der Held Peithetairos den *episkopos* fürs erste in die Flucht geschlagen hat, tritt mit dem Gesetzeverkäufer eine komische Figur auf, mit der der Dichter die Regelungswut und die fortgesetzten Einmischungen seiner Landsleute in die inneren Angelegenheiten der Städte aufs Korn nimmt:

> *„Gesetzeverkäufer tritt auf und liest aus einer riesigen Rolle:*
> «Und so ein Wolkenkuckucksburger einen Athener injuriert –»
> *Peithetairos:* Was ist das? Wieder so ein Schelmenbuch?
> *Gesetzeverkäufer:* Gesetze hab ich feil, die allerneusten Euch
>   anzubieten kam ich her.
> *Peithetairos:* Zum Beispiel?
> *Gesetzeverkäufer:* „In Wolkenkuckucksburg soll gelten gleiches Maß
>   und Gewicht und Recht wie zu Heulenburg!»
> *Peithetairos droht ihm mit dem Stock:* Du kriegst dein Maß nach
>   Beulenburg'schem Recht!
> *Gesetzeverkäufer:* Mir dieses?
> *Peithetairos:* Pack dich fort mit den Gesetzen,
>   Sonst lehr ich dich ein bitterböses kennen! *Prügelt ihn.*
> *Der Kommissar kommt zurück mit einem Zeugen:*
> Den Peithetairos lad ich wegen Realinjurien
> vor auf den Monat Munichion!
> *Peithetairos:* Du? Alle Wetter! Bist du auch noch da? *Prügelt ihn.*
> *Gesetzeverkäufer:* „So aber jemand Staatspersonen nicht respektiert
>   und fortjagt, der, laut Anschlag an der Säule –»
> *Peithetairos:* Das ist zum Bersten! So, auch du noch da?
> *Gesetzeverkäufer flieht.*
> *Kommissar:* Wart nur! Zehntausend Drachmen sollst du mir –
> *Peithetairos:* Ich werf die Urnen dir in tausend Scherben!
> *Gesetzeverkäufer:* Denkst du daran, wie nachts du an die Säule –

Peithetairos: Haha! Nun packt ihn! Willst du halten, Schurke?
Gesetzeverkäufer und Kommissar ab. Zum Sklaven:
Nun laßt uns aber unverzüglich gehn
und drin im Haus den Bock den Göttern opfern! *Ab*.“
(Aristoph. av. 1035-1057; Ü.: Hans-Joachim Newiger)

Der Gesetzeverkäufer zitiert aus drei athenischen Dekreten, und da uns das eine, das Münzgesetz von 450/49 v.Chr., bekannt ist, wäre es gut möglich, daß auch die beiden anderen Zitate auf real existierende Gesetze Bezug nehmen. Beide formulieren Schutzbestimmungen für Athener im allgemeinen sowie athenische Beamte gegenüber Anfeindungen und Angriffen in Bündnergemeinden. Außer den athenischen Bürgern sind auch die in Stein gehauenen Dekrete des athenischen Volkes vor Übergriffen geschützt. Diese Bestimmungen richten sich gegen Vergehen, die in den Augen der Athener politische Verbrechen waren und deren Aburteilung deswegen in der Hand athenischer Gerichtsbarkeit lag. Zwei Möglichkeiten deutet der Text an: Die Vorladung des Beschuldigten vor ein athenisches Bürgergericht (der genannte Monat Munichion, März/April, war vermutlich nicht der einzige Zeitpunkt, zu dem dies geschehen konnte); oder die direkte Aburteilung durch einen am Ort befindlichen athenischen Beamten (die vom *episkopos* verhängte Geldstrafe von 10000 Drachmen ist gewiß eine komische Übertreibung, die noch einmal seine Geldgier demonstriert).

Zusammen mit den übrigen bereits besprochenen Maßnahmen stellten die athenischen Eingriffe in die eigenständige Rechtspflege seiner Bündner deren staatliche Eigenständigkeit radikal in Frage. Kurzfristig gesehen konnten die Athener die Gemeinden, über die sie herrschten, fest in den Griff bekommen; langfristig gesehen barg indessen auch dieses Herrschaftsmittel Risiken, die die Herrschaft selbst je länger um so mehr in Gefahr bringen mußten.[38]

e. Wirtschaftliche Ziele und Erträge

Eines der wichtigsten Herrschaftsmittel überhaupt stellte der *phoros* dar, die Geldbeisteuer, zu der alle Verbündeten Athens herangezogen wurden mit Ausnahme derjenigen, die sich mit eigenen Schiffen an den militärischen Operationen des Seebundes beteiligen konnten und durften. Dieser für alle Städte gewiß spürbare materielle Transfer hat deren Leistungsfähigkeit geschwächt und konnte auch dadurch einer Herausbildung von Gegenmacht vorbeugen.

Hinzu kamen weitere Abschöpfungen materieller Mittel sowie Einschränkungen der Wirtschaftstätigkeit: Von Athen verfügte und dank seiner Seemacht durchgesetzte Verkehrsbeschränkungen auf der Ägäis; die Kontrolle des nicht nur für Athen, sondern auch für andere Städte lebenswichtigen Getreidehandels durch die Meerengen mittels einer eigens dafür geschaffenen Behörde von *hellespontophylakes*; die Konzentration des gesamten Ägäis-Handels im athenischen Hafen Piräus; die

---

38 Auf diesen Zusammenhang wird in Kap. VII noch einmal einzugehen sein.

Erhebung von Zöllen und Hafengebühren dortselbst; die Konfiskation von Land bei vielen Bündnern, das athenischen Bürgern gegeben wurde, wodurch diese Kleruchien neben ihrem militärischen Zweck von mindestens ebenso großem wirtschaftlichen Nachteil für die Bündnergemeinden waren.

Auf der anderen Seite brachte die athenische Herrschaft auch den Bündnern manch wirtschaftlichen Vorteil: Der Handel wurde sicherer, gerade aufgrund der durch die Athener ausgeübten Überwachung und Kontrolle. Er konnte damit in seinem Umfang zunehmen und wurde auch dank der Verminderung einiger Risiken aufgrund der Sicherheit der Seewege vermutlich profitabler. Ferner sind für die Gemeinden als ganze mit dem Übergang zu demokratischen Verfassungsformen die stärkere Heranziehung der Vermögen von reichen Bürgern als positive Auswirkungen der athenischen Herrschaft zu nennen.

Es ist indessen höchst fraglich, ob die von der athenischen Herrschaft Betroffenen für sich selbst eine derartige wirtschaftliche Gewinn- und Verlustrechnung aufgemacht haben. Wo immer Klagen über die athenische Herrschaft laut werden, mangelt es an jedem Hinweis auf die Dimension wirtschaftlicher Unterdrückung, sondern steht der Verlust an politischer Autonomie im Vordergrund. Umgekehrt muß man aber fragen, welchen Stellenwert die wirtschaftliche Seite der Herrschaft für die Athener selbst hatte, ob es gar eine wirtschaftliche Triebkraft für die Herrschaftsbildung gab, wie dies manchmal behauptet wird.

Eine wichtige und für jeden Athener spürbare Wirkung scheint Athens Seeherrschaft bei der Sicherstellung der Einfuhr von Getreide gehabt zu haben. Einen Gutteil des Getreides lieferten die griechischen Kolonien an den Küsten des Schwarzen Meeres. Es ist daher klar, daß, wer die Meerengen beherrschte und die Schiffahrtsrouten durch sie und die Ägäis kontrollierte, für einen reibungslosen Handel sorgen konnte. Ist hierin aber auch ein Motiv für den Aufbau der Seeherrschaft zu erkennen? Neben Athen war nämlich noch eine ganze Reihe anderer Städte wie Korinth, Milet, Aigina oder Megara ebenfalls auf Getreideimporte angewiesen. Und sie alle waren dies nicht nur im 5. Jh. v. Chr., sondern blieben es lange darüber hinaus. Die politischen Mittel, derer man sich normalerweise zur Bewältigung dieser Aufgabe bediente, waren denn auch die der Diplomatie. Von den aristokratischen Führungsschichten der Gemeinden wurde erwartet, daß sie sich mit ihren Ressourcen und auswärtigen Verbindungen darum kümmerten, daß die Versorgung der Masse der städtischen Bevölkerung mit den Grundnahrungsmitteln gewährleistet war.

Auf die Entfaltung äußerer Herrschaft konnte hingegen keine griechische Gemeinde in archaisch-klassischer Zeit in nennenswertem Umfang zurückgreifen, auch nicht das Athen des 4. Jhs. v. Chr. Im 5. Jh. v. Chr. jedoch hat es seine seit den Perserkriegen errungene Machtstellung durchaus auch für dieses Ziel eingesetzt. Daher wurden die sonst üblichen diplomatischen Wege unnötig, ja aufgrund ihrer auf Gegenseitigkeit und Einvernehmen angelegten Natur teils auch nicht mehr gangbar. Es traf sich dabei für die Athener sehr günstig, daß die Räume, auf die sich ihre machtpolitischen Ambitionen zunächst konzentrierten – die Meerengen und die nördliche Ägäis, durch die die Marschwege der Perser geführt hatten und die in archaischer Zeit Gebiete athenischer Präsenz gewesen waren – zugleich jene waren, die auch die Getreideschiffe durchfahren mußten. Ihre Herrschaft über den Seebund haben die Athener also gewiß nicht errichtet, um die Getreideversorgung sicherzustellen; daß dies damit zugleich erreicht werden konnte, ist als Ergebnis von Machtpolitik und Herrschaft aber gewiß begrüßt worden. Das gilt für den Handel ganz allgemein:

> „Und es kommt wegen der Größe der Stadt aus aller Welt alles zu uns herein",
>
> (Thuk. 2, 38, 2; Ü.: Georg Peter Landmann)

stellt Perikles bei Thukydides fest. Ähnlich Pseudo-Xenophon:

> „Was es nur an Leckerei in Sizilien oder Italien oder auf Kypern oder in Ägpten oder in Lydien oder im Pontos oder in der Peloponnesos oder sonst wo gibt, all dieses ist an einem Punkte zusammengeströmt dank der Seeherrschaft."
>
> (Xen. Ath. pol. 2, 7; Ü.: Ernst Kalinka)

Die Beherrschung der Meere, die Reglementierung des Handels, die Verfügung über große materielle Ressourcen, die Attraktivität der Stadt für Menschen aus aller Herren Länder boten Möglichkeiten und eröffneten Chancen, die die Athener konsequent genutzt haben. In beiden Quellenäußerungen wird jedoch auch das Außerordentliche und Neue dieser Situation spürbar. Diese bis dahin beispiellose Verbesserung von materiellen Lebensverhältnissen in einer griechischen Stadt kann den Kämpfern von Marathon und Salamis im Jahre 478 v. Chr. kaum vor Augen gestanden haben, als sie den Grundstein für ihre Herrschaft legten. Vielmehr war auch dieser wirtschaftliche Gewinn erst in der Konsequenz des machtpolitischen Erfolges erkennbar und bewußt anzustreben.

Noch in einer weiteren Hinsicht haben alle athenischen Bevölkerungsschichten beträchtlich von der Seeherrschaft profitiert. Zum einen durch die Annexionen von Land im Gebiet von Bündnern: Vermutlich etwa 10000 Athener haben im Laufe der Jahrzehnte an der Gründung von Kolonien teilgenommen. Viele weitere, vor allem aus der Oberschicht, haben auch unabhängig von Koloniegründungen Grundbesitz in Bündnergemeinden erworben. Neben den kollektiven Landabtretungen war dieser private Landerwerb durch Fremde ein schwerer Stein des Anstoßes für die Bündner. Ganz abgesehen von dem daraus gezogenen wirtschaftlichen Gewinn war er ein Zeichen der athenischen Herrschaft.

Einträglich waren zum anderen natürlich die von den Bündnern geleisteten Tribute und andere Abgaben. Sie wurden zunächst einmal für den Aufbau und Unterhalt der Flotte benötigt, deren Einsatz riesige Summen verschlungen hat. Allein für den Unterhalt der Mannschaft eines Schiffes wurden pro Monat ein halbes bis ein Talent (10-20 kg Silber) aufgewendet. Eine einzige militärische Kampagne wie die gegen Samos im Jahre 440/39 v. Chr. verursachte Kosten von mehr als 1000 Talenten. Da jedoch auch die Athener selbst durch die Institution der Trierarchie einen nicht unbeträchtlichen Teil der militärischen Ausgaben selbst bestritten, blieb über die Jahre hin von den Tributeinnahmen ein gewisser Überschuß, der gehortet wurde. Die Finanzmittel sind somit in erster Linie eine Vorbedingung, nicht ein Ziel der Macht gewesen. Gleichwohl hat Athen als ganzes und haben viele einzelne natürlich von den finanziellen Einnahmen direkt profitiert: als Ruderer auf den athenischen Schiffen, als Mitglieder von Rat und Gerichten, als Beamte, indirekt als Handwerker oder Händler. Die Höhe der direkten Zahlungen war aber nicht so groß, als daß die Gemeinde sie nicht auch ohne den Seebund hätte aufbringen können. Sie bestanden nämlich auch im 4. Jh. v. Chr. noch fort, als Athens Machtstellung viel schwächer war. Richtig bleibt freilich auch, daß ohne den Seebund im 5. Jh. v. Chr. nicht alles gleichzeitig möglich gewesen wäre: kostspielige Kriege zu führen, eine Heerschar ,öffentlich Bediensteter' zu besolden und dazu noch ein gewaltiges Bauprogramm ins Werk zu setzen. Eine derartige Entfaltung aller Kräfte war noch nie dagewesen und konnte sich eben auch erst mit der Entwicklung und Konsolidierung der athenischen Macht einstellen. Das Motiv für das Streben nach dieser konnte sie nicht gewesen sein.

Auch wenn außer Frage steht, daß sich ihre Herrschaft für die Athener auch wirtschaftlich gelohnt hat, haben sie selbst sie unter dem Gesichtspunkt der wirtschaftlichen Bilanz nie beurteilt. Ökonomische Erwägungen blieben der Machtpolitik immer untergeordnet. Deshalb geriet Athen zunehmend in ein nicht auflösbares Dilemma: Die gleiche Machtpolitik, als deren Folge man die wirtschaftlichen Vorteile gerne entgegennahm und guthieß, führte in zunehmendem Maße zu militärischen Konflikten, deren Kosten im Verlauf des Peloponnesischen Krieges die wirtschaftlichen Vorteile bei weitem überwogen. Doch hat wirtschaftliche Rationalität weder am Beginn der Seeherrschaft Pate gestanden, noch das zähe und aussichtslose Festhalten an ihr beeinflußt.

f. Religiöse Bindungen an Athen

Neben dem Einsatz direkter Gewalt und den verschiedenen Formen administrativer, politischer und wirtschaftlicher Interventionen in den Bündnergemeinden haben die Athener noch ein weiteres Mittel zur Sicherung ihrer Herrschaft eingesetzt: Sie haben ihre Bündner dazu verpflichtet, sich an den athenischen Staatskulten zu beteiligen und so ihre Unterstellung unter die herrschende Macht auch symbolisch zu bekunden.

Zum Ausdruck kam dies vor allen Dingen in der Verehrung der athenischen Stadtgöttin Athena, die als siegreiche Göttin ihre Herrschaft auch über die Bündner erstrecken sollte. Von deren *phoros* wurde denn auch jährlich der sechzigste Teil Athena als Schutzherrin des Seebundes gestiftet. Ähnliche symbolische Tribute erhielten weitere Hauptgottheiten der Athener, so die in Eleusis verehrte Fruchtbarkeitsgöttin Demeter und der ebenfalls mit wichtigen Kultfesten geehrte Dionysos. Bei den Dionysien wie bei den Großen Panathenäen hatten die Mitglieder des See-

bundes mit offiziellen Delegationen obligatorisch teilzunehmen und durch öffentliche Auftritte und Opfer den Göttern wie der Bürgerschaft Athens ihre Reverenz
zu erweisen.

Eine zweite Möglichkeit, die Verbundenheit der Mitglieder des Seebundes mit
Athen zu demonstrieren, eröffnete sich den Athenern im Bereich des Mythos. Die
sagenhaften Gründungsgeschichten zahlreicher Gemeinden an der ionischen Küste waren schon seit archaischer Zeit mit der Frühgeschichte Athens verknüpft. Dieses pflegte seinerseits eifrig die Vorstellung, Ausgangspunkt jener Kolonistenzüge
gewesen zu sein, die die Griechen einst an die kleinasiatische Küste geführt hätten. Die Griechen erkannten in diesen aus dem Zusammenbruch der mykenischen
Welt herausgesponnenen Erzählungen ihre wirkliche vergangene Geschichte. Athen
hat daher aus diesen Vorstellungen im Laufe des 5. Jhs. v. Chr. ein historisches Argument gemacht: Indem es unter Rückgriff auf den Mythos seine Rolle als Mutterstadt aller Ionier betonte, konnte es diesen den Status von Tochterstädten zuwei-
sen und von ihnen als solchen eine auch in der Tradition gründende Loyalität und
pietätvolle Zuneigung verlangen. Athens Herrschaftsstellung mußte so als konsequente Fortführung der Übernahme von Verpflichtungen erscheinen, wie sie traditionell der Mutterstadt gegenüber ihren Kolonien zukommen.

Schließlich läßt sich auch der Ausbau Athens als Stadt, das heißt das von Perikles initiierte, groß angelegte Bauprogramm und die durch Architektur und Bildkunst vermittelten Botschaften als Mittel verstehen, den eigenen Herrschaftsanspruch zu artikulieren und durchzusetzen. Denn in diesen Bauten materialisierten
sich nicht nur zu einem Gutteil die in Athen abgelieferten Beiträge der Bündner,
sondern sie verwiesen mit ihren Bildprogrammen darüber hinaus immer wieder
auf die geschichtlichen Verdienste Athens vor allem in den Perserkriegen und formulierten damit zugleich den bleibenden Anspruch Athens auf seine herausgeho-
bene Stellung als Beschützerin des gesamten Griechentums.

Diese durch das Medium von Mythos und Religion vollzogene Anbindung der
Mitglieder des Seebundes an Athen resultierte im übrigen nicht aus dem Bemühen,
die eigene, nicht selten brutal angewendete Macht sowie die tief in die Eigenständigkeit der Städte eingreifende alltägliche Herrschaftspraxis zu rechtfertigen und
zu überhöhen. Als Mittel zur Legitimation der Herrschaft, zur Überbrückung des
Gefälles zwischen Herrschenden und Beherrschten, zur Stärkung des inneren Zusammenhalts des Herrschaftsverbandes waren die geschilderten Maßnahmen denn
auch denkbar ungeeignet, und so hat sich eine tiefgreifende und dauerhafte Veränderung der jeweiligen lokalen religiösen Ausrichtung, geschweige denn eine ech-
te religiöse Bindung des einzelnen Bürgers in Bündnergemeinden nirgendwo eingestellt. Der Grund hierfür war, daß die religiöse Ausrichtung der Bündner auf Athen
hin ausschließlich und einseitig auf notfalls mit Zwangsmitteln durchgesetzte Entscheidungen der Herrschermacht zurückging und daß ihr Inhalt allein in einer Ver-
herrlichung der Leistungen Athens bestand. Die religionspolitischen Aktivitäten
Athens gingen nicht darauf aus, die Bündnergemeinden tatsächlich an der Ausübung gemeinsamer Kulte zu beteiligen, und eröffneten ihnen keine Perspektiven,

die neuen religiösen Äußerungsformen gewissermaßen als ‚Reichskulte' in die jeweils eigene lokale religiöse Praxis zu integrieren. Sie blieben Mittel der Herrschaftspraxis, die dazu dienten, das bestehende Gefälle zwischen Herrschenden und Beherrschten sinnfällig zu machen und diese dazu zu zwingen, das Herrschaftsverhältnis in religiös-symbolischen Ausdrucksformen anzuerkennen.

2. Die Regelungen für Erythrai

Erythrai war eine nicht unbedeutende Gemeinde von vielleicht 4000 Bürgern an der ionischen Küste gegenüber der Insel Chios. Sie hatte 499 v. Chr. mit acht Schiffen am Ionischen Aufstand teilgenommen und zählte vermutlich zu den ersten Mitgliedern des Seebundes. Erythrai war in der Lage, den ansehnlichen *phoros* von neun Talenten zu entrichten, wie wir aus den Tributlisten Ende der 50er Jahre wissen. In den ersten Listen von 454-451 v. Chr. taucht die Stadt nicht auf, so daß wir annehmen müssen, daß sie wenigstens in diesen Jahren sich von dem Bündnis mit Athen losgesagt hatte. Wir haben über einen Abfall von Erythrai keine literarischen Nachrichten, jedoch läßt sich die unten stehende Inschrift am besten als Dokument der Wiedereingliederung Erythrais in den Seebund verstehen. Zur Krise im Verhältnis zu Athen war es vermutlich gekommen, weil die Perser seit 460 v. Chr., als die militärischen Kräfte der Athener auf mehreren Kriegsschauplätzen gebunden waren und insbesondere das Eingreifen in Ägypten für die Athener unglücklich endete, in vielen kleinasiatischen Städten verstärkt gegen die Athener agitierten und – wie aus der Inschrift wohl zu erschließen ist – auch in Erythrai schließlich wieder ein ihnen höriges Regime durchsetzen konnten. Dieser innere Umsturz in der Stadt war begleitet von einem Exodus der athenfreundlichen Kräfte in der Bürgerschaft, die sich in das benachbarte Boutheia zurückzogen. Wir wissen nicht genau, wie lange dieser Zustand gedauert hat, und auch nicht, ob für seine Überwindung das militärische Eingreifen der Athener oder die eigenen Anstrengungen der perserfeindlichen Erythraier ausschlaggebend gewesen sind.

Höchstwahrscheinlich in diesen Zusammenhang gehört jedoch der Beschluß der athenischen Volksversammlung über Erythrai, der die politische Ordnung der Stadt sowie ihre Beziehungen zu Athen regelt. Nicht zuletzt aufgrund ihres höchst fragmentarischen Charakters sowie des Umstands, daß wir nicht das Original der Inschrift, sondern nur eine Abschrift vom Anfang des 19. Jhs. besitzen, können wir das Dokument nicht mit Sicherheit datieren. Es könnte jedoch nach dem im Präskript genannten Archon Lysikrates in das Jahr 453/52 v. Chr. gehören.

> „[Beschlossen haben der Rat und das Volk; (die Phyle) – hatte die Prytanie inne, – | –] war Epistates, L[– stellte den Antrag[39]: Die Er | ythrai]er sollen zum Fest der Großen Panathenäen Getreide im We[rt von nicht w | enig]er als drei Minen[40] abführen; und zutei-

---

[39] Statt des Antragstellers könnte auch der eponyme *archon* genannt sein.
[40] 1 Mine = 300 Drachmen = 1/60 eines Talents (= ca. 500 g. Silber).

len soll an diejenigen, die aus Erythrai anwesend sind, |⁵ [der] Opferpriester *(hieropoi-os)* [vom Fleisch jedem im Wert von einer Drachme (?).] Wenn aber das Abge[führte weni | ger] wert ist als die drei Minen gemäß [der Vereinbarung], soll Ge[treide (?)] kaufen | [der] Priester; das Volk [– D]rach | [men – Fl]eisch [–] jedem beliebigen. Von den Erythraiern soll [du]rc | [hs L]os bestimmt sein der Rat *(boule)*, einhundertzwanzig Mann. Der | ¹⁰ [durch das Los Gewählte soll] im Rat [sich der Überprüfung unterziehen, kein Fremder und,] um Ratsherr zu sein, | [ni]cht weniger als dreißig Jahre alt sein. Ein gerichtliches Verfahren *(dioxis)* soll [geg] | en Überführte eingeleitet werden. Ratsherr sein soll er nicht (noch einmal) binnen vier Jahren. [–] | Erlosen und konstituieren sollen den jetzigen Rat die [Episk | op]oi (= Inspektoren) und der Kommandant *(phrourarchos)* der (in Erythrai stationierten) Garnison, künftig der Rat und der [Garnisons] | ¹⁵kommandant nicht weniger als dreißig Tage, bevor [der Rat] abtritt. | Schwören sollen sie [bei Z]eus und Apo[l]lon und Deme[ter], wobei sie sich belade[n mit einem Fl | u]ch für den Fall der Ei[desverletzung, – ebenso a]uch ihre Kinder mit einem Fl[uch. Erfolgen soll die Eides | lei-stung unter Verbrennung] von Opfertieren [–] der Rat nicht weniger ver[bren | nen – We]nn aber nicht, soll man sie bestrafen können mit tausend D[rachme | ²⁰n – auch d]as Volk soll nicht weniger verbrennen. | Schwören soll [folgendermaß]en der Rat: ‚Ich werde das Amt des Ratsherrn nach bestem Vermögen bekleiden [un | d] in der Weise, die am besten gerecht wird dem Volk *(plethos)* der Erythraier, der Athener und der [Bün] | dner, und ich werde nicht abfallen, weder vom Volk der Athener noch von [d | en] Bündnern der Athener, weder ich selbst, noch werde ich jemanden darin Folge [leisten. | ²⁵ Auch werde ich nicht überlaufen,] weder ich selbst, noch werde ich jemandem darin Fol[ge leisten. Auch werde ich von | den] Verbannten nicht einen einzigen aufnehmen, weder [ich selbst, noch werde ich | jemande]m darin Folge leisten, und zwar [(besonders) bei den zu den] Medern geflüch[teten], ohne (Zustimmung des) R[ats der | Athe]ner und des [V]olkes (von Erythrai). Auch werde ich niemand von den Gebliebenen (aus Erythrai) verjagen o[hne] (Zustimmung des) R[a | ts] der Athener und [des] Volkes (von Erythrai).‘ Wenn ein [Erythrai]er | ³⁰ einen anderen Erythr[ai]er tötet, soll er hingerichtet werden, wenn er (zum Tode) [verur]teilt wird. [Wird er zu lebenslänglicher (?) Verbannung | verur]teilt, so soll er aus dem gesam[ten] Gebiet des Bündnis[ses] der Athener verbannt sein [u | nd se]in Vermögen eingezog[en werd]en und in den Besitz der Erythraier übergehen. Wenn einer [überführt wird,] | an die Tyrannen [das Volk der] Erythraier [zu verraten, | so soll er] getötet werden, [ohne daß dies gesetzlich geahndet wird, und desgleichen auch] dessen Kinder, [sofern sich nicht | ³⁵ der Nachweis erbringen läßt, daß dessen Kinder dem Volk der] Erythraier und [dem Volk der] Athener [gegenüber eine freundschaftliche und wohlgesinnte Haltung einnehmen.] Das Vermögen [des | Überführten sollen] erhalten [seine] Kinder [zur einen Hälfte, | zur anderen soll es eingezogen werden. Gleicherma-ßen soll verfahren werden, wenn einer überführt wird, auf das V]olk der Athener [oder | die] in Erythrai [stationierte (athenische) Garnison einen Anschlag zu unternehmen – | ⁴⁰–] der Athener [– | – d]er Bündne[r – | –] der Wa[ch]en Bogensch[ütz]en zehn [– | – | – | ⁴⁵ –] aus jedem Rat [– | –] Ath[en –]“

(Meiggs/Lewis Nr. 40; Ü.: Brodersen/Günther/Schmitt)

Der Text läßt sich in folgende Abschnitte gliedern:

Z. 1-2   Präskript

Z. 2-8   Die Teilnahme der Erythraier an den Großen Panathenäen

Z. 8-15   Die Einrichtung einer *boule* in Erythrai

Z.16-20   Schwurgötter, Opferritual und Sanktionsklausel bei der Bildung des Rates

Z.21-29   Der Eid der Ratsherren von Erythrai

Z. 29-39   Strafbestimmungen für Tötung und Hochverrat

ab Z. 39   Stationierung einer militärischen Besatzung in Erythrai

• Z. 2-8: Neben anderen Kultfesten bildeten besonders die Großen Panathenäen einen Rahmen, innerhalb dessen die von Athen beherrschten Städte in periodischen Abständen ihre Zugehörigkeit zum Seebund zu demonstrieren hatten. Ihre Teilnahme war ebenso obligatorisch wie die Darbringung von Opfergaben für die Göttin Athena. Die Athener haben diese Abgaben nicht zuletzt aus eigenem Interesse genau festgelegt. Andere Verfügungen[41] nennen die Ablieferung einer Panhoplie, einer vollständigen Rüstung, sowie eines Rindes. Den Erythraiern wird auferlegt, Getreide im Wert von 300 Drachmen bereitzustellen.[42] Diese Gaben sind sowohl in ihrem symbolischen wie in ihrem materiellen Wert vergleichbar: Sie demonstrieren den militärischen wie materiellen Beistand des Bündners beziehungsweise der fiktiven oder tatsächlichen Kolonie gegenüber ihrer Schutzherrin. Der Wert der Gaben war genau vorgeschrieben, da sie auch dem praktischen Zweck dienten, die jeweiligen Festdelegationen während ihres mehrtägigen Aufenthaltes in Athen zu verpflegen. So wird den Erythraiern angedroht ihren Getreidetribut notfalls zu einem vermutlich überhöhten Preis aus den Beständen der Opferpriester des Athena-Heiligtums kaufen zu müssen. Die Opferbeamten *(hieropoioi)* sind verantwortlich für die Einziehung der Abgaben, die Vollstreckung möglicher Sanktionen sowie die gleichmäßige und gerechte Verteilung der Opferspeisen im Rahmen des Kultfestes, an dem die Delegation der Erythraier nach Erfüllung ihrer Verpflichtungen in einem genau festgelegten Umfang teilnimmt.

• Z. 8-15: Nach athenischem Vorbild wird in Erythrai ein Volksrat eingerichtet, der aus 120 durch das Los bestimmten Bürgern besteht. Die Zahl hängt wahrscheinlich mit der Gliederung der Bürgerschaft Erythrais in drei Phylen zusammen. Voraussetzung für die Mitgliedschaft im Rat ist der Besitz des Bürgerrechts, ein Al-

---

[41] Vgl. Kap. B, V, 4.
[42] Der genannte Wert des Getreides entspricht dem von Rind und Panhoplie, wenn man den Überlegungen folgt, die Bernhard Smarczyk angestellt hat (vgl. Untersuchungen zur Religionspolitik und politischen Propaganda Athens im Attisch-Delischen Seebund. München 1990, S. 593 Anm. 263).

ter von 30 Jahren und die Durchführung einer Würdigkeitsprüfung *(dokimasia)*, wie sie auch für Athen bekannt ist. Ein Iterationsverbot, das die Bekleidung des Ratsherrenamtes nur alle vier Jahre zuläßt, ergänzt die Vorschriften.

Mit der Bildung dieses aus allen Bürgern gebildeten Volksrates wird in Erythrai die demokratische Ordnung (wieder) funktionsfähig. Die wichtigste historische Aussage unseres Dokuments liegt nun darin, daß sich dies unter direkter Beteiligung, Aufsicht und mit Hilfe der athenischen Volksversammlung vollzog: Durch ihren Beschluß hat sie den Übergang zur Demokratie garantiert, ihre Funktionäre greifen vor Ort in das Geschehen ein. Mindestens zwei *episkopoi* sind zusammen mit einem *phrourarchos* verantwortlich für die erstmalige Einrichtung des Rates. Auf welche Weise sie dies bewerkstelligen, ist nicht ersichtlich, aber an direkte Amtshandlungen wie an eine sich über alle Phasen erstreckende Kontrolle ist gleichermaßen zu denken. Als nicht ständig in Erythrai anwesende Beamte begleiten die *episkopoi* die Konstituierung des Rates nur beim ersten Mal. In den darauffolgenden Amtsjahren genügt zur Überwachung der Kontinuität der *phrourarchos*, ansonsten liegt die Bildung der neuen *boule* in der Hand der abtretenden. Gewirkt haben die athenischen Beamten vor allem als Jurisdiktionsinstanz, wenn Qualifikationsvoraussetzungen für die Mitgliedschaft im Rat nicht eingehalten oder nachträglich als nicht vorhanden festgestellt wurden oder wenn sich Ratsmitglieder in ihrer Amtsführung etwas zuschulden kommen ließen. Von einer direkten politischen Kontrollfunktion ist nicht die Rede, sie versteht sich aber vor dem Hintergrund des von den Ratsherren abzulegenden Eides von selbst.

- Z. 16-20: Bei ihren Hauptgöttern Zeus, Apollon und Demeter und unter Aussprechung der üblichen Selbstverfluchungsformeln für den Fall von Eidbruch sollen die Erythraier einen Eid leisten – und zwar sowohl der gesamte *demos* als auch getrennt davon die *boule*. Die Eidesleistung ist mit einem Opfer verbunden, dessen Mindestumfang wiederum quantifiziert ist, die Angabe der konkreten Größenordnung ist nicht erhalten. Die Nichteinhaltung dieser Vorschriften ist mit einer Strafe von 1000 Drachmen belegt, wobei unklar bleibt, wer sie zu verhängen hatte und an wen sie zu entrichten war. Die Höhe der Strafsumme, die gemessen an dem Opfertribut für die Panathenäen hoch ist, läßt außerdem die Frage aufkommen, ob hiermit lediglich nicht ausreichende Opfergaben sanktioniert wurden oder ob sich die Strafbestimmung auf eine Verweigerung der Eidesleistung in der vorgesehenen Form insgesamt bezieht. Das Problem läßt sich jedoch aufgrund des fragmentarischen Textzustandes nicht klären.

- Z. 21-29: In dem von den Ratsherren abzuleistenden Eid steht die Ausrichtung ihrer Tätigkeit an den Interessen und Maßgaben der Athener ganz im Vordergrund. Der Ratsherr verpflichtet sich, stets sein Bestes zu geben, nicht nur gegenüber den eigenen Bürgern, sondern auch gegenüber den Athenern und deren Verbündeten. Er schwört ihnen Bündnistreue, der Schwur wird durch die zweimalige Negation weder abzufallen noch überzulaufen ausgedrückt. Mit der mehrfach auftauchenden Formel „weder ich selbst, noch werde ich darin jemandem Folge leisten" gelobt der Ratsherr, im Rat weder entsprechende Anträge zu stellen noch sich möglichen Anträgen von anderen Ratsherren anzuschließen. Auch der Gegner, von dem Gefahr drohen könnte, wird expressis verbis genannt: es sind die Perser, zu denen jene Erythraier geflohen sind, die sich zuvor von Athen losgesagt hatten. Um jedem Wiederaufleben der innergemeindlichen *stasis* mit persischer Unterstützung einen Riegel vorzuschieben, verfügen die Athener, daß ohne einen förmlichen Beschluß von Rat und Volk der Athener keiner der geflohenen Perserfreunde zurückgerufen werden dürfe und ebenso wenig einer der Bürger, die derzeit die demokratische Ordnung tragen, verbannt werden dürfe. *stasis* und Bürgerkrieg sind stillgestellt, solange die Athener ihre Hand über die Stadt Erythrai halten.

- Z. 29-39 und ab Z. 39: Auf den Ratseid folgen Bestimmungen zur Rechtspflege. Im Kern handelt es sich um drei Verfügungen: Erstens wird bei der Verhängung der Todesstrafe die Hinrichtung angeordnet; zweitens wird die Verbannungsstrafe so definiert, daß der Verurteilte aus dem gesamten Bereich des Seebundes verbannt ist; drittens soll jeder, der des Hochverrats an die Perser überführt wird, für vogelfrei *(atimos)* gelten.

Mit den ersten beiden Bestimmungen erkennen die Athener zwar eine eigenständige Gerichtsbarkeit der Erythraier selbst bei kapitalen Delikten an. Dennoch greifen ihre Festlegungen bezüglich der beiden Sanktionsarten tief in die bisherige Rechtspraxis ein: Die vorgeschriebene Hinrichtung bei Mordfällen bedeutet eine vollständige Abkehr von jeder privatstrafrechtlichen Verfahrensweise und Vollstreckung, wie sie in Athen selbst noch gültig war.[43] Die Rechtsfolge bei Mord ist damit objektiv verschärft, da mit der staatlichen Hinrichtung jede Möglichkeit einer außergerichtlichen Einigung zwischen Täter und Hinterbliebenen unterbunden wird. In gleicher Weise ist die Ausdehnung der Verbannungsstrafe auf das gesamte Bundesgebiet zu bewerten. Sie ergänzt die bereits im Ratsherreneid ausgesprochene Übertragung der letzten Entscheidungskompetenz bei Verbannungsurteilen an die Athener und ist geeignet, diese Strafe zu einem wesentlich effektiveren Instrument als bisher für die Austrocknung von *stasis* zu machen. Mit der Atimie-Regelung bei Hochverrat ist schließlich gemeint, daß jeder, der einen Verräter tötet, seinerseits straflos bleiben soll, ohne daß wir angesichts des schlechten Erhaltungszustandes des Textes sagen könnten, welche Voraussetzungen hierbei gegeben sein mußten und welches Verfahren dabei angewendet wurde. Jedoch wird auch hinter dieser Bestimmung das Bemühen spürbar, jeden einzelnen Erythraier gegenüber Athen in die Pflicht zu nehmen. Bezeichnenderweise wird diese geforderte Loyalität über die Blutsbande gesetzt: Kinder von Hoch-

---

[43] Vgl. Verf.: Gesellschaft und Staat bei den Griechen: Archaische Zeit. Paderborn 2003, Kap. B, VI, 4.

verrätern kommen nur davon, wenn sie sich faktisch von ihren Eltern lossagen. Ein solcher Eingriff in die Binnensphäre des einzelnen *oikos* war typisch für die Herrschaft von Tyrannen und dürfte auch hier so empfunden worden sein.

Ab Zeile 35 ist der Text so lückenhaft, daß jede Rekonstruktion sehr gewagt erscheint und sich eine nähere Ausdeutung daher verbietet. Immerhin ist den einzelnen Worten ab Zeile 39 noch zu entnehmen, daß in Erythrai eine Besatzung unter dem Befehl des *phrourarchos* stationiert ist, in der unter anderem zehn Bogenschützen Dienst tun.

Der Beschluß der Volksversammlung über die Gemeinde Erythrai läßt wichtige Instrumente der athenischen Herrschaftspraxis, wie sie in den vorangehenden Abschnitten systematisch aufgeführt worden sind, in ihrer konkreten Wirkungsweise sichtbar werden: die Einführung einer demokratischen politischen Ordnung infolge eines inneren Umsturzes und mit der Wirkung, die gesamte Politik der Gemeinde Erythrai auf Athen hin auszurichten; die unmittelbare Gegenwärtigkeit der athenischen Macht in der Bündnergemeinde durch die Stationierung von Beamten und Truppen; die konkrete Ausgestaltung von Politik und Verwaltung in Erythrai durch den Erlaß von Richtlinien, nach denen sie zu verfahren hat; die Übernahme bislang eigenstaatlicher Kompetenzen in die Verantwortung von Rat und Volk der Athener; die Zuweisung einer bestimmten Rolle, die der Bündner Erythrai im Rahmen des athenischen Staatskultes zu spielen hatte, sowie die Rückbindung der eidlichen Loyalitätsbekundung an die Götter der eigenen Gemeinde. Auch wenn die Regelungen für Erythrai an den Gegebenheiten dieses konkreten Einzelfalls orientiert sind und obschon wir keinerlei Hinweise darauf entdecken können, daß die Verfügungen für Erythrai aus allgemeinen und vereinheitlichten Regelungen abgeleitet worden sind, können sie doch als Beispiele für eine athenische Herrschaftspraxis stehen, der wir auch in der einen oder anderen Form an vielen Orten im athenischen Herrschaftsbereich wieder begegnen.

3. Die Regelungen für Chalkis

Sechs Jahre liegen zwischen dem Beschluß der athenischen Volksversammlung über das kleinasiatische Erythrai und dem, den sie im Herbst 446 v. Chr. über Chalkis auf der nahegelegenen Insel Euboia fällte. 447/46 v. Chr. verloren die Athener durch ihre Niederlage bei Koroneia gegen eine Koalition boiotischer Gemeinden ihre zehn Jahre während Vorherrschaft in Mittelgriechenland. Im Gefolge dieses Rückschlags der athenischen Politik, der mit empfindlichen militärischen Verlusten verbunden war, kündigten mehrere Gemeinden auf der Insel Euboia ihr Bündnis mit Athen auf. Thukydides berichtet:

> „Nicht viel später fiel Euboia von den Athenern ab. Als Perikles schon mit einem Heer von Athen übergesetzt war, wurde ihm der Abfall von Megara gemeldet, die Peloponnesier hätten einen Einmarsch in Attika vor, und die attischen Besatzungen seien aufgerieben worden außer den nach Nisaia geflüchteten. Für diesen Aufstand hatte Megara Hilfe aus Korinth, Sikyon und Epidauros herbeigerufen. Da brachte Perikles in Eile das

Heer wieder aus Euboia zurück. Wirklich fielen die Peloponnesier dann in Attika ein und verwüsteten die Gegend von Eleusis und Thria, geführt vom Spartanerkönig Pleistoanax, Pausanias' Sohn; weiter gingen sie nicht vor und zogen dann wieder heimwärts. Da setzten die Athener unter ihrem Feldherrn Perikles noch einmal nach Euboia über, unterwarfen es ganz und richteten überall ihren Frieden ein; nur die Hestiaier vertrieben sie und besiedelten das Land selber."

(Thuk. 1, 114; Ü.: Georg Peter Landmann)

Die wichtigste der von Perikles niedergeworfenen euboiischen Gemeinden war Chalkis. Es lag an der engsten Stelle des Kanals, der die Insel vom Festland trennt und besaß daher eine große strategische Bedeutung. Außerdem verfügten die Chalkidier über sehr fruchtbare und ausgedehnte Ländereien, die fast ausschließlich einer Gruppe ungewöhnlich reicher Aristokraten gehörten. Gegen sie waren die Athener schon sechs Jahrzehnte zuvor zu Felde gezogen, und auch jetzt waren jene es, die von ihren boiotischen Stützpunkten aus gegen die Athener gekämpft, sie bei Koroneia besiegt und ihre Heimatgemeinde schließlich zum Abfall von Athen gebracht hatten. Daher die Reaktion der Athener, wie Plutarch sie schildert:

„Nun wandte er (Perikles, d. Verf.) sich aufs neue gegen die Abtrünnigen (von Euboia, d. Verf.), ging mit fünfzig Schiffen und fünftausend Schwerbewaffneten nach Euboia hinüber und brachte die Städte wieder zum Gehorsam. Allein während er sich in Chalkis damit begnügte, die reiche und angesehene Ritterschaft, die sog. Hippoboten, zu verbannen, trieb er die Bewohner von Hestiaia samt und sonders aus dem Lande und siedelte Athener an. Solch unerbittliche Härte zeigte er aber nur in diesem einen Fall, weil die Hestiaier die Mannschaft eines erbeuteten attischen Schiffes niedergemacht hatten."

(Plut. Per. 23, 3-4; Ü.: Walter Wuhrmann)

Für die Chalkidier war die Kapitulation freilich nicht weniger unerbittlich, und die Vertreibung der Aristokraten war Teil eines erneuten inneren Umschwungs, wie er auch der Ordnung der inneren Verhältnisse in Erythrai vorangegangen war. Ebenso folgen in Chalkis der siegreichen Bereinigung der inneren Verhältnisse von der athenischen Volksversammlung erlassene Regelungen, die ein erneutes Aufflammen der *stasis* künftig unterbinden und damit zugleich die Bündnistreue von Chalkis sicherstellen sollten. Die die Verfügungen festhaltende Inschrift gehört zu den wenigen vollständig erhaltenen Dokumenten aus dem 5. Jh. v. Chr. und bereitet daher keine textlichen Probleme. Eng zusammen mit ihr hängt ein kleineres Inschriftenfragment, das einen Ausschnitt aus offenbar ganz ähnlichen Regelungen für Eretria, die südliche Nachbarstadt von Chalkis, wiedergibt. Diese werden bei der Kommentierung der Inschrift für Chalkis mit berücksichtigt, deren umfänglicher Text wie folgt lautet:

„Beschlossen haben de[r R]at und das Volk; (die Phyle) Antiochis hatte [die Pryt] | anie inne, Drak[on]tides war Epistates, Diognetos stellte den Antrag: | Nach folgendem (Wortlaut) sollen den Eid schwören von den Athenern d | er Rat *(boule)* und die Richter *(dikastai)*: ‚Nicht werde ich vertreiben die Cha | 5 lkidier aus Chalkis noch die Stadt zer | stören, werde über keine Einzelperson die Atimie | verhängen noch sie mit Verbannung bestrafen, werde sie weder ergreif | en noch töten noch ihr Vermögen einziehen | lassen ohne Verurteilung, (die) nicht mit Mitwirken des Volkes der Ath | 10 ener (ergangen ist). Auch werde ich keine Abstimmung ohne Vorankündigung veranlassen, | weder gegen die Gesamtheit noch gegen irgendeine Einzelperson, | und wenn eine Gesandtschaft eingetroffen ist, werde ich sie führen | vor den Rat und vor das Volk binnen zehn Tagen, wenn | ich Prytane bin, nach Kräften. Dies werde ich un | [15] [v]erbrüchlich den Chalkidiern gegenüber einhalten, wenn sie Folge leisten dem Vo | [l]k der Athener.' Den Eid abnehmen soll eine Gesandtschaf | [t], wenn sie eingetroffen ist aus Chalkis, mit Unterstützung der Eideshelfe | r *(horkotai)* den Athenern, und (in einer Liste) eintragen die, welche geschworen hab | en. Daß alle schwören, dafür sollen Sorge | [20] tragen die St[r]ategoi. *vacat* | Nach folgendem (Wortlaut) sollen die Chalkidier schwören: ,Nicht abfallen | werde ich vom [V]olk der Athener, mit keinen Mitteln und keinerlei Machensch | aft noch mit irgendeiner List, weder in Wort noch | in Tat, und werde dem, der abfällt, nicht Folge leisten, u | [25] nd wenn jemand auf Abfall hinarbeitet, werde ich (ihn) anzeigen den Athenern. U | nd den Tribut *(phoros)* werde ich zahlen den Athenern, zu dem | ich die Athener überreden kann, und werde Bündner *(symmachos)* sei | n, nach Kräften der beste und pflichtbewußt | este *(aristos kai dikaiotatos)*, und werde dem Volk der Athener zu Hilfe komme | [30] n und Beistand leisten, wenn jemand Unrecht zufügt dem Volk der | Athener, und werde Folge leisten dem Volk der Ath | ener.' Schwören sollen von den Chalkidiern die Erwachsen | en allesamt. Wer nicht schwört, soll der Atimie | verfallen; sein Vermögen soll eingezogen und | [35] dem Zeus Olympios[44] der zehnte Teil geweiht | sein von dem Vermögen. Den Eid abnehmen soll eine Gesandt | schaft der Athener, wenn sie eingetroffen ist in Chalkis, mit Unterstützung d | er Eideshelfer in Chalkis, und (in einer Liste) eintrag | en die Chalkidier, welche geschworen haben. *vacat* | [40] Antikles stellte den Antrag: Zum guten Glück der Athene | r! Leisten sollen den Eid die Athener und Chal | kidier in der Weise, wie in dem Beschluß für die Eretrier geregelt ha | t das Volk der Athener; daß (dies) so rasch wie mögli | ch durchgeführt wird, dafür sollen die Strategoi Sorge tragen. | [45] Als Beauftragte, die Vereidigung durchzuführen, wenn sie eingetroffen sind i | n Chalkis, soll das Volk fünf Männ | er unverzüglich wählen. Was (die Stellung von) Geiseln betrifft, soll man Be | scheid geben den Chalkidiern, daß für jetzt die Athe | ner es für gut befinden, es in der Weise zu belassen, wie durch Beschluß geregelt ist, | [50] daß sie aber, wenn es angebracht erscheint, nach Beratung | ein Übereinkommen treffen {*oder*: einen Austausch vornehmen} werden in der Weise, wie es den Interessen | der Athener und Chalkidier zu entsprechen scheint. Die | Fremden *(xenoi)* in Chalkis, ausgenommen diejenigen, welche (dort) wohnhaft sind | und ihre Abgaben nicht nach Athen entrichten, sowie wer sonst verliehen bekommen hat | [55] die Atelie[45] vom Volk der Athener, sollen a | lle ihre Abgaben nach Chalkis entrichten wie die andere | n Chalkidier. Diesen Beschluß *(psephisma)* sowie den | Eid soll aufschreiben lassen in Athen der Schr | iftf[ü]hrer des Rates *(grammateus tes boules)* auf einer Stele aus Marmor und (sie) | [60] aufstellen lassen auf der Polis[46] auf Kosten der Chalkidi | er; in Chalkis soll im Heiligtum des Zeus | Olympios der Rat der Chalkidier ihn aufschreiben | und aufstellen lassen. Diese Maßnahmen soll man beschließen für die Chalk | idier. *vvvv* Die Opfer, die laut den Orakel | [65]n bezüglich Euboias zu vollziehen sind, sollen unverzüglich zusammen mit | Hierokles[47] drei Männer darbringen, welche d | er Rat aus seiner Mitte gewählt hat. Daß die Opfer so rasch wie möglich | vollzogen werden, dafür sollen die Strategoi mitverantwortlich sein und d | en Geldbetrag hierfür zur Verfügung stellen. *vacat* | [70] Archestrato[s] stellte den Antrag: In allen Punkten Übereinstimmung mit A | ntikles, doch sollen die Strafen *(euthynai*, im Rechenschaftsverfahren nach Amtsab-

---

[44] Die höchste Gottheit der Chalkidier.
[45] Abgabenfreiheit.

lauf) I der eigenen Entscheidung der Chalkidier in Chalkis anheimgestellt sein so wie in Ath I en den Athenern, mit Ausnahme von Verbannung, Todesstrafe I und Atimie; in diesen Fällen soll es die (Möglichkeit der) Berufung *(ephesis)* geben I [75] nach Athen an die Heliaia der Thesmoth I etai[48] gemäß dem Beschluß des Volks. Für den Sch I utz Euboias sollen die Strategoi Sorge tragen I nach besten Kräften, damit es I für die Athener so gut wie möglich steht. I [80] Eid(eswortlaut, *horkos*)[49]."

(Meiggs/Lewis Nr. 52; Ü.: Brodersen/Günther/Schmitt)

Der Inhalt der Inschrift läßt sich wie folgt gliedern:

Z. 1-2 Präskript

I. Der Antrag des Diognetos:

Z. 3-16 Der Eid von Rat und Richtern der Athener

Z. 16-20 Modalitäten der Eidablegung

Z. 21-32 Der Eid der Chalkidier

Z. 32-39 Sanktionsklausel und Modalitäten der Eidabnahme

II. Der Antrag des Antikles:

Z. 40-46 Modalitäten der Eidablegung in Chalkis

Z. 46-52 Bescheid über Geiselstellung

Z. 52-57 Regelung über Abgabepflichten von Fremden in Chalkis

Z. 57-64 Publikationspflicht des Beschlusses

Z. 64-69 Die Durchführung von Opfern

III. Der Antrag des Archestratos

Z. 70-76 Rechtsprechungskompetenz der Chalkidier und Berufungsmöglichkeit in Athen

---

[46] = Akropolis.
[47] Ein professioneller Opfer- und Orakelinterpret, der die militärische Expedition der Athener nach Euboia begleitet hatte.
[48] Die sechs athenischen Archonten mit der Bezeichnung Thesmotheten fungierten u.a. als Gerichtsvorstände von Spruchkörpern *(dikasterion)* des Volksgerichts *(heliaia)*.
[49] Die ursprüngliche Reihenfolge der Anträge und Beschlüsse ergibt sich aus ihrem Inhalt und war vermutlich folgende:
1. Beschluß über Eretria (Verweis zu Beginn des Antrags von Anthikles, vgl. o. Z. 41).
2. Antikles-Antrag: Bescheid über konkrete Anfrage der Chalkidier als Ausgangspunkt.
3. Archestratos-Antrag (Bezugnahme auf Antikles-Antrag, vgl. o. Z. 70).
4. Diognetos-Antrag: Eideswortlaute (= am Ende des Archestratos-Antrags).

Z. 76-79   Der militärische Schutz Euboias

Der umfängliche Text ist hier nicht in allen Einzelheiten auszuwerten. Der folgende Kommentar orientiert sich an der Frage nach den athenischen Herrschaftsmitteln.

• Besteuerung von Fremden in Chalkis und Geiselstellung:

Im Ton ist das vorliegende Dekret nicht unfreundlich, und auch manche seiner Verfügungen scheinen dafür zu sprechen, daß mit ihnen die Athener ihre chalkidischen Verbündeten begünstigen und beschützen wollten. Das ist einesteils insoweit gewiß auch richtig, als die Athener es zum Zeitpunkt ihrer Beschlußfassung auf Seiten der Chalkidier mit jenen Kräften zu tun hatten, die nach dem von Athen selbst herbeigeführten inneren Umsturz in Chalkis nunmehr dessen Geschicke bestimmten. Selbstverständlich war Athen daran gelegen, daß diese politische Ordnung – aller Wahrscheinlichkeit nach wie in Erythrai eine demokratische – überlebensfähig war und daß ihre Beziehungen zur Vormacht Athen sich reibungslos gestalteten. Dennoch muß man auf der anderen Seite deutlich sehen, daß das, was sich auf den ersten Blick als Privileg ausnimmt, stets unter einem generellen Vorbehalt steht und außerdem, angefangen von der Tatsache der ganzen Beschlußfassung als solcher, mit zahlreichen einschneidenden Eingriffen und damit Beschränkungen der bisherigen Eigenstaatlichkeit der Gemeinde Chalkis verbunden ist.

Diese Doppelgesichtigkeit trägt bereits der von der Sachlogik her erste Passus der Verfügungen. Die Athener bestätigen den Chalkidiern das Recht, von den bei ihnen ansässigen Nichtbürgern Abgaben zu erheben, wie dies auch in Athen üblich ist. Zugleich jedoch behalten sie sich das Recht vor, jedem, bei dem sie es für opportun halten, selbst das Privileg der Abgabenfreiheit gegenüber den Chalkidiern zu verleihen. De facto bedeutet dies für die Chalkidier einen empfindlichen Verlust an eigenständiger Entscheidungsmacht. Die zweite aus chalkidischer Sicht sehr verständliche Anfrage betrifft die Geiseln, die sie im Zuge ihrer Kapitulation *(homologia)* den Athenern zu stellen hatten. Nachdem mit diesen jetzt das Einvernehmen wieder hergestellt ist, scheint ihnen das weitere Festhalten an dieser Maßregel überflüssig. Die Athener stellen in Aussicht, daß man sich in Zukunft darüber verständigen könne, es zum gegenwärtigen Zeitpunkt freilich beim status quo ante belassen wolle. Durch ihre Geiseln – die im übrigen regelmäßig Teil einer militärischen Kapitulation waren – blieben die Chalkidier daran erinnert, daß sie sich Athen bedingungslos ausgeliefert hatten, und so konnte es durchaus als Gunsterweis erscheinen, wenn ihnen das Schicksal der Hestiaier erspart blieb.

• Die eidlichen Verpflichtungen der Chalkidier:

Die Stellung, die Chalkis gegenüber Athen einnahm, geht unmißverständlich hervor aus den Verpflichtungen, die die Chalkidier mit der Ablegung ihres Eides eingehen. Es handelt sich um vier Punkte. Zunächst:

- Eine Erneuerung des Versprechens, ein treuer Bündner zu sein und sich dabei im Vergleich mit anderen Bündnern sogar hervorzutun, sowie dessen, was daraus folgt: den Athenern den erforderlichen Beistand zu leisten.
- Dies bedeutet für die Chalkidier in erster Linie die pünktliche Entrichtung ihres *phoros* in der Höhe, in der er ihnen von den Athenern auferlegt wird. Entgegen dem ersten Eindruck, den die Formulierung der Inschrift – „den Tribut werde ich zahlen den Athenern, zu dem ich die Athener überreden kann" – erwecken könnte, dürfte es dabei weniger um direkte Verhandlungen über die Tributhöhe als um eine Selbsteinschätzung ihrer Leistungsfähigkeit durch die Chalkidier gegangen sein, von deren Richtigkeit sie die Athener überzeugen mußten.

Beide Zusicherungen der Chalkidier beziehen sich auf die jüngste Vergangenheit und deren wichtigstes Ereignis: die Aufkündigung des Bündnisses durch die Chalkidier, der möglicherweise schon eine Nachlässigkeit in der *phoros*-Zahlung vorausgegangen war. Ebenfalls ist man versucht, den Passus über den *phoros* in der Chalkis-Inschrift mit der allgemeinen Bemerkung von Thukydides über die Gründe für Abfallbewegungen in Verbindung zu bringen:

> „Die Gründe zum Abfall waren mancherlei, hauptsächlich rückständige Beiträge und Schiffe, in manchen Fällen auch Verweigerung der Heeresfolge; denn die Athener trieben die Summen streng ein (...)."
>
> (Thuk. 1, 99, 1; Ü.: Georg Peter Landmann)

Die anderen beiden Verpflichtungen zielen auf die tieferen Ursachen des entstandenen Konflikts:

- die Pflicht zur Denunziation potentieller Abtrünniger sowie
- eine Bekundung genereller Untertänigkeit.

Die Denunziationspflicht sollte jeder möglichen *stasis*-Bestrebung entgegenwirken, und auf die Norm, aus der sich alle möglichen Anzeigen in der Zukunft ableiten lassen werden, werden alle den Eid ablegenden Chalkidier eingeschworen. Diese allgemeine Untertänigkeitsformel legitimiert jede Form künftigen Eingreifens der Athener in die inneren Angelegenheiten von Chalkis. Sie taucht daher auch im Eid der Athener als Generalvorbehalt wieder auf.

Fast alle Zusicherungen der Chalkidier finden sich im übrigen in dem uns erhaltenen Fragment des Volksbeschlusses über Eretria praktisch wörtlich wieder, wodurch sich die Bezugnahme hierauf am Beginn des Antrags von Antikles (Z. 41) ohne weiteres nachvollziehen läßt.

• Athenische Eingriffe und Kompetenzen:

Wie in Erythrai so ist Athen auch in Chalkis gleich mehrfach direkt präsent: Zum einen durch seine Repräsentanten; die Inschrift erwähnt eine Gesandtschaft von fünf Männern, die die Ablegung des Eides durch die Chalkidier überwachen, sowie die *strategoi*, die für eine entsprechende militärische Präsenz Sorge tragen sollen. Darüber hinaus dürften sich zumindest zeitweise noch weitere athenische Beamte um die Angelegenheiten von Chalkis gekümmert haben. Denn der innere Umsturz ging auch in Chalkis aller Wahrscheinlichkeit nach mit der (Wieder-)Herstellung der demokratischen Ordnung einher. Darauf verweist die Tatsache, daß jeder einzelne Chalkidier auf Athen vereidigt und zur pünktlichen Zahlung des *phoros* verpflichtet wurde, was nur Sinn macht, wenn er als Verantwortlicher jederzeit in die Lage gebracht werden konnte, eines Tages mit den Athenern sich darüber verständigen zu müssen. Außerdem belegen zwei Formulierungen des Dekrets die Existenz demokratischer Verhältnisse in Chalkis: In Z. 71-73 heißt es, die Strafverfahren für Chalkidier in Chalkis sollen genauso abgewickelt werden wie für Athener in Athen; und eben diese Verfahren werden *euthyna* genannt, der terminus technicus für die Rechenschaftsablegung von Amtsträgern in Athen.

Eine letzte Beobachtung gilt der am meisten diskutierten Passage der Inschrift. Der Zusatzantrag des Archestratos beschäftigt sich hauptsächlich mit einer jurisdiktionellen Regelung: Wiederum wird den Chalkidiern zunächst etwas zugestanden. Sie sollen die *euthyna* ihrer Amtsträger, das Rechenschaftsverfahren nach Amtsablauf, in eigenen Händen behalten mit – die entscheidende Einschränkung – Ausnahme solcher Fälle, in denen Verbannung, Todesstrafe oder Atimie drohen. In diesen Fällen soll eine *ephesis* nach Athen stattfinden und das Verfahren – gemäß Volksbeschluß – an die *heliaia* der Thesmotheten abgegeben werden. Was bedeutet diese *ephesis*? Vermutlich nicht ein Berufungsverfahren, wie in der vorliegenden Übersetzung angenommen wird, die die eigentlich vorhandene apodiktische Formulierung „es soll *ephesis* sein" auch nur durch die spekulative Einfügung des Wortes „Möglichkeit" überspielen kann. Wahrscheinlicher ist, daß alle jene Verfahren, bei denen sich in irgendeinem Stadium, in der Regel wohl schon nach einer Voruntersuchung *(anakrisis)*, herausstellte, daß die zu verhängende Strafe Verbannung, Todesstrafe oder Atimie sein konnte, zwingend nach Athen verwiesen werden mußten. Athen hat also die Aburteilung aller mit kapitalen Strafen sanktionierten Delikte an sich gezogen. Diesen Eingriff in eine zentrale eigenstaatliche Kompetenz der Chalkidier enthalten auch die Regelungen für Erythrai, und er ist im Eid der Athener[50] als Grundsatz vorausgesetzt.

---

[50] Vgl. Z. 6 ff.

Dies hat manchen Kommentator dazu veranlaßt, in dem erwähnten Beschluß des Volkes[51] auf eine im gesamten Bereich des Seebundes gültige Verfügung zu schließen. Diese Vermutung ist zwar nicht abwegig, entscheidend ist aber die Bedeutung der Verfügung: Mit der allein beanspruchten Kompetenz, Kapitalstrafen zu verhängen, wollten die Athener einen wichtigen Hebel ausschalten, mit dem in allen Gemeinden immer wieder *stasis*-Kämpfe in Gang gebracht werden konnten.

• Die Bedeutung des athenischen Eides:

Der zu Beginn der Inschrift wiedergegebene Eid der Athener wird gewöhnlich als Schutzgarantie für die Chalkidier gelesen. In der Tat enthält er gegenüber der Gemeinde als ganzer eine Zusicherung ihres Bestandes und die ausdrückliche Festschreibung der schon im Zusammenhang mit der Kapitulation getroffenen Entscheidung, im Falle von Chalkis nicht wie in dem etwa von Hestiaia zu verfahren. Auch im Verhältnis zu einzelnen chalkidischen Bürgern soll nicht mehr das Recht des militärischen Siegers gelten. Vielmehr sollen sie sich in einem geordneten rechtlichen Verfahren verantworten müssen, und zwar in jenen Fällen, die im Antrag von Archestratos definiert worden sind, erweitert um die Strafe der Vermögenskonfiskation, die mit den anderen Kapitalstrafen häufig verbunden war.

Einen Schutz stellen diese Zusicherungen für die Chalkidier allerdings nur vor dem Hintergrund der möglichen radikalen Alternative dar, wie sie ihnen im Beispiel ihrer euboiischen Nachbarn von Hestiaia vor Augen gestanden hat. Ansonsten wird auch durch diese Verfügungen aus der im militärischen Sieg über die Chalkidier gewonnenen Macht ein Instrument der Beherrschung geschmiedet. Denn den im Eid ausgesprochenen Selbstbindungen folgt am Ende die unmißverständliche Drohung, daß man sich an sie nur solange gebunden fühlen werde, wie sich die Chalkidier dem Volk der Athener untertänig zeigen. Der Sinn des athenischen Eides scheint deshalb zumindest auch noch auf einer anderen Ebene zu liegen. Auf den ersten Blick auffällig ist nämlich, daß er nur von den 500 Ratsherren und den 6000 Richtern, also zwar von einer beträchtlichen Zahl von Bürgern, keineswegs aber von allen, sondern nur von bestimmten Funktionsträgern abgelegt wird. Der Eid bindet demnach die *boule* und die Richterschaft Athens: die *boule*, weil sie als Exekutive und probouleutische Behörde das tägliche Geschäft der Außenpolitik zu führen hatte[52]; die Richter, weil sie im Spruchkörper der *heliaia* der Thesmotheten über dort eingebrachte Verfahren gegen Chalkidier zu befinden hatten. Und der Eid bindet diese beiden Gruppen athenischer Funktionsträger nicht nur gegenüber den Chalkidiern, sondern auch

---

[51] Vgl. Z. 76.
[52] Vgl. die im Eid vorgenommene Zuspitzung auf die Prytanen, die etwaigen Gesandtschaften eine Anhörung durch Rat und Volk binnen zehn Tagen zu ermöglichen haben, Z. 12 ff.

gegenüber dem *demos* von Athen, denn die Zusicherungen gegenüber den Chalkidiern insgesamt wie einzelnen von ihnen laufen darauf hinaus, daß sie nichts unternehmen werden ohne „Mitwirken des Volkes der Athener"[53]. Das Volk beschließt mithin, daß es in allen die Chalkidier betreffenden Fragen gehört werden müsse, sowohl was mögliche zukünftige Änderungen der generellen Behandlung dieser Gemeinde angeht, als auch was die Übernahme chalkidischer Strafverfahren betrifft. Hiernach gehört zur *ephesis* also auch, daß die in den genannten Fällen für die *heliaia* der Thesmotheten vorgesehenen Prozesse zunächst eines die *ephesis* bestätigenden Volksbeschlusses der Athener bedürfen.[54] Damit bestätigt sich noch einmal, was über den Sinn der *ephesis* bereits bemerkt wurde, daß nämlich die Verhängung von Kapitalstrafen grundsätzlich als politische Entscheidung angesehen wurde und demgemäß einer Erörterung in der athenischen Volksversammlung bedurfte. Auch dies wird somit im von der Volksversammlung formulierten Eid der athenischen Amtsträger bekundet.

Wie der Beschluß über Erythrai, so dokumentiert auch der über Chalkis, wie sich in Reaktion auf die Bewältigung konkreter militärisch-politischer Krisen den lokalen Anforderungen und Gegebenheiten gemäß die Athener ein Instrumentarium zur Sicherung und Ausübung ihrer Herrschaft geschaffen haben.

4. Die Gründung der Kolonie Brea

Ein drittes Dokument führt noch einmal in jene Region der nördlichen Ägäis, an die Küste Thrakiens, auf die sich wegen ihrer natürlichen Schätze bereits im 6. Jh. v. Chr. die Aufmerksamkeit der Athener gerichtet hatte und die seit den Perserkriegen für sie auch militärstrategisch wichtig geworden war. Sie haben dort stets nach einem bestimmenden Einfluß gestrebt. Die Kontinuität ihrer Bemühungen ist allerdings angesichts der Überlieferung nur noch bruchstückhaft erkennbar: beginnend mit der Eroberung von Eion am Strymon 476 v. Chr. (und der Anlage von Kolonien?) über die langwierige Niederwerfung der Insel Thasos 465-463/62 v. Chr. bis zur Anlage der Kolonien Brea 446/45 v. Chr. und Amphipolis 437 v. Chr., das in den 420er Jahren zu einem wichtigen Kriegsschauplatz wurde.

Von der Gründung der Kolonie Brea haben wir nur durch die Fragmente einer Inschrift Kunde; wir wissen nicht genau, wo die Siedlung gelegen hat und welche Geschichte sie hatte. Wahrscheinlich lag sie am Unterlauf des Strymon und hatte nur wenige Jahre Bestand. Da sie in Thukydides' detailliertem Bericht über den Peloponnesischen Krieg nicht mehr auftaucht, ist sie wahrscheinlich im Zuge der

---

[53] Z. 9 f.

[54] Es könnte daher sein, daß sich hierauf die Formulierung „gemäß dem Beschluß des Volks" aus Z. 76 bezieht.

Gründung des nahegelegenen Amphipolis wieder aufgegeben worden.
Andererseits ist der Volksbeschluß über die Aussendung der Kolonie Brea die
einzige inschriftliche Quelle zur athenischen Kolonisation im 5. Jh. v. Chr. und kann
Einblick in die Funktion von Kolonien als Herrschaftsmittel der Athener geben. Der
Zustand der beiden erhaltenen Fragmente ist nicht schlecht, so daß sich bei ihnen
keine größeren textlichen Probleme ergeben; allerdings fehlen zu Beginn der Inschrift 30-35 Zeilen.

„(A) (30-35 Zeilen verloren) | 5 – die Behörde,] bei der die | Anzeige ein[geht oder |
Klage eingereicht wird, soll das Verfahren ein]leiten. Leitet sie das Verfahren ein [– | –]
derjenige, der Anzeige erstattet hat oder der Kläger. [– | –] sollen ihnen zur Verfügung
stellen die Si[edl | ungsleiter *(apoikistai)*, um] für die Apoikie [so viele glückverheißen-
de] Opfer darzubringen, [wie | 10 si]e für gut befinden. Als Geonomen (= Landverteiler)
soll man wähl[en zehn | Männer,] einen aus einer (jeden) Phyle; diese sollen ver-
teil[en das | Land. Dem]okleides soll einrichten die A[poiki | e als Bevoll]mächtigter
nach b[estem] Vermögen. [D | ie heiligen Be]zirke, die reserviert sind, soll man lassen
wi[e sie sin | 15d, und wei]tere nicht (mehr) abstecken. Ein Rind und eine P[anhopl | ie
soll man entse]nden zu den Großen Panathenäen [und zu den D | ionysi]en einen Phal-
los. Wenn jemand einen Feld[zug unternimmt ge | gen das Gebie]t der (attischen) Sied-
ler, sollen Hilfe leisten di[e Städte s | o energisch] wie möglich gemäß den Vereinbarun-
gen, di[e, als ... | 20......]tos Schriftführer war, getroffen wur[den bezüglich d | er Städ]te
in Thrakien. Aufzeichnen soll man [dies(e Bestimmungen) | auf einer Stel]e und (sie)
aufstellen auf der Polis; zu Ver[fügung stel | len sollen die] Stele die Siedler auf ihre
e[igenen Ko | sten. W]enn jemand eine Abstimmung veranlaßt, (die) gegen (die Bestim-
mungen) die[ser Stel | 25e (verstößt) oder wenn ein Red]ner einen Antrag stellt und zu
veranlasse[n ver | sucht,] etwas am Beschlu[ssenen abzu]ändern oder zu annullieren, |
[sollen der Atimie] verfallen er und sei[ne] Söhne, | [und sein Ve]rmögen soll eingezo-
gen werden und der [Göttin der z | ehnte Teil zufallen, sofern nicht die Siedler selbst
[– | 30– er]suchen. Diejenigen, die sich einschreib[en lassen als zusätzliche Sied | ler, und
zwar von de]n Soldaten, sollen sich nach ihrer Rückkeh[r nach Ath | en binnen drei]ßig
Tagen in Brea einfinden als zu[sätzliche Sied | ler. E]ntsenden soll man die Apoikie
binnen dreiß[ig T | agen. A]ischines soll (den Zug) begleiten und aus[zahle | 35n die
Gel]der. *vacat*
(B) [Ph]antokles stellte den Antrag: Bezüglich | der Apoi[k]ie nach Brea | Überein-
stimmung mit dem, was Demokl | [e]ides beantragt hat, doch den Phantokle | 40[s] soll
auftreten lassen die E | [r]echtheis-Prytani | [e] vor dem Rat bei dess | [en] nächster Sit-
zung. Nach | [B]rea sollen aus (der Schicht der) Theten und Ze | 45[u]giten (stammende)
Sied | [l]er ziehen. *vacat*"
(Meiggs/Lewis Nr. 49; Ü.: Brodersen/Günther/Schmitt)

Der Text führt zahlreiche, teils unvermittelt nebeneinander stehende Einzelbestim-
mungen auf. Aus ihnen erfahren wir zunächst etwas über die Teilnehmer an den
Kolonisationsunternehmen sowie die Einrichtung der Kolonie. Die Leitung des Ko-
lonistenzuges übernimmt ein von der Volksversammlung bevollmächtigter Bürger,
dem zwar eine Reihe weiterer Funktionäre wie die für die Abhaltung der Opfer
zuständigen *apoikistai* und die zehn *geonomoi* sowie ein gewisser Aischines (vgl.
Z. 34) an die Seite gestellt werden, während im übrigen jedoch Demokleides die
neue Siedlung nach eigenem Ermessen und nach bestem Vermögen einrichten soll.

Die von ihm Geführten sind athenische Bürger aus den – wie der Zusatzantrag fest-
legt – beiden unteren Vermögensklassen der Zeugiten und Theten, also der ärmeren Bevölkerungsschichten. Aus diesem Kreis dürften auch jene Z. 30 ff. erwähnten zusätzlichen, später nachziehenden Siedler stammen. Die Volksversammlung
denkt dabei an aktive Soldaten, die von Kampfeinsätzen zurückkehren und eine
Belohnung in Form von Land in der neuen Kolonie erhalten sollen. Solche Leute
brauchte die neue Siedlung zur Erfüllung ihrer Aufgabe und zur Sicherung ihres
Überlebens dringend, und auch die übrigen Theten und Zeugiten dürften für den
Kolonistenzug hauptsächlich im Hinblick auf ihren Wert als Soldaten ausgewählt
worden sein.

Auf eine genuin sozialpolitische Motivation für den Kolonistenzug weist in der
Inschrift nichts. Nicht zuletzt dank des Seebundes befand sich Athen im 5. Jh. v.
Chr. in einer glänzenden wirtschaftlichen Lage und war nicht darauf angewiesen,
überschüssige Bevölkerungsteile auf neuem Land auszusiedeln, was für die Kolo-
nisationszüge der archaischen Zeit bestimmend gewesen war.[55] Dem einfachen Bür-
gersoldaten wird es daher nicht sonderlich attraktiv erschienen sein, das pulsieren-
de Zentrum der griechischen Welt zu verlassen und an einem neuen Vorposten
inmitten einer barbarischen Umwelt, ein neues und gefährliches Leben zu beginnen. Den einzelnen Siedler konnte daher allenfalls die Zuteilung eines ansehnlichen Landstücks zu seiner Entscheidung bewegen. Für die Gemeinde Athen als
ganze war maßgebend, daß man die Kolonien als Bollwerke zur Sicherung von
Macht und Einfluß benötigte.

Die neuen Gemeinden blieben denn auch viel enger als frühere Kolonien an ihre
Mutterstadt gebunden. Vermutlich gingen die Kolonisten anders als früher die Aus-
gewanderten auch nicht ihres Bürgerrechtes in der Mutterstadt Athen verlustig. Die-
ses ruhte vielmehr nur und konnte wieder aufleben, sobald der Betreffende nach
Athen zurückkehrte. Anderenfalls hätten sich wohl kaum Siedler in ausreichender
Zahl finden lassen.

Das Motiv für die Anlage der athenischen Kolonien im 5. Jh. v. Chr. war mithin
die Sicherung und Stabilisierung der Herrschaft über den Seebund. Kolonien wurden an herrschaftsstrategischen Brennpunkten eingerichtet, sei es auf dem Territorium ehemaliger Bündner, deren eigenstaatliche Existenz nach einer erfolglosen
Auflehnung gegen die Vormacht ausgelöscht worden war, sei es, daß man dicht
neben bestehende Bündnersiedlungen, die sonst wahrscheinlich in ihnen statio-
nierte Wachtmannschaft als eigene Kolonie konstituierte. Brea wiederum gehörte
zu einem dritten Typ von Kolonien, die die Athener an den Rändern ihres Herr-
schaftsgebietes angelegt haben wie etwa im Schwarzmeerbereich, auf der thrakischen Chersonnes oder noch weiter westlich an der Küste Thrakiens und Make-
doniens. In diesen Fällen verbinden sich strategische Sicherungsabsichten nach

---

[55] Vgl. Verf.: Gesellschaft und Staat bei den Griechen: Archaische Zeit. Paderborn 2003, Kap. B,
IV, 3.

außen mit repressiven Wirkungen nach innen. Dies ist auch aus jener Passage des Volksbeschlusses herauszulesen, durch die die übrigen Städte der Region verpflichtet werden, der neuen Siedlung zu Hilfe zu kommen, wenn sie angegriffen würde. Man hat also von vornherein damit gerechnet, die neue Siedlung befinde sich in einer Frontstellung. Dabei ist jedoch nicht nur an die Bergvölker Thrakiens zu denken, sondern auch an Anfeindungen durch jene Städte selbst, die in der Inschrift genannt sind und deren Beistands man sich offenbar keineswegs sicher sein konnte. Vielleicht ist der Verweis auf gewisse Vereinbarungen, die es mit ihnen gegeben hat (vgl. Z. 19), ein Indiz dafür, daß Brea ein Baustein innerhalb eines größeren Ordnungskonzeptes für den thrakischen Raum gewesen ist. Als solches konnte es freilich seine Rolle eines Tages auch ausgespielt haben, entweder weil es seine Aufgaben nur unzureichend zu erfüllen vermochte oder weil das zugrundeliegende Konzept verändert werden mußte. Ein eigenständiges und dauerhaftes Leben wie vielen anderen griechischen Kolonien der früheren Zeit ist den athenischen des 5. Jhs. v. Chr. deshalb nicht beschieden gewesen. Und so blieb die einzige Spur, die die ephemere Siedlung Brea hinterlassen hat, ihre in Athen aufbewahrte Gründungsurkunde.

VI. Der Zusammenhang von Außen und Innen: Der Seebund und die Entwicklung der Demokratie

> „Ohne Krieg (und Seebund) keine Demokratie. Ohne Demokratie nicht die Konservierung des Seebunds, die Kraft der Außenpolitik, die lange Reihe weiterer Kriege."[56]

Diese zugespitzte Wendung gibt die Auffassung wieder, die man bei der Mehrheit der Forschung findet: Ohne die Entfaltung von Athens Herrschaft nach außen im Rahmen des Attischen Seebundes sei die innere Wendung zur Demokratie nicht erklärbar. Wie auch umgekehrt: Athens aggressive Machtpolitik, die man vor allem seit der Mitte des 5. Jhs. v. Chr. zu beobachten glaubt, sei ein unmittelbares Ergebnis des Übergangs zur radikalen Demokratie. Allerdings sind beide Thesen in der Forschung kaum systematisch und in größerem Zusammenhang begründet worden. Zunächst sei hier die erste der beiden Thesen kurz vorgestellt und kritisch diskutiert.[57]

Das „Nadelöhr bei Salamis. Oder: Der Aufbruch eines Kantons in die Weltpolitik" – dieses erste Kapitel aus Christian Meiers monumentalem Werk[58] weist mit wünschenswerter Deutlichkeit auf die Grundvorstellung hin. Die Perserkriege und die Gründung des Seebundes sind nach Meier die epochalen Zäsuren, nach denen nichts mehr so war wie zuvor. Die Bildung der äußeren Herrschaft Athens wie dessen „Umbruch zur Demokratie" im Inneren sind so zwei Seiten derselben Medaille. Die eine Seite ist bereits ausführlich kritisiert[59] und durch ein anderes, auf die Kontinuitätslinien von der archaischen zur klassischen Zeit abhebendes Bild ersetzt worden. Darin liegt nun auch beschlossen, daß die athenische Demokratie des 5. Jhs. v. Chr. nicht, wie Meiers These unterstellt, erst durch Seemacht und Kriegführung möglich geworden ist. Denn sie ist auch, wie in mehreren Argumentationen bereits ausführlich dargelegt, seit Kleisthenes strukturell in allen entscheidenden Elementen bereits vorhanden, und ihre Grundgedanken sind sogar ein gutes Jahrhundert älter als der Sieg über die Perser. Darüber hinaus konnten auch für die Außenpolitik Kontinuitätslinien von der archaischen zur klassischen Zeit aufgezeigt werden.

Wenngleich der Zusammenhang von Seebund und Demokratie in der von Meier postulierten Form mithin nicht gegeben ist, so darf man sich dennoch auch in unserem Interpretationsrahmen zu Recht fragen, welche Einflüsse von der äußeren Machtstellung Athens auf die Verwirklichung, das Lebendigwerden und den weiteren Ausbau der von Kleisthenes geschaffenen Bürgerstaatlichkeit ausgegangen sind. Als solche Rückwirkungen der äußeren Machtstellung Athens auf seine innere Entwicklung lassen sich nun vor allem folgende Gesichtspunkte anführen:

---

[56] Christian Meier: Die Rolle des Krieges im klassischen Athen. – In: HZ 251, 1990, S. 603.
[57] Für die zweite These vgl. Kap. B, VIII.
[58] Christian Meier: Athen. Ein Neubeginn der Weltgeschichte. Berlin 1993, S. 7 ff.
[59] Vgl. Kap. A, III.

Abb. 19 Bildnis der Athena Parthenos. Rekonstruktion der Gold-Elfenbein-Statue des Bildhauers Phidias in der cella des Parthenon. (Toronto, Royal Ontario Museum)
Im Rahmen der Neugestaltung des heiligen Bezirks auf der *akropolis* seit 447/46 v. Chr. wurde in dem der Stadtgöttin gewidmeten tempelförmigen Schatzhaus, dem Parthenon, eine zwölf Meter hohe Statue der Athena Parthenos (der jungfräulichen Athena) aufgestellt. Gewand, Waffen und Schmuckelemente bestanden größtenteils aus dem Gold, das die Athener durch die Tribute ihrer Bundesgenossen anhäufen konnten. Die Siegesgöttin auf der rechten Hand bringt ihren Kindern, den Bürgern Athens, den Triumph, und die Waffen zur Linken stehen in steter Bereitschaft. Der Schmuck auf den an eine Krone erinnernden Helm – sowie an anderen Stellen bezieht die Göttin Artemis und deren Bruder Apollon in den Einflußbereich Athenas ein. Darstellungen von Götter- und Barbarenkämpfen auf Schild und Sandalen verweisen auf die Rechtfertigung für Athens hegemoniale Stellung. Die Athener haben in diesem Bildwerk ihr Selbstverständnis als einer *polis tyrannos* formuliert, sich zugleich aber über den zutiefst problematischen Charakter ihrer Herrschaft selbst hinweggetäuscht.

• Die Austrocknung der *stasis*:

Seit dem Ende der *tyrannis* haben die Athener eine aktive und erfolgreiche Au
ßenpolitik betrieben und fast ununterbrochen Krieg geführt. Das beginnt in der
kleisthenischen Zeit und setzt sich über den Ionischen Aufstand und die Perserkriege bis in die Epoche des Seebundes hinein fort. Die beharrliche Verfolgung
außenpolitischer Ziele wie der militärische Erfolg waren nur möglich, wenn die
Bürgerschaft möglichst geschlossen handelte. Dem stand im Grunde immer die
Neigung ihrer Aristokraten entgegen, sich in *stasis*-Auseinandersetzungen selbst
zu zerfleischen. Wenn Athen nach den Perserkriegen so glänzend und zunehmend mächtiger dastand, so signalisiert dies eben, daß es gelungen war, diese
Gefahr zu bannen. Die inneraristokratischen Machtkämpfe, die 510/08 v. Chr. noch
einmal zwischen Isagoras und Kleisthenes aufflackerten, konnten beendet, die
große Mehrheit der Aristokraten in das gemeinsame Handeln der Bürgerschaft
eingebunden werden.
Das Streben nach Ehre und sozialem Ansehen *(philotimia)* war seit Homer unverändert die Richtschnur für das Verhalten jedes Aristokraten.[60] Der Bürgerstaat,
wie er seit Kleisthenes verwirklicht wurde, hat dann die Ehre und das Ansehen
der Stadt als ganzer auf seine Fahnen geschrieben – die Stadt als Superaristokrat.
Seit Kleisthenes und den Perserkriegen hatten die in der Volksversammlung tonangebenden Männer ihr Aristokratsein mit den Belangen der Gemeinde zu verbinden verstanden. Damit waren die Vorbilder für das Verhalten des Aristokraten auch in der demokratischen Bürgerstaatlichkeit eingeprägt: Aristokratische
philotimia mußte, wollte sie ihr Ziel erreichen, ihr Betätigungsfeld auch und vor
allem im Dienst an der *polis* suchen. Als höchst geeignete Aufgabe hierzu erschloß sich die Außenpolitik. Wer in Krieg und Diplomatie den Ruhm und die
Macht der Stadt gemehrt hatte, der konnte als Aristokrat den Ruhm und die Anerkennung seiner Mitbürger gewinnen. Alle großen Aristokraten des Jahrhunderts, Miltiades und Themistokles, Kimon und Perikles, Kleon, Nikias und Alkibiades, konnten als erfolgreiche Strategen diese Erfahrung machen. Wenn dieses
Wahlamt im Gefüge der demokratischen Verfassungsorgane zeitweise eine so gro
ße Bedeutung erhielt, so deswegen, weil die Außenpolitik, die von den Strategen exekutiert wurde, ein so wichtiger Faktor für die innere Eintracht der Bürgerschaft und damit für das stabile Funktionieren der Demokratie gewesen ist.
Der athenische Herrschaftsbereich und die mit ihm gegebenen militärischen und
administrativen Aufgaben boten also ein weites Feld, auf dem sich aristokratische *philotimia* ausleben konnte. Dies trug erheblich dazu bei, daß die *stasis*
nicht wieder ausbrach, und führte zu einem weder vorher noch nachher in einer griechischen Gemeinde je wieder erreichten Ausmaß innerer Geschlossenheit der Bürgerschaft.

---

[60] Vgl. Verf.: Gesellschaft und Staat bei den Griechen: Archaische Zeit. Paderborn 2003, Kap. A,
IV.

Allerdings ist letzteres nicht als kontingente Wirkung der Existenz des Seebundes, dieser also als eigentliche Ursache für die innere Einheit zu verstehen. Vielmehr wurde um die innere Einheit der Bürgerschaft bereits das ganze 6. Jh. v. Chr. hindurch gerungen und hat Kleisthenes die institutionellen Grundlagen für sie gelegt. Athens äußere Herrschaft hat bewirkt, daß diese kleisthenische Konstitution des *demos* in der Folgezeit nicht mehr in Frage gestellt, sondern fast das ganze 5. Jh. v. Chr. über Wirklichkeit wurde.

• Die Stabilisierung der eigenen Ordnung durch die Demokratie in den Bündnerstaaten:

Eines der wichtigsten Herrschaftsmittel der Athener war wie gesehen die Installierung von demokratischen Verfassungen in vielen Mitgliedsgemeinden des Seebundes. Dies setzte natürlich voraus, daß in Athen selbst die demokratische Ordnung unbestritten war. Dieser Zustand wurde umgekehrt aber durch die Demokratien außerhalb Athens auch noch weiter befördert. Denn jede Änderung der Ordnung in Athen hätte dieses wichtige Mittel zur Herrschaftssicherung wirkungslos gemacht. Da in Athen jedoch die Herrschaft als solche niemand in Frage stellte und damit auch niemand auf den Gedanken kam, die Wirksamkeit der vorhandenen Herrschaftsmittel zu schmälern, konnte die Existenz von Demokratien in den Gemeinden des Seebundes auch dazu beitragen, daß die Athener an der eigenen Ordnung um so entschlossener festhielten.

• Der Ausbau der Bürgerstaatlichkeit:

Athens Herrschaft über den Seebund ist im Laufe seiner Geschichte immer intensiver geworden. Die Athener haben ihren von Beginn an vorhandenen Herrschafts- und Machtwillen in eine immer dichtere und engmaschigere Organisation von Herrschaftspraxis umsetzen können. Dieser Vorgang bedeutete eine neuartige geschichtliche Herausforderung für den Ausbau der Bürgerstaatlichkeit in der Gemeinde Athen.
Hatte im 6. Jh. v. Chr. die Herrschaft der Tyrannen Peisistratos und seiner Söhne der Etablierung von Staatlichkeit endgültig zum Durchbruch verholfen, so ergaben sich aus der athenischen Herrschaft nach außen im 5. Jh. v. Chr. noch einmal Bedingungen, die die Staatlichkeit des athenischen Gemeinwesens verstärkten. In keiner anderen griechischen Gemeinde hatte es bislang vergleichbare Anforderungen an die innere Organisation des Gemeinwesens gegeben. Die neue Stellung Athens in der Welt des 5. Jhs. v. Chr. hatte sowohl die Komplexität des Zusammenlebens im Inneren der Gemeinde gesteigert (Bevölkerungswachstum, größere Zahl von Metoiken und Sklaven, neue wirtschaftliche Dimensionen) als auch einen Regelungsbedarf aufkommen lassen, der aus der äußeren Herrschaft erwuchs. Insgesamt verlangte dies eine Ausweitung der verstaatlichten Formen bei der Bewältigung der Gemeinschaftsaufgaben, das heißt mehr amtsmäßige Funktionen und institutionalisierte Verfahren.

Obwohl in den beiden Jahrzehnten nach den Perserkriegen Kimon und der Areopag die neuen politischen Herausforderungen vermutlich zum Anlaß genommen hatten, die innere Weiterentwicklung der Bürgerstaatlichkeit abzubrechen beziehungsweise de facto zu unterlaufen[61], und obwohl diese neue Außenpolitik in einer anderen historischen Situation wie etwa beim Übergang zur Staatlichkeit dieser auch eine andere Form hätte geben können – man vergleiche die Herausbildung der Macht von römischem Senat und Magistraten –, erwiesen sich die bereits bestehenden Strukturen widerstandsfähig und die Bürgerschaft mehrheitlich in der Lage, sie zu verteidigen. Nachdem 462/61 v. Chr. die Gefahr einer Verschiebung der politischen Ordnung in Richtung einer Aristokratenherrschaft gebannt werden konnte, lief die auf die inneren und äußeren Herausforderungen antwortende Intensivierung der Staatlichkeit folglich auf eine Stärkung der demokratischen Bürgerstaatlichkeit hinaus. Das ist in allen Bereichen der zu bewältigenden Gemeinschaftsaufgaben zu beobachten[62]:

– Außenpolitik und Kriegführung (Politik allgemein, verstanden als kasuelles Entscheidungshandeln):
Die seit der Zeit des Kleisthenes sehr aktive Außenpolitik und praktisch permanente Kriegführung, insbesondere die nicht abreißende Kette von Versuchen einzelner Mitglieder des Seebundes, das Bündnis aufzukündigen, stellte die Träger der Politik in Athen immer wieder vor neue Entscheidungssituationen. Die außenpolitische Lage mußte ständig beobachtet, die militärische Strategie bedacht, angemessene politische oder militärische Antworten mußten gefunden werden. Dazu zwangen nicht nur außenpolitische Krisen, sondern vor allem auch der regelmäßige diplomatische Verkehr, der die Athener ständig mit Vorgängen aus ihrem Herrschaftsbereich konfrontierte. Besondere Anforderungen stellte die Finanzorganisation des Seebundes, darunter in erster Linie die Festsetzung und Eintreibung der Tribute.
Die Fragmente der Tributlisten spiegeln eindrucksvoll das Ergebnis der dabei angewendeten Verfahren. Wie groß die hier liegende Herausforderung für die Entwicklung der Staatlichkeit war, läßt sich an der Komplexität der Materie ermessen, mit der es die Athener zu tun hatten. Denn die Festsetzung der Tributhöhe erforderte die Berücksichtigung einer Vielzahl von Variablen wie der konkreten wirtschaftlichen und politischen Lage des jeweiligen Bündners, seiner Leistungsfähigkeit, seines bisherigen Verhaltens gegenüber Athen, seiner militärstrategischen und politischen Bedeutung für Athen. Um all dies auszuloten, waren Inspektionen vor Ort durch athenische Kommissionen ebenso erforderlich wie eingehende Verhandlungen mit den Repräsentanten des Bündners; und schließlich konnte dies nicht isoliert, sondern nur im Kontext der

---

[61] Vgl. Kap. A, III, 3b.
[62] Zugrundegelegt ist dabei ein bestimmter Staatsbegriff. Vgl. Verf.: Gesellschaft und Staat bei den Griechen: Archaische Zeit. Paderborn 2003, Kap. B, I, 2b.

Veranlagung des gesamten Seebundes geschehen, in Abstimmung und Vergleich mit anderen Bündnern. Denn das Ziel des Verfahrens mußte sein, den Tribut für den Bündner letztlich tragbar zu halten und gerecht im Vergleich mit anderen. Im Hinblick auf die konkreten Anforderungen und Probleme, die sich dabei stellten, ist es erstaunlich und in der Literatur im allgemeinen zu wenig gewürdigt, daß die Athener in diesem Bereich – und offenbar von Beginn an durch den „gerechten" Aristeides – eine außerordentliche organisatorische Leistung vollbrachten. Wohlbemerkt: mit Kollektivgremien. Daß bei allen Klagen der Bündner zwar der Tribut als solcher, nicht aber die Art und Weise seiner Festsetzung zur Sprache kommt, stellt der Leistungsfähigkeit einer bürgerstaatlichen Verwaltung in diesem Einzelaspekt jedenfalls ein hohes Zeugnis aus.

In allen genannten Bereichen der Politik mußte also beraten und entschieden werden, sei es um bestimmte, nicht vorausberechenbare Situationen zu meistern, sei es um den aus bestimmten institutionalisierten Verfahren resultierenden Anfall von Anfragen und Problemen zu bewältigen. Im Rahmen der seit Kleisthenes bestehenden Ordnung hatte dies durch Rat und Volksversammlung zu geschehen. Die Existenz des Seebundes brachte folglich mit sich, daß diese Gremien im Zuge des Ausbaus der Herrschaft in zunehmendem Maße in immer mehr Angelegenheiten tätig wurden. Aller Wahrscheinlichkeit nach haben die Angelegenheiten des Seebundes den Löwenanteil der in Rat und Volksversammlung behandelten Tagesordnungspunkte ausgemacht. Dies demonstrieren jedenfalls die inschriftlich aufgezeichneten Volksbeschlüsse. So bezieht sich der größte Teil der im ersten Band der *Inscriptiones Graecae* versammelten Inschriften direkt oder indirekt auf den Seebund. Dazu gehören die Volksbeschlüsse mit Regelungen für einzelne Gemeinden, beginnend mit Nr. 10, dem Dekret über Phaselis, möglicherweise schon knapp zehn Jahre nach der Gründung des Seebundes zu datieren; weiterhin die *leges generales* seit den 40er Jahren, dann die Tributlisten sowie zahlreiche Beschlüsse religiöse Fragen betreffend, beginnend mit Nr. 6, dem Dekret über die Mysterienkulte in Eleusis, in dem von *poleis* die Rede ist. Indirekt durch den Seebund veranlaßt sind viele Volksbeschlüsse, die ebenfalls den Bereich der Religion betreffen wie solche zu religiösen Festen oder zum Bau von Tempeln. Da im Prinzip nichts dagegen spricht, in den zufällig überlieferten Inschriften einen repräsentativen Reflex der tatsächlichen Tätigkeit der athenischen Volksversammlung zu sehen, wird aus diesen Dokumenten deutlich, wie sehr das tägliche politische Leben von den Fragen und Problemen in Anspruch genommen war, die der Seebund, die äußere Herrschaft und die Kriegführung aufwarfen.

– Rechtsprechung und Rechtsetzung (Streitbeilegung und Normsetzung als staatlich organisierte Gemeinschaftsaufgaben):
  In einer Vielzahl von Delikten und Streitfällen in den Gemeinden des Seebundes hatte Athen die Beilegung an sich gezogen. Möglicherweise gab es eine für das ganze Bundesgebiet einheitliche Regelung, die mit der Zeit aus auf den

Einzelfall bezogenen Verfügungen heraus entstanden ist. Danach mußten in einer definierten Menge von Fällen die Prozesse vor den athenischen Volksgerichten geführt werden: Das betraf Verrat, Verweigerung und Verletzung des gegenüber Athen abgegebenen Treueides, Tributvergehen, Zuwiderhandlungen gegen andere, von Athen erlassene Gesetze, Angriffe gegen athenische Beamte und *proxenoi* wie gegen jeden beliebigen Athener überhaupt. Neben den Dikasterien hatten auch der Rat (in Tributsachen) sowie Gerichtsmagistrate mit Prozessen gegen Angehörige von Bündnerstaaten alle Hände voll zu tun. In der Institutionalisierung des Gesamtvolks als Gerichtsgremium lag eine Keimzelle der Bürgerstaatlichkeit schon im 7. und 6. Jh. v. Chr. Auch in dieser Hinsicht hat der Seebund zu einer weiteren Stärkung der Staatlichkeit geführt und die Tätigkeit der Volksgerichte intensiviert. Die Mitgliedschaft in einem der Gerichtshöfe ist auch dadurch zu einer der Hauptbetätigungen des Bürgers in der Demokratie geworden. Außerdem ist in diesem Zusammenhang noch einmal an die hohe Zahl von insgesamt mehreren hundert athenischen Beamten im Seebundsbereich zu erinnern. Auch *phrouarchoi, episkopoi* und *archontes* hatten meist neben anderen auch jurisdiktionelle Kompetenzen. Überhaupt ist der vergleichsweise große athenische Beamtenapparat eine direkte Folge der aus der Seeherrschaft resultierenden Aufgabenstellungen besonders im Finanz- und Militärbereich gewesen. Sie waren gar nicht anders als durch breiteste Beteiligung aller Bürger an der politischen Verantwortung zu lösen. Die Ausweitung der Beamtenschaft war deshalb ein wichtiges Element beim Ausbau des demokratischen Bürgerstaates im 5. Jh. v. Chr.

Darüber hinaus bedeutete das im vorigen Punkt bereits geschilderte Anwachsen von rechtsschöpferischen Akten der Volksversammlung, daß eine weitere staatliche Funktion, die schon am Beginn der Staatwerdung Athens mit dem großen solonischen Gesetzeswerk stand, intensiviert wurde. Mit der bewußten Gestaltung des Herrschaftsbereiches mittels Gesetzen wurde das Bewußtsein von der prinzipiellen Gestaltbarkeit und Verfügbarkeit der menschlichen Ordnung zu einem konstitutiven Bestandteil des demokratischen Bewußtseins.

– Kultur und Religion (Integration der Gesellschaft als staatlich organisierte Gemeinschaftsaufgabe):
Kultur und Religion als Mittel zur Herrschaftssicherung sind bereits behandelt worden. Die quantitative Ausweitung und die glänzende Ausgestaltung der athenischen Kultfeste, der repräsentative Ausbau der Stadt und der beispiellose Neubau ihrer Heiligtümer sind wenigstens teilweise sowohl durch die neuen materiellen Möglichkeiten, die die Herrschaft über den Seebund bot, begünstigt als auch durch die geistigen Herausforderungen, die in Athens neuer Stellung in der Welt lagen, angeregt worden. Man kann das den Zuspitzungen des Athenakults[63] ebenso ablesen wie etwa der herausragenden Rolle, die der

---

[63] Die Stadtgöttin als Beschützerin des gesamten Griechentums und als Zentralgottheit für den Seebund.

Tragödie und Komödie nach den Perserkriegen für die Selbstverständigung der Bürgerschaft zuwuchs. In spielerischer, symbolisch vermittelter und dabei zugleich auf das Grundsätzliche zielender Form wurden in den dramatischen Spielen, deren Inhalt immer wieder Fragen von Macht und Verantwortung thematisierte, auch jene Probleme formuliert und durchgespielt, die durch Athens äußere Herrschaftsstellung aufgeworfen wurden.

• Der angebliche ‚Umbruch zur Demokratie‘:

Eindeutig ist, daß Athens Herrschaft über den Seebund, wie im vorangehenden Abschnitt gezeigt, erhebliche Wirkungen auf die weitere Ausbildung der Bürgerstaatlichkeit in ihren verschiedenen Dimensionen gehabt hat. Dessen ungeachtet muß noch einmal auf die Frage eingegangen werden, ob zu diesen Wirkungen auch ein qualitativer Wandel der staatlichen Ordnung gehört, der sich in der Zeit nach den Perserkriegen angebahnt und durch den ‚Umsturz‘ des Ephialtes von 462/61 v. Chr. zum Durchbruch gekommen sei. Große Teile der Forschung sehen dies bis heute so. Die Auseinandersetzung mit einem wichtigen Argument für diese unzutreffende Sichtweise[64] ist bislang noch ausgespart worden, da die Auseinandersetzung mit ihm in den jetzt vorliegenden Zusammenhang gehört. Nach jener These sei nämlich die Entstehung der Demokratie in der Nachperserkriegszeit nicht zuletzt darauf zurückzuführen, daß nunmehr auch den Theten die volle politische Verantwortung zugestanden worden wäre. Diese Politisierung der Theten habe ihren Grund in der militärischen Leistung, die sie seit den Perserkriegen für die Machtstellung Athens erbracht hatten. Einige Aussagen in den Quellen scheinen dies zu bestätigen:

„Ebenso war die Masse der Seeleute die Ursache für den Sieg bei Salamis und darum auch der Hegemonie aufgrund der Herrschaft über das Meer, und so stärkte sie wieder die Demokratie.“

(Aristot. pol. 1304a 21-24; Ü.: Olof Gigon)

Etwas ausführlicher begründet Pseudo-Xenophon den Zusammenhang:

„Zunächst muß ich es aussprechen, daß mit Recht daselbst die Armen und das Volk berechtigt sind, den Vorzug vor den Vornehmen und den Reichen zu haben, und zwar deshalb, weil nur das Volk es ist, das die Schiffe treibt und dadurch der Stadt ihre Machtstellung verschafft, und die Steuerleute, die Rudervögte, die Unterabteilungs-Kommandanten, die Vorderdeckwarte und die Schiffbauer, alle diese nur es sind, die der Stadt ihre Machtstellung verschaffen, wenigstens viel eher als das schwere Fußvolk und die Vornehmen und überhaupt die Edlen. Unter diesen Umständen erscheint es nur gerecht, daß allen bei der jetzt üblichen Losung sowohl wie der Wahl die Ämter offenstehen und daß es jedem von den Bürgern, wer da will, freisteht, öffentlich zu reden.“

(Xen. Ath. pol. 1, 2; Ü.: Ernst Kalinka)

Zwei Fragen sind angesichts dieses Befundes zu klären. Zum einen: Was ist konkret unter der militärischen Bedeutung der Theten zu verstehen? Die Theten wa-

---

[64] Vgl. Kap. A, III.

ren jene Bürger, die nach der von Solon getroffenen Einteilung der bürgerlichen Rechte und Pflichten aufgrund des für die militärische Leistungsfähigkeit ausschlaggebenden Vermögens die unterste Klasse bildeten. Sie besaßen nichts oder so wenig, daß es zur Anschaffung einer Hoplitenrüstung nicht reichte. Folglich waren sie in der Vorperserkriegszeit militärisch für die Athener nur von begrenztem Nutzen. Dies änderte sich grundlegend in den Perserkriegen und der Zeit danach mit dem Seekrieg als vorherrschender Form der Kriegführung. Denn nun wurden die Theten als Ruderer für die athenischen Trieren gebraucht. Denn da die Schiffe selbst die Kriegswaffe darstellten, konnten die Ruderer keine Sklaven sein, sondern nur freie athenische Bürger, die das Schiff als ihre Waffe führten, so wie die Hopliten Schwert und Lanze bei der Landschlacht. Die neue Seekriegstechnik war zudem mindestens ebenso anspruchsvoll wie die hergebrachte Hoplitenkampftaktik und erforderte ein eher noch intensiveres und ausgedehnteres Training als diese.

Es liegt auf der Hand, daß für jeden einzelnen aus der großen Gruppe athenischer Bürger, die als Theten seit den Perserkriegen ständig auf den Trieren im Einsatz waren, diese neue militärische Rolle nicht ohne Wirkungen bleiben konnte. Das Einsatzgebiet der Flotte umfaßte nicht nur den gesamten Ägäisraum, sondern das gesamte östliche Mittelmeer bis Zypern und Ägypten, dazu zeitweise das Schwarze Meer. Die athenischen Seesoldaten kamen in der Welt herum, wie dies früher nur einzelne Aristokraten konnten. Sie sahen viel Fremdes und konnten dadurch die Besonderheiten der eigenen Ordnung schärfer erfassen. Diese Horizonterweiterung, der Zuwachs an Weltkenntnis und Erfahrung konnten jedoch auch den Stolz auf die Heimat und die Identifizierung mit ihrer politischen Ordnung stärken, solange man eines ums andere Mal den Sieg davontrug. Von wenigen Rückschlägen abgesehen war tatsächlich den athenischen Schiffen jahrzehntelang militärischer Erfolg beschieden, die Seeherrschaft behauptet und ausgeweitet worden. Neben seiner affirmativen Wirkung hatte dieser Erfolg für die rudernden Theten noch eine weitere Konsequenz: Als disziplinierte und kompetente Kämpfer waren sie in ihrer Bedeutung für das Gemeinwesen nunmehr den Hoplitensoldaten der Phalanx gleichgestellt. Auch sie trugen wesentlich zum großen und mächtigen Athen bei und konnten damit auch als Bürger selbstbewußter als früher auftreten. Weltkenntnis, militärische Kompetenz und sieghafter Erfolg dieser großen Schicht von Bürgern mußten sich daher im Rahmen der bürgerstaatlichen Ordnung zwangsläufig zur Geltung bringen.

Wie ist nun, zweitens, angesichts dessen die Hereinnahme der Theten in die politische Ordnung zu verstehen? Zunächst ist festzustellen, daß den Theten auch in der Zeit vor den Perserkriegen politische Mitsprache nicht grundsätzlich verwehrt war. Seit Solon gehörten die Theten institutionell gleichberechtigt der Volksversammlung der Bürger an. Es gab in dem von Solon konzipierten Bürgerverband keine Gruppe, die – in Analogie zu den römischen Verhältnissen gesprochen – infra classem gestanden hätte, aus dem Kreis der politisch dem Bürgerverband Zugehörigen und Berechtigten ausgegrenzt. Von einer politischen Gleichstellung der Theten im formalrechtlichen Sinne kann in den beiden Jahrzehnten nach den Perserkriegen also keine Rede sein.

Vielmehr geht es darum, daß die Theten, die die athenische Außenpolitik im wesentlichen exekutierten und dabei politisch immer erfahrener wurden, jetzt in der Volksversammlung die Politik aktiv mitgestalten wollten und konnten. Nicht neue Ansprüche mußten dafür politisch durchgesetzt, sondern schon bestehende Möglichkeiten konsequent genutzt werden. Diese Politisierung der Theten ist somit charakteristisch dafür, wie der von Kleisthenes geschaffene Rahmen im 5. Jh. v. Chr. mit Leben erfüllt wurde. Daß das politische Leben nun auch von den Theten maßgeblich mitgestaltet wurde, setzte keinen institutionellen Umsturz voraus, denn das Gehäuse hierfür war schon vorhanden. Daß sein Innenausbau so weit vorangekommen ist, ist schließlich auch Athens äußerer Herrschaft zu verdanken. Doch können wir ausschließen, daß die Verwirklichung der politischen Mitsprache breitester Bürgerschichten auch auf anderen Wegen und durch andere Anstöße erreicht worden wäre, nachdem mit der durch Kleisthenes institutionalisierten Struktur dieses Ziel prinzipiell im Horizont der Zukunft lag? Gerade die aufgezeigte Kontinuität zwischen Solon und Kleisthenes über eine große zeitlichen Spanne hinweg sollte davor bewahren, die Eigendynamik politischer Ideen und die in politischen Systemen schlummernden Potenzen und Spielräume zu unterschätzen.

VII. Athen und Rom: Der Mangel an Stabilität und das Scheitern der athenischen Herrschaft

Die Athener haben nach den Perserkriegen in wenigen Jahrzehnten ein erstaunlich vielfältiges Instrumentarium zur Ausübung ihrer Herrschaft über den Seebund entwickelt. Mit dem gemessen an anderen antiken Herrschaftsbildungen engmaschigen Netz von Kontroll- und Einflußmöglichkeiten, durch das sie den Seebund zusammenhielten, hätten die Athener die an sie gebundenen Gemeinden fest im Griff haben, hätte der Herrschaft bei konsequenter Praxis und immer weiterer Verfeinerung der Mittel Dauer beschieden sein müssen. Doch das Gegenteil war der Fall. Gerade das Ersinnen immer ausgeklügelterer Methoden, die Bündner zu überwachen, sie zu gängeln und von ihnen Loyalitätsbekundungen einzufordern, offenbart, daß Athens Herrschaft sich auch im Laufe der Jahrzehnte nicht wirklich konsolidierte, sondern im Kern instabil blieb. Ihre Geschichte bestand aus einer nicht abreißenden Folge von Versuchen der Beherrschten, das Bündnis aufzukündigen und sich dem Zugriff der Athener zu entziehen. Obschon diese fast bis zuletzt, bis in die letzten Jahre des Peloponnesischen Krieges, in der Regel die Kraft hatten, alle Abfallbewegungen militärisch zu unterdrücken, konnten sie den stets prekären Zustand ihrer Herrschaft nie überwinden. Diese wurde denn auch 404 v.

Abb. 20   Inschriftstele mit Relief von der *akropolis* in Athen, 403/2 v. Chr. (Athen, Akropolis-Museum, Inv. 1333) Einer der wichtigsten Gründe für das Scheitern der athenischen Herrschaft war die mangelnde Beteiligung der Beherrschten an der Herrschaft. Erst ganz am Ende scheint ein einziges Mal eine Alternative auf, als den Samiern für ihre Loyalität nach der verlorenen Seeschlacht bei Aigospotamoi (405/4 v. Chr.) das athenische Bürgerrecht verliehen wird. Doch war dies nur eine Folge der Verzweiflung in einer aussichtslosen Lage und kein Schritt auf einem neuen Weg. Das Relief zeigt die Göttinnen Athena (rechts) in voller Bewaffnung und Hera als Gemahlin des Zeus mit Szepter und Diadem. Sie personifizieren ihre jeweiligen Bürgerschaften, deren Vereinigung durch den Handschlag der Göttinnen symbolisiert ist.

Chr., nach der athenischen Niederlage, ohne Widerstände aufgelöst und ging zu einem Teil in spartanische Hände über.

Es gilt daher, nach den Gründen für diesen Widerspruch zwischen den höchst beachtlichen Organisationsleistungen in der Praxis der Herrschaft und deren innerer Brüchigkeit zu fragen. Methodisch erhellend ist dabei ein Vergleich mit wesentlichen Merkmalen der römischen Herrschaft, durch den die spezifischen Eigenheiten und Voraussetzungen der Herrschaft der Athener und damit die Gründe für deren Scheitern erkennbar werden.

• Schnelle Ausbildung der Herrschaft:

Mit dem wesentlich durch Athen herbeigeführten Sieg über die Perser bei Salamis und mit dem zwei Jahre später erfolgten Abschluß zahlreicher Bündnisse befanden sich die Athener in einer völlig neuen und bis dahin noch von keinem Griechen gekannten oder erfahrenen Machtposition sowohl im Kreise der übrigen griechischen Gemeinden wie gegenüber den Großmächten des Vorderen Orients. Sie hatten eine Mehrung ihrer äußeren Macht zwar schon seit über zwei Jahrzehnten erstrebt und die in den Perserkriegen aufgekommene Forderung nach einer Vormachtstellung innerhalb des Griechentums beharrlich verfolgt, doch war diese ihnen dann quasi über Nacht und in einem Ausmaß zugefallen, das sich keiner der Beteiligten wenige Jahre zuvor vorzustellen vermocht hätte. Athen war zu seiner Macht also sehr schnell gekommen, und diese war schon von Beginn an so groß, daß das, was ihr im Laufe der Zeit noch zuwuchs, an den einmal konstituierten Machtverhältnissen nichts mehr entscheidend veränderte. Athen stand daher von Anfang an vor der Aufgabe, seine als *hegemon* des Seebundes errungene Machtstellung möglichst schnell in eine dauerhafte Herrschaftspraxis zu überführen. Diese in einer der eigenen Ordnung angemessenen und die Beherrschten auf Dauer befriedenden Form allmählich durch das Sammeln von Erfahrungen zu erlernen, blieb dem athenischen *demos* praktisch keine Zeit. Zudem waren die Athener eher gewohnt, auf dem Hintergrund eines mit Argumenten geführten und an Konzepten orientierten öffentlichen Diskurses politisch zu handeln und zu entscheiden. Einen solchen hatte es bis dahin aber über die Gestaltung einer äußeren Herrschaft noch nicht gegeben. So blieb nichts anderes, als sich von einer Entscheidung zur nächsten zu retten und dabei mit den in der eigenen Ordnung bereitliegenden Mitteln Antworten auf das jeweils Anstehende zu finden. Das Ergebnis zeugt im einzelnen zwar von Einfallsreichtum und Erfindungsgabe, doch fehlt dem nach und nach geschaffenen Instrumentarium die integrierende Mitte, es fehlen leitende Ideen, die die Herrschaft gegenüber den Beherrschten oder Außenstehenden hätte verständlich und annehmbar werden lassen können.

Für diesen Mangel ist jedenfalls auch die fehlende Zeit verantwortlich, wie im Vergleich mit Rom zu erkennen ist, dessen Herrschaft sich von kleinen Anfängen ausgehend über viele Entwicklungsstufen und über mehrere Jahrhunderte hin erst herausgebildet hat. Rom erlebte einen Aufstieg zur Weltmacht, es wurde größer mit jedem siegreich bestandenen Krieg, und so konnte sich über Generationen hin ein Schatz von Erfahrungen sammeln und sich Außenpolitik als ein politisches Handlungsfeld sui generis etablieren.

• Ständige Herausforderung und Konkurrenz:

Prinzipiell warf die politische Landschaft Griechenlands für jede dauerhafte äußere Machtakkumulation erhebliche Schwierigkeiten auf. In den meisten Gegenden hatte sich im Laufe der archaischen Zeit der auf das Bürgerkollektiv gestellte Gemeindestaat als politische Ordnungsform durchgesetzt, und eine große Zahl dieser *poleis* hatte, wie Athen auch, bereits in archaischer Zeit begonnen, in bescheidenem Umfang außenpolitische Aktivitäten zu entfalten. Doch trafen diese, sobald sie über die nächste Umgebung hinausgriffen, sehr rasch auf andere gleichgerichtete und wurden daher in zahllosen kleinen und kleinsten Auseinandersetzungen immer wieder aufgerieben und zum Stillstand gebracht. Jede herrschaftliche Expansion nach außen – ohnehin nicht von existentiellen Zwängen diktiert – lag daher für die griechischen Staaten in der Regel außerhalb ihrer Möglichkeiten.

Das zeigt paradigmatisch das sich über mehr als eineinhalb Jahrhunderte hinziehende, letztlich aber ergebnislose Bemühen des mittelgriechischen Theben, die Gemeinden Boiotiens, die es umgaben, unter seiner Führung zu vereinen. Die einzige Ausnahme bildete Sparta, dessen Unterwerfung Messeniens freilich noch ganz in die Phase des Staatsbildungsprozesses fällt und mit der völligen Inkorporierung endete, die nicht eigentlich als außenpolitische Herrschaft anzusehen ist. Das in diesen Voraussetzungen begründete militärische Gewicht Spartas schlug sich dann in einer Führungsrolle auf der Peloponnes im Rahmen des Peloponnesischen Bundes nieder, die jedoch keineswegs von allen Peloponnesiern und zu jeder Zeit anerkannt worden ist.

Auch Athen hat seine Machtstellung im 5. Jh. v. Chr. einer geschichtlichen Ausnahmesituation infolge der Perserkriege zu verdanken. Gleichwohl waren damit die bisherigen Konstellationen nicht ausgelöscht. Athen mußte seine Herrschaft daher nicht nur angesichts der ständigen Herausforderung durch Sparta aufbauen, das sich seinerseits in seiner bisherigen Position gedemütigt und bedroht sah, sondern befand sich zumindest potentiell ebenso in Konkurrenz zu einer Reihe weiterer Gemeinden wie Korinth, Theben, Aigina, Samos, Chios oder Lesbos, die nicht daran dachten, ihre eigenen Ambitionen angesichts der athenischen Suprematie grundsätzlich aufzugeben. All dies hielt Athen von vornherein und auf Dauer in einem Zustand besonderer Anspannung, da es seiner Herrschaft nie völlig sicher sein konnte und ständig damit leben mußte, daß diese – und am Ende auch mit Erfolg – in Frage gestellt wurde.

Was das für die Athener und ihre Einstellung zum Seebund bedeuten mußte, ist im Seitenblick auf Rom zu ermessen. Gewiß hatte auch dieses sich in seiner Frühzeit zahlreicher Feinde zu erwehren, ja es wurde zeitweilig sogar in seiner Existenz bedroht. Aber die Gefahren rührten für Rom nie aus einem Konkurrenzverhältnis her, gingen nie von einem Gegner aus, der das gleiche wie Rom beanspruchte oder anstrebte. Roms Herrschaftsanspruch und die Methoden, mit denen es ihn einlöste, blieben konkurrenzlos und einzigartig. Anders als Athen schließlich wurde es dann auch zum unumstrittenen Herrn zunächst Italiens, dann des westlichen Mittelmeers und schließlich der gesamten antiken Welt.

• Politische und kulturelle Homogenität des Herrschaftsverbandes:

Auch in seiner maximalen Ausdehnung bereits nach zwei Jahrzehnten blieb der Attisch-Delische Seebund praktisch ausschließlich auf das Gebiet solcher Küstenregionen und Inseln des Mittelmeeres beschränkt, die von griechischen Gemeinden besetzt waren. Neben ständiger Konkurrenz und Herausforderung, wie vorangehend beschrieben, schloß dies noch einen weiteren für die athenische Herrschaftsbildung problematischen Faktor ein, der wiederum im Vergleich mit der römischen Reichsbildung ins Auge fällt: Denn Rom hatte es nicht nur in der Frühzeit seiner Expansion in Italien, sondern auch als Beherrscher der Welt immer mit einer sehr heterogenen Vielfalt von Völkern zu tun. Das damit gegebene Kulturgefälle – die Ausnahme bilden die unterworfenen Griechen – bot den Römern für die Einwurzelung ihrer Herrschaft sehr viel günstigere Voraussetzungen als die kulturelle Homogenität der von den Athenern Beherrschten. Im römischen Reich gingen von den politischen und kulturellen Niveauunterschieden Sogwirkungen aus, in denen die Herrschaft ihre Bestimmung und ihre Ziele jenseits des Militärischen fand. Aigina, Samos oder Milet, ja selbst dem fernen Phaselis in Lykien oder Salamis auf Zypern gegenüber konnten die Athener hingegen nie als Boten grundlegend anderer Lebensformen in Erscheinung treten, wie sich dies aus der Präsenz der Römer, selbst ohne deren bewußtes Zutun, ergab. Ebensowenig hatten die Griechen irgendeinen Anlaß, mit den von ihnen Beherrschten ihrerseits in einen fruchtbaren Austausch zu treten, wie dies die Römer nach der Eroberung des griechischen Ostens taten und ihrer Herrschaft über diesen dadurch ein kräftiges und dauerhaftes Fundament gaben.

• Monopolisierung der Kriegführung:

Da Flotte und Seekriegführung die militärische Basis der athenischen Herrschaft waren und dies wiederum auf einer Reihe von wirtschaftlichen, sozialen und politischen Bedingungen beruhte, über die außer Athen nur wenige andere Gemeinden verfügten, waren die allermeisten Bündner Athens in ihrer militärischen Leistungsfähigkeit überfordert und haben daher in der Regel sicher bereitwillig ihren Beitrag zum Bündnis mit Geldzahlungen abgegolten. Die Konsequenz war, daß die militärische Schlagkraft des Seebundes sich auch de facto ausschließlich auf die Soldaten Athens stützte.

Der Gegensatz zu Rom ist offenkundig: Zum exercitus Romanus gehörten nach der Konsolidierung der italischen Wehrgemeinschaft in gleichem Umfang die Hilfstruppen der Bundesgenossen. Sie erfochten zusammen mit den römischen Bürgern die militärischen Erfolge und wurden von Außenstehenden schon bald kaum noch von den Angehörigen ihrer Vormacht unterschieden. Diese italische Wehrgenossenschaft hat den stabilen Kern des römischen Herrschaftsverbandes ausgemacht und alle Italiker bis zur späten Republik unauflöslich mit Rom verbunden. Wie außerordentlich die Bedeutung des römischen Heeres auch später als Integrationsfaktor für das Weltreich gewesen ist, ist ebenfalls hinlänglich bekannt. Um so mehr muß die Monopolisierung der Kriegführung durch die Athener als ein schwerwiegendes Hindernis für die Konsolidierung ihrer Herrschaft angesehen werden.

• Beschneidung der staatlichen Eigenständigkeit der Beherrschten:

Die Form, die die Institutionalisierung der Herrschaft der Athener gefunden hatte, hing eng mit ihrer inneren Ordnung zusammen. Die Herausforderungen der Herrschaftspraxis wurden für die Athener zum Anlaß, ihre bürgerstaatliche Struktur weiter auszubauen, indem sie eine Vielzahl von Funktionären und Verfahren einrichteten, mit denen sie die aus dem Seebund auf sie zukommenden Probleme zu bewältigen suchten. Entsprechend den Gegebenheiten der Bürgerstaatlichkeit setzten die Athener bei der Herrschaftsausübung auf ein dichtes, formalisiertes Instrumentarium unter direkter Beteiligung möglichst vieler Bürger.
Im Ergebnis führte das freilich, wie wir gesehen haben, zu einer tiefgreifenden Beschneidung der staatlichen Eigenständigkeit der Bündnergemeinden. Deren Status orientierte sich nicht an einem verallgemeinerten Konzept begrenzter Autonomie, sondern wurde von Fall zu Fall recht unterschiedlich definiert. In aller Regel ging Athens Einwirkung weit über die Unterbindung einer eigenständigen Außenpolitik der Bündnergemeinde hinaus und umfaßte schwerwiegende Einschnitte in deren bisheriges Eigenleben. Was die Athener im einzelnen dabei für opportun hielten, stand nicht von vornherein fest – mit der Folge, daß der athenischen Politik in den Augen der Bündner jede Berechenbarkeit abging. Wie aber sollten sie dann die Bereitschaft entwickeln, sich auf Dauer in einer Herrschaft einzurichten, in der das Handeln der herrschenden Macht stets unkalkulierbar blieb?
Für Athen erwuchs aus dieser Unsicherheit je länger desto spürbarer eine Gefahr, mit der es nicht fertig zu werden vermochte: Bis dahin war keine griechische Gemeinde mit einem derart intensiven Herrschaftswillen von außen konfrontiert worden und war deshalb keiner von ihnen die Existenz ihrer Eigenstaatlichkeit zum Problem geworden. Erst die massiven Eingriffe Athens haben bei vielen Gemeinden und in wachsendem Maße ein Bewußtsein für den Wert der Freiheit von äußerer Herrschaft entstehen lassen. Je entschlossener und gewaltsamer die Athener an ihrer Herrschaft festhielten, umso mehr Zugkraft gewann im Laufe des Peloponnesischen Krieges schließlich die Freiheitsparole, mit der es Athens Gegnern mehr und mehr gelang, den Seebund zu unterminieren.

Auch hinsichtlich der Formen der Herrschaftsausübung und der von ihnen ausgehenden Wirkungen auf die Stabilität des Herrschaftssystems bildet Rom das Gegenbeispiel. Ohne ins einzelne zu gehen, sei nur daran erinnert, daß Rom die militärisch Unterworfenen – soweit es sie nicht, wie in der Frühzeit, in abgestufter Intensität direkt an sich binden konnte – in der Regel in eine recht weitgehende lokale Autonomie entlassen hat. Diese war in verschiedenen Formen rechtlich präzise umrissen, während sich die direkten Einflußnahmen Roms normalerweise im Rahmen persönlicher Bindungen durch das Gemeindepatronat geltend machten, das der konkreten Herrschaftspraxis einen weiten Spielraum bot. Obschon viele der von Rom Unterworfenen in republikanischer Zeit unendlich gelitten haben, ist dies anders als bei Athen nicht auf die Prinzipien der Herrschaft als solcher, sondern auf die innenpolitisch motivierte Mißachtung dieser Grundsätze zurückzuführen. Für einen programmatischen Gegenentwurf, also etwa eine Parole von Freiheit und Autonomie, wie sie den Athenern in zunehmendem Maße entgegengehalten wurde, bot denn auch die römische Herrschaftspraxis keinen Ansatzpunkt, ganz abgesehen davon, daß das schiere Gewicht der Macht Roms einen solchen Widerstand in jeder Provinz des Weltreichs schon im Keim erstickt hätte. Aber auch dort wurde der vielfachen Ausplünderung mit der Herrschaft der Kaiser ein Ende gemacht und wurden die in republikanischer Zeit schon in Italien praktizierten, auf Integration zielenden Herrschaftsformen schließlich auf das ganze Reich ausgedehnt.

- Exklusivität der Herrschaft:

Das eigentliche Erfolgsgeheimnis der römischen Herrschaft steckte in der Zusammenarbeit mit den Führungsschichten der Unterworfenen. Sie fand je länger desto stärker ihren Ausdruck in der Hereinnahme dieser sozialen Gruppen in das römische Bürgerrecht. Sowohl die römische Verfassung, deren Mittelpunkt der Senat und nicht die Versammlungen des Volkes darstellten, als auch der relativ abstrakte Staatsbegriff, wonach die res publica überall dort war, wo sich ein civis Romanus befand, ließen eine solche flexible Handhabung des Bürgerrechts zu. Im Ergebnis bildete sich eine in Interesse, Gesinnung und Lebensstil einheitliche Oberschicht zunächst Italiens, dann des gesamten Imperiums heraus, die den ursprünglich stadtstaatlichen Ausgangspunkt der Herrschaft transzendierte und zu deren entscheidendem Träger wurde.

Im Gegensatz dazu ging die Herrschaft der Athener über den Seebund vom Anfang bis zum Ende allein vom *demos* Athens aus. Obwohl auch die Athener durch das Institut der Proxenie in gewisser Weise den Versuch unternahmen, sich führende Kräfte aus den Bündnerstaaten zu verpflichten, wurde selbst diesen ganz bewußt die Aufnahme in den athenischen Bürgerverband verweigert. Man war im Gegenteil bestrebt, den Bürgerverband so exklusiv wie nur möglich zu halten, wie aus dem 451/50 v. Chr. von Perikles initiierten Bürgerrechtsgesetz zu ersehen ist, das für das Bürgerrecht athenische Abstammung von Seiten beider Elternteile verlangte. Tatsächlich bedeutete das Bürgerrecht für den Athener auch etwas anderes als für den Römer, da an ihm in Athen die unmittelbare Mitwirkung an der Gestaltung der Politik und damit auch die direkte Teilhabe an der Herrschaftsausübung hing. Gerade der einfache Bürger Athens mußte sein Bürgerrecht daher als einen Besitztitel betrachten, den er nicht mit Neubürgern zu teilen gedachte. Selbst die kooperationswilligsten Mitglieder der beherrschten Gemeinden wurden deswegen in keiner Weise an der Ausübung der Herrschaft und dem Genuß ihrer materiellen Früchte beteiligt. Wenn die Athener in der Stunde der höchsten Not (405/04 v. Chr.) ein einziges Mal von diesem Grundsatz abwichen und den Samiern das athenische Bürgerrecht und zugleich die volle Autonomie verliehen, so bestätigt diese Ausnahme nur die Regel.

So standen sich im athenischen Herrschaftsverband über alle sozialen Schranken hinweg immer die Athener in der Gesamtheit ihrer Bürgerschaft und die einzelne Bündnergemeinde in ihrer Gesamtheit gegenüber. Bereits in der Antike wurde dies als ein entscheidender Grund für das letztliche Scheitern der athenischen Herrschaft angesehen, wie eine Feststellung des Kaisers Claudius in einer Rede vor dem Senat belegt, in der er die römische Bürgerrechtspolitik als Arcanum der Herrschaft beschwört und dabei den Vergleich mit Sparta und Athen zieht:

„Was anderes wurde den Lakedaemoniern und Athenern trotz ihrer militärischen Übermacht zum Verhängnis, als daß sie Besiegte als fremdstämmig fernhielten?"

(Tac. ann. 11, 24, 4; Ü.: Erich Heller)

• Fortdauer der *stasis* bei den Bündnern:

Eines der wichtigsten Herrschaftsmittel der Athener war, wie gesehen, die Einrichtung demokratischer Ordnungen in den Bündnergemeinden. Athen hat dabei die vielfach labile innere Situation in diesen Gemeinden ausgenutzt, um mit massiven Interventionen in eine offene oder latente *stasis*-Auseinandersetzung einzugreifen und einer der Gruppierungen zur Vorherrschaft zu verhelfen. Nur in selteneren Fällen war es den griechischen Gemeinden bis ins 5. Jh. v. Chr. hinein nämlich gelungen, das Gespenst des inneren Krieges dauerhaft zu bannen. Meist vermochten sie dies – trotz aller Anstrengungen, bürgerstaatliche Prinzipien zur Geltung zu bringen – nur teilweise und vorübergehend, so daß die *stasis* als endemisches Problem die meisten politischen Ordnungen auch in der klassischen Zeit potentiell und immer wieder auch real gefährdet hat.

Die durch Athen verordneten beziehungsweise durch seine Hilfe zustande gekommenen Demokratien in den Gemeinden des Seebundes bedeuteten nun keineswegs, daß dieses Übel kuriert worden wäre. Denn als Herrschaftsmittel konnten demokratische Verfassungen für die Athener nur funktionieren, wenn diejenigen, die von ihnen profitierten, auch weiterhin in der Furcht vor ihren Gegnern leben und damit auf den möglichst engen Anschluß an die Athener angewiesen bleiben mußten. Überall, wo wir Einblick in konkrete Regelungen nehmen können, sehen wir denn auch, daß gegen die in der *stasis* Unterlegenen mit Verbannung, Vermögenskonfiskation und Strafandrohungen rigoros vorgegangen wird. Viel eher als auf die Römer paßt daher auf die Athener die berühmte – im übrigen nicht aus der Antike stammende – Formel des divide et impera.

In ihr steckte jedoch zugleich eine Dialektik, die den Athenern immer wieder zu schaffen machte. Eines der wichtigsten Ziele der bürgerstaatlichen Ordnung war nämlich von Anfang an die möglichst umfassende Integration der gesamten Bürgerschaft, und das heißt auch die Einbeziehung möglichst aller Aristokraten in die Belange ihres Gemeinwesens und dadurch die Überwindung der *stasis*. Den Athenern selbst war dies im Laufe ihrer bürgerstaatlichen Entwicklung in hohem Maße gelungen, so daß sie im 5. Jh. v. Chr. sich stabiler politischer Verhältnisse erfreuen konnten. Bei ihren Bündnern aber glaubten sie, diese allein durch die Präsenz ihrer von außen kommenden Macht gewährleisten zu können und haben damit in Kauf genommen, daß der Stachel, der zur *stasis* trieb, eher noch spitzer wurde und ihr offener Ausbruch in dem Moment wieder bevorstehen mußte, wo die bislang Unterlegenen und Verbannten ihrerseits potente Helfer, etwa die Perser oder Spartaner, gefunden hatten. Die Eingriffe der Athener in die innere Ordnung der Bündnergemeinden führten dort also nicht zu einer inneren Beruhigung und Stabilisierung, sondern wirkten als ein Impuls, der die inneren Kämpfe noch anheizte. Was als Mittel zur Stabilisierung der Herrschaft gedacht war, konnte sich unversehens in einen Faktor ihrer Gefährdung verwandeln.

Durch seine andersgeartete Herrschaftsstruktur konnte Rom diese Dialektik der Herrschaftsmittel vermeiden. Die römische Nobilität hat durch ihren Schulterschluß mit den lokalen Aristokratien die innere Situation in den Städten des Reiches stabilisiert. Freilich hat Rom darauf gesehen, daß die städtischen Führungsschichten ihren Aufgaben im Sinne eines patriarchalischen Regiments gerecht wurden, um es nicht zu sozialen Spannungen und Unruhen kommen zu lassen. Aufs ganze gesehen war dies erfolgreich. Dort, wo bestimmte Stadtaristokratien ihren Pflichten nicht nachkamen, hat Rom korrigierend eingegriffen, notfalls, aber auch nur im äußersten Fall, Führungspersönlichkeiten ausgewechselt. Die *stasis* war in den Gemeinden des griechischen Ostens in der Zeit der römischen Herrschaft und ihrer auf Integration im Rahmen des städtischen Honoratiorenverbandes wie der Führungsschichten des Reiches zielenden Politik endgültig überwunden.

• Der Peloponnesische Krieg:

Zum auslösenden Faktor für die Auflösung der athenischen Herrschaft wurde der seit 431 v. Chr. gegen Sparta und seine Verbündeten geführte große Krieg. Ungeachtet einzelner militärischer Erfolge zog er sich Jahr um Jahr hin und stellte Athens Herrschaft vor eine immer schwerere Belastungsprobe, die die innere Instabilität, wie sie in den vorangehenden Punkten aufgezeigt wurde, zum Vorschein bringen mußte. Deshalb war dieser Krieg für Athen nicht zu gewinnen. Er wirkte vielmehr wie ein Katalysator, der die der athenischen Herrschaft innewohnenden Widersprüche aufdeckte und zu einer Krise führte, aufgrund derer der Bedrohung der Herrschaft durch den äußeren Feind letztlich kein ernsthafter Widerstand mehr entgegengesetzt werden konnte.

Dagegen ging Rom auch aus der dunkelsten Stunde seiner Kriegsgeschichte im Hannibalkrieg gestärkt und letztlich siegreich hervor, da sein Bündnissystem in Italien sich gerade in diesem Krieg bewährt und seinen inneren Zusammenhalt bewiesen hatte.

VIII. Der Preis für die politische Integration: Die Unfähigkeit der Griechen zur Außenpolitik

Die Herrschaft der Athener über den Attisch-Delischen Seebund hat knappe zweieinhalb Generationen Bestand gehabt. Sie bestand also länger, als das Regime der Tyrannen im Jahrhundert davor sich in der Stadt hatte halten können. Das ist erstaunlich angesichts der beschriebenen zahlreichen strukturellen Probleme, die der Ausbildung der athenischen Herrschaft entgegenstanden. Und wie die Existenz der *tyrannis* als einer relativ lange dauernden Vorherrschaft innerhalb der Gemeinde, so ist auch die Herrschaft dieser Gemeinde als ganzer über andere gleichartige Gemeinden eine geschichtlich einzigartige Erscheinung, die als solche nicht unmöglich, aber

Abb. 21   Bildnis von Alexander d. Gr. Marmor (Höhe 0,41 m) aus Pergamon, ~Mitte 2. Jh. v. Chr. (Istanbul, Archäologisches Museum, Inv. 538)
Bildnis des Pompeius. Marmor. Frühkaiserzeitliche Kopie nach einem Original von ~55 v. Chr. (Kopenhagen, Ny Carlsberg Glyptothek, Cat. 597)
Nachdem Alexander d.Gr. (336-323 v. Chr.) die griechische Welt gründlich verwandelt hatte und die griechischen *poleis* ihre äußere Handlungsfreiheit weitgehend verloren hatten, mußten sie ihren Vorteil im Rahmen wechselnder und von ihnen kaum beeinflußbarer Mächtekonstellationen suchen. Erst die Einbeziehung in die römische Provinzialordnung seit der Mitte des 2. Jhs. v. Chr., die durch die Neuorganisation des Pompeius (67-63 v. Chr.) dauerhafte Grundlagen erhielt, hat den griechischen Städten seit Augustus äußeren Frieden und beispiellose Prosperität geschenkt, die durch das endgültige Begraben aller eigenständigen Machtstrebungen nicht zu teuer erkauft waren.

doch auch nicht notwendigerweise zu erwarten gewesen ist und die wenigstens ihre zeitliche Ausdehnung daher historisch kontingenten Ursachen verdankt: dem Sieg über die Perser sowie der anhaltenden Notwendigkeit des Schutzes vor ihnen und dem verbreiteten Wunsch der Rache an ihnen; der dauerhaften Austrocknung der inneren *stasis* gepaart mit einer kontinuierlichen und konsequenten politischen Führung; der Schwäche und Uneinigkeit der Gegner, die erst mit Hilfe der wiederaufgenommenen persischen Einmischung überwunden werden konnte.

Die äußeren Beziehungen zwischen den griechischen Gemeinden waren seit jeher chronisch instabil, geprägt von der Wechselhaftigkeit eines permanenten Streits, in dem es galt, den anderen zu übertrumpfen. Nicht anders als in den *stasis*-Kämpfen im Inneren der Gemeinden waren auch zwischen ihnen Spannungen und Auseinandersetzungen an der Tagesordnung, wobei innere *stasis* und äußerer Konflikt oft genug in enger Wechselbeziehung standen. Diese Neigung und Bereitschaft zum Konflikt mit dem nahen oder ferneren Nachbarn wurde auch nicht gebrochen, sondern verstärkte sich eher noch mit all den Versuchen – und vor allem dann, wenn sie gelangen –, die inneren Streitigkeiten beizulegen und die Bürgerschaft zu einen. Dies zeigen die Athener in ihren Kämpfen mit Megara um die Insel Salamis zur Zeit Solons ebenso wie fast ein Jahrhundert später zur Zeit der kleisthenischen Neuordnung mit ihrem aggressiven Ausgreifen wiederum nach Megara und nach Boiotien.

Der Normalzustand zwischen den griechischen Gemeinden war mithin das keiner Regel gehorchende Wechselspiel von Bündnissen und Gegnerschaften, bei dem jeder immer nur den eigenen Vorteil im Sinn hatte, das aber keiner auf einige Dauer zu seinen Gunsten zu entscheiden vermochte. Erst die Athener und in eingeschränkterem Sinne vor ihnen auch die Spartaner haben es geschafft, dieses Chaos für eine begrenzte Zeit und in einem bestimmten Umfang zu beenden. Dazu in die Lage versetzt hat sie der *kairos* der Perserkriege, und es ist keineswegs verwunderlich, wenn sie die sich ihnen bietende Chance ergriffen und zielstrebig genutzt haben. Nichts anderes hätte jede andere Gemeinde in gleicher Lage getan. Wie indessen die *tyrannis* in den Gemeinden der archaischen Zeit das folgerichtige, wenn auch durch spezifische Bedingungen ermöglichte Ergebnis von *stasis* als dem Normalzustand der inneren Verfaßtheit der griechischen Gemeinden gewesen ist, so muß auch die von Athen in der Nachperserkriegszeit errichtete Herrschaft als konsequente Verwirklichung des Strebens nach Vormacht angesehen werden, das dem bisher herrschenden Chaos der Konflikte letztlich zugrunde lag. Im Inneren der Gemeinde war die Etablierung einer Vormachtstellung aufgrund der Gegebenheiten der Sozialstruktur und vor allem der gegenläufigen Entwicklung der Bürgerstaatlichkeit nur in der Form der letztlich ephemeren, zu keiner spezifischen staatlichen Gestalt gerinnenden *tyrannis* möglich. Ganz entsprechend Athens äußere Herrschaft: Hervorgegangen aus dem Wirrwarr der zwischengemeindlichen Beziehungen und in Ermangelung auch nur des geringsten Ansatzes zu einem übergreifenden Ordnungskonzept blieb sie an ihre Wurzeln im agonalen Streit um die Vorherrschaft gebunden und war a priori ebenfalls nicht anders denkbar denn als *tyrannis*.

Es überrascht daher nicht, daß die Athener selbst ihre Macht nicht im geringsten verdeckt oder bemäntelt haben – im Gegenteil: Im Bürgerstaat war es die Versammlung der gesamten Bürgerschaft, die die Herrschaft trug, die sie ausübte und von der diese abhing. Gemäß der herrschenden politischen Spielregeln war folglich alles darauf angelegt, die Herrschaft, die man besaß, in aller Öffentlichkeit zu bekunden. Man tat das in einer Vielzahl von Ritualen wie etwa der Vorführung der Tributzahlungen im Theater, durch Manifestationen etwa anläßlich der Panathenäen- und Dionysien-Feste und in symbolhaften Bildern im Bildschmuck der Heiligtümer. So sind der Wert und die Bedeutung der Herrschaft für das Gemeinwesen jedem einzelnen seiner Mitglieder im Bewußtsein gehalten worden, mußte es doch dazu bereit sein, sich jederzeit für sie zu schlagen. Auch vor den Beherrschten brauchte man aus seiner Machtstellung mithin kein Hehl machen, die Athener sprachen vielmehr vor der gesamten griechischen Welt mit Stolz von ihr, nannten sie gar unverhohlen eine *tyrannis*. In mehreren Reden bei Thukydides ist dies bezeugt, und daß sie die Wirklichkeit wohl zutreffend widerspiegeln, belegen weitere, von ihm unabhängige Quellen.

Wie die Athener ihre Herrschaft und das Recht auf sie gesehen haben, legen ihre Gesandten auf einer Konferenz in Sparta unmittelbar vor Ausbruch des Peloponnesischen Krieges (432 v. Chr.) dar:

„Hätten wir's da nicht verdient, Spartaner, um unseres damaligen Einsatzes und um unseres richtigen Urteils willen, bei den Hellenen wegen der Herrschaft, die wir ausüben, nicht so gar scheel angesehen zu sein? Fiel uns doch grade diese Macht auch ohne Gewaltsamkeit zu, da ihr keine Lust hattet, gegen den Rest der Barbaren im Feld auszuharren und die Verbündeten sich an uns anschlossen und selber baten, wir möchten die Führung übernehmen. Und dann zwang uns die Natur der Dinge selbst, unsere Herrschaft in der jetzigen Form auszubauen, hauptsächlich Furcht, dann die Ehre, schließlich auch unser Vorteil; später hätten wir uns nicht mehr sicher gefühlt, nachdem wir bei den meisten verhaßt waren, schon einige Abtrünnige unterworfen hatten, und auch ihr uns nicht mehr die gleiche Freundschaft zeigtet, sondern Argwohn und Entzweiung, wenn wir da durch Nachgiebigkeit uns selbst gefährdet hätten (wären doch die Abfallenden zu euch übergegangen); das aber ist keinem zu verargen, daß er für die äußerste Gefahr alles nach seinem Vorteil einrichtet.

Ihr wenigstens, Spartaner, habt als Führer der peloponnesischen Städte überall die euch dienliche Ordnung hergestellt; und wärt ihr damals dabeigeblieben bis zum Ende und hättet euch durch die Führung Haß erworben wie wir, so wissen wir genau, ihr wäret nicht minder streng mit euren Verbündeten verfahren und hättet auch die Wahl gehabt, mit Härte zu herrschen oder euch selbst zu gefährden. So muß man sich auch über uns nicht wundern, wir folgen nur der menschlichen Natur, wenn wir eine Herrschaft, die sich uns anbot, angenommen haben und behalten wollen, besiegt von drei so starken Mächten wie Ehre, Furcht und Vorteil; wir sind ja auch nicht die ersten, die dies angefangen haben, sondern es ist immer so gewesen, daß der Mindere sich dem Mächtigeren fügen muß; auch glauben wir dieses Reiches würdig zu sein, und auch ihr hieltet uns dafür, bis ihr jetzt, euren Vorteil berechnend, mit der Gerechtigkeit kommt, der zuliebe noch nie jemand eine Gelegenheit zu gewaltsamer Bereicherung verschmäht und auf seinen Vorteil verzichtet hat. Ja, wir verdienen noch Lob, daß wir zwar der menschlichen Natur gemäß andere beherrschen, aber dabei gerechter bleiben, als wir unserer tatsächlichen Macht nach müßten. Andere wenigstens, hätten sie, was wir haben, würden es gewiß sehr deutlich machen, ob wir nicht maßvoll sind; uns aber brachte sogar noch unsere Billigkeit in Verruf, statt zu Ehren – unbilligerweise."

(Thuk. 1, 75-76; Ü.: Georg Peter Landmann)

Als im Jahr darauf auf einer weiteren Zusammenkunft in Sparta der Krieg endgültig beschlossen wird, antworten die Gegner Athens, in diesem Fall Gesandte aus Korinth:

„(...) diese (unsere Väter, d. Verf.) gaben Hellas die Freiheit, während wir sie nicht einmal für uns selbst festhalten und eine Stadt als Zwingherrin unter uns groß werden lassen, wir, die es doch in allen Einzelstädten als unsre Pflicht erkennen, die Tyrannen zu stürzen.

(...)

Denkt auch, daß von der Tyrannis, die diese Stadt in Hellas aufgerichtet hat, alle gleich betroffen sind, teils schon beherrscht, teils erst bedroht; greifen wir also an und bezwingen sie, um selber inskünftig nicht in ständiger Gefahr zu leben, und um die Hellenen, die bereits Sklaven sind, zu befreien."

(Thuk. 1, 122, 3; 1, 124, 3; Ü.: Georg Peter Landmann)

Daß Athen hier als Tyrann bezeichnet wird, ist zwar als Anklage gemeint. Dennoch weisen die Athener sie keineswegs von sich, sondern nehmen sie auch für sich selbst in Anspruch als zutreffende Bezeichnung ihrer tatsächlichen Stärke. Athenische Politiker rufen dies ihren Mitbürgern in Stunden der Schwäche oder Unentschlossenheit immer wieder ins Gedächtnis. So Perikles im Sommer 430 v. Chr. nach dem zweiten Einfall der Spartaner in Attika:

„Und glaubt nicht, es ginge in diesem Kampf nur um das eine, nicht Knechte zu werden statt frei, sondern euch drohen auch der Verlust eures Reiches und die Gefahren des Hasses, der euch aus der Herrschaft erwuchs. Aus der zurückzutreten steht euch auch nicht mehr frei, falls einer in der Angst dieser Stunde sogar so tugendhaft und friedfertig werden wollte; denn die Herrschaft, die ihr übt, ist jetzt schon Tyrannis; sie aufzurichten mag ungerecht sein, sie aufzugeben ist gefährlich."

(Thuk. 2, 63, 1-2; Ü.: Georg Peter Landmann)

Angesichts der Wankelmütigkeit gegenüber den abgefallenen Mytilenaiern (427 v. Chr.) schärft Kleon vor der Volksversammlung erneut den Grundsatz des Perikles ein:

„(...) (ihr, d. Verf.) wollt nicht sehn, daß ihr eure Herrschaft übt als eine Tyrannis über hinterhältige und widerwillige Untertanen, deren Gehorsam nicht eine Folge der Wohltaten ist, die ihr zu eigenem Schaden ihnen erweist, sondern eurer Kraft (viel mehr als ihres guten Willens), womit ihr sie meistert."

(Thuk. 3, 37, 2; Ü.: Georg Peter Landmann)

In das gleiche Horn stößt wenig später Aristophanes in seiner Komödie *Die Ritter* (424 v. Chr.), um den *demos* zur Selbstkritik zu ermuntern:

„Demos, wie du doch mächtig bist!
Denn gefürchtet von jedermann,

Herrschest als Unumschränkter du
Regent und Gebieter *(aner tyrannos).*"

(Aristoph. equ. 1111-1114; Ü.: Hans-Joachim Newiger)

All diese Aussagen zeigen eindeutig, daß die Athener selbst ihre Herrschaft ohne Vorbehalte als eine *tyrannis* verstanden haben und daß sie dies als eine notwendige und berechtigte Folge davon ansahen, daß sie sich in dem naturnotwendig gegebenen Kampf mit ihresgleichen als die Stärkeren erwiesen hatten. Das Recht des Siegers, nach Belieben über das Schicksal des Besiegten zu verfügen, resultierte aus dem Recht des Stärkeren im Kampf um die Vorherrschaft, der – im äußeren Konflikt wie in der inneren *stasis* – keinen übergeordneten Restriktionen unterworfen war. Eindrucksvoll formuliert worden ist diese Haltung insbesondere in dem von Thukydides gestalteten, berühmten Gespräch zwischen den Athenern und den Bürgern von Melos, die sich 416 v. Chr. dem von Athen geforderten Anschluß an den Seebund widersetzt hatten. Die Athener begründen ihre Forderung durch den Hinweis auf ein allgemeingültiges Gesetz:

> „Denn nichts, was wir fordern oder tun, widerspricht der Menschen Meinung von der Gottheit und Gesinnung gegeneinander. Wir glauben nämlich, vermutungsweis, daß das Göttliche, ganz gewiß aber, daß alles Menschenwesen allezeit nach dem Zwang seiner Natur, soweit es Macht hat, herrscht. Wir haben dies Gesetz weder gegeben noch ein vorgegebenes zuerst befolgt, als gültig überkamen wir es, und zu ewiger Geltung werden wir es hinterlassen, und wenn wir uns daran halten, so wissen wir, daß auch ihr und jeder, der zur selben Macht wie wir gelangt, ebenso handeln würde. Vor den Göttern brauchen wir also darum nach der Wahrscheinlichkeit keinen Nachteil zu befürchten."

(Thuk. 5, 105, 1-3; Ü.: Georg Peter Landmann)

Was die Athener hier in der Diktion sophistischer Philosophen als Naturgesetz ausgeben, ist nichts anderes als die Verallgemeinerung der seit Homer unverändert gültigen Hauptnorm aristokratischer Sozialmoral: „Immer Bester zu sein und überlegen zu sein den anderen"[65]. Höchstes Ziel dieses Aristie-Strebens war der Gewinn von Vorherrschaft und unter besonderen Umständen einer länger dauernden *tyrannis*. Gewiß hätte sich auch noch im 5. Jh. v. Chr. der *demos* von Athen, der sich mit der Herrschaft über den Seebund kollektiv zum Tyrannen erhoben hatte, jene Maxime zu eigen gemacht, die sein geistiger Ahnherr Solon einst einem Gegner in den Mund gelegt hatte:

> „Hätte ich die Macht besessen, hätte Schätze mir gerafft,
> Wär' Athens Tyrann gewesen nur für einen kurzen Tag:
> Willig ließe ich mich häuten, ließe morden mein Geschlecht."

(Sol. F 23D. 5-7; Ü.: Zoltan Franyó/Peter Gan)

Diese Worte galten freilich dem Kampf um die Vorherrschaft innerhalb der Gemeinde, der in dem Maße beendet werden konnte, in dem sich die bürgerstaatliche Ordnung durchsetzte. Sobald sich jedoch die Bürgerschaft konstituiert hatte

---

[65] Il. 6, 208; Ü.: Wolfgang Schadewaldt.

und an innerer Geschlossenheit gewann, mußte sie sich nach außen auch stärker abgrenzen und abschließen. Außerdem konnte die Integration aller sozialen Schichten der Bürgerschaft im Politischen nur gelingen, indem die Gemeinde als ganze die Wertorientierungen der Aristokratie übernahm. Die Umorientierung des alten Aristie-Ideals auf den Dienst an der Gemeinde hatte zur Folge, daß das Kollektiv der Bürger sich als Superaristokrat gerierte und das Ideal der Aristie um so intensiver ausleben konnte.

Das wirkte sich vor allem auf den Verkehr zwischen den Gemeinden aus, da sich in diesem Raum keine der Herausbildung des Bürgerstaates im Inneren der Gemeinden analoge Entwicklung vollzogen hatte, und daher nichts den von Machtstreben, Neid und Rache in Gang gehaltenen Kampf aller gegen alle eindämmen konnte. Die am bürgerschaftlichen Ideal ausgerichtete politische Integration der griechischen Gemeinden, am intensivsten gelungen in Athen, forderte demnach einen hohen Preis: die Ausgrenzung des gemeindlichen Außenraumes aus dem Bereich des Politischen – mit der Folge, daß die Beziehungen zwischen den Gemeinden zwischen Anarchie und gewaltsamer Unterdrückung schwankten.

Mit dem Politischen haben die Griechen einen ganz neuen menschlichen Erfahrungs- und Handlungsraum erfunden und erschlossen. In ihm sollte nicht das *idion,* das Eigene des einzelnen *oikos,* dessen Struktur durch Herrschaft bestimmt war, gelten, sondern das *koinon,* das Gemeinsame aller Bürger, das aus deren Handeln in Freiheit hervorging. Mit der Konstituierung einer durch das Politische gebildeten Staatlichkeit haben die Griechen eine Form der Gemeinschaft entdeckt, durch die sich die Anarchie aristokratischer *stasis* überwinden und die mit jeder Machtausübung gegebenen Bedrohungen soweit wie nur eben möglich einhegen ließen. Den Kern des politischen Raumes bildete im wörtlichen wie im übertragenen Sinne die *agora,* der Versammlungs- und Redeplatz der freien Männer. Damit war das Politische

> „(...) um das Zueinander-, Miteinander- und Über-etwas-Reden zentriert, und diese ganze Sphäre im Zeichen einer göttlichen ‚peitho', einer Überzeugungs- und Überredungskraft, die ohne Gewalt und ohne Zwang zwischen Gleichen waltet und alles entscheidet, gesehen."[66]

So definiert war das Politische für die Griechen allerdings an die Gemeinschaft einer Bürgerschaft in einer Gemeinde gebunden und ließ sich nicht auf großräumige und heterogene Strukturen übertragen. Die Griechen waren daher

> „(...) der Meinung, daß, wo immer die Polis es mit anderen Staaten zu tun hatte, sie nicht mehr eigentlich politisch zu verfahren brauche, sondern Gewalt anwenden dürfe – sei es nun, daß sie in ihrem Bestand gefährdet war durch die Macht anderer Gemeinwesen, oder sei es, daß sie selbst sich andere dienstbar zu machen wünsche. Was wir heute Außenpolitik nennen, war, mit anderen Worten, für die Griechen gerade nicht Politik im eigentlichen Sinne."[67]

---

[66] Hannah Arendt: Was ist Politik? Fragmente aus dem Nachlaß. München/Zürich 1993, S. 93.
[67] Hannah Arendt a.a.O. S. 53.

Anders als die *tyrannis* des 6. Jhs. v. Chr., die sich in der Rückschau als notwendiges Durchgangsstadium der inneren Entwicklung zur Bürgerstaatlichkeit erweisen sollte, steckte Athens Herrschaft über den Seebund, da keiner ihrer Wesenszüge über ihren Charakter als *tyrannis* hinauswies, von vornherein in einer Sackgasse. Das Ende des 6. Jhs. v. Chr. sah die endgültige Institutionalisierung der Bürgerstaatlichkeit, das Ende des 5. Jhs. v. Chr. nur die Sieger im Peloponnesischen Krieg, der aber für alle Beteiligten eine Katastrophe darstellte, welche die griechische Staatenwelt in den ruinösen Antagonismus des 4. Jhs. v. Chr. entließ. So blieb die äußere *tyrannis* Athens entwicklungsgeschichtlich betrachtet eine Episode, die keine bleibenden Spuren hinterließ und durch die auch das über die Einzelgemeinde hinausgehende Handlungsfeld nicht neu abgesteckt wurde. Die Suche des 4. Jhs. v. Chr. nach einer *koine eirene*, einer allgemeinen Friedensordnung, bei der man auf die Hilfe außergriechischer Mächte angewiesen blieb, demonstriert in ihrer Hilflosigkeit, daß Athens Herrschaft im 5. Jh. v. Chr. nichts hinterlassen hatte, an das die Erarbeitung einer dauerhaften Friedensordnung in der griechischen Welt hätte anknüpfen können.

> „Die Frage nach den Herrschaftsmöglichkeiten des griechischen Staates nach außen stellen heißt im Grunde das Fazit der griechischen Geschichte bis zum Beginn des Hellenismus zu ziehen, mit anderen Worten, ihren politischen Pluralismus als historisches Problem aufzuwerfen."[68]

Die Antwort lautet, daß dieses Problem für die Griechen nicht lösbar war. Man muß deswegen nicht so weit gehen, den griechischen Bürgerstaat als ein „evolutionary dead-end"[69] zu bezeichnen. Gewiß richtig ist aber, daß die in einem anarchisch anmutenden Zustand von Chaos und Gewalt verharrenden Außenbeziehungen der klassischen griechischen Staatenwelt deren entscheidende geschichtliche Schwachstelle bildeten. Denn keines ihrer Mitglieder konnte im 4. Jh. v. Chr. so viele Machtressourcen akkumulieren und mobilisieren, um dem neuerlichen Eingriff einer überlegenen außergriechischen Macht Paroli bieten zu können.

Freilich mußte die griechische Staatenwelt auch danach noch lange, praktisch ein halbes Jahrtausend, warten, bis sie in den Tagen der römischen Kaiserzeit erstmals in eine übergreifende politische Ordnung integriert wurde, die auch zwischen den einzelnen Gemeinden Frieden, Sicherheit und Wohlstand zu schaffen vermochte.

Erst die Römer haben es verstanden, auch die zwischenstaatlichen Beziehungen in eine Aufgabe politischer Gestaltung zu verwandeln:

> „Es ist unzweifelhaft, daß der Begriff einer Außen*politik* und damit die Vorstellung einer politischen Ordnung außerhalb der Grenzen des eigenen Volks- oder Stadtkörpers aus-

---

[68] Alfred Heuß: Herrschaft und Freiheit im griechisch-römischen Altertum. – In: Propyläen Weltgeschichte Bd. 11: Summa Historica. Frankfurt/M. u.a. 1965, S. 94.

[69] Walter G. Runciman: Doomed to Extinction. The Polis as an Evolutionary Dead-End. – In: Oswyn Murray/Simon Price (Eds.): The Greek City from Homer to Alexander. Oxford 1990, S. 347-367.

schließlich römischen Ursprungs sind. Diese römische Politisierung des Raumes zwischen den Völkern steht am Beginn der abendländischen Welt, ja hat die abendländische Welt qua Welt überhaupt erst geschaffen. Bis zu den Römern hat es viele und außerordentlich reiche und große Zivilisationen gegeben, aber was immer zwischen ihnen lag, war keine Welt, sondern eine Wüste, durch die, wenn es gut ging, sich Verbindungen spannen wie dünne Fäden und Pfade durch unbebautes Land, und die, wenn es schlecht ging, in vernichtenden Kriegen sich ausbreitete und bestehende Welt ruinierte."[70]

Das politische Vermächtnis der Antike ist zwischen Griechen und Römern geteilt; beide zusammen mithin haben Europa sein grundlegendes Erbe hinterlassen.

---

[70] Hannah Arendt a.a.O. S. 121 f.

Die Quellen

Die Übersicht dient der ersten Orientierung über die wichtigsten literarischen Quellen sowie die im Text benutzten Übersetzungen

AISCHYLOS (525/4 bis 456/5 v. Chr.) aus Athen ist der ältere der drei großen attischen Tragödiendichter (neben Sophokles und Euripides), von denen uns Werke vollständig erhalten sind. Auf A. geht die Verbindung von drei inhaltlich zusammengehörigen Stücken zu einer Trilogie zurück, und nur von ihm ist uns eine solche in allen drei Teilen überliefert: die Orestie (aufgeführt 458 v. Chr.), bestehend aus den Tragödien *Agamemnon, Choephoren* und *Eumeniden.* Weitere vier vollständige Stücke sind von diesem Dichter bekannt.

Aischylos: Tragödien und Fragmente. Griech.-dt., hrsg. u. übers. v. Oskar Werner. München ²1969.

Aischylos: Sämtliche Tragödien und Fragmente auf d. Grundlage d. Übers. v. J.G. Droysen. Bearb., eingel. u. teilw. neu übers. v. Franz Stössl. Zürich 1952.

Die Prosaübersetzung von Peter Stein geht zurück auf das Antikenprojekt II. Schaubühne am Halleschen Ufer. Berlin 1980. Jetzt: Die Orestie des Aischylos. Übers. v. Peter Stein. Hrsg. v. Bernd Seidensticker. München 1997.

ARISTOPHANES (447 bis 385 v. Chr.), athenischer Komödiendichter, von dessen 40 in der Antike bekannten Stücken uns elf vollständig überliefert sind. Sie sind zugleich die einzigen Zeugnisse, die uns eine deutliche Vorstellung von der Kunst der Komödie im 5. und beginnenden 4. Jh. v. Chr. vermitteln. Komödien wurden einmal jährlich als Bestandteil zweier staatlicher Kultfeste, der großen Dionysien und der Lenäen, aufgeführt. Die witzigen Dialoge der aristophanischen Komödien, deren Stoffe der freien Phantasie des Dichters entsprangen, stecken voller Anspielungen auf Situationen und Personen der aktuellen Politik, die von A. durch Satire und Karikatur kritisch aufs Korn genommen wird.

Antike Komödien. Aristophanes. Hrsg. u. mit Einl. u. Nachwort versehen v. Hans-Joachim Newiger. Neubearb. d. Übers. v. Ludwig Seeger (1845-48). München 1968.

ARISTOTELES (384 bis 322 v. Chr.) aus Stageira (auf der Chalkidike, Nordgriechenland), Schüler des Philosophen Platon in Athen und neben diesem der bedeutendste Philosoph und Universalgelehrte der Antike. Wichtige Quellen für den Historiker sind die Schriften zur Ethik und vor allem die acht Bücher der Politik *(Politika)*, der wichtigste theoretische Text über den griechischen Staat. Zu dessen Vorbereitung haben A. und seine Schüler die Verfassungen der griechischen Stadtstaaten gesammelt (in 158 Büchern). Davon ist uns jedoch außer Fragmenten nur die Beschreibung der athenischen Verfassung und deren Geschichte *(Athenaion Politeia)* erhalten. Der Wert dieser Schrift als Quelle für die Geschichte des athenischen Gemeinwesens vom 7. bis 5. Jh. v. Chr. ist allerdings häufig dadurch eingeschränkt, daß die Darstellung der Vergangenheit durch die Geschichtsphilosophie und die gegen die demokratische Verfassung seiner Zeit gerichtete Haltung des A. sowie die Parteinahme in zeitgenössischen politischen Auseinandersetzungen gefärbt oder verzerrt ist.

Aristoteles: Politik. Hrsg. u. übers. v. Olof Gigon. München 1973; zuerst Zürich, Stuttgart ²1971.

Aristoteles: Politik. Buch I-VI. Übers. u. erl. v. Eckart Schütrumpf. Berlin 1991 u. 1996 (= A.: Werke in dt. Übers. Bd. 9, I-III).

Aristoteles: Der Staat der Athener *(Athenaion Politeia).* Übers. v. Peter Dams. Stuttgart 1970.

Aristoteles: Staat der Athener. Übers. u. erl. v. Mortimer Chambers. Berlin 1990 (= A.: Werke in dt. Übers. Bd. 10, I).

Aristoteles: Der Staat der Athener. Übers. u. hrsg. v. Martin Dreher. Stuttgart 1993.

DEMOSTHENES (384 bis 322 v. Chr.) aus Athen war der berühmteste griechische Redner, unter dessen Namen 60 Reden überliefert sind (davon knapp die Hälfte echt). Neben einer Reihe von Prozeßreden, die für die Sozial- und Rechtsgeschichte aufschlußreich sind, ist Demosthenes seit etwa 350 v. Chr. als politischer Redner aufgetreten und ist dabei zum bedeutendsten politischen Führer der athenischen Volksversammlung im Kampf gegen die aufstrebende Macht Makedonien geworden. In seinen politischen Reden versteht er es, an die Tradition des 5. Jhs. v. Chr. anzuknüpfen und seinen Mitbürgern noch einmal die Grundsätze und Vorzüge ihrer demokratischen Ordnung vor Augen zu führen. Er hat seinen Widerstand gegen den Verlust der äußeren Autonomie und damit auch der Demokratie mit dem Leben bezahlt.

Demosthenes, Politische Reden. Griech.-dt., übers. u. hrsg. v. W. Unte. Stuttgart 1985 (Reclam).

HERODOT (485 bis ~420 v. Chr.) aus Halikarnassos (Kleinasien) hat etwa zwischen 465 und 425 v. Chr. unter dem Eindruck der geschichtlichen Entwicklung im 5. Jh. v. Chr. das erste Werk der Geschichtsschreibung in Europa geschaffen. Darin wird nicht nur die Geschichte der Perserkriege (490 bis 479 v. Chr.) erzählt, sondern es werden darin zum ersten Mal auch Geschichten über die griechischen Stadtgemeinden schriftlich festgehalten. Sie greifen bis in das 7. Jh. v. Chr. zurück und waren bis in die Zeit H.s nur mündlich überliefert worden. H.s Geschichtswerk stellt deshalb – neben der Dichtung und der archäologischen Überlieferung – unsere wertvollste und maßgeblichste Quelle für die griechische Geschichte in der archaischen Epoche dar.

Herodot: Historien. 2 Bde. Griech.-dt., hrsg. v. Josef Feix. München ³1980.
Herodot: Geschichten und Geschichte. 2 Bde. Übers. v. Walter Marg. Zürich und München 1973/1983.

PLATON (428 bis 349 v. Chr.) aus Athen, der neben seinem Schüler Aristoteles wichtigste griechische Philosoph. Er trägt seine Philosophie in der Form von Dialogen vor, die offenbar die Art des Philosophierens wiedergeben, die der Athener Sokrates (470 bis 399 v. Chr.) gepflegt hatte, zu dessen Anhängern P. gehörte. P. gründete eine philosophische Schule in Athen, die sog. Akademie. Unsere Kenntnisse über die griechische Philosophie bis zu Sokrates beziehen wir teilweise aus den Schriften P.s, der sich mit ihr auseinandergesetzt hat.

Platon: Werke in acht Bänden. Griech. u. dt., hrsg. v. Gunther Eigler, übers. v. Friedrich Schleiermacher. Darmstadt 1990.

PLUTARCH (~50 bis ~120 n. Chr.) aus Chaironeia (Mittelgriechenland), gelehrter Philosoph und Biograph, dessen Werke in großem Umfang überliefert sind. Seine philosophischen Schriften *(Moralia)* und besonders seine Lebensbeschreibungen großer Griechen und Römer enthalten viel historische Überlieferung aus sonst verlorenen Werken seit der klassischen Zeit. Sie tritt uns aber durch P.s zeitgenössischen Blickwinkel und seine vorwiegend ethisch-erzieherischen Interessen in mehrfach gebrochener Form entgegen. Die Aussagekraft von P.s Werken für die archaisch-klassische Zeit Griechenlands ist daher begrenzt.

Plutarch: Große Griechen und Römer. 6 Bde. Übers. v. Konrat Ziegler u. Walter Wuhrmann. Zürich u. Stuttgart 1954/1965 (= München 1979/80).

PSEUDO-XENOPHON (445/415 v. Chr.) wird in der modernen Forschung der Verfasser eines Traktates über den *Staat der Athener* (Athenaion Politeia) genannt, der zwischen 445 und 415 v. Chr. entstanden ist. Die Schrift, ein frühes Zeugnis attischer Prosaschriftstellerei und von

einem demokratiefeindlichen Standpunkt aus verfaßt, gibt einen wichtigen Einblick in die politische Auseinandersetzung in der Zeit der voll ausgebildeten Demokratie.
Die pseudoxenophontische Athenaion Politeia. Einleitung, Übersetzung, Erklärung v. Ernst Kalinka. Leipzig/Berlin 1913.

SOLON (~630 bis 560 v. Chr.) ist der erste Athener, dessen geschichtliche Persönlichkeit für uns aufgrund seiner Selbstzeugnisse und einer umfangreichen späteren Überlieferung (Herodot, Aristoteles, Plutarch) deutliche Konturen hat. Von S. und seinem politischen Wirken handelt ausführlich Verf.: Gesellschaft und Staat bei den Griechen: Archaische Zeit. Paderborn 2003, Kapitel B, V und VII. Wie etwa aus den zahlreichen Zitaten in Plutarchs S.-Biographie zu ersehen ist, genoß S. auch als Dichter in der späteren Antike hohes Ansehen und wurde zum Kreis der sog. Sieben Weisen gezählt. Von seinen Werken kennen wir 290 Verse. Sie sind wegen ihres Autors und ihres oft unmittelbar politischen Inhalts äußerst aufschlußreiche und wertvolle Quellen.
Frühgriechische Lyriker. 1. Teil: Die frühen Elegiker. Dt. v. Zoltan Franyó u. Peter Gan, griech. Text bearb. v. Bruno Snell, erl. v. Herwig Maehler. Berlin(Ost) ²1981.

SOPHOKLES (497/5 bis 406/5 v. Chr.) von Athen ist der mittlere der drei großen attischen Tragödiendichter (Aischylos, Sophokles, Euripides), von denen uns Werke vollständig erhalten sind. Er hatte auch führende politische und militärische Ämter inne.

Sophokles: Dramen. Griech.-dt., hrsg. u. übers. v. Wilhelm Willige, München/Zürich ²1985.

THUKYDIDES (~460 bis ~400 v. Chr.) aus Athen, selbst politisch und militärisch tätig, schrieb eine ausführliche Geschichte des Peloponnesischen Krieges für die Jahre 431 bis 411 v. Chr. mit einem gedrängten Überblick über die Jahre 478 bis 432 v. Chr. und einem Vorspann über die griechische Frühzeit. Seine Darstellung der Zeitgeschichte ist genau und zuverlässig, aber in der Auswahl der Fakten und in ihrer Beurteilung ebenso wie in den Angaben über frühere Zeiten einem philosophischen Interpretationskonzept unterworfen, das von der Erfahrung des großen Krieges am Ende des 5. Jhs. v. Chr. geprägt ist.

Thukydides: Geschichte des Peloponnesischen Krieges. Eingel. u. übertr. v. Georg Peter Landmann. Zürich/Stuttgart 1960 (= München ³1993).

XENOPHON (~430 bis ~350 v. Chr.) aus Athen, der als Berufssoldat fast 30 Jahre in Sparta im Exil gelebt hat, war Verfasser zahlreicher philosophischer und historischer Werke, die uns weitgehend überliefert sind. Seine *Hellenika* erzählen die griechische Geschichte im Anschluß an Thukydides von 411 bis 362 v. Chr. Im *Staat der Spartaner (Lakedaimonion Politeia)* entwirft X. als erster jenes hochgradig idealisierte Bild der spartanischen Ordnung, das für die Nachwelt maßgebend geworden ist. Nach seinem aktiven Dienst selbst als Gutsbesitzer lebend, schildert X. im *Oikonomikos* das Ideal einer *oikos*-Wirtschaft. In zwei Dialogen, die er den athenischen Philosophen Sokrates mit Kritoboulos und Ischomachos führen läßt, geht es dabei vor allem über das rechte Verhalten eines Hausherrn, seiner Ehefrau und der übrigen *oikos*-Mitglieder. Der *Oikonomikos* ist die Grundlage aller späteren Erörterungen der ,Ökonomie' in der sog. Hausväterliteratur bis zum Beginn der Industrialisierung in der Neuzeit. Die *Kyroupädie* ist eine Art Fürstenspiegel, dem die Gestalt des persischen Reichsgründers Kyros zugrunde liegt.

Xenophon: Hellenika. Griech.-dt., hrsg. v. Gisela Strasburger. München 1970.
Klaus Meyer: Xenophons „Oikonomikos". Übers. u. Komm. Marburg 1975.

Der den Übersetzungen von Inschriften zugrunde liegende Text findet sich in:
Inscriptiones Graecae. Berlin 1873 ff. (abgek. IG).

A Selection of Greek Historical Inscriptions to the End of the Fifth Century B.C. Ed. by Russell Meiggs a. David Lewis. rev. ed. Oxford 1988 (abgek. Meiggs/Lewis).

Deutsche Übersetzungen sind entnommen aus:

Historische griechische Inschriften in Übersetzung. Bd. 1: Die archaische und klassische Zeit von Kai Brodersen, Wolfgang Günther u. Hatto H. Schmitt. Darmstadt 1992.

Die Fragmente der solonischen Gesetze sind (ohne Übers.) gesammelt bei:
Ruschenbusch, Eberhard: SOLΩNOS NOMOI. Die Fragmente des solonischen Gesetzeswerkes mit einer Text- und Überlieferungsgeschichte. Wiesbaden 1966 (abgek. Rusch.).

Die Fragmente griechischer Historiker finden sich (ohne Übers.) bei:
Jacoby, Felix: Die Fragmente der griechischen Historiker. Berlin/Leiden 1923 bis 1956 (abgek. FGrH).

Weitere wichtige Sammlungen von Quellen sind:

Altertum. Alter Orient – Hellas – Rom. Bearb. v. Walter Arend. München 1965, ³1978 (= Geschichte in Quellen Bd. I).
Archaic and Classical Greece. A Selection of Ancient Sources in Translation. Ed. by Michael H. Crawford a. David Whitehead. Cambridge 1983.
Austin, Michael/Vidal-Naquet, Pierre: Gesellschaft und Wirtschaft im alten Griechenland. München 1984.
Ancient Greece. Social and Historical Documents from Archaic Times to the Death of Socrates. Ed. by Matthew Dillon a. Lyndia Garland. Sec. Ed. London 2000.
Archaic Times to the End of the Peloponnesian War. Ed. a. transl. by Charles W. Fornara. Cambridge ²1983 (= Transl. Doc. of Greece a. Rome Vol. 1).
Griechische Inschriften als Zeugnisse des privaten und öffentlichen Lebens. Griech.-dt. ed. Gerhard Pfohl. München ²1980.
The Greek City States. A Source Book. Ed. by Peter J. Rhodes. London 1986.
Die griechische Polis. Quellen zur griechischen Geschichte von 800-400 v. Chr. Bearb. v. Michael Stahl. Paderborn 1989.

Abbildungsnachweise

1 J. Boardman: Griechische Plastik. Die klassische Zeit. Mainz: Zabern 1987, S. 44, Abb. 3.
2 Die griechische Klassik. Idee oder Wirklichkeit. Ausstellungskatalog Berlin 2002. Mainz: Zabern 2002, S. 208, Kat.-Nr. 123.
3 O. Murray: Das frühe Griechenland. München: dtv 1982, S. 335.
4 Eigene Zeichnung.
5 M. Stahl: Die griechische Polis. Paderborn 1989, S. 93.
6 K. Schefold: Die Bildnisse der antiken Dichter, Redner und Denker. Basel: Schwabe Neubearb. 1997, S. 101, Abb. 33.
7 Die griechische Klassik. Idee oder Wirklichkeit. Ausstellungskatalog Berlin 2002. Mainz: Zabern 2002, S. 198, Kat.-Nr. 94.
8 Schefold a.a.O., S. 127, Abb. 52a.
9 Antikenmuseum und Sammlung Ludwig. Basel 1987, S. 11.
10 W. Dahlheim, Die Antike, Paderborn [6]2002, S. 53.
11 Schefold a.a.O., S. 89, Abb. 22.
12 Der Neue Pauly, s. v. Attisch-Delischer Seebund
13 H.-J. Gehrke: Kleine Geschichte der Antike. München: Beck 1999, S. 102f., Abb. 54 a,b.
14 Schefold a.a.O., S. 347, Abb. 220.
15 Die griechische Klassik a.a.O. S. 262, Kat.-Nr. 160.
16 J.S. Morrison/J.F. Coates: Die athenische Triere. Mainz: Zabern 1990, Taf. 14.
17 Morrison/Coates S. 218, Abb. 57.
18 Morrison/Coates S. 235, Abb. 66.
19 L. Schneider/Ch. Höcker: Die Akropolis von Athen. Köln: DuMont 1990, S. 130, Abb. 84.
20 A.H. Borbein: Das alte Griechenland. München: Bertelsmann 1995, S. 67.
21 Gehrke a.a.O. S. 139, Abb. 74, S. 170, Abb. 87.

Literatur

Nicht eigens genannt sind Beiträge aus Sammelbänden oder einschlägige Kapitel aus Monographien, soweit die jeweiligen Bände als ganze aufgeführt sind.

Allgemeines und Grundlegendes

RAAFLAUB, Kurt A.: Greece. – In: Thomas, Carol G. (Hrsg.): Ancient History: Recent Work and New Directions. Claremont/Cal. 1997. (=Publications of the Association of Ancient Historians 5), S. 1-35.
RAUSCH, Mario: Die athenische Demokratie. Bericht über die von 1988-1993 erschienene Forschungsliteratur. – In: AnzAW 47, 1994. S. 199-264.

DAHLHEIM, Werner: Die Antike. Griechenland und Rom von den Anfängen bis zur Expansion des Islam. Paderborn ⁵2001.
GEHRKE, Hans-Joachim: Kleine Geschichte der Antike. München 1999.
DERS./SCHNEIDER, Helmuth (Hrsg.): Geschichte der Antike. Ein Studienbuch. Stuttgart/Weimar 2000.
SCHULLER, Wolfgang: Griechische Geschichte. 5., überarb u. erw. Aufl. München 2002.

ARENDT, Hannah: Vita activa oder Vom tätigen Leben. München ⁸1996 (1960).
BURCKHARDT, Jacob: Griechische Kulturgeschichte. 4 Bde. Berlin/Stuttgart 1898-1902. Neuausg. Basel 1956-57, krit. Ed. Basel/München 2002 ff.
JAEGER, Werner: Paideia. Die Formung des griechischen Menschen. 3 Bde. Berlin 1933-1947 (Bd.1 ²1936) (ND in einem Bd. 1973).
DERS.: Humanistische Reden und Vorträge. Berlin/Leipzig 1937.
KNOX, Bernard: The Oldest Dead White European Males and Other Reflections on the Classics. New York/London 1993.
MURRAY, Gilbert: Hellas und die Welt von heute. Darmstadt 1966 (engl. 1953/54).
WACKWITZ, Gustav: Polis oder: vom Kosmos freier Kreativität. – In: Merkur 56, 2002, S. 168-173.
WALTER, Uwe: Bürgersein im Bürgerstaat – Politische Selbstorganisation als Erbe der Griechen an die Gegenwart. – In: Geschichte, Politik und ihre Didaktik 22, 1994, S. 244-251.

AUSTIN, Michel/VIDAL-NAQUET, Pierre: Gesellschaft und Wirtschaft im alten Griechenland. München 1984.
BRODERSEN, Kai (Hrsg.): Große Gestalten der griechischen Antike. München 1999.
BRUIT ZAIDMAN, Louise/SCHMITT PANTEL, Pauline: Die Religion der Griechen. Kult und Mythos. München 1994.
CARTLEDGE, Paul (Hrsg.): Kulturgeschichte Griechenlands in der Antike. Stuttgart 2000.
GSCHNITZER, Fritz: Griechische Sozialgeschichte. Wiesbaden 1981.
HEUSS, Alfred: Hellas. – In: Golo Mann/Alfred Heuss (Hrsg.): Propyläen Weltgeschichte Bd. 3. Frankfurt a.M./Berlin 1963, S. 69-400.
WELWEI, Karl-Wilhelm: Die griechische Polis. 2., durchges. u. erw. Aufl. Stuttgart 1998.

MEISTER, Klaus: Die Interpretation historischer Quellen. Schwerpunkt: Antike. Bd. 1: Griechenland. Paderborn u.a. 1997.

BLEICKEN, Jochen: Die athenische Demokratie. Paderborn ²1994.
DAVIES, John K.: Das klassische Griechenland und die Demokratie. München ³1995.

FLENSTED-JENSEN, Pernille/NIELSEN, Thomas H./RUBINSTEIN, Lene (Eds.): Polis & Politics. Studies in Ancient Greek History. Copenhagen 2000.

FORNARA, Charles W./SAMONS, Loren J.: Athens from Cleisthenes to Pericles. Berkeley u.a. 1991.

FUNKE, Peter: Athen in klassischer Zeit. München 1999.

HORNBLOWER, Simon: The Greek World 479-323 B.C. London ³2002.

MEIER, Christian: Die Entstehung des Politischen bei den Griechen. Frankfurt a.M. ³1995 (1980).

DERS.: Die Griechen: die politische Revolution der Weltgeschichte. – In: Saeculum 33, 1982, S. 133-147.

DERS.: Athen. Ein Neubeginn der Weltgeschichte. Berlin 1995.

DERS./Veyne, Paul: Kannten die Griechen die Demokratie? Zwei Studien. Berlin 1988.

MITCHELL, Lynette G./RHODES, Peter J. (Eds.): The Development of the Polis in Archaic Greece. London u.a. 1997.

MURRAY, Oswyn: Das frühe Griechenland. München ⁵1995.

DERS./PRICE, Simon (Eds.): The Greek City from Homer to Alexander. Oxford 1990.

OSBORNE, Robin: Greece in the Making 1200-479 B.C. London 1996.

PAPENFUSS, Dietrich/STROCKA, Volker Michael (Hrsg.): Gab es das griechische Wunder? Griechenland zwischen dem Ende des 6. und der Mitte des 5. Jahrhunderts v. Chr. Mainz 2001.

SCHNEIDER, Lambert/HÖCKER, Christoph: Die Akropolis von Athen. Darmstadt 2001.

STARR, Chester C.: Individual and Community. The Rise of the Polis 800-500 B.C. New York/Oxford 1986.

WALTER, Uwe: An der Polis teilhaben. Bürgerstaat und Zugehörigkeit im archaischen Griechenland. Stuttgart 1993.

WELWEI, Karl-Wilhelm: Das klassische Athen. Demokratie und Machtpolitik im 5. und 4. Jahrhundert. Darmstadt 1999.

DERS.: Polis und Arché. Kleine Schriften zu Gesellschafts- und Herrschaftsstrukturen in der griechischen Welt. Hrsg. v. Mischa Meier. Stuttgart 2000.

Antike und moderne Demokratie

BOEGEHOLD, Alan L./SCAFURO, A.C. (Eds.): Athenian Identity and Civic Ideology. Baltimore/London 1994.

CARTLEDGE, Paul: Democratic politics ancient and modern: from Cleisthenes to Mary Robinson. – In: Hermathena 166, 1999, S. 5-29.

EUBEN, J. Peter/WALLACH, John/OBER, Josiah (Eds.): Athenian Political Thought and the Reconstruction of American Democracy. Ithaca 1994.

FEST, Joachim: Die schwierige Freiheit. Über die offene Flanke der offenen Gesellschaft. Berlin 1993.

FINLEY, Moses I.: Antike und moderne Demokratie. Stuttgart 1980.

HANSEN, Mogens H.: Was Athens a Democracy? Popular Rule, Liberty and Equality in Ancient and Modern Political Thought. Kopenhagen 1989.

MORRIS, Ian/RAAFLAUB, Kurt A. (Eds.): Democracy 2500. Questions and Challenges. Archaeological Institute of America, Colloquia and Conference Papers 2. o.O. 1997.

OBER, Josiah/HEDRICK, Charles (Eds.): The Birth of Democracy. An Exhibition Celebrating the 2500th Anniversary of Democracy. Princeton 1993.

DIES. (Eds.): Demokratia. A Conversation on Democracies, Ancient and Modern. Princeton 1996.

PETERS, Werner: The Existential Runner. Über die Demokratie in Amerika. Eggingen 1992.

RAHE, Paul A.: The Primacy of Politics in Classical Greece. – In: AHR 89, 1984, S. 265-293.

STAHL, Michael: Auf der Suche nach dem Fundament. Der athenische Bürgerstaat und die Demokratie der Gegenwart. – In: GWU 47, 1996, S. 420-426.

Ders.: Antike und moderne Demokratie: Probleme und Zukunftsperspektiven der westlichen Demokratie im Spiegel des griechischen Bürgerstaates. – In: Eder, Walter/Hölkeskamp, Karl-Joachim (Hrsg.): Volk und Verfassung im vorhellenistischen Griechenland. Stuttgart 1997, S. 227-245.

Andere Bürgerstaaten

GEHRKE, Hans-Joachim: Stasis. Untersuchungen zu den inneren Kriegen in den griechischen Staaten des 5. und 4. Jahrhunderts v. Chr. München 1985.
DERS.: Jenseits von Athen und Sparta. Das dritte Griechenland und seine Staatenwelt. München 1986.
LEPPIN, Hartmut: Argos. Eine griechische Demokratie des 5. Jahrhunderts v. Chr. – In: Ktéma 24, 1999, S. 297-312.
ROBINSON, Eric W.: The First Democracies. Early Popular Government outside Athens. Stuttgart 1997.
SCHULLER, Wolfgang: Zur Entstehung der griechischen Demokratie außerhalb Athens. – In: Konrad H. Kinzl (Hrsg.): Demokratia. Darmstadt 1995, S. 302-323 (zuerst 1979).
SHIPLEY, Graham: A History of Samos. 800-188 B.C. Oxford 1987.

Teil A

Kleisthenes von Athen

HÖLKESKAMP, Karl-Joachim: Demonax und die Neuordnung der Bürgerschaft von Kyrene. – In: Hermes 121, 1993, S. 404-421.
KIENAST, Dietmar: Die innenpolitische Entwicklung Athens im 6. Jh. und die Reformen von 508. – In: HZ 200, 1965, S. 265-283.
MARTIN, Jochen: Von Kleisthenes zu Ephialtes. Zur Entstehung der athenischen Demokratie. – In: Konrad H. Kinzl (Hrsg.): Demokratia. Darmstadt 1995, S. 160-212 (zuerst 1974).
NIPPEL, Wilfried: Max Weber zwischen Althistorie und Universalgeschichte: Synoikismos und Verbrüderung. – In: Christian Meier (Hrsg.): Die okzidentale Stadt nach Max Weber. München 1994 (=HZ Beih. 17), S. 35-57.
OBER, Josiah: The Athenian Revolution of 508/7 B.C.: Violence, Authority, and the Origins of Democracy. – In: Josiah Ober: The Athenian Revolution. Essays on Ancient Greek Democracy and Political Theory. Princeton 1996, S. 32-52.
OSBORNE, Robin: Demos: The Discovery of Classical Attica. Cambridge 1985.
PETZOLD, Karl Ernst: Zur Entstehungsphase der athenischen Demokratie. – In: Karl Ernst Petzold: Geschichtsdenken und Geschichtsschreibung. Kleine Schriften zur griechischen und römischen Geschichte. Stuttgart 1999, S. 266-299 (zuerst 1990).
RAUSCH, Mario: Kleisthenes, Isagoras, der Rat und das Volk: die athenische Innenpolitik zwischen dem Sturz der Tyrannis und dem Jahr 507 v. Chr. – In: Chiron 28, 1998, S. 355-369.
DERS.: Isonomia in Athen. Veränderungen des öffentlichen Lebens vom Sturz der Tyrannis bis zur zweiten Perserabwehr. Frankfurt a.M. u.a. 1999.
SCHAEFER, Hans: Besonderheit und Begriff der attischen Demokratie im 5. Jh. – In: Hans Schaefer: Probleme der Alten Geschichte. Göttingen 1963, S. 136-152.
SIEWERT, Peter: Die Trittyen Attikas und die Heeresreform des Kleisthenes. München 1982.
STANTON, G.R.: The Tribal Reform of Kleisthenes the Alkmeonid. – In: Chiron 14, 1984, S. 1-41.
SPAHN, Peter: Mittelschicht und Polisbildung. Frankfurt a.M. 1977.
TRAILL, John S.: The Political Organization of Attica. Princeton 1975.

DERS.: Demos and Trittys. Toronto 1986.

WELWEI, Karl-Wilhelm: Ursprünge genossenschaftlicher Organisationsformen in der archaischen Polis. – In: Saeculum 39, 1988, S.12-23.

WHITEHEAD, David: The Demes of Attica 508/7 – ca. 250 B.C. Princeton 1986.

Kimon, Ephialtes und das Jahr 462/61 v. Chr.

Bleicken, Jochen: Wann begann die athenische Demokratie? – In: Jochen Bleicken: Gesammelte Schriften Bd. 1. Stuttgart 1998, S. 13-40.

KINZL, Konrad H.: Athen: Zwischen Tyrannis und Demokratie. – In: Konrad H. Kinzl (Hrsg.): Demokratia. Darmstadt 1995, S. 213-247 (engl. 1977).

LOTZE, Detlef: Zwischen Kleisthenes und Ephialtes. – In: Detlef Lotze: Bürger und Unfreie im vorhellenistischen Griechenland. Stuttgart 2000, S. 195-205 (zuerst 1997).

DERS.: Entwicklungslinien der athenischen Demokratie im 5. Jh. v. Chr. – In: Detlef Lotze: Bürger und Unfreie im vorhellenistischen Griechenland. Stuttgart 2000, S. 219-238 (zuerst 1983).

MEIER, Christian: Der Umbruch zur Demokratie in Athen (462/61 v. Chr.). Eine Epoche der Weltgeschichte und was Zeitgenossen daran wahrnahmen. – In: Reinhard Koselleck (Hrsg.): Epochenschwelle und Epochenbewusstsein. München 1987, S. 353-380.

RAAFLAUB, Kurt A.: Einleitung und Bilanz: Kleisthenes, Ephialtes und die Begründung der Demokratie. – In: Konrad H. Kinzl (Hrsg.): Demokratia. Darmstadt 1995, S. 1-54; 451-452.

RUSCHENBUSCH, Eberhard: ΠΑΤΡΙΟΣ ΠΟΛΙΤΕΙΑ. Theseus, Drakon, Solon und Kleisthenes in Publizistik und Geschichtsschreibung des 5. und 4. Jhs. v. Chr. – In: Historia 7, 1958, S. 398-424.

DERS.: Ephialtes und der Areopag. – In: Eberhard Ruschenbusch: Athenische Innenpolitik im 5. Jahrhundert v. Chr. Ideologie oder Pragmatismus? Bamberg 1979, S. 57-65.

SEALEY, Raphael: Ephialtes. – In: CPh 59, 1964, S. 11-22.

STEIN-HÖLKESKAMP, Elke: Kimon und die athenische Demokratie. – In: Hermes 127, 1999, S. 145-164.

Praxis der Demokratie

BLEICKEN, Jochen: Die Einheit der athenischen Demokratie in klassischer Zeit. – In: Ders.: Gesammelte Schriften Bd. 1. Stuttgart 1998, S. 41-67 (zuerst 1987).

DAVIDSON, James: Kurtisanen und Meeresfrüchte. Die verzehrenden Leidenschaften im klassischen Athen. Berlin 1999.

EHRENBERG, Victor: Aristophanes und das Volk von Athen. Eine Soziologie der altattischen Komödie. Zürich 1963.

FINLEY, Moses I.: The Freedom of the Citizen in the Greek World. – In: Moses I. Finley: Economy and Society in Ancient Greece. London 1981, S. 77-94 (zuerst 1976).

GEHRKE, Hans-Joachim: Zwischen Freundschaft und Programm. Politische Parteiung im Athen des 5. Jhs. v. Chr. – In: HZ 239, 1984, S. 529-564.

HANSEN, Mogens H.: Die athenische Demokratie im Zeitalter des Demosthenes. Struktur, Prinzipien und Selbstverständnis. Berlin 1995.

HÖLKESKAMP, Karl-Joachim: Parteiungen und politische Willensbildung im demokratischen Athen. – In: HZ 267, 1998, S. 1-27.

KAGAN, Donald: Perikles. Die Geburt der Demokratie. Stuttgart 1992.

LOTZE, Detlef: Der Bürger und seine Teilhabe an der Regierung der Polis. – In: Detlef Lotze: Bürger und Unfreie im vorhellenistischen Griechenland. Stuttgart 2000, S. 117-149.

MEIER, Christian: Die Rolle des Krieges im klassischen Athen. München 1991.

RAAFLAUB, Kurt A.: Des freien Bürgers Recht der freien Rede. Ein Beitrag zur Begriffs- und Sozialgeschichte der athenischen Demokratie. – In: Werner Eck (Hrsg.): Studien zur antiken Sozialgeschichte. Köln/Wien 1980, S. 7-57.

SCHULLER, Wolfgang: Neue Prinzipien der athenischen Demokratie. – In: Der Staat 26, 1987, S. 524-538.
WELWEI, Karl-Wilhelm: Politische Kommunikation im klassischen Athen. – In: Gerhard Binder/Konrad Ehlich (Hrsg.): Kommunikation in politischen und kultischen Gemeinschaften. Trier 1996, S. 25-50.

Demagogenproblem

FINLEY, Moses I.: Athenian Demagogues. – In: P&P 21, 1962, S. 3-24.
KNOX, R.A.: „So mischievous a beast"? The Athenian *demos* and its Treatment of its Politicians. – In: G&R 32, 1985, S. 132-161.
LOTZE, Detlef: Zur Funktion des Redners in der Polis-Demokratie. – In: Detlef Lotze: Bürger und Unfreie im vorhellenistischen Griechenland. Stuttgart 2000, S. 273-283 (zuerst 1991).
MICHELS, Robert: Zur Soziologie des Parteiwesens in der modernen Demokratie. Leipzig ²1925.
OBER, Josiah: Mass and Elite in Democratic Athens. Rhetoric, Ideology, and the Power of the People. Princeton 1989.
DERS.: Public Speech and the Power of the People in Democratic Athens. – In: Josiah Ober: The Athenian Revolution. Essays on Ancient Greek Democracy and Political Theory. Princeton 1996, S. 18-31.

Arginusen-Prozeß

BLECKMANN, Bruno: Athens Weg in die Niederlage. Die letzten Jahre des Peloponnesischen Kriegs. Stuttgart/Leipzig 1998.
BURCKHARDT, Leonhard: Eine Demokratie wohl, aber kein Rechtsstaat? Der Arginusenprozeß des Jahres 406 v. Chr. – In: Leonhard Burckhardt/Jürgen von Ungern-Sternberg (Hrsg.): Große Prozesse im antiken Athen. München 2000, S. 128-143.
GIOVANNINI, Adalberto: Xenophon, der Arginusenprozeß und die athenische Demokratie. Mit einem Anhang: Die Zahl der athenischen Hopliten im Jahr 431 v. Chr. – In: Chiron 32, 2002, S. 15-50.
MEHL, Andreas: Für eine neue Bewertung eines Justizskandals. Der Arginusenprozeß und seine Überlieferung vor dem Hintergrund von Recht und Weltanschauung im Athen des ausgehenden 5. Jh. v. Chr. – In: ZRG 99, 1982, S. 32-80.
RUBEL, Alexander: Stadt in Angst. Religion und Politik in Athen während des Peloponnesischen Krieges. Darmstadt 2000.

Prozeß gegen Sokrates

BÖHME, Gernot: Der Typ Sokrates. Frankfurt a.M. 1988.
EUBEN, J. Peter: Corrupting Youth. Political Education, Democratic Culture, and Political Theory. Princeton 1997.
HANSEN, Mogens H.: The Trial of Socrates – from the Athenian Point of View. Kopenhagen 1995.
MUNN, Mark: The School of History. Athens in the Age of Socrates. Berkeley u.a. 2000.
PATZER, Andreas: Sokrates als Philosoph. – In: Andreas Patzer (Hrsg.): Der historische Sokrates. Darmstadt 1987, S. 434-452.
STONE, Irving F.: Der Prozeß gegen Sokrates. Wien/Darmstadt 1990.

Theater in Athen

FINLEY, Moses I.: The Idea of a Theatre. The Greek Experience. London 1980.
GRIFFIN, Jasper: The Social Function of Attic Tragedy. – In: CQ 48, 1998, S. 39-61.

KINZL, Konrad H.: Zur Vor- und Frühgeschichte der attischen Tragödie. – In: Klio 62, 1980, S. 177-190.

LATACZ, Joachim: Einführung in die griechische Tragödie. Göttingen ²2001.

MEIER, Christian: Zur Funktion der Feste in Athen im 5. Jahrhundert v. Chr. – In: W. Haug/R. Warning (Hrsg.): Das Fest. München 1989, S. 569-591.

DERS.: Die politische Kunst der griechischen Tragödie. München 1988.

PARKE, H.W.: Athenische Feste. Mainz 1987 (engl. 1977).

RÖSLER, Wolfgang: Polis und Tragödie. Konstanz 1980.

SCHULLER, Wolfgang/DREHER, Martin: Auswahl und Bewertung von dramatischen Aufführungen in der athenischen Demokratie. – In: Flensted-Jensen, P. u.a. (Eds.): Polis and Politics. Studies in Ancient Greek History. Kopenhagen 2000, S. 523-540.

SEAFORD, Richard: The Social Function of Attic Tragedy: A Response to Jasper Griffin. – In: CQ 50, 2000, S. 30-44.

SEECK, Gustav Adolf: Die griechische Tragödie. Stuttgart 2000.

WINKLER, John J./ZEITLIN, Froma I. (Eds.): Nothing to do with Dionysos? Athenian Drama in its Social Context. Princeton 1990.

Aischylos' *Orestie*

BRAUN, Maximilian: Die ‚Eumeniden' des Aischylos und der Areopag. Tübingen 1998.

GOLDHILL, Simon: Civic Ideology and the Problem of Difference: The Politics of Aischylean Tragedy, once again. – In: JHS 120, 2000, S. 34-56.

MEIER, Christian: Aischylos' Eumeniden und das Aufkommen des Politischen. – In: Christian Meier: Die Entstehung des Politischen bei den Griechen. Frankfurt a.M. ³1995 (1980), S. 144-246.

Andere Tragödien

FLAIG, Egon: Ödipus. Tragischer Vatermord im klassischen Athen. München 1998.

MANUWALD, Bernd: Der ‚Sturz des Mächtigen' in der griechischen Tragödie. – In: Th. Wolpers (Hrsg.): Der Sturz des Mächtigen. Zu Struktur, Funktion und Geschichte eines literarischen Motivs. Göttingen 2000, S. 37-62.

MEIER, Christian: Ödipus und Orest. Vom Umgang mit Verantwortung. – In: Der Aquädukt. 1763-1988. Ein Almanach aus dem Verlag C. H. Beck im 225. Jahr seines Bestehens. München 1988, S. 572-576.

ZIMMERMANN, Bernhard: Die Krise der Polis im Spiegel der attischen Tragödie (Euripides, Orestes; Sophokles, Philoktet). – In: J. Vincente Bañuls u.a. (Eds.): El teatre clàssic al marc de la cultura grega i la seua pervivència dins la cultura occidental. Bari 1998, S. 369-380.

Teil B

Attisch-Delischer Seebund

The Athenian Empire. Transl. a. ed. with notes by Robin Osborne. London 2000.

MATTINGLY, Harold B.: The Athenian Empire Restored. Epigraphical and Historical Studies. Ann Arbor 1996.

McGREGOR, Malcolm F.: The Athenians and Their Empire. Vancouver 1987.

MEIGGS, Russell: The Athenian Empire. Oxford ³1975.

NESSELHAUF, Herbert: Untersuchungen zur Geschichte der delisch-attischen Symmachie. Leipzig 1933.

RHODES, Peter J.: The Athenian Empire. Oxford ²1993.

Vorgeschichte und Entwicklung

KIECHLE, Franz: Athens Politik nach Abwehr der Perser. – In: HZ 204, 1967, S. 265-304.

MEYER, H.D.: Vorgeschichte und Gründung des attisch-delischen Seebundes. – In: Historia 12, 1963, S. 405-446.

PETZOLD, Karl Ernst: Die Gründung des delisch-attischen Seebundes: Element einer „imperialistischen" Politik Athens? I: Von der Hellenensymmachie zum Seebund, II: Zielsetzung des Seebundes und die Politik der Zeit. – In: Karl Ernst Petzold: Geschichtsdenken und Geschichtsschreibung. Kleine Schriften zur griechischen und römischen Geschichte. Stuttgart 1999, S. 300-356.

RAAFLAUB, Kurt A.: Beute, Vergeltung, Freiheit? Zur Zielsetzung des Delisch-Attischen Seebundes. – In: Chiron 9, 1979, S. 1-22.

RAWLINGS, H.R.: Thucydides on the Purpose of the Delian League. – In: Phoenix 31, 1977, S. 1-8.

ROBERTSON, Noel D.: The True Nature of the ,Delian League' 478-461 B.C. – In: AJAH 5, 1980, S. 64-96; 110-133.

STEINBRECHER, Michael: Der delisch-attische Seebund und die athenisch-spartanischen Beziehungen in der kimonischen Ära (ca. 478/7 – 462/1). Wiesbaden 1985.

Herrschaftsmittel

BALCER, Jack Martin: Imperial Magistrates in the Athenian Empire. – In: Historia 25, 1976, S. 257-287.

DERS.: The Athenian Regulations for Chalkis. Wiesbaden 1978.

FEHR, Burkhard: Zur religionspolitischen Funktion der Athena Parthenos im Rahmen des delisch-attischen Seebundes. – In: Hephaistos 1, 1979, S. 71-91; 2, 1980, S. 113-125; 3, 1981, S. 55-93.

GEHRKE, Hans-Joachim: Abfall und Stasis. Zur Interdependenz von innerer und äußerer Politik in einigen Seebundstaaten. – In: Jack M. Balcer u.a.: Studien zum Attischen Seebund. Konstanz 1984, S. 31-44.

KOCH, Christian: Volksbeschlüsse in Seebundsangelegenheiten. Das Verfahrensrecht Athens im Ersten Attischen Seebund. Frankfurt a.M. 1991.

MAREK, Christian: Die Proxenie. Frankfurt a.M. u.a. 1984.

MERRIT, Benjamin D./WADE-GERY, H.T./McGregor, Malcolm F.: The Athenian Tribute Lists. 4 Bde. Cambridge/Mass. 1939, 1949/53.

MORRISON, John/COATES, John: Die athenische Triere. Mainz 1990.

REITER, Heinz: Athen und die Poleis des Delisch-Attischen Seebundes: die Proxenoi und Euergetai des attischen Demos in den Poleis des Delisch-Attischen Seebundes im Licht der attischen Proxenie- und Euergesiebeschlüsse des 5. Jahrhunderts v. Chr. Regensburg 1991.

SCHULLER, Wolfgang: Die Herrschaft der Athener im Ersten Attischen Seebund. Berlin 1974.

SMARCZYK, Bernhard: Untersuchungen zur Religionspolitik und politischen Propaganda Athens im ersten Delisch-Attischen Seebund. München 1990.

WIGG, David G.: Die griechische Triere im archäologischen Experiment. – In: AW 24, 1993, S. 179-185.

Direkte und indirekte Wirkungen

BRUNT, Peter A.: Athenian Settlements Abroad in the Fifth Century B.C. – In: Peter A. Brunt: Studies in Greek History and Thought. Oxford 1993, S. 112-136 (zuerst 1966).

FINLEY, Moses I.: The Fifth-Century Athenian Empire: A Balance Sheet. – In: Moses I. Finley: Economy and Society in Ancient Greece. London 1981, S.41-61.

SCHMITZ, Winfried: Wirtschaftliche Prosperität, soziale Integration und die Seebundspolitik Athens. München 1988.

SCHULLER, Wolfgang: Wirkungen des Ersten Attischen Seebunds auf die Herausbildung der athenischen Demokratie. – In: Jack M. Balcer u.a.: Studien zum Attischen Seebund. Konstanz 1984, S. 87-101.

polis tyrannos

ARENDT, Hannah: Was ist Politik? Fragmente aus dem Nachlaß, hrsg. v. Ursula Ludz. München/Zürich 1993.

RAAFLAUB, Kurt A.: Polis Tyrannos. Zur Entstehung einer politischen Metapher. – In: Glenn W. Bowersock u.a. (Eds.): Arktouros. Hellenic Studies pres. to Bernard M.W. Knox. Berlin/New York 1979, S. 237-252.

DERS.: Athens ,Ideologie der Macht' und die Freiheit des Tyrannen. – In: Jack Balcer u.a.: Studien zum Attischen Seebund. Konstanz 1984, S. 45-86.

SCHULLER, Wolfgang: Die Stadt als Tyrann. Athens Herrschaft über seine Bundesgenossen. Konstanz 1978.

STRASBURGER, Hermann: Thukydides und die politische Selbstdarstellung der Athener. – In: Hermann Strasburger: Studien zur Alten Geschichte Bd. 2. Hildesheim/New York 1982, S. 667-708.

Register

Vorbemerkung: Dieses Buch ist zum zusammenhängenden Lesen bestimmt. Erschlossen wird es in erster Linie durch das ausführliche Inhaltsverzeichnis. Das ausgewählte Register soll lediglich ergänzend einen gezielten Zugriff auf Namen und Begriffe ermöglichen und außerdem helfen, Bezüge herzustellen. Häufig genannte Grundbegriffe wie Athen, Demokratie, Phyle und *polis* sind daher nicht vollständig erfaßt.

Mill, John Stuart: 112-3
Schuller, Wolfgang: 68
Schumpeter, Joseph A.: 112
Strauß, Botho: 129

3. Begriffe, Orte und Sachen

Abstimmung/-sverfahren: 20, 93-4, 101, 103-4, 146-7, 150
agora: 13, 14, 32, 38, 64, 93, 123
agraphos nomos: 106
Akropolis (von Athen): 235
Alkmeoniden: 23-5, 42-3, 50
Amphipolis: 230
Amtsträger (in Athen): 17, 89, 92-3
– im Bereich des Seebunds: 206
Andros, Konferenz von: 180-1
Antike als Orientierung in der Moderne: 162
Antityrannengesetz: 88
Apaturienfest: 52, 103, 106
Archonten (in Athen): 24-5, 34, 40, 225
– in Seebundsstädten: 207-8, 240
– *archon eponymos*: 89, 124
Areopag: 61-2, 69, 71, 75, 77-82, 132, 134, 136, 141, 146-7, 157, 238
arete: 119-20
Arginusenprozeß: 100-6, 108
Argos: 133-4, 174, 177
Aristie-Ideal: 187, 196, 257
Aristokratie
– Internationalität: 72
– und bürgerstaatl. Ordnung: 16-7, 45, 69, 83-4, 109-10, 113
– und Volk (soziales Gefälle): 35, 47, 124
– angebl. Herrschaft bis 462/61: 45, 62, 72, 99
– als Verfassungsbegriff: 82
aristokratischer Geschlechterstaat, sog.: 44
Arkadien: 177
Athen
– Geschichte im 6./5. Jh. = Staatsbildung: 69
– Streit um Verfassungsordnung ab Mitte 5. Jh.: 69, 82, 109, 147, 157
– Einheit von 6. und 5. Jh.: 70, 95-7, 164, 234
– Tradition antispartanischer Außenpolitik: 75-6, 77, 80
– Verhältnis zu Sparta: 174-8, 184
– Mauerbau: 184

– Integration durch Expansion: 152, 156, 196
– Stadt als Superaristokrat: 236, 258
Athena Parthenos: 235
Athena Phratria: 52
Athena Velletri, sog.: 121, 149
Atimie: 221
Attisch-Delischer Seebund: 125-6, 134, 156, 163-252
– Name: 171
– Gründungsakt: 170-2
– Bündnisformel: 171, 186-8
– Ziele und Motive: 189-92
– wirtschaftliche Bedeutung: 213
– Vorteile für Athener: 214-5
– erste Kriegsoperationen: 73, 197-200
– Herrschaftsmittel: 201-33
– Inszenierung der Herrschaft: 255
– Mangel an leitenden Ideen: 245
– ‚Verfassungsexport‘: 219, 228, 237, 250
– Vereinzelung der Bündner: 208
– Untertänigkeitsformel: 227
– Kapitalstrafenmonopol: 229
– Sezessionen: 202, 205, 238, 244
Aufklärung: 161
Außenpolitik
– Charakter der griech. A.: 254-9
– athenische: 63, 156, 176, 193-6, 236
Bauprogramm, athenisches: 216
basileus: 13, 15
Beamtenkontrolle: 75, 78, 115
Begriffe: 21
Bestattungsgebot: 106
Bevölkerungsentwicklung: 15, 31
Binnengliederung Attikas: 41
Binnenwanderung: 31, 35
Blutsverwandtschaft: 144
boule: 22, 29-30, 57-61, 92, 229, 240
– „Geschäftsführer des Volkes“: 58, 63, 88
– Eid: 59
Brea: 230
Bürger und Staat: 55
Bürgeraufgebot (athenisches): 37, 40, 45
Bürgerbewußtsein (in Athen): 27
Bürgerrecht: 19, 33-4, 51, 55, 244, 249
– Gesetz von 451/50: 249-50
Bürgerstaat (Definition): 70, 83, 128
– bedroht durch Anarchie und Despotie: 153, 155
Byzantion: 167

4. Quellen